普通高等教育汽车与交通类专业"十二五"规划教材

汽车物流

孟利清　李翔晟　主　编
黄银娣　副主编

中国林业出版社

内 容 简 介

本教材的宗旨是在物流理论指导下，结合我国汽车产业的发展，不断探索汽车物流的内在本质规律，力求系统阐述汽车物流研究和应用的主要内容。教材的结构体系是在介绍物流以及汽车物流的基础上，分别详细介绍了汽车企业采购物流、汽车企业生产物流、汽车企业销售物流、汽车产品的逆向物流、汽车行业第三方物流、汽车物流标准化、汽车物流绩效评价、汽车物流信息技术以及汽车物流与供应链管理。

教材适合物流管理、物流工程、交通运输、交通工程、汽车服务工程、车辆工程、油气储运等相关专业的本科学生及硕士研究生，也可作为从事与汽车物流相关工作的企事业单位、研究单位和政府管理人员的参考用书。

图书在版编目（CIP）数据

汽车物流 / 孟利清，李翔晟主编. —北京：中国林业出版社，2013.8（2018.2 重印）
（普通高等教育汽车与交通类专业"十二五"规划教材）
ISBN 978-7-5038-7078-1

Ⅰ. ①汽… Ⅱ. ①孟… ②李… Ⅲ. ①汽车工业－物流－高等学校－教材
Ⅳ. ①F407.471.6

中国版本图书馆 CIP 数据核字（2013）第 127568 号

国家林业局生态文明教材及林业高校教材建设项目

中国林业出版社·教育出版分社

策划编辑：牛玉莲　杜　娟
责任编辑：杜　娟　高红岩
电　　话：83143553　　　　　传真：83143516

出版发行：中国林业出版社（100009　北京西城区德内大街刘海胡同 7 号）
　　　　　E-mail：jiaocaipublic@163.com　　电话：（010）83143500
　　　　　http://lycb.forestry.gov.cn
经　　销：新华书店
印　　刷：中国农业出版社印刷厂
版　　次：2013 年 8 月第 1 版
印　　次：2018 年 2 月第 2 次印刷
开　　本：787mm×1092mm　1/16
印　　张：16.75
字　　数：387 千字
定　　价：34.00 元

高等院校汽车与交通类专业教材
编写指导委员会

《汽车物流》编写人员

主　　编：孟利清　李翔晟

副 主 编：黄银娣

编写人员：（按姓氏笔画排序）

　　　　　方赛银　（西南林业大学）

　　　　　李晓珍　（江西农业大学）

　　　　　李翔晟　（中南林业科技大学）

　　　　　孟利清　（西南林业大学）

　　　　　张建莉　（华南农业大学）

　　　　　黄银娣　（南京林业大学）

　　　　　韩　锐　（东北林业大学）

　　　　　薛　亮　（南京林业大学）

前　言

　　社会经济快速发展，人们生活水平不断提高，带动了汽车行业的快速发展。汽车保有量大幅度提高，使得汽车经济成为社会经济的重要组成部分。汽车物流作为汽车行业的重要组成部分，通过整合汽车物流功能和降低成本，彰显汽车产品竞争优势，成为各汽车生产企业追求的目标。深入研究汽车物流，并通过汽车物流促进汽车行业的健康发展，这是从事物流研究、教学、生产和关心物流产业发展的人员的责任，也是本教材编写的宗旨。

　　目前，有关汽车物流的教材都存在共同的不足之处，主要的问题是对汽车物流研究的内容阐述不系统、不深入以及联系实际不够。鉴于以上情况，我们编写了本教材。本教材较为系统地介绍了汽车物流研究的主要内容，包括：第 1 章绪论；第 2 章汽车企业采购物流；第 3 章汽车企业生产物流；第 4 章汽车企业销售物流；第 5 章汽车产品逆向物流；第 6 章汽车行业第三方物流；第 7 章汽车物流标准化；第 8 章汽车物流绩效评价；第 9 章汽车物流信息技术；第 10 章汽车物流与供应链管理。内容安排上力求做到每一章节在阐述过程中都与汽车物流运作实际相结合，并通过案例分析把各章教学内容与生产实际更加紧密地联系起来。

　　本教材的一个特点是重视探索汽车物流发展的内在规律，文字力求言简意赅，旨在加强读者的感性认识和理解，丰富并拓展物流领域的专业知识。同时，突出现代汽车行业对物流行业的需求，反映物流在汽车行业的应用和发展，体现物流的时代性和发展趋势。例如，物联网及其在汽车物流中的应用。

　　参加本教材编写的有孟利清（第 1 章、第 2 章）、李翔晟（第 3 章、第 8 章）、韩锐（第 4 章）、方赛银（第 5 章）、黄银娣（第 6 章）、张建莉（第7章）、薛亮（第9章）、李晓珍（第10章）。孟利清、李翔晟担任主编，黄银娣担任副主编。

在本教材的编写过程中，借鉴了很多专家、学者的研究成果（见每章后的"参考文献"），也得到了汽车物流行业工程技术人员的大力帮助。西南林业大学机械与交通学院车辆与运输教研室的老师们为教材编写提出了许多建设性的意见，研究生潘祥、王景超等为教材编写所需资料的收集、整理等付出了辛勤的劳动。我们在此一并表示感谢！同时感谢中国林业出版社对教材出版的大力支持！

由于编写人员水平有限，教材中还存在不足之处，敬请同行批评指正。当前，汽车物流是一个不断发展的行业，许多问题的研究还需要在实践中进一步深化和完善。

编　者

2013 年 4 月

目　录

1

第1章
绪　论

[本章提要]

　　物流是一门新兴学科,在社会经济中扮演着非常重要的角色,随着近年来物流行业的快速发展,逐渐衍生出更具专业性的物流——汽车物流。本章将通过讲解物流的产生与发展以及物流的研究内容进一步了解汽车物流,同时还将阐述汽车物流的基本内涵与分类以及汽车物流国内外的发展趋势。

1.1　物流概述

　　了解物流的起源,便于从历史的角度深刻认识物流的本质内涵,通过比较不同时期、不同地域、不同学派的物流定义可加深对物流概念的认识和理解,从而为学习物流知识奠定基础。

1.1.1　物流的起源

　　物流活动具有悠久的历史,从人类社会开始有产品交换行为就存在物流活动。对于物流的认识,是社会生产力发展状况在人们脑中必然的反应。物流学是在 20 世纪 50 年代新发展起来的一门应用学科,是社会科学和自然科学的交叉学科,也是管理科学和工程技术学的交叉学科。

　　"物流"一词早在 20 世纪 50 年代以前就出现了,那时企业所进行的物流活动纯粹是建立在物流个别功能基础上的工作,当时也不可能形成明确的物流概念和物流理论,因此这段历史被物流界较普遍地认为是物流的早期阶段。

　　1918 年,英国犹尼里弗的利费哈姆勋爵成立了"即时送货股份有限公司"。其公司宗旨是在全国范围内把商品及时送到批发商、零售商以及用户的手中,这一举动被一些物流学者誉为"有关物流活动的早期文献记载"。

　　1921 年,阿奇·萧在《市场流通中的若干问题》(*Some Problem in Market Distribution*)一书中提出"物流是与创造需要不同的一个问题",并提到"物资经过时间或空间的转移,会产生附加价值",从而"distribution"(流通)一词出现了。

20 世纪 30 年代初,在一部关于市场营销的基础教科书中,开始涉及物流运输、物资储存等业务知识。1933 年,美国市场销售协会最早对物流进行了定义:"物流(physical distribution)是销售活动中所伴随的物质资料从生产地到消费地点的种种活动,包括服务过程。"

随着物流早期阶段的发展,20 世纪 50 年代以后,物流进入了一个新的发展时期。

根据日本物流管理协会的资料记载,日本在 20 世纪 50 年代初,生产部门为了提高产业劳动生产率,曾组织各种专业考察团到国外考察。1956 年日本"流通技术专业考察团"赴美进行了实地考察,发现原来在日本被称为流通技术的运输、包装等活动,在美国被称为 physical distribution(PD)。考察团回国后便向政府提出了重视物流的建议,并在产业界掀起了 PD 启蒙运动。同时,考察团在《流通技术》考察报告首次将 physical distribution 译为"物的流通",把物流概括为包装、装卸搬运、运输、保管及通信联络等诸项活动。这种物流活动与交易活动不同,物流活动可以对物资做出在时间和空间方面的价值贡献。

此后,"物的流通"在日本逐渐家喻户晓,人人皆知。产业构造委员会内设立了"物的流通分会"。1970 年成立了日本最大的物流团体之一——日本物的流通协会。日本物流管理协会每年举行会议,名称为"全国物的流通会议"。

我国引入物流概念是 20 世纪 70 年代末。把物流作为一门学科进行研究,则是在 20 世纪 80 年代中期以后。"物流"一词由日本引入我国,当时的物资部派出中国物资工作代表团赴日本参加第三届国际物流会议,回国后在考察报告中第一次引用和使用"物流"这一术语。随着我国经济与社会的迅速发展,对物流提出越来越大的需求,促使我国实业界以及一些从事流通和生产制造研究的学者和专家们,开始对物流问题进行研究。1989 年 4 月,第八届国际物流会议在北京召开,之后"物流"一词在我国得到了普遍使用。

20 世纪 80 年代后,各个国家都对物流学进行了更深入的研究并多次修改定义和研究内容。物流学通过吸收、借鉴系统科学、管理科学以及电子、计算机技术等相关学科的最新成果,完成了基本理论体系的建立,并将其理论在实际中进行广泛应用,最终从管理学中分离出来,成为一门独立的学科。

1.1.2　物流的概念

物流的活动尽管始于人类进化的朦胧之时,但是一直没有形成明确的物流概念和理论。随着社会的发展以及经济水平的提高,物流科学的内涵及其相关理论都在不断发展与更新。

物流的定义很多,不同的学者从不同的角度给出了多种物流的定义。

"物流"概念中的"物",是指所有的物质资料,包括一切积累的社会劳动产品和用于社会生产与消费的各种各样的商品,它是社会财富的主要构成部分,也是发展生产、增加国民财富的物质基础。"物流"概念中的"流",是指物质资料的流动,即物质资料从供给者向需求者的空间位移，是物理性移动，是创造时间性、场所性价值的经济活动。

物流的英文为 logistics，其原意为后勤，这是在第二次世界大战中，美国军队在运输武器、弹药和粮食等给养时使用的一个名词，是为维护战争需要的一种后勤保障系统。后来，研究人员把 logistics 一词转用于物资的流通中，这时物流已不是单纯考虑从生产者到消费者的货物配送问题，还要考虑从供应商到生产商对原材料的采购，以及生产商本身在产品制造过程中的运输、保管和信息等各个方面的问题，全面性、综合性地提高经济效益和工作效率。因此，有人把物流称为综合物流。

物流的概念可以分为狭义和广义两种。狭义的"物流"仅指商品的物质资料的空间运动过程，属于流通领域的范畴。广义的"物流"则还包括物质资料在生产过程中的运动过程，既包括流通领域又包括生产领域。狭义的"物流"是构成广义"物流"的主要部分。因此，物流可以表述为：物质资料在生产过程中，各个生产阶段之间的流动和从生产场所到消费场所之间的全部运动过程。

20 世纪 60 年代以来，许多国家和地区的物流协会或者学会、行业或部门从不同的角度对物流进行了定义，但是目前为止对物流还没有形成一个公认的定义。不同国家对物流的概念表述如下：

（1）美国物流管理协会 NCPDM（national council of physical distribution management）对物流定义："物流是供应链流程的一部分，是为了满足客户需求而对商品、服务及相关信息从原产地到消费地的高效率、高效益的正向和反向流动及储存进行的计划、实施与控制过程。"

（2）欧洲物流协会 ELA（European logistics association）1994 年公布的物流术语中，对物流的定义是："物流是在一个系统内对人员或商品的运输、安排及与此相关的支持活动的计划、执行与控制，以达到特定的目的。"

（3）日本日通综合研究所 1981 年 2 月编写的《物流手册》中对物流的定义是："物流是物质资料从供给者向需要者的物理性移动，是创造时间性、场所性价值的经济活动。从物流的范围来看，包括包装、装卸、保管、库存管理、流通加工、运输、配送等诸种活动。如果不经过这些过程，物就不能移动。"

（4）我国 2001 年颁布的国家标准《物流术语》中，对物流的定义是："物品从供应地向接收地的实体流动过程。根据实际需要，将运输、储存、装卸、搬运、包装、流通加工、配送、信息处理等基本功能实施有机结合。"

从上面的定义可以看出，物流的定义因不同的学派、不同的学术团体、不同的机构和不同的国家，出自不同的角度对物流概念的解释有所差别，但对物流的本质理解是一致的，即：物流活动是由一系列创造时间和空间效用的经济活动组成，包括运输、配送、保管、包装、装卸、流通加工以及物流信息处理等多项基本活动组成。总之，物流是商品在空间上与时间上的位移，创造时间价值和空间价值，并且创造部分形质效果。

1.2 物流理论的产生与发展

1.2.1 物流价值的发现

物流是创造价值的活动，物流本身不创造物品的使用价值，但可以通过创造物品的时间效应和空间效应来创造价值。物流历史由来已久，人们对物流价值的认识也经历了一段曲折的过程。物流的价值最早是在第二次世界大战中得到认识的，至今共经历了八次价值发现。

1）物流功能价值的发现

第一次价值发现可以称之为物流系统功能价值的发现。第二次世界大战期间，美国在军队中将托盘和叉车加入了后勤军事保障系统，这个系统贯穿了军事物资从单元组合（集装）的装卸活动开始，高效连贯地搬运、运输、储存、再运输、搬运，直到按指定命令到达目的地为止的整个过程，有效地支撑了庞大的战争机器。这就使人们发现物资单元化、集装化之后通过一系列的搬运、运输、存储等活动，使之到达目的地，简化了零散物资由以往许多活动才能完成的各项功能，进而使人们认识到物流的功能价值。

2）物流经济活动价值的发现

第二次价值发现可以称之为物流经济活动价值的发现。第二次世界大战以后，大量军事技术和军事组织方式转移到民间活动中，物流系统的思想方法和相关技术、相关管理方式实现了"军转民"，取得了成功。这就使人们认识到，"物流"不仅有非常重要的军事价值，而且也具备非常重要的经济活动价值，可以在经济活动中广泛地采用，可以为企业增加一些新的管理思想和结构模式。第二次世界大战以后，物流成功地实现了由战争期间形成的形态向战后的经济领域的转移，由军事活动的价值转变为经济活动的价值。

3）物流利润价值的发现

第三次价值发现是物流利润价值的发现。20世纪50年代以后，欧、美、日等许多国家随着经济的发展，企业进入大规模生产、大规模销售的时代，企业开始面对一个"无限的市场"，只要能够快速地、顺利地实现产品向用户转移就能够获取利润。企业在采用物流思想方法和相关技术、管理技术之后，能够有效地增强企业的活力，提高企业的生产效率和效益，从而增加企业的利润。另一方面，产业革命以后，经济领域对于原材料、劳动力这两个利润源泉的挖掘已经有了一百多年的历史，虽然在现代社会中仍然可以用新的技术和方式来开发，但寻找新的利润源泉也变得十分迫切。"物流"作为"第三利润源泉"就是在这种情况下逐步发掘出来的，是物流效益价值的发现。

4）物流成本价值的发现

第四次价值发现是物流成本价值的发现。20世纪70年代初，世界爆发了"第一次石油危机"，这次危机席卷了整个西方世界，全球范围内石油价格的大幅度上升，带动原材料价格、运输成本、劳动力成本等生产性支出不断增加，西方发达国家长期依赖廉价的原料、燃料获取利润的传统途径面临严峻挑战，并直接导致了西方国家短期内的经济困境。同时伴随而来的经济萧条又引发市场的萎缩，使企业的发展举步维艰。为求得生存，管理者不得不将更多的注意力从生产领域转向流通领域，寻求节约成本的办法，开发创造新的利润源泉。由于物流技术与物流管理技术长期被人们所忽视，一经利用之后，产品的成本得到大幅度降低，直接弥补了由原料、燃料、劳动力等成本上涨所带来的经济损失，从而使人们认识到，"物流"还具有降低成本的重要价值。

5）物流环境价值的发现

第五次价值发现是物流环境价值的发现。20世纪70年代后，物流系统的开发、物流合理化的广泛推行和系统物流管理的普遍实施，在有效降低成本的同时，合理、节约地完成资源配置；物流系统化后，物流装备得到全面、系统的开发，在提高工作效率的同时，能耗大大降低。因此，"物流"对改善环境、降低污染、实施可持续发展有重要作用。

6）物流对企业发展战略价值的发现

第六次价值发现是物流对企业发展战略价值的发现，实质上是对物流服务价值的发现。20世纪80年代后，物流领域里出现了广泛配送、流通加工以及更进一步的"准时供应系统"、"即时供应系统"、"零库存系统"等方式，企业普遍从对当前的利益考虑转向了对长期的、战略性的发展考虑。这个改变有两个非常重要的支持因素，一个是在现代信息技术支撑下建立的稳定有效的"供应链"；另一个就是贴近用户的服务，这种服务是远远超出所谓传统"售后服务"水平之上的全面贴近用户的服务。

7）物流对国民经济价值的发现

第七次发现是物流对国民经济价值的发现。1997年东南亚爆发了经济危机，危机过后，人们在分析和总结东南亚各国和各地区的情况时发现，以物流业为重要支柱产业的新加坡、香港有较强的抗御经济危机的能力。1998年受金融风波影响较大的马来西亚经济增长为-6.8%，泰国为-8.0%，东盟为-9.4%，与之相比较，香港则为-5.1%，新加坡当年实现了1.5%的正增长。这个发现的重要性在于物流不仅对于微观企业有非常重要的意义，而且对于国家经济发展也有非常重要意义。当物流作为支柱产业时，所反映的是其国内实体经济和消费水平的发达，而不依靠虚拟经济和泡沫经济所带动的。经济危机来临，物流系统较为完善的国家受到的经济影响较弱，经济发展的抗风险能力也更强大。由此看来，物流在国民经济中地位是非常重要的，某种程度上说，"物流"能够起到完善结构、提高国民经济总体质量和抗御危机的作用。

8）物流对新经济价值的发现

第八次发现是物流对新经济价值的发现。近年来，网络经济在经过探索和发展之后，人们终于认识到，网上的虚拟运作和实际的物流相结合可以形成一个完整的新经济形态。网络经济的根本依托于网络和物流。据相关统计，我国淘宝网的网络购物行为每天产生需要物流配送的实物订单近500万单。网络购物的繁荣，离不开物流配送的支撑，物流是购物流程的最后环节，也是最重要的环节。

1.2.2　物流理论

物流概念至今只有80多年的历史，20世纪中期以后物流才得到较快速度的发展，所以说物流还是一门新兴的学科。这门新兴的学科在理论上尚不完全成熟，还需要不断地修正和完善。就物流理论而言，各国有不同的观点。下面就几种主要的理论观点进行简要介绍。

1）物流的商物分离说

商物分离是物流科学赖以存在的先决条件。物流学科正是在商物分离基础上才得以对物流进行独立研究，进而形成经济学、管理学、工学和理学等学科理论互相交叉的综合性学科。所谓商物分离，是指流通中的两个组成部分，即商业流通和实物流通各自按照自己的规律和渠道独立运动。

商品流通的两个职能是由物流和商流构成，两者结合才能有效地实现商品由供方向需方的转移。商流是指物品在流通中发生的买卖关系所引起的所有权转移的关系；物流则是指物品在时间上或空间上发生的物理移动过程。商流和物流是一个整体，每进行一次交易，商品就进行一次流通，商流和物流是共同运动的，只是运动的形式不同而已。也就是说，在一般的情况下，商流和物流总是相伴发生的，物流是产生商流的物质基础，商流是物流的先导，两者既相互依存，又相辅相成，密切配合，缺一不可。

尽管商流与物流的关系非常密切，但是它们存在着不同之处，它们各自具有不同的活动内容和规律。商流是必须经过一定的经营环节进行的业务活动，它体现的是不同所有者之间的利益关系；而物流不受经营环节的限制，它体现的是物品如何按照现有交通运输条件、储存或保管的方式，以最快的速度、最短的距离、最省的费用送达消费地或给客户。商物分离形式如图 1-1 所示。

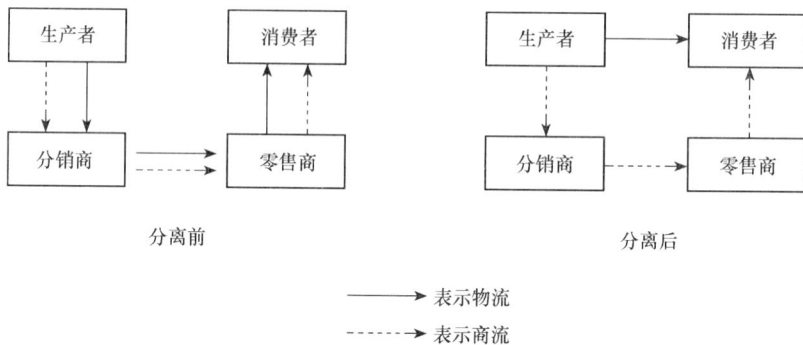

分离前   分离后

———→ 表示物流
------→ 表示商流

图 1-1 商物分离形式

在合理组织流通活动中，实行商物分离的原则是提高社会经济效益的客观需要，也是企业现代化发展的需要。

2）物流的"黑大陆"与"冰山"学说

1962 年，美国著名管理学家彼得·德鲁克指出："流通是经济领域中的黑暗大陆。""黑大陆"泛指流通。"黑大陆"的说法主要就是指尚未认识的和尚未了解的，无论是哪个领域，哪个范围，都有尚未认识的存在，都远未有止境。但是，由于流通领域中物流活动的模糊性尤其突出，是流通领域中人们认识不清的领域，所以"黑大陆"说法后来转向主要针对物流，它是对物流本身的正确评价。

"物流冰山"学说是日本早稻田大学西泽修教授提出来的，他在研究物流成本时发现，现行的财务会计制度和会计核算方法都不可能掌握物流费用的实际情况，因而人们对物流费用的了解是一片空白，甚至有很大的虚假性，就像沉在水面下的冰山一样，露出水面的只是冰山的一部分，沉在水面以下的部分是我们看不到的却有很大挖掘潜力的部分。他把这种情况比作"物流冰山"。

西泽修教授用物流成本的具体分析论证了德鲁克的"黑大陆"学说。事实证明，物流领域的方方面面对我们而言还是不清楚的，在"黑大陆"中和"冰山"的水下部分正是物流尚待开发的领域，正是物流的潜力所在。

3）物流的"效益背反"学说

"效益背反"又称"二律背反"，是指在物流的若干功能要素之间，存在着损益的矛盾，即某一功能要素的优化和利润产生的同时，必然会存在另一个或另几个功能要素利益的损失，反之也如此，如图 1-2 所示。

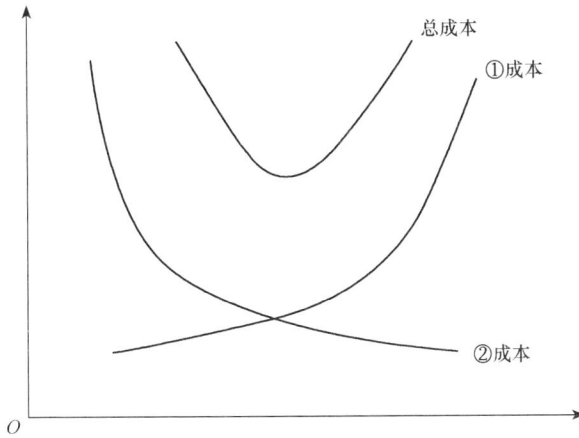

图 1-2　效益背反示意图

"效益背反"是物流领域中经常、普遍发生的现象，是这一领域中内部矛盾的反映和表现。如包装方面每节约一分钱，这一分钱就必然转到收益上来，包装越省，利润就越高，但是，如果节省的包装在进入流通之后降低了产品的防护效果，就会造成了大量损失，降低储存、装卸、运输等方面的效益。

4）物流"利润中心"学说与"第三利润源泉"学说

物流是形成企业经营利润的主要来源，可以为企业提供大量直接和间接的利润。依靠技术进步来降低原材料的消耗和依靠技术革新提高劳动生产效率，前一种利润潜力被称为"第一利润源"，它挖掘的对象是生产力中的劳动对象；后一种利润潜力被称为"第二利润源"，它的挖掘对象是生产力中的劳动者，这集中反映了"利润中心"学说。然而，随着这两个利润源的潜力越来越小，利润获取越来越困难，物流领域中利润的潜力开始被人们所重视，也就是我们今天的"第三利润源泉"学说，它主要挖掘生产力要素中劳动工具的潜力，同时也挖掘劳动对象和劳动者的潜力，因而更具有全面性。

5）物流"成本中心"学说、物流"服务中心"学说、物流"战略"学说

物流"成本中心"学说是指物流在整个企业战略中，只对企业营销活动的成本发生影响，物流是企业成本重要的产生点。因而，物流的主要问题，就是通过有效的管理活动，降低物流活动的一系列成本。所以，"成本中心"是指物流既是主要成本的产生点，同时又是降低成本的关注点，物流是"降低成本的宝库"等说法正是这种认识的形象表述。

物流"服务中心"学说代表了美国和欧洲等一些国家学者对物流的认识。他们认为，物流活动最大的作用，并不在于为企业节约了消耗、降低了成本或增加了利润，而在于提高了企业对用户的服务水平，从而提高了企业的竞争能力。因此，他们在使用描述物流的词汇上选择了"后勤"一词，特别强调其服务保障的职能。通过物流的服务保障，企业以其整体能力来压缩成本、增加利润。对于物流的发展来说，这种通过完善物流服务来提高企业竞争力的观念是非常重要的，也是值得推荐的。

物流"战略"学说是当前非常盛行的说法。学术界和产业界有越来越多的人已逐渐认识到物流更具有战略性，是企业发展的战略而不是一项具体操作性任务。这种看法把物流放在了很高的位置，对物流的发展具有重要的意义。物流管理注重的应是物流整体效益，而不仅仅是物流的某个环节，将物流和企业的生存和发展直接联系起来，企业不应追求物流的局部效益，而要着眼于总体，着眼于长远。也就是说，物流会影响到企业的生死存亡和兴衰成败，因此，把物流本身战略性发展提到议事日程上来是必要的，战略性的规划、战略性的投资和战略性的技术开发是最近几年促进物流现代化发展的重要原因。

物流理论除了上述的几种学说外，还有物流"系统"学说、物流"整体"学说、"供应链管理"学说和"绿色物流"学说、后勤学说等其他学说，这里不一一介绍。

1.2.3　物流学科的内容和基本框架

物流学科的内容和基本框架是物流学科的重要研究内容，研究物流学科的内容和基本框架是为物流学科建设打下良好基础，也是为物流理论的进一步完善奠定基础。

1）物流学科内容

物流的发展尤其是物流理论的发展以物流学科的建立与完善为基础，研究物流学科的内容是研究物流学科建设碰到的首要问题。物流学科的研究对象决定了物流学科的研究内容。由于物流学科的研究对象主要是物流的五要素，所以物流学科的研究主要围绕物流五要素及其相关问题展开。主要内容如下：

（1）物流作为新兴学科要研究的一些基本问题。

（2）围绕对物流的认识要研究的问题。

（3）围绕物流七个基本功能要素要研究的问题。

（4）围绕物流的具体功能要研究的问题。

（5）围绕建立物流系统要研究的问题。

2）物流学科的基本框架

物流学科是由物流学科的基本定位、基本方法、基本假设、基本概念、基本原理、

基本技术、课程体系以及与相关学科的联系等内容构成的。主要从研究对象、研究内容、学科性质、基本概念、基本原理、基本技术等方面探讨物流学科体系框架结构，尽管目前对物流学科的基本框架认识还没有完全统一，但对物流学科基本框架的构成层次已具有初步一致的认识，主要涉及四个层次：

（1）物流学科的核心。物流学科的核心是物流系统的基本概念，这是由一组最关键的核心概念组成的，这些概念可能还需要经过一段时间才能完善，要理解物流，必须借助于这些概念，物流学科的所有其他组成部分都是通过这些概念来表现并且由此而展开的。这一层是物流学科的基本核心。

（2）物流学科体系的四大支柱。即物流学科的基本假设、基本原理、基本理论和基本方法，这四大支柱与物流学科的核心概念一起架构出物流学科的基本框架。这一层次是物流学科框架的基本内涵。

（3）物流学科的理论基础。由于物流学科发展的较晚，其建立本身是依赖于其他已经成熟的学科作为自己的理论基础，物流理论就是在这些理论的基础上发展起来的。与物流相联系的学科很多，它们本身分成不同的层次，与物流学科构成联系最紧密的理论主要有四类：系统论、运筹学、经济学和管理学。系统论提供物流学科最根本的思维方法和逻辑；运筹学提供实现物流系统优化的技术与工具，它是系统论在物流中应用的具体方法；经济学提供物流系统资源配置的基本理论，物流系统的资源配置服从经济学的假设、原理和规律；管理学提供物流系统具体运作的基本假设、原理和规律。除了这些理论以外，物流学科体系还以其他一些学科理论为支撑，但其他理论同这些理论相比，与物流学科理论体系的距离要远一些，因此作为第四个层次。

（4）物流学科的相关学科。现代物流的运作和管理都依赖于现代化的技术条件，研究这些技术条件的学科就成为物流学科体系的相关学科，如电子、机械、电气及信息类学科对现代物流的作用越来越显著，这些学科对其他许多学科都起类似的作用，因此作为物流学科的相关学科来处理。

以上四个层次形成的物流学科框架与供应、制造、流通和消费四大环节具有紧密的联系，物流学科的研究对象具体来说也是研究供应、制造、流通和消费活动中的物流问题。

1.3 物流研究的内容

1.3.1 物流的作用和意义

1.3.1.1 物流的作用

物流与经济社会发展的关系极为密切。物流作为一个独立的经济过程，它可以服务商流、保障生产、方便生活。同时，物流自身的发展也取决于经济社会发展的程度。在社会主义市场经济条件下，经济社会的发展离不开物流，物流无论在微观经济的运行上还是在宏观经济的运行上起到的作用都是不可忽视的。

1）物流对产品的作用

物流对产品的作用，具体来说，主要是服务商流、保障生产、方便生活三个方面：

（1）服务商流。在商流活动中，商品所有权在购销合同签订的那一刻开始，便由供方转移到需方，而商品实体并没有因此而移动。除了非实物交割的期货交易，一般的商流都必须伴随相应的物流过程，即按照需方（购方）的需要将商品实体由供方（卖方）以适当的方式、途径向需方转移。如果没有物流的服务作用，商流活动将会退化为一纸空文。

（2）保障生产。从原材料的采购开始，便要求有相应的物流活动，将所有采购的原材料按需求运送；在生产的各工艺流程之间，也需要原材料、半成品的物流过程，实现生产的流动性。

（3）方便生活。人类生活的每一个环节都有物流的存在。在现代物质生活发展强有力的推动下，全世界的商品冲破了时间和空间的阻隔。反季节的果蔬，日本的电器，德国的汽车，以色列的鲜花等等，我们不需要花很多时间，走很远的路就能轻松获得。这就是物流带来的便利生活，没有物流，人类难以生存。

2）物流对企业的作用

（1）物流是企业生产的前提保证。从企业的角度来看，物流对企业的作用有三点：①物流为企业创造经营的外部环境；②物流是企业生产运行的保证；③物流是发展企业的重要支撑。

（2）物流的降低成本价值。物流合理化有大幅度降低企业经营成本的作用，对改善经济运行的环境，降低和解决企业的困难有着重要的作用。发展物流产业，能够有效降低社会流通成本，从而降低企业供应及销售的成本，起到改善企业外部环境的作用；企业生产过程的物流合理化，又能够降低生产成本。

（3）物流的利润价值。物流活动的合理化，可以通过降低生产的经营成本间接提高利润，这只是物流利润价值的一个表现，对于专门从事物流经营活动的企业而言，通过有效经营，可以为生产企业直接创造利润。

（4）物流的服务价值。物流可以提供良好的服务，这种服务有利于参与市场竞争，有利于树立良好的企业形象，有利于建立长期稳定的战略合作伙伴。物流服务的价值，实际上就是促进企业战略发展的价值。

3）物流对经济的作用

（1）物流在宏观经济运行中的作用。社会再生产是千千万万个企业再生产的总体运动过程。这个总体运动就是宏观经济的运行。如果把整个经济社会看作是一个大系统的话，那么物流仅是这个大系统中的一个子系统，但这个子系统对整个宏观经济的运行发挥着重要作用。

首先，物流制约着商品生产、产业结构以及经济发展的速度。市场经济运行要求流通规模必须与生产发展的规模相适应。物流效能的提高能促进流通规模的扩大，流通规模的扩大才能给生产规模的发展壮大提供必要条件。同时，物流技术的发展，能够改变产品的生产和消费条件，从而为经济的发展创造重要的条件，物资流转速度也将随之大大加快，从而能够加速经济的发展。

其次，物流将各个社会生产部门连接成为一个有机整体。社会经济活动中的产业、部门和企业分布在不同的地区、城市和乡村，互相供应产品以满足对方的生产性消费和个人生活消费。它们之间具有既依赖又竞争的复杂关系，物流就是维系这些关系的纽带，用来维持一个有序运行的国民经济整体。

（2）物流在微观经济运行中的作用。企业是国民经济的细胞。在社会主义市场经济下，企业是市场的主体，企业生产经常采取资金循环的形式，即由购买（供应）、生产和消费三个阶段构成。在这种经济运行中，物流的作用主要表现在以下几个方面：

① 物流是企业生产连续进行的前提条件。一个企业的生产要连续地、不间断地进行，一方面必须根据生产需要，按质、按量、按时且均衡不断地供给原材料、燃料和工具、设备等；另一方面，又必须及时将产成品销售出去。同时，在生产过程中，各种物质资料也要在各个生产场所和工序之间互相传递，使它们经过一步步的连续加工，成为经济价值更高、使用价值更大的产品。

② 物流是保证商流顺畅进行，实现商品价值和使用价值的物质基础。在商品流通过程中，一方面要发生商品所有权的转移，即实现商品的价值，这个过程就是"商流"；另一方面，还要完成商品从生产地到消费地的空间转移，即发生商品的实体流动——"物流"，以便实现商品的使用价值。

③ 物流信息是企业经营决策的重要依据。生产力水平的迅速提高，生产规模的急剧扩大，商品需求量和供给量也越来越大，生产结构和消费结构越来越复杂，导致商品市场竞争异常激烈。在这种情况下，如果没有及时、准确、迅速地掌握市场信息和物流信息，企业就会受到不利影响。从某种意义上讲，信息就是金钱。而且商品经济越发达，信息的作用就越大、越重要。

④ 物流的发展是经济效益提高的必要条件。物流的效益直接影响着物品的经济价值和使用价值。物流成本已成为生产成本和流通成本的有机组成部分。由于科技进步和生产管理水平的提高，通过降低物资消耗和提高劳动生产效率来降低产品成本已经取得很大成效，而物流领域却还有更大的发展空间，在管理和技术上加以改进，物流将成为企业"第三利润"的源泉。开发物流、改进物流、提高物流管理水平无论对于企业经济效益还是社会宏观经济效益，都具有十分重要的作用。

1.3.1.2 物流的意义

物流成为一个独立的经济过程，是社会发展的必然结果，它与社会经济发展的关系极为密切。同时，物流自身的发展水平也取决于整个社会经济发展的程度。社会经济发展离不开物流，市场经济越发达，物流的地位也越重要。

发展现代物流是提升产业化水平、推进现代化的要求；发展现代物流是提高社会效率和企业竞争力的重要手段；现代物流产业发展程度是衡量一个国家产业化水平和综合竞争力的重要标志；发展现代物流对于提高国民经济运行的质量和效益，优化资源配置，改善投资环境，促进企业结构调整，提高经济实力，具有十分重要的意义。

1.3.2 物流系统要素

1）物流系统的一般要素

物流系统的一般要素由四个方面构成。

（1）人的要素。人是所有系统的核心要素，也是系统的第一要素。提高物流人员的素质是建立物流系统并使之有效运营的根本。

（2）资金要素。资金是所有企业系统运行的动力，物流系统建设是资本投入的一大领域，离开资金这一要素，物流系统不可能运行，物流目标也不可能实现。

（3）物的要素。包括物流系统劳动对象服务的物质要素，即各种实物；物流系统中物的要素还包括劳动工具、劳动手段，如各种物流设施、设备、工具，各种消耗材料等。

（4）信息要素。包括物流系统所需要处理的信息，即物流信息。

2）物流系统的物质基础要素

物流系统的建立和运行，需要有大量技术装备手段，这些手段间的有机联系对物流系统的运行起到决定作用。这些要素对实现物流和某一方面的功能也是必不可少的。物质基础要素主要有：物流设施、物流装备、物流工具、信息技术及网络、组织及管理。

（1）物流设施。物流设施是物流系统运行的物质基础条件，包括物流站、场，物流配送中心、仓库，物流线路，建筑、公路、铁路、港口等。

（2）物流装备。物流装备是保证物流系统开动的条件，包括仓库货架、进出库设备、加工设备、运输设备、装卸机械等。

（3）物流工具。物流工具是物流系统运行的物质条件，包括包装工具、维护保养工具、办公设备等。

（4）物流信息技术及网络。物流信息技术及网络是掌握和传递物流信息的手段，包括通讯设备及线路、传真设备、计算机及网络设备等。

（5）物流组织与管理。物流组织与管理是物流网络的"软件"，起着连接、调运、协调、指挥其他各要素，以保障物流系统有效运转及目标实现的作用。

3）物流系统的功能要素

物流系统的功能要素指的是物流系统所具有的基本能力，主要包括运输、储存保管、包装、装卸搬运、流通加工、配送、物流信息处理等要素。这些基本能力有效地组合联结在一起，变成了物流系统的总功能，合理、有效地实现物流系统的总目的。

（1）运输功能要素。运输是物流的核心业务之一，也是物流系统的一个重要功能。选择技术经济效果好的运输方式及联运方式，确定合理运输路线，以实现安全、迅速、准时、廉价的要求。

（2）储存保管功能要素。是指在特定的场所储存物品的行为，一般而言是通过仓库对商品进行储存和保管。储存保管是实现社会生产顺利进行的必要前提条件，也是调整生产和消费的时间差别及维持市场稳定的必要手段，同时也具有劳动产品价值保存等重要作用。运输功能要素和储存保管功能要素在某种程度上是物流功能要素中最为重要的两个基本功能要素。

（3）包装功能要素。包括产品的出厂包装、生产过程中在制品、半成品的包装以及在物流过程中换装、分装、再包装等活动。为了使物品在物流过程中完好地运送到客户手里，并满足客户需求，则需要对大多数物品进行不同方式、不同程度的包装。所以，对于包装活动的管理，要根据物流方式和销售要求来确定。以商业包装为主还是以工业包装为主，需要全面考虑包装对产品的保护作用、促进销售作用、提高装运率的作用、包拆装的便利性以及废包装物的回收及处理等因素。包装管理还要根据全物流过程的经济效果，具体决定包装材料、强度、尺寸及包装方式。

（4）装卸搬运功能要素。装卸搬运是随运输和仓储保管而产生的必要物流活动，它包括对输送、保管、包装、流通加工等物流活动进行的衔接活动，以及在保管等活动中因检验、维护、保养所进行的装卸活动。选择最恰当的装卸方式，力求减少装卸次数，合理配置及使用装卸机具，以做到节能、省力、减少损失、加快速度，获得较好的经济效果。

（5）流通加工功能要素。又称流通过程的辅助加工活动。它是在产品从生产领域向消费领域流动的过程中，为了促进产品销售、维护产品质量和提高物流效率，对商品进行加工处理，使商品发生物理或化学变化的作业活动。这种加工活动不仅存在于社会流通过程，也存在于企业内部的流通过程中。所以，流通加工实际上是在物流过程中进行的辅助加工活动。

（6）配送功能要素。它是物流进入最终阶段，以配送、送货形式最终完成社会物流并最终实现资源配置的活动。配送是运输活动中的一个组成部分，也是现代物流的一个最重要的特征。

（7）物流情报功能要素。它在物流系统中处于主要功能要素的地位，包括进行与上述各项活动有关的计划、预测、动态（运量、收、发、存数）的情报及有关的费用情报、生产情报、市场情报活动。现代物流需要依靠情报信息进行有效运行，所以，对于物流情报活动的管理，应该建立情报系统和情报渠道，正确选定情报科目和情报收集、汇总、统计、使用的方式，以保证其可靠性和及时性。

4）物流系统的支撑要素

物流系统的建立需要有许多支撑手段，尤其是处于复杂的社会经济系统中，要确定物流系统的地位，要协调与其他系统的关系，这些要素必不可少。主要包括：体制、制度、法律、规章、行政、命令和标准化系统等。

1.3.3 物流的基本功能

物流作为一个系统是由若干子系统构成的，具有重要的地位与作用，而这一切都是由物流本身具有的功能决定的。物流的功能包括运输、仓储、配送、装卸搬运、包装、流通加工、物流信息处理等，其中，运输、仓储和配送属于主体功能，而装卸搬运、包装、流通加工、物流信息处理属于辅助功能。

1）运输

运输是指运用设备和工具，将物品从一地点运向另一地点的活动。在物流过程中的运输，主要是指物流企业或受货主委托的运输企业，为了完成物流业务所进行的运输组织和运输管理工作。它是物流的所有功能中一个最基本的功能，也是物流的核心所在。

由于运输具有扩大市场、稳定价格、促进社会分工、扩大流通范围等社会经济功能，所以，运输对发展经济、提高国民生活水平有着重要的影响，现代社会的生产和消费就是靠运输事业的发展来实现的。为了做好运输管理工作，保证运输的有效进行，需要对运输方式和运输工具的选择进行研究。运输方式有铁路运输、公路运输、船舶运输、航空运输、管道运输五种主要运输方式。选择正确的运输方式，制定运输线路，为运输工作的顺利进行提供条件，从而实现运输安全、迅速、准时的目的。

2）仓储

仓储是指通过仓库对物资进行储存和保管，内容包括对物资进行检验、整理、保管、加工、集散等多种作业。仓储的目的是克服产品与消费在时间上的差异，产生时间功效。它具有以调整供需为目的来调整时间和价格的双重功能，解决供需之间和不同运输方式之间的矛盾，为物资提供场所价值和时间效益，起到了缓冲、调节和平衡的作用。

仓储是物流的重要职能，它与运输在物流活动中的作用同等重要，是物流的两大支柱之一，在物流活动中处于中心地位，其他物流活动都是围绕仓储与运输进行的。

3）配送

配送是物流的一种特殊的、综合的活动形式，也是一种新的服务形式，它的业务活动面很广，几乎包括了物流的所有职能，是物流活动的一个缩影，在某一范围内是物流全部活动的体现。一般来讲，配送是指在经济合理区域范围内，根据用户的要求，对物品进行拣选、加工、包装、分割、组配等作业，并按时送达指定地点的物流活动。简单地说，配送就是把必要的物品在规定的日期和时间以前，安全准确的送达给最终顾客的运输活动，是物流中一种特殊的、综合的活动形式，是商流与物流的紧密结合。

4）装卸搬运

装卸搬运是指在一定地域范围内，以改变货物存放状态和空间位置为主要内容和目的的物流活动。它是伴随运输和保管而产生的物流活动，包括装车、卸车、堆垛、入库、出库以及连接以上各项动作的短程搬运。

装卸搬运活动的效率，直接影响物流的整体效率。无论是生产物流、销售物流及其他物流，或是运输、存储等其他作业活动，都离不开物品的装卸搬运。装卸搬运费用占物流成本相当大的比例，装卸搬运活动的合理化对于物流系统整体的合理化至关重要。所以，合理管理装卸活动，主要是对装卸搬运方式和搬运机械的选择、合理配置、使用以及合理装卸搬运，尽可能减少装卸搬运次数等尤为重要。

5）包装

包装是指为了在流通过程中保护产品、方便储运、促进销售，按一定技术方法采用的容器、材料及辅助物的总体名称。包装有两个基本功能：营销功能和物流功能。在营销功能中，包装通过形状和颜色等途径向客户提供产品的有关信息，显示产品的特点，吸引购买者的注意和引起他们的喜爱，促使客户购买该产品，以扩大商品的销售量。在物流功能中，为保证产品完好地运送到消费者手中，产品需要不同方式和不同程度的包装，包装形式和包装方法的选择，包装单位的确定，包装形态、大小、材料、重量等设计，以及包装物的使用次数等，都是物流的职能。

6）流通加工

流通加工是指物品在从生产地到使用地的过程中，为了弥补生产过程加工程度的不足和更有效地满足用户或本企业的需要，实现更好的产需衔接，物流过程中进行一些辅助性的加工活动。它包括包装、分割、计量、分拣、刷标志、拴标签、组装等简单作业活动，这些加工活动放在物流过程中完成，成为物流的一个组成部分。流通加工是生产加工在流通领域中的延伸，也可以看成流通领域为了更好地服务而在职能方面的一种延伸。

7）物流信息处理

为了使物流成为一个有机系统而不是各个孤立单元的活动，就需要及时交换信息。所谓的物流信息处理，就是反映物流各种活动内容的知识、资料、图像、数据和文件的总称。现代物流的重要特征是物流的信息化，现代物流也可以看作是物资实体流通与信息流通的结合。由于物流信息贯穿于物流活动的整个过程，并通过其自身对整体物流活动进行控制，所以称物流信息为物流的中枢神经。建立和完善物流信息系统，对于构筑物流系统，开展现代物流活动来说是极其重要的一项工作内容。

通过以上物流的各种职能之间的相互联系、相互依赖和相互作用，使物流整体职能得到发挥，促进物流活动达到最佳效益，进而达到物流的最终经济目的。

1.4 现代物流的发展方向

1.4.1 国外现代物流的发展

1.4.1.1 国外现代物流的发展状况

物流的发展不仅与社会经济和生产力的发展水平有关，同时也与科学技术发展的水平有关。以美国和日本为例，按照时间顺序，物流发展大致经历了四个阶段。

1）第一阶段：20世纪初至20世纪50年代

20世纪初，在北美和西欧一些国家，随着工业化进程的加快和大批量生产和销售的实现，人们开始意识到降低物资采购及产品销售成本的重要。1901年 J. F. Growell 在美国政府的《工业委员会关于农场产品配送的报告》中首次讨论了影响农产品配送的成本和影响因素，这是物流的萌芽时期。1927年，R. Borsodi 在《配送时代》中首次在文章中对目前仍沿用的 logistic 下了定义。说明人们在这一时期对物流的意义有了初步的认识。随着第二次世界大战的爆发，美国在军事领域上的物品配送经验，推动了战后对物流活动的研究以及实业界对物流的重视。1946年，美国正式成立了美国交通与物流协会（American society of traffic and logistics），这是美国第一个对运输和物流业进行考查和认证后的建立组织。这一时期是美国物流的萌芽和初级阶段。

日本的物流观念于20世纪50年代从美国引入，然后在对国内物流状况进行调查研究基础上，将物流称之为"物的流通"。日本物流的发展是迅速的，它把"物的流通"视为一种包括运输、配送、装卸、仓储、包装、流通加工和信息传递等多种活动的综合行为，同时比较重视有关车站、码头的装卸运作的研究与实践，为物流发展打下了良好基础。

2）第二阶段：20世纪60～70年代

这一时期在美国，现代市场营销观念逐渐形成，使企业意识到使顾客满意是实现企业利润的唯一手段，服务顾客成为经营管理的核心要素，物流在为顾客提供服务上起到了重要的作用。物流，特别是配送得到了快速地发展。1976年，美国国家物流管理委员会对物流的定义是："物流活动包括了为用户服务、需求预测、销售情报、库存控制、物料搬运、订货销售、零配件供应、工厂及仓库的选址、物资采购、包装、退还货物、废物利用及处置、运输及仓储等诸项活动。"从此，"物流"一词开始有了更广泛的含义。

此时，日本的经济以商品大量生产和大量销售为主要发展特征。随着这一时期生产技术向机械化、自动化方向的转变以及销售体制的不断改善，社会各方面对物流的落后及物流对经济发展的制约性都有了共同的认识，物流的合理应用已成为制约企业发展的因素。1965年，日本在其《中期5年经济计划》中提出了要实现物流的现代化。这一时期是日本物流开始的大发展时期。

3）第三阶段：20世纪70～80年代

这段时期，随着计算机技术、系统分析方法、定量分析技术的发展，以及物流总费用分析概念的逐步形成并在企业中的应用，使物流的作用在社会及企业中进一步得到确认。同时，从许多公司的管理实践中发现，在企业的制造、市场及物流三个重要方面，为公司提高利润的最有效手段是降低物流成本。因此，物流一体化管理是公司保证持续发展的最有效途径。随着上述趋势的发展，相应地出现了"综合物流管理"的概念并得到广泛的认可和应用。

日本进入了以消费为主导的时代，降低经营成本特别是降低物流成本成为经营战略中的重要特征。在企业内开始出现了专业物流部门，用系统的行为开展降低物流成本的活动，同时物流子公司也开始兴起。此时，日本全国范围内的物流联网也在蓬勃发展，其宗旨是推进订货、发货等业务的快捷化，削减物流人员，降低劳动力成本。以大型零售店为中心的网上订、发货系统的应用在这一时期最为活跃，成为物流合理化在技术上的反映。这一时期，也称为物流的合理化时代。

4）第四阶段：20世纪90年代至今

美国的电子商务从此时步入如火如荼的发展阶段，使现代物流上升到前所未有的重要地位。电子商务带来的这种交易方式的变革，使物流由信息化向网络化方向进一步发展。此外，"专家系统"软件的推广使美国物流管理实现了智能化，提高了整体效果。20世纪90年代日本泡沫经济出现崩溃，大量生产、大量销售的生产经营体系暴露了很多问题，为此，日本政府制定了《综合物流施策大纲》。大纲中提出了日本物流发展的基本目标和具体保障措施，其中，特别强调物流系统要实现信息化、标准化以及实施无纸贸易。这个大纲是日本物流现代化发展的指针，对于日本物流管理的发展具有重要历史意义。

1.4.1.2　国外物流的发展趋势

随着经济全球化步伐的加快，科学技术尤其是信息技术、通信技术的发展，跨国公司的出现所导致的本土化生产、全球采购、全球消费趋势的加强，国际贸易表现出一些新的趋势和特点。因此，国际贸易业对物流提出了质量要求、效率要求、安全要求、经济要求等更新、更高的要求。同时，根据国外物流发展情况，可以将21世纪国际物流的发展趋势归纳为信息化、集约化、网络化、智能化、柔性化、标准化和社会化。

1.4.2　我国现代物流的发展和存在的问题

物流在国外有60多年的发展历程。我国是在20世纪80年代开始研究物流的，90年代中期才得到企业界的广泛重视。发达国家在物流理论和运作实践方面取得的一些成果，对我国的物流研究有着积极的借鉴作用。

1.4.2.1　我国物流行业迅速增长，竞争激烈，呈现多元化

我国加入世界贸易组织以来，在商品分销、陆路运输、水路运输、仓储、货运代理、快递服务等领域逐步对外开放，国有、私营、合资等多种所有制形式相互竞争、相互促进，实现多元化发展。我国物流企业借鉴国外公司的先进管理模式和成熟经验，在保留传统物流优势的前提下，建立符合中国国情的新型专业物流服务企业，按照现代物流理念和经营模式，全面提供对生产、销售和采购等方面的服务。这种多元化结构使我国物流产业形成了激烈竞争的格局。

1.4.2.2　我国物流行业存在的主要问题及制约因素

随着我国改革开放及经济水平的日益发展，我国的物流行业已具有一定的规模。然而，同一些发达国家的物流产业相比较，我国物流产业还相对落后，一些弊端逐渐显现。

1）我国物流行业市场机制不健全，缺乏高效的现代物流体系

物流行业横跨内贸、外贸、铁路、公路、民航、邮政、海关、质检等多个部门，涉及仓储、运输、装卸等不同的行业。要满足物流整体功能要求，需要对不同部门和行业进行协调，从某种程度上讲，这些重要的协调工作往往需要政府承担，才能形成高效一致的现代物流体系。然而，我国的物流行业目前还处于分块治理的阶段，物流行业的管理权限被分割在若干个部门和地区，各部门和地区自成体系，这一现状使得各部门之间，各地区之间的权利、责任相互重复，导致物流产业体系无法达到合作有效和协调发展，严重阻碍物流产业的进一步发展。

2）我国物流行业成本高，经营方式粗放

综合来看，我国物流产业规模正在不断扩大，但同发达国家相比较，还有相当大的差距，主要表现在成本较高，质量和效益未达到应有的水平。据统计，我国物流成本比发达国家的物流成本多一倍，物流产业整体效率偏低，并且业务附加值低，缺乏增值服

务。从事物流服务的企业多数只提供单一的运输业务或仓储服务，缺少流通与库存相结合的多功能一站式服务以及技术含量高的物流方案设计等高附加值服务，导致物流活动效率低，仍旧处于低水平的粗放式经营阶段。

3）我国物流产业在空间布局上发展不协调，偏远地区出现死角

我国物流产业空间发展不平衡，东南部沿海地区物流运作水平明显领先于中西部地区，表现为规模较大的物流企业多集中于经济发达的地区，运输效率也远超其他地区。尤其是部分偏远山区交通网络滞后，用于货物运输及农产品运输的物流设施落后，现代物流企业在这一地域几乎处于空白。

1.4.3 现代物流的发展趋势

进入新世纪以来，全球经济一体化趋势加快，社会经济的持续发展，机遇与挑战并存。根据国内外物流发展情况，21世纪物流业总体发展趋势一般归纳为系统化、社会化、标准化、信息化、自动化、网络化、智能化、柔性化和精益化等方向。

1）现代物流系统化趋势明显

物流的系统化将大大节约流通费用，提高流通的效率与效益。以往的传统物流是指产品出厂后的包装、运输、装卸和仓储活动等。而现代物流的特点表现为系统化，它将包装、装卸、存储、配送、流通加工、物流信息处理等步骤综合地、有机地结合在一起，作为一个系统来管理。这种系统化概念使社会物流与企业物流有机结合在一起，它从采购物流开始，经过生产物流，再进入销售物流，最后还要考虑回收物物流和废弃物物流，从而形成了一种良性的系统化物流循环。

2）现代物流社会化趋势

随着市场经济的发展，物流越来越趋向于社会化，专业化分工越来越细，专业之间的合作也越来越密切，从而出现了第三方物流。它是为了满足企业物流活动的社会化要求所形成的，同时又为企业的物流活动提供了社会保障。尤其在近些年间，原来由企业自己进行的运输、包装、仓储、装卸等物流活动，都逐步走向社会化。现代物流的社会化趋势是社会活动发展的必然结果，物流社会化也是今后物流发展的一个重要方向。

3）现代物流标准化趋势

物流系统的标准化已经成为先进国家提高物流运作效率和效益，提高竞争力的必备手段，它是现代物流技术的一个显著特征和发展趋势，也是实现现代物流的根本保证。随着物流科学的发展，物流的标准化将在世界范围内获得越来越广的普及，最终实现标准化的统一。只有实现了物流系统各个环节的标准化，才能真正实现物流技术的信息化、自动化、网络化、智能化等。

4）现代物流信息化趋势

现代社会已步入了信息时代，物流信息化是社会信息化的必然要求和重要组成部分，现代物流借助信息系统，使商品与生产要素在全球范围内快速、方便、准确地流动。物流效率的提高更多地取决于信息技术的普及和应用，物流信息为物流提供了更多的需求和库存等方面的信息，同时提高了物流管理水平，从整体上提高整个物流系统的经济效益。信息技术的应用还将会彻底改变世界物流的面貌，信息技术在物流领域的应用将更加广泛，物流信息化程度将进一步加强。没有信息化，任何先进的技术装备都无法顺畅地使用，信息化已经成为物流现代化最重要的标志。

5）现代物流自动化趋势

随着现代化技术的发展，不仅是在生产领域，而且在流通领域，自动化也是不断地发展，不断提高的。自动化的基础是信息化，核心是机电一体化，其外在表现是无人化，效果是省力化。自动化的运用使流通方式和条件发生了改变，扩大了物流系统作业能力，提高劳动效率，减少了作业差错。所以，自动化的便捷方式带来的益处必然导致现代物流趋向于自动化。

6）现代物流网络化趋势

网络化是指信息技术网络化和物流系统的组织网络化。信息技术网络就是在供应链上企业之间的业务运作通过互联网实现信息的传递和共享，并运用电子方式完成操作，从而实现信息网络化。物流系统的组织网络化主要包括企业内部组织的网络化和企业之间的网络化。把原来基于专业化分工的物流组织，按顾客导向进行业务流程的重新设计，建立了一个扁平化的、富有弹性的新型组织，同时与供应链上的相关企业之间建立虚拟化的组织，以适应现代物流的组织网络化趋势。

7）现代物流智能化趋势

智能化是物流自动化、信息化的一种高层次应用。物流过程中大量的运筹和决策，如系统的优化分析、网络的设计优化、大量复杂数据的计算、配送中心经营管理的决策、最合理运输路线的选择、最佳车辆的调度、最优库存的控制等，都需要借助于智能化专家系统才能解决。所以，智能化是实现物联网优化运作的一个不可缺少的前提条件，并且成为新经济时代物流发展的一个新趋势。

8）现代物流柔性化趋势

柔性化是为实现以客户为中心的经营理念，是20世纪90年代在生产领域提出来的。在过去，以生产为中心的经营环境下，生产领域的表现是少品种、大批量生产。为了摆脱这种模式，更好地满足消费者的个性化需求，实现多品种、小批量以及灵活易变的生产方式，产生了一种新型物流模式，即柔性化物流模式。柔性化物流模式适应当今消费者个性化需求的趋势，并将会长久发展下去。

9）现代物流精益化趋势

任何事物都要在稳步发展中精益求精，物流精益化就是以客户需求为中心，通过对价值链中产品设计、制造和订货等每一个环节进行分析，以较少的人力、设备、场地，在较短的时间内，创造出尽可能大的价值，提高客户满意度。精益化物流思想在物流领域的应用，是对粗放式物流的摒弃，是物流企业实现低成本、提高服务水平的有效管理模式。所以，物流精益化是现代物流发展的必然趋势。

1.5 汽车物流概述

汽车物流是物流行业的一个部分，它涉及汽车供应链上汽车生产开始需要的原材料、零部件、组装整车以及售后配件在各个环节之间的实体流动过程，掌握汽车物流的概念、特点及包含的基本要素以及汽车物流运作模式等内容是从事汽车物流行业的基础。图1-3为汽车物流流程图。

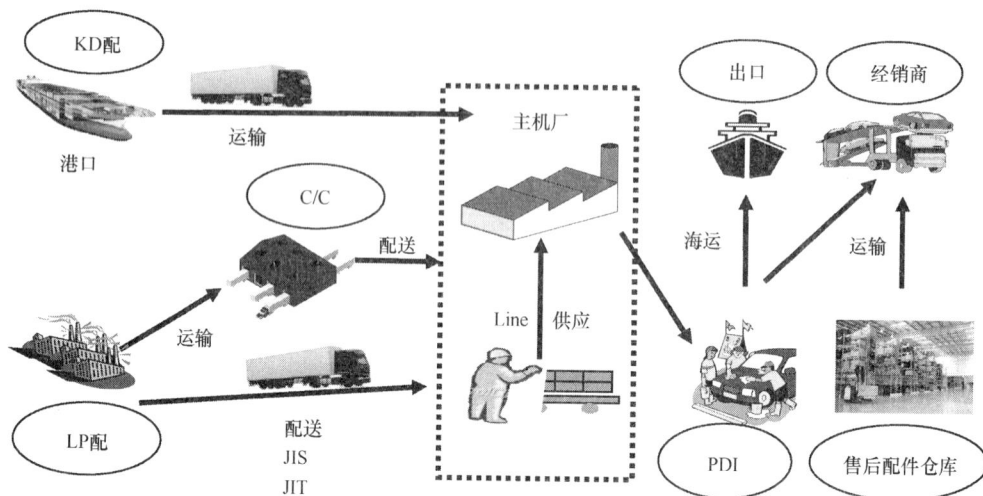

图1-3   汽车物流流程图

1.5.1   汽车物流的概念

1.5.1.1   汽车物流概念

通过前面内容我们知道，物流定义的表达形式多种多样，有些学者甚至将各种形式财产抽象化以后，将物流定义归纳为"连接供给主体和消费主体，克服空间和时间差异的物理性经济活动"。但有些学者从具体事件出发又将其归纳为"物流是运输、保管、包装和装卸等的物资流通活动和与此相关的信息传递活动"。总的来说，物流就是物品从供应地向接收地的实体流动过程。根据实际需要，将运输、储存、装卸、搬运、包装、流通加工、配送、信息处理等基本功能进行有机结合。

随着汽车工业的飞速发展，汽车保有量迅速攀升。就我国而言，2011年我国汽车产销量达到1800万辆，汽车已成为我国经济和人们生活中重要组成部分。目前我国汽车商品中，物流成本占汽车商品价格很大的比重，所以降低汽车物流成本成为人们关注的焦点。

从供应链的角度出发，我们将汽车物流定义为：汽车物流是对汽车制造企业（包括汽车零部件制造企业）进行集现代运输、仓储、装卸、包装、配送及物流信息于一体的综合性物流活动，是沟通原料供应商、生产厂商、批发商、零件商、物流中心及最终用户的桥梁，也是实现汽车商品从生产到消费各个流通环节有机结合的活动。

汽车物流过程包括采购物流（原材料的供应物流）、生产物流、销售物流和逆向物流。汽车整车及其零部件的物流是各环节衔接得十分紧密的高技术行业，是国际物流业公认的最复杂、最具专业性的领域。简单地说，汽车物流的概念就是把物流定义中的产品或商品特指汽车而言，包括汽车整车及其零部件。因此，广义的物流概念与研究内容在汽车物流领域内也有一定的通用性。

1.5.1.2 汽车物流常用英文术语及释义

UPH：unit per hour，单位小时生产台数，UPH 数值越大，生产节奏越快。

JIT：just in time，准时供应，在需要的时候，按需要的量提供所需要的产品，达到零库存或库存最小的状态。

JIS：just in sequence，按序列供应，在需要的时候，按需要的量及需要的顺序提供需要的产品，实现完全零库存。

BIW：body in white，白车身（焊装完成品）。

WBS：white body storage，白车身存储库。

CRS：color rescheduling storage，颜色调整存储库（面漆喷涂前颜色调整）。

PBS：painted body storage，喷涂车身存储库（涂装完成品）。

CKD：completely knocked down，进口全散件（不能拆分的单个零部件）。

SKD：semi knocked down，进口半散件（总成）。

LP：local part，本地生产零部件（相对进口零部件）。

BOM：bill of material，物料清单。

AGV：automated guided vehicle，无人搬运车指搬运车装备有电磁或光学等自动引导装置，能够沿规定的导引路径行驶。

序列：与汽车生产顺序对应的零部件供货顺序信息。包括厂内序列和厂外序列，厂内序列是指存储在工厂内的零部件按序列信息供货的零部件输送过程；厂外序列是指存储在工厂外的零部件按序列信息供货的零部件输送过程。

运输容器：零部件的包装，为方便储存和运输。

供货容器：零部件的包装，为了方便直接向生产线按顺序供货。

1.5.2　汽车物流的特点

汽车物流是物流的重要组成部分，具有与其他物流分类所不同的特点，是一种复杂程度极高的物流活动。汽车物流的特点如下：

1）整合与协调性

汽车物流的重点是整合与协调。汽车物流是以汽车制造企业为核心，通过物流和信息拉动供应商的原材料供应，来推动分销商的产品分销及客户服务。所以，实现供应与需求之间的相互协调显得十分重要。

2）技术复杂性

汽车物流的技术复杂程度为各行业物流之首。保证汽车生产所需零部件能够按时按量到达指定地点十分重要，汽车的高度集中生产带来成品的远距离运输以及大量的售后配件物流，这一系列过程构成十分复杂的系统工程。

3）服务专业性

汽车生产的技术复杂性决定了为其提供保障的物流服务必须具有高度专业性。供应物流需要专用的运输工具和工位器具，运输工具的档次直接关系到运输的快慢，为保证运输质量就必须具有运输工具的高度专业性配合；生产物流需要专业的零部件分类方法，使汽车企业具有高度专业化物流理念；销售物流和售后物流也需要服务人员具备相应的汽车保管、维修专业等相关知识。也就是说，要实现物流功能的专业化，要求从事汽车物流的企业人员在拥有专业化物流理念的同时，也要对汽车制造的相关内容进行必要的了解。

4）网络的先进性

汽车物流是一种高度资本密集、技术密集和知识密集型行业，由于现代科技的发展，计算机网络已经全面规划着汽车供应链中的物流、商流、信息流、资金流，并且构建电子商务采购和销售平台，通过应用条码技术、EDI 技术、电子订货系统、POS 数据读取系统、GPS（全球定位）系统等信息技术，有效地获取需求信息，使汽车物流效率更加高效，以满足客户需求。

1.5.3 汽车物流的基本要素

汽车物流的基本要素由四个方面构成：

1）人的要素

人是汽车物流系统的核心要素，是确保汽车物流得以顺利实施的根本保障。提高汽车物流从业人员的素质尤为重要。从业务要求的角度出发，汽车物流从业人员除了需要具备一般物流专业的知识外，还需要对汽车构造、生产、特性、运输等相关汽车专业知识有所了解。

2）资金要素

资金是汽车物流得以完成的动力保证。汽车物流的实现需要人员、技术、设施以及设备的有机结合，这一切的结合需要资金作为保障，离开资金汽车物流的目标不可能实现。

3）物的要素

汽车物流物的要素包括为劳动对象（汽车）服务的一切物的条件。也包括为汽车产品提供物流服务的劳动工具、劳动手段，如各种物流设施、设备、工具，各种消耗材料等。

4）信息要素

信息是汽车物流运作的基础，也是汽车物流发展的重要基础，从某种意义上说，汽车物流的现代化就是实现汽车物流的信息化。汽车物流信息涉及汽车物流系统所有处理的信息。

1.5.4 汽车物流的运作模式

汽车物流的运作模式是由物流组织者决定的，并与汽车物流企业开展业务的具体运作方式相联系。目前汽车物流运作模式总体上可分为三种模式：自营物流、物流外包（第三方物流）、自营与外包相结合的混合模式。

1.5.4.1　汽车物流自营模式

汽车物流自营模式是指汽车生产企业依靠自身力量，结合自身优势，建立适合自身需要的物流体系，分为汽车产品供应物流、汽车产品生产物流、汽车产品销售物流，这些部分全部由汽车生产企业来完成。根据我国现阶段的汽车物流运作模式来看，这种模式具有一定的地位。

1）汽车自营物流的优势

汽车自营物流对于汽车生产企业来说具有以下优点：

（1）较强的控制权、反应灵活。物流涉及企业内部的采购、制造和销售等环节，汽车生产企业应该对本企业产品的原材料供应、产品型号等有完整和详细的资料，对供应商和销售商经营能力等方面的问题有深入的了解。汽车企业可以利用有利条件对物流的各个环节加以有效地协调和控制，能以较快的速度解决物流管理中出现的问题。同时，从事汽车物流的企业是汽车生产企业的一部分，汽车物流企业生产目标围绕服务于汽车生产企业目标展开，因此能够更加快速、灵活地满足汽车生产企业在物流业务上对时间、空间的要求。

（2）盘活汽车生产企业原有资产。经过产业结构调整，我国当前从事汽车生产的企业已经具备一定的生产规模，汽车生产企业一般拥有一定的物流资产，如汽车运输设备、仓库设施和设备以及装卸的设施和设备，铁路专用线等。汽车生产企业选择自营物流，可以在改造汽车生产企业经营管理结构和机制的基础上盘活原有物流资源，带动资金流转，为汽车生产企业创造利润空间。

（3）降低交易成本。由于汽车生产企业通过内部行政权力控制汽车零部件的采购、产品和零部件的供应等物流环节，不需要为汽车产品的运输、仓储等活动的服务佣金进行谈判，避免多次交易花费以及交易结果的不确定性，降低交易风险，减少交易费用。

（4）汽车生产企业自建的物流系统能够自主控制营销活动。一方面作为代表汽车生产企业可以为顾客服务到家，使顾客近距离了解汽车生产企业、熟悉汽车产品；另一方面，汽车生产企业可以掌握最新的顾客信息和市场信息，并根据顾客需求和市场发展动向对战略方案做出调整，从而提升汽车生产企业的品牌价值。

2）汽车自营物流的弊端

汽车自营物流也可能会给汽车生产企业带来诸多问题，如下所述：

（1）增加了汽车生产企业投资负担，削弱了汽车生产企业抵御市场风险的能力。汽车生产企业从事物流活动需要投入大量的资金用来建设物流设施、购买物流设备，还需要经常性的投入维护费用以及相关的人力资本，这对汽车生产企业来说将是个沉重负担。而且这必然会影响汽车生产企业对汽车产品生产重要环节的投入，在某种程度上削弱了汽车生产企业的市场竞争能力。

（2）管理难于控制。汽车物流资源部门只是汽车生产企业的一个后勤部门，物流活动也并非为汽车生产企业所擅长，汽车生产企业自营物流会迫使汽车生产企业从事不擅长的业务活动，汽车生产企业的管理人员往往需要花费过多的时间、精力和资源去从事辅助性的工作，结果会导致辅助性的工作没有抓起来，关键性业务也无法发挥出核心作用的局面。

（3）专业化程度低，成本较高。汽车物流成本的降低取决于汽车物流的专业化水平。采用自营物流，对于物流资源的利用率不高，而且不能形成规模效应，从而导致物流成本过高，产品在市场上的竞争能力下降；同时，由于规模有限，物流的专业化程度非常低，不能满足汽车生产企业的需要。

（4）无法进行准确的效益评估。由于汽车自营物流的企业，其内部各职能部门彼此独立地完成各自的物流，没有将物流分离出来进行独立核算，因此汽车生产企业无法计算出准确的产品的物流成本，无法进行准确的效益评估。

1.5.4.2　汽车物流外包模式（第三方物流）

除自营物流外，汽车生产企业也可以选择物流外包，这里的物流外包主要是指汽车生产企业把汽车物流交由第三方物流公司承担。汽车物流外包，就是汽车生产企业为了获得比单纯利用内部资源更多的竞争优势，将其部分或全部汽车物流业务交由合作企业完成。汽车生产企业将物流业务外包给专业的物流企业运作，可以集中资源、节省管理费用，增强核心竞争能力。

汽车物流外包是汽车生产企业一种长期的、战略的、相互渗透的、互利互惠的业务委托和合约执行方式。在当今竞争日趋激化和社会分工日益细化的大背景下，汽车物流外包是汽车生产企业应对竞争环境变化和需求水平提高的有效途径。

1）汽车物流外包的优势

物流外包可以为汽车生产企业带来以下优势：

（1）提升核心竞争力。物流业务外包可以使汽车生产企业集中主业，实现资源优化配置，将有限的人力、财力集中于汽车生产核心业务。通过核心竞争力的提升，使汽车生产企业在竞争中取得优势。

（2）降低物流成本。第三方汽车物流企业利用规模生产的专业优势和成本优势，通过提高各环节能力的利用率来达到有效降低企业物流成本，尤其是减少库存量和降低成本的目的。第三方汽车物流企业借助精心策划的物流计划和适时运送手段，最大限度地降低库存，改善了汽车生产企业的现金流量，显示出成本优势。

（3）提高服务质量。第三方汽车物流企业与汽车生产企业不是竞争对手，而是战略伙伴，他们为汽车生产企业着想，通过有效的信息交流，使汽车生产企业随时了解业务情况。汽车第三方物流企业凭借自身的专业化优势，利用完备的设施和训练有素的员工对汽车物流活动实现完全的控制，大大缩短交货期，帮助汽车生产企业改进服务，树立自己的品牌形象。第三方汽车物流企业通过"量体裁衣"式的设计，制定出以顾客为导向、低成本和高效率的物流方案，为汽车生产企业在竞争中取胜创造有利条件。

2）物流外包的弊端

与汽车自营物流相比较，汽车物流外包在为汽车生产企业提供上述便利的同时，也会给汽车生产企业带来诸多的不利。主要有：汽车生产企业不能直接控制物流职能；不能保证供货的准确和及时；不能保证维持与顾客的长期关系；汽车生产企业会放弃对物流专业技术的开发等。例如，汽车生产企业在使用第三方物流时，第三方物流公司的员工经常与汽车生产企业的客户发生交往，此时，第三方汽车物流公司会通过在运输工具上喷涂它自己的标志或让公司员工穿着统一服饰等方式来提升汽车第三方物流公司在顾客心目中的整体形象从而取代汽车生产企业的地位。

1.5.4.3 混合物流模式

当前汽车物流中，许多汽车生产企业没有采用完全的自营模式或完全的外包模式。一般而言，汽车生产企业大多拥有一定量的物流资源，所以一般会选择部分业务自己完成，部分业务外包第三方，这种形式就是汽车混合物流模式。对于汽车混合物流模式而言，汽车生产企业既可以对一些核心环节采取自营物流，从而提高控制程度，又可以对非核心环节的物流需求实施外包，降低成本、提高效率、提高服务质量，因此是汽车物流领域中的一种较为常用的选择。

1.6 汽车物流的分类

由于在不同领域中物流的对象、目的、范围和范畴的不同，形成了不同的物流类型，但目前还没有形成统一的物流分类方法和标准。对汽车物流的分类也在探索之中，本章根据汽车物流中对象性质、流程和范围进行分类。

1.6.1 按物流作业对象性质不同的分类

汽车物流具体作业对象涉及汽车整车、汽车零部件（新件和回收件）等，从具体作业对象的性质可将汽车物流划分汽车整车物流和汽车零部件物流。由于性质不同其物流的运作方式也发生变化，汽车整车物流的运作流程较为清晰，物流活动内容主要与汽车生产企业、销售企业相联系，而汽车零部件的运作流程较为复杂，物流活动内容除了与汽车生产企业、销售企业联系外，还与汽车零部件生产、汽车维修、汽车整车、零部件回收等企业相联系，物流作业涉及面广，运作内容较为复杂。

1.6.2 按供应链运作流程不同的分类

汽车生产选择供应链运作流程是汽车生产性质决定的，汽车供应链运作流程中汽车生产流程是供应链运作流程的核心，核心企业（汽车生产企业）协调和整合供应链运作流程是关键，汽车物流功能的专业化是确保供应链运作流程的基础，利用计算机网络技术全面规划供应链运作流程是汽车供应链运作流程的发展方向。按照以上供应链运作流程的不同可将汽车物流划分为汽车供应物流、生产物流、销售物流、回收物流和废弃物流。

1）汽车供应物流

汽车供应物流是指为汽车生产提供原材料、零部件或其他物料时所发生的物流活动。汽车生产企业、汽车维修企业、汽车消费者购入原材料、零部件或商品的物流过程称为汽车供应物流。

2）汽车生产物流

汽车生产物流是指汽车生产企业生产过程发生的涉及原材料、在制品、半成品、产成品等进行的物流活动。汽车生产物流包括从汽车生产企业的原材料购进入库起，直到汽车生产企业成品库的成品发送出去为止的物流活动的全过程。

3）汽车销售物流

汽车销售物流是指汽车销售企业在出售汽车产品（包括汽车零部件）过程中所发生的物流活动。汽车生产企业或流通企业售出汽车产品或零部件的物流过程即为汽车销售物流。

4）汽车回收物流

汽车产品在生产及流通活动中有许多要回收并加以利用的物资，由于汽车产品还不能完全做到等寿命使用，所以即使在汽车产品报废后，仍有相当一部分物资可以回收利用，如发动机总成及其零部件、变速箱总成以及零部件等，也涉及大量其他的可回收物资。主要目的有两个方面：一是通过回收，将可用的总成或零部件继续使用；二是通过再生技术回收物资后制成零部件使用。

5）汽车废弃物流

汽车废弃物流是指将汽车产品中失去原有使用价值的物品，根据实际需要进行收集、分类、加工、包装、搬运、储存等，并分送到专门处理场所的物流活动。即伴随某些产品共生的副产品（如物渣），以及消费中产生的废弃物（如垃圾）等进行回收处理过程的物流。汽车产品中涉及大量的化工材料和有害物质，这些材料大部分已没有再利用的价值，但如果不妥善加以处理，就地堆放会妨碍生产甚至造成环境污染，对这类废弃物的处理过程产生了汽车废弃物流。为了更好地保障生产和生活的正常秩序，有效地遏制物流活动造成的环境污染，对废弃物流的研究显得十分重要。

1.6.3 按物流活动范围不同的分类

按照汽车物流活动的地域范围不同，可以将汽车物流分类为地区物流、国内物流和国际物流。

1）汽车地区物流

汽车地区物流是指按照某一行政区域或经济区域来划分的内部物流。研究汽车地区物流对于提高所在地区的汽车物流活动效率，以及保障当地居民的生活和环境，具有不可缺少的作用。

2）汽车国内物流

汽车国内物流是指为国家的整体利益服务、在国家自己的领地范围内开展的汽车物流活动。汽车国内物流作为汽车经济的一个重要方面，应该纳入国家汽车总体建设规划。我国的汽车物流事业是国家现代化建设的重要组成部分。因此，汽车国内物流的建设投资和发展必须从全局着眼，清除部门和地区分割所造成的物流障碍，尽早建成一些大型汽车物流项目为国民经济服务。

3）汽车国际物流

汽车国际物流是相对汽车国内物流而言的，是汽车产品和汽车零部件在不同国家之间的物流。它是汽车国内物流的延伸和进一步扩展，是跨国界、流通范围大的汽车产品的流通，也是国际贸易的重要组成部分。

1.7 国内外汽车物流的发展趋势

汽车产业发展的同时为汽车物流提供了广阔发展空间，汽车物流服务质量的提高为汽车产业良性发展创造良好基础条件，所以汽车物流是汽车产业发展的一个重要组成部分。当前国内外汽车物流发展朝着如何提高汽车物流竞争能力、如何拓展汽车物流的国际视野、如何降低汽车物流的运作成本、进一步提高汽车物流的专业化、汽车物流与供应链联盟、汽车物流信息化等方向发展。

1.7.1 汽车物流竞争力提升

近年来，经济全球化进程加快，在这样的形势下我国经济快速、稳步地发展，使人民生活水平有了较大提高，经济社会面貌发生了深刻变化，汽车产业有了长足发展。据中国汽车工业协会的统计，2011 年我国实现汽车产销 1841.89 万辆和 1850.51 万辆，产销量继续居全球第一，这说明汽车产业的发展使得汽车经济成为我国社会经济的重要组成部分。汽车产业的发展离不开汽车物流的支持，汽车物流竞争力的提升对促进汽车产业的发展和汽车物流自身的发展有重要意义。

汽车物流竞争力的提升可以促进汽车生产企业的专业分工，降低交易成本，提高企业效益；同时也可以优化汽车供应链的价值创造，提高企业核心竞争力。所以，无论是汽车采购物流、销售物流还是第三方物流，都要通过加强汽车物流管理，降低费用，满足客户需求，提高汽车的生产企业竞争力。

首先，汽车物流竞争力的提升有助于促进汽车生产企业的专业分工，降低交易成本，提高企业效益。对于汽车生产企业来说，汽车物流涉及到场内物流和场外物流，通过物流功能细化和责任划分使得汽车生产企业内部将有更明确的专业分工，各方协作得到进一步的加强。汽车生产专业分工的明确化促使对汽车生产的管理得到加强，工作效率提高，同时也降低了汽车物流的交易成本。

其次，汽车物流竞争力的提升有助于优化汽车供应链的价值创造，提高汽车生产企业核心竞争力。当今汽车生产企业之间的竞争与其说是产品的竞争不如说是供应链的竞争，供应链以及供应链管理在汽车生产企业中运用已取得的成果得到汽车生产企业的肯定，汽车物流竞争力的提升有力地促进了汽车供应链的形成和优化。另一方面，汽车物流水平的提高与汽车生产企业的利润水平有紧密的联系。通过物流理论的学习，我们知道物流已成为企业的第三利润源。汽车物流竞争能力的提升为汽车生产企业获取新的利润开辟了新的途径。在获得利润的同时也提升了汽车生产企业竞争力。

最后，汽车物流竞争力的提升也是汽车物流自身发展的需要。对于汽车生产企业来说，汽车物流竞争力的提升，有助于汽车物流服务质量的提高和效率的提升，为所服务的汽车企业带来更好的效益。同时，汽车物流竞争力的提升有效地使物流、资金流、信息流三方面都发挥出更高的水平，提升了汽车物流的水准，提高了物流链的系统效率，为实现第三方物流自身的最佳效益奠定了基础，同时也是满足汽车物流自身的发展需求。

1.7.2　汽车物流视野的全球化战略

随着时代的发展以及经济水平的提高，汽车物流在国内外迅速的发展，20世纪90年代以来，以信息技术革命为中心的高新技术迅猛发展，不仅冲破了国界，而且缩小了各国和各地之间的距离，使世界汽车企业的发展逐步融为一体。经济的全球化推动了全球汽车生产力的大发展，加速了世界经济的增长，但同时也带来了一些问题，它加剧了各国汽车企业的国际竞争。汽车企业面对全球范围日益激烈的市场竞争，开始把探寻利润的目光从生产领域转向非生产领域，发现创造物流价值的成本相当昂贵，作为企业第三利润源泉的物流，就自然成为国际市场竞争的一个新焦点，在国际上受到理论界和实务界的高度重视。

经济全球化的发展要求要从全球视野来看汽车物流业的发展。利用全球化的大趋势的有利时机发展汽车物流，进一步促进世界汽车物流企业的发展壮大。因此，我们引入了全球化物流战略的定义：全球化物流战略是指企业为了适应经营规模的扩大和国际化经营的需要，在全球范围内配置资源，通过采购、生产、营销的全球化实现资源的最佳利用，发挥最大的规模效益。

物流视野的全球化战略发展，将推动世界汽车物流在国际经济发展中的地位。汽车企业作为全球化的生产企业，在世界范围内寻找原材料、零部件来源，并选择一个适应全球分销的物流中心以及关键供应物资的集散仓库，在获得原材料以及分配新汽车产品时使用当地现有的汽车物流网络，并推广其先进的物流技术与方法。汽车生产企业与专业的第三方物流企业同步全球化，即随着汽车生产企业全球化的进程，将以前所形成的完善的第三方物流网络也带入到全球市场。为了充分应对全球化的经营，国际运输企业之间战略结盟，使国际运输企业之间形成一种覆盖多种路线，相互之间以资源、经营为互补的纽带，这不仅使全球汽车物流能更便捷地进行，而且使全球范围内的汽车物流设施得到了极大的利用，有效地降低运输成本。

1.7.3　汽车物流运作的低成本化

由汽车物流的定义可知，汽车物流是为满足消费者需要而进行的汽车原材料、零配件、中间过程库存、最终汽车产品和相关信息从起点到终点之间有效流动和存储的计划、实施和控制的过程。在汽车物流过程中，为了提供有关的汽车物流服务，要占用和耗费一定的活劳动和物化劳动（活劳动与物化劳动是物质资料生产中所用劳动的一对范畴：前者指在物质资料生产过程中发挥作用的能动劳动力，是劳动者加进生产过程的新的、流动状态的劳动；后者亦称死劳动，又称过去劳动或对象化劳动，指保存在一个产品或有用物中凝固状态的劳动，是劳动的静止形式），这些活劳动和物化劳动的货币表现，即为汽车物流成本。也就是把物流成本定位于实现汽车物流需求所必须的全部开支，它一般包括：汽车原材料及零配件的仓储成本、汽车装卸成本、物流加工成本、补货成本、汽车原材料及零配件的进货入库成本、验收成本、整车存货成本、运输成本、管理成本等。

随着生产的日益社会化，汽车物流运作已经成为汽车企业内部的一种广泛存在的经济活动。经济全球化大大提高了汽车企业的物流成本，所以，降低物流成本是现代汽车物流的重要研究课题之一。汽车物流运作的成本就是汽车企业的产品在实物运动过程中，运输、存储、包装、装卸搬运、流通加工、物流管理等各个环节所支出的人力、财力、物力的总和。而汽车物流运作的低成本化就是通过对汽车物流成本的核算和控制，实现在最优服务下，达到总成本最小、总利润最大的效益。

在汽车企业中，物流运作成本占了很大的比例，所以，低成本提高物流运作绩效是汽车物流企业经营的目标之一。为了达到企业经营目标，汽车物流运作的低成本化成为现代汽车生产企业竞争的重要手段之一。加强汽车物流运作管理，关键是要控制并最终降低各种物流费用，汽车生产企业必须高度重视汽车物流成本，实现汽车物流运作的低成本化是有效提升汽车生产企业产品竞争能力的重要方面。

1.7.4　汽车物流运作的专业化（第三方物流）

现代化汽车生产突出的是专业化分工和协作，汽车企业的各个部门只做自己最擅长的事，发挥自己的核心优势，争取实现最大的附加值。由于汽车企业各个部门的资源是有限的，每个部门都很难成为在企业业务上面面俱到的专家，因此汽车企业应把资源集中于自己最擅长的主业，而把物流等辅助功能留给其他专业公司完成，这是当今汽车生产企业的共同发展趋势。汽车生产企业主要任务是要成为汽车供应链的管理者，汽车生产企业重心是对内集中精力抓好关键性业务，非关键性业务通过业务外包实现对企业外环资源的利用，以此建立持久的竞争优势。

汽车第三方物流是汽车物流运作专业化的一种主要形式，它作为汽车物流服务的专业提供者，与汽车生产供应链上的企业和服务对象通过合同的方式，形成长期稳定的战略伙伴关系，提供稳定、高效的物流服务，同时也起到整合汽车供应链的作用，从而获得持久的竞争能力。作为提供给汽车物流供需双方部分或全部物流功能的外部服务者，汽车第三方物流可以有效地降低汽车物流成本，提高汽车生产企业的核心竞争力。

在汽车行业中，有的汽车生产企业为了便于实现零配件的及时配送，设置相应的部门，专门负责物流的运作与管理。这虽有利于信息的沟通和运用灵活方便，但是，这种物流系统是属于整车生产企业自身，不可能建立专业化的物流网络与设施，也不可能为零配件生产企业提供全方位的服务。而且这种物流系统是从企业的利益出发的，强调保障整车生产企业的生产连续性，会要求零配件的产生企业提供远大于实际需要量的库存。在汽车行业中发展第三方汽车物流能够有效地解决这一系列问题的，使汽车生产企业尽量免除人力和财力等多方面的耗费，将其自身有限的资源与精力投入核心业务，最大限度地推进自身发展。

汽车企业第三方物流的出现，使社会分工更趋专业化，促进了汽车的流通。第三方专业汽车物流企业有其自身的专业化物流运作经验与技术，专业的物流网络及设施、专业化的物流运作管理人才和现代化的物流信息系统，有利于促进汽车企业物流效率的提高和物流合理化。第三方汽车物流为汽车供应链提供物流及信息流服务，在供应链组成企业发生变化时进行协调，避免供应链内部脱节。作为供应链集成的一种手段，汽车第三方物流为用户提供各种服务，起到了供应商和用户之间的桥梁作用。利用汽车第三方物流的专业化运作，可以使汽车生产企业以无资产方式延伸到世界各个角落，并获得更多的市场信息，快速进入国际市场。在汽车零部件采购供应的环节中，可通过引入具备协调中心功能的汽车第三方物流系统，以取消和减少供需双方的库存，从而增加汽车供应链的敏捷性和协调性，大大改善供应链的服务水平和运作效率。

总之，通过汽车物流运作的专业化，也就是利用汽车第三方物流，使汽车生产企业突出注重自身核心竞争力，发挥汽车供应链上所有企业的优势，最终提高汽车供应链的整体优势。

1.7.5　汽车物流与供应链管理

供应链管理是指在满足服务水平需要的同时，为了使系统成本最小而采用的把供应商、制造商、库存和销售商等有效地结合成一体来生产商品，并把需要数量的商品在需要的时间配送到需要地点的一套方法。供应链管理的目的在于追求效率和整个系统的费用有效性，使系统总成本最小，这个成本包括从运输和配送成本到原材料成本。因此，供应链管理的重点，不仅在于简单地使运输成本达到最小或减少库存，而在于采用系统方法来进行供应链管理。

汽车物流与汽车供应链的关系可以描述为：汽车物流是汽车供应链流程的一部分，是为了满足市场需求而对汽车产品、服务及相关信息从原材料的配送到整车售出的高效率、高收益的正向和反向流动及储存进行的计划、实施与控制过程。汽车工业发展到今天，汽车企业已经不能独立完成从零件生产、整车装配到最终把汽车送到客户手中的全过程。提高汽车新产品开发速度、降低生产成本，已不是一个汽车生产企业自身的内部问题，而是一个全球化的网络供应链的问题。所以，对整个供应链进行综合规划和管理，即优化汽车企业内部资源，将汽车物流与供应链管理综合起来，提高整个汽车供应链竞争力已成为汽车生产企业的主要生产方式。

汽车物流与供应链管理有机结合，提高了汽车物流系统的快速反应能力。供应链管理以网络作为技术支撑，能够及时获得并处理信息，通过消除不增加价值的程序和时间，使汽车物流系统进一步降低成本，为实现敏捷、精细的运作提供了基础性保障。

汽车物流与供应链管理结合，增强了汽车物流系统的无缝连接。无缝连接是使汽车供应链获得协调运作的前提条件，没有物流系统的无缝连接，运送的汽车产品或零部件超期未到，顾客需求得不到满足而等待，汽车生产企业物资采购过程中途受阻等等而造成的有形成本和无形成本的增加，会使汽车供应链的价值大打折扣。

汽车物流与供应链管理结合，提高了顾客的满足意度。在供应链管理体系下，汽车生产企业能够迅速把握顾客的现有和潜在需求以及需求量，使汽车生产企业的供应活动能够因市场需求变化而变化，并且能比竞争对手更快、更经济地将汽车产品或服务供应给顾客，极大地提高了服务质量和顾客满意度。

汽车物流与供应链管理结合，使物流服务方式多样化。随着现代信息技术和物流技术的不断发展，汽车物流服务方式日益表现出灵活性和多样性的特点。

1.7.6 汽车物流服务信息化

在汽车物流中，信息起着非常关键的作用，汽车产品的流动要做到准确、快速地满足市场需求离不开信息流动，汽车生产企业资金的及时回笼也离不开相关信息的反馈。通过信息在汽车物流系统中快速、准确和实时的流动，可使汽车企业迅速地对市场变化作出及时的反应，因此，汽车物流服务的信息化也变得越来越重要。

现代汽车物流理论认为，汽车物流服务的核心目标是在物流全过程中以最小的综合成本来满足市场的需求，它具有及时化、信息化、自动化、智能化、服务化和网络化的特征。而达到这种核心目标的关键就是汽车物流服务信息化的发展。过去，信息流主要是建立在书面基础上的，这样既增加了作业成本，又降低了顾客的满意程度。20 世纪80 年代以后，通信卫星和计算机系统开始在美国的汽车公司中得到应用，如克莱斯勒汽车公司通过通信卫星系统整合供应物流和销售物流。从此，用信息系统整合供应链上资源的管理模式拉开了序幕，使得汽车物流的流动更具有目的性和经济性。

为了使汽车生产企业达到物流服务的目标，实现物流业务的服务信息化，汽车生产企业通过快速获得有效信息来对需求管理系统、采购管理系统、仓库管理系统、财务管理系统、结算系统、配送系统、物流分析系统和决策支持系统等进行有效的整合与集成，建立相互之间信息的交换与传递，建立相应的功能连接，从而实现对汽车物流业务的统筹运作与科学管理。

以信息化为标志的现代汽车物流不仅提高了汽车生产企业竞争力，而且使对社会资源的利用效率有了显著的提高。由于各种应用软件技术成本正在下降，使用更加容易，使经营汽车物流企业的经营管理人员能够更有效、更迅速地用电子手段交流和管理信息。电子信息的传输和管理通过增加协调及减少汽车物流费用，并向顾客提供更好的信息以提高服务质量。

本章小结

物流是物品根据实际需要，将运输、储存、搬运、包装、流通加工、配送、信息处理等基本功能实施有机结合。汽车物流是物流的一个组成部分，也是物流管理在汽车行业中的具体应用。汽车物流的研究对象涉及汽车整车产品以及相关的汽车零部件。汽车物流是指其研究对象在汽车供应链上采购、生产、销售以及售后服务等在各个环节之间的实体流动过程。

无论是在国内还是国外，汽车物流及物流的作用越来越重要，通过对它们的内容、特点、功能的研究，来进一步地完善和发展汽车物流。

思考题

1. 什么是物流？物流的作用是什么？
2. 物流系统的要素有哪些？
3. 物流的功能有哪些？

4．现代物流有哪些发展趋势？

5．汽车物流的概念及特点是什么？

6．汽车物流的分类有哪些？

7．简述国内外汽车物流的发展趋势。

参考文献

陈岩，姜波．2007．物流基础[M]．北京：北京理工大学出版社．

甘卫华，尹春健．2005．现代物流基础[M]．北京：电子工业出版社．

高振云．2006．汽车物流[M]．北京：中国劳动社会保障出版社．

韩平，赵炎．2002．现代物流技术[M]．北京：中国物资出版社．

何明珂．2001．物流系统论[M]．北京：中国审计出版社．

侯文龙．2005．现代物流管理[M]．北京：经济管理出版社．

蒋坚．2002．国外物流发展状况及趋势[J]．商品储运与养护（4）：28-32．

刘华．2004．现代物流管理与实务[M]．北京：清华大学出版社．

王转，张庆华，鲍新中．2007．物流学[M]．北京：中国物资出版社．

肖国普．2004．汽车服务贸易[M]．上海：同济大学出版社．

徐剑，周晓晖，李贵华．2006．物流与供应链管理[M]．北京：国防工业出版社．

张念．2006．现代物流学[M]．长沙：湖南人民出版社．

张晓青．2005．现代物流概论[M]．武汉：武汉理工大学出版社．

朱剑锋．2008．论供应链管理体系下的物流管理[J]．当代经济（11）：72-73．

第2章
汽车企业采购物流

[本章提要]

随着市场经济的发展、科学技术的进步，以及市场竞争的日益激烈，采购已不是单纯的商品买卖，而是已发展成为一种职能和专业。汽车企业采购物流通过合理的管理，如研究采购内容和方法、分析采购成本、实行降低采购价格的策略以及进行采购绩效的评估等方式来达到减少企业成本、获取服务资源、增加企业利润的目的。

2.1 采购物流概述

在现代企业的经营管理中，采购显得越来越重要。一般情况下，采购是发生在企业外部向供应商购买商品的一种商业行为。由于采购过程伴随着物质资料所有权转移，同时有着物流、信息流和资金流等活动，与产品和商品销售密切相关，所以说，采购属于生产者市场营销的经济活动，它不仅是一个商流的过程，也是一个物流过程。采购对不同行业，不同类型的企业，或者同一企业的不同环节的要求是不完全相同的，它是需求方为获得与自身需求一致的货物、服务、技术和信息而必须进行的所有活动，因此，我们将其描述为"采购是企业的利润之源、质量之本、效率之始"。

2.1.1 采购的概念

日常生活中，采购活动是一种人们经常出现的行为，只是因为用在不同的场所，有着不同的称谓。如购买、订货、供应、采购供应等一些与采购相近的词，它们之间在某些情况下是可以互换的，但在现实中，人们常用的主要有购买和采购，二者之间有区别也有联系。

购买是一种经济行为，通常指消费者为了满足需要而进行的一种活动。例如消费者为了解决饥饿，需要购买食物，为了解决寒冷侵袭，需要购买衣物等，这些都属于购买的范畴。这种购买是当消费者具有支付能力之后，以"货币"为媒介进行交易，在购买行为发生后，商品所有权也随之发生转移。因此，可以说"购买"通常指家庭和个人为了满足生活资料消费需要而发生的交易活动。

采购在某种情况下可以用购买解释，但与购买相比，采购的含义更为广泛。"采购"中的"采"，即选择，是指从许多对象中选择一个；"采购"中的"购"，即购买，是通过商品交易的方式把所选对象从对方手中转移到自己手中的一种活动。从这两层基本的含义中可以看出，采购是必须在具备一定的条件下的一种交易行为，它是商流、物流、资金流、信息流的有机结合；采购的过程是一个选择的过程，它的目的是满足自身的需求，而从采购反应的经济活动过程来看，通常主要指组织或企业的一种采购行为，其采购的对象主要是生产资料。因此，采购指在一定的时间、地点条件下通过交易手段，在多个备选对象中，选择购买能够满足自身需要的物品的企业活动过程。

2.1.2 采购的组织与管理

2.1.2.1 采购组织

在市场经济条件下，市场需求量的变化导致现代企业的采购工作越来越复杂，由于采购的商品品种繁多，因此采购工作往往不能由一个人完成，而是由一部分人组成的采购团队来完成。为了保证采购工作的顺利进行，必须建立相应的采购组织。

采购组织的主要任务是为了达到企业生产经营目标的要求，采购企业生产需要的生产资料，同时协调其他部门共同完成采购任务。采购组织不仅要了解本身业务的特质与特点，还需随时注意各部门间工作的协调配合，以便能及时获得经济、有效的供应，确保采购工作高效而顺利的开展。因此，一般在设计采购组织时，应特别注意协调不同业务部门共同完成，依据相关规范，参照实际需要，建立整体关系，加强管理，以便发挥整体作用。简单地说，采购组织是指完成采购任务的机构。在设计采购组织时应遵循以下原则：

1）精简的原则

"精"指人员精干；"简"指机构简化。同时具备这两个条件，才能使工作正常开展。

2）责、权、利相结合的原则

"责"指责任，起约束作用；"权"指权利，是履行职责的保证；"利"指利益，起到激励的作用。责、权、利，三者必须存在并结合，才能充分调动组织机构人员的积极性，发挥他们的工作主动性。缺少责任，必然会出现秩序混乱，盲目决策的现象；缺少权利，遇到任何事件都需要请示汇报才能下决定，尤其是遇到突发事件，会因无权决策而延误时机，影响效率；缺少激励，很难保证采购工作的高效运行，只有将这三者有机地结合起来，才能让采购组织工作高效的运作起来。

3）统一的原则

组织的统一包括目标、命令和规章制度的统一。目标统一是为了完成采购任务，实现企业经营目标，只有目标统一了，才能使各个成员围绕目标努力完成本职工作；命令统一是为了让采购任务更高效地进行，采购部门有统一的命令，防止了工作行动的散乱现象，提高了采购的工作效率；规章制度统一是人的行为要有规章准则，制度的统一，才不会出现不公平、秩序混乱等现象。任何一个企业的采购组织只有上下一心，齐心协力，遵循统一的原则，才能顺利地完成采购任务。

4）高效原则

高效指工作快速、有效地进行。采购组织遵循高效的原则，形成一个团结、战斗力强的采购团队，才能使采购工作高效的进行。

2.1.2.2 采购的管理

采购管理指为保障企业物资供应而对企业采购、进货等活动进行的管理。采购管理并不等同于采购，但二者之间有着密切联系。采购管理是对整个企业采购活动的计划、组织、协调和控制，属于管理活动。在采购管理过程中，采购管理人员要与企业其他人员进行协调与配合，所以说采购管理要面向整个企业的人员和组织。采购管理的人员结构一般由企业的采购部科长或供应部科长或企业副总来承担。采购管理人员的责任是保证整个企业的物资供应，其权利是在采购管理过程中可以调动整个企业的资源来保证采购任务的顺利完成。但是就一般采购而言，采购只是采购业务的活动，是具体的作业活动，一般由少数几个采购人员来承担该工作，其责任是完成采购部科长等企业领导布置的具体采购任务，其权利只能调动采购部内部的有限资源。由此可见采购管理与采购是有所区别的，采购管理是一种管理活动而采购是一种具体的采购行为。

企业采购管理的基本任务有三个：一是保证企业需要的各种物资的供应，这是采购管理最主要也是最基本的任务；二是从资源市场获取采购需要的各种信息、为企业物资采购和生产决策提供信息支持；三是与资源市场供应商建立友好和有效的客户关系，为企业采购营造一个宽松的采购环境。

为了实现采购管理的基本任务，采购管理需要有一系列的业务内容。

（1）建立有效的采购组织，用于完成企业的生产经营目标以及与其他部门间的协调配合。

（2）对企业的需求进行分析，要清楚企业需要采购什么物资，需要采购多少，什么时候采购等问题。

（3）对资源市场进行分析，根据企业所需要的物资情况，分析资源市场的情况，包括资源的分布、供应商、物资质量、价格、交通运输等情况。其目的是为企业制定采购计划做准备。

（4）制定采购计划，根据企业发展和生产计划，基于市场分析情况，对需求物资制定切实可行的采购计划，包括供应商的选择、物资的种类、订货策略、运输到场计划以及具体的实施进度计划等。

（5）采购计划的实施，就是把上面制定的采购计划进行落实，根据采购计划的进度实施。具体包括联系供应商、贸易谈判、签订订货合同、运输、货物检验入库、采购结算等。通过上述具体活动，完成一次采购活动。

（6）采购的评价，在完成一次采购之后或一定时期就要对采购的质量进行评估，一定时期可以是每周、每季度、每年度。评估的内容包括采购活动的效果、总结经验教训、找出问题、提出改进方法等。通过评估采购活动，在肯定采购及管理人员的成绩同时，更重要的是发现问题、制定有效措施、改进工作、提高采购管理水平。

企业的主要职能包括生产物资的采购、生产与销售。其中销售职能无疑是处于中心地位。销售是直接面对顾客，没有顾客就没有企业的产品市场，企业没有产品市场就没有生产也就不需要物资的采购。

虽然物资采购具有附属性，但是我们不能轻视它的作用。物资采购管理的重要性表现在以下几个方面：

（1）物资采购的合理性除了能保障企业维持正常生产外，同时可以降低缺货风险，以最少支出获取最大经济效益。显然，物资的采购是产品生产的前提条件，没有物资就不能进行生产活动。

（2）物资采购供应的物资质量的好坏直接决定着生产产品质量的好坏。

（3）物资采购的成本占最终产品销售价值的比例是非常大的，这意味着，物资采购的成本节约对利润产生的影响，要大于企业在其他方面等量节约给利润带来的影响。

（4）物资采购是企业与资源市场结合的纽带。采购部门人员与供应商的接触和交流，把企业与供应商两者联系起来，两者互相支持互相配合才能完成好物资采购工作。在供应链条件下，合作两方可以进一步合作，形成一种产业链关系，为企业供货稳定创造一个良好条件。

（5）物资采购是企业与市场联系的一个信息窗口。在物资采购过程中，采购人员与供应商进行交流沟通，而供应商所在的资源市场则和销售市场是有交叉的，因此，采购人员与销售市场也有接触。另一方面，采购人员获得的对企业发展有利的信息又可以提供给企业决策者作为决策的依据。

（6）物资采购是企业科学管理的开端。企业物资供应是直接和生产相联系的。物资供应模式往往会在很大程度上影响生产模式。物资采购提供了一种科学的物资采购供应模式，要求生产方式、物料搬运方式都作出相应的变动，共同构建科学管理模式。

2.2　汽车产品生产采购与管理

从供应链角度出发，汽车产品生产的采购与管理同汽车产品原材料供应商、生产企业、销售商和顾客都有密切联系。采购与管理不仅要确保产品采购数量，而且考虑采购的质量、交货的时间等因素。供应链下汽车生产采购物流关系如图 2-1 所示。

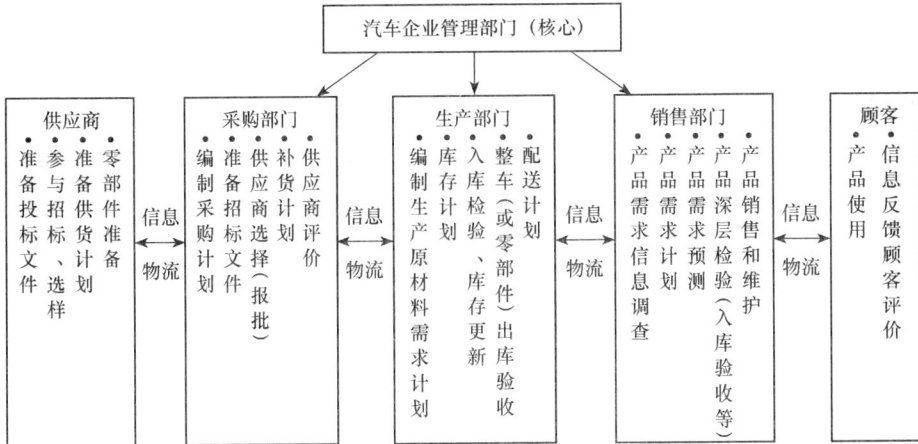

图 2-1 供应链下汽车生产采购物流关系图

2.2.1 采购物流的主要内容

汽车物流包含采购物流、生产物流、整车物流和维保零部件物流以及回收和废弃物流。而汽车生产采购物流在汽车物流中处于汽车物流的前端且占有重要地位，包括零部件的采购物流和原材料的采购物流。汽车物流生产采购流程如图 2-2 所示。

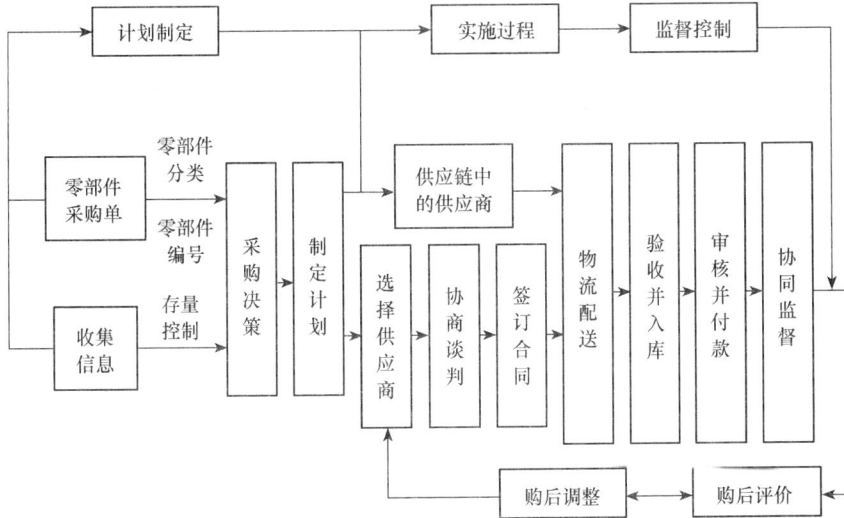

图 2-2 汽车物流生产采购流程图

1）零部件采购物流

一般认为，零部件指不再经历额外物理变化的产成品，通过它与其他部件相连接，能够形成一个完整系统。在汽车供应链系统中，它们被嵌入到最终产品的内部。通常汽车零部件的采购过程与其他物料的采购过程相同，包括了解自身需要、选择供应厂商、协议价格、签订合同、选择运输方案、催促交货、保证供应等采购事项，也就是说，汽车零部件的采购过程是商流过程和物流过程的统一。

在汽车企业供产销的产业链中，采购的重要性日趋明显。对汽车行业的整车生产企业来说，每辆国产汽车要使用 12000～13000 种零配件，其零部件采购复杂程度可想而知。采购物流必须要首先做好仓库设置、存货类型、采购理念实行、运输整合、物料管理、订货方法等工作，整车生产企业要在各环节做到尽善尽美，难度是很大的。

汽车零部件要实现从供应企业向需求企业的实体转移，就涉及具体物流的作业。汽车零部件采购物流作业系统主要包括运输、装卸、搬运、包装与仓储等内容。

2）原材料采购物流

原材料是指产品在未加工之前的初始状态，是一切产品的构成要素。汽车生产是汽车企业将原材料转化为汽车产品的加工制造过程。因此，原材料的采购成为汽车企业进行生产的先决条件与基础。在汽车产业供应链的管理下，原材料采购强调的是采购方式，且原材料采购的方式也有很多种，如传统采购模式与现代采购模式、定价采购模式与议价采购模式、集中采购模式与分散采购模式、人工采购模式与电子商务采购模式。

汽车企业在采购原材料时应遵循以下几点：

（1）质量是汽车企业采购原材料和生产产品时必须遵循的根本原则。汽车企业只有使用了优质的原材料，才能生产出优质的汽车产品，进而才能够实现产品的价值，才有盈利，企业才能够生存和发展。

（2）在采购汽车原材料的过程中，采购人员要根据企业的生产进度和原材料库存状况确定采购量，即所采购的原材料既不能过少，造成企业因为原材料短缺导致中断生产，又不能过多，使原材料库存严重积压。采购部门在采购时，首先要确定以下关键变量：原材料的库存量、原材料的日消耗量和采购周期，从而就可以计算出需要的原材料采购量。

（3）在保证原材料质量的情况下，获得对采购企业最有利的价格便成为企业考察采购人员能力和评价其绩效的标准。原材料采购的时间既要满足企业的生产需要，又要使采购的原材料价格最低。在原材料采购时，企业往往在与距离较近的供应商的合作中容易取得主动权。近距离不仅沟通更为方便，处理事务更便捷，同时也会降低原材料的运输费用，从而节约企业的生产成本。

汽车企业原材料采购的决策者应对所需原材料的资源分布、数量、质量、市场供需状况等情况进行调查，作为制定较长远采购规划的依据。同时，要及时掌握市场变化的信息，进行采购计划的调整、补充。汽车原材料的采购数量在采购决策中是一个重要问题。采购计划的数量应保证生产供应的连续性，配合企业生产计划与资金调度。

2.2.2 采购方法及流程

2.2.2.1 采购方法

从物流的角度来说，采购是企业与供应商联系的重要关节，也是企业整个供应链的重要组成部分。所以采购方法的多样性和采购方法的适当选择对采购极其重要。

采购方法有很多，按采购地区的不同，我们可以把采购的方法分为国外采购和国内采购。国外采购又称国际采购，指采购商向国外供应商采购的过程；国内采购是指对国内供应商的采购。与国外采购相比，国内采购不存在国际贸易运输、定价的问题，同时具备了采购时间较短、不会出现商业沟通问题等优势。由于对于商品品质的标准认定不同，造成了国际采购的困难。但是，国际采购也存在采购选择范围大、采购成本低、商品质量好等优势。

由于采购的政策不同，采购的方法也可以分为集中采购和分散采购。集中采购是指由公司总部采购部门统一进行采购；分散采购是指由各分厂的采购部门独立进行采购。选择何种采购方法，要根据采购制度的使用条件来确定。由于集中采购的产品较为集中，数量较大，采购次数较少，使得采购过程使用人力较少，成本较低，价格优惠较大，采购的效率较高。但与此同时，集中采购也存在着耗费时间和无法应急的缺点。所以，集中采购适合企业集中生产办公，物品存储在一地的情况；分散采购有着采购时间短，运用灵活但控制效果差的特点，所以分散采购适用于规模较大，需要因地制宜地采用不同采购活动的企业。

按采购价格方式的不同，采购的方法又可以分为招标采购和非招标采购。招标采购是指将采购的所有条件刊登公告，包括公开招标、邀请招标和两阶段招标；非招标采购包括议价采购、直接采购、定点采购和询价采购。招标采购有着公平、价格合理、能减少徇私舞弊的优点，也有采购费用较高、手续繁琐、集中抢标的缺点。

按采购的方式的不同，采购可以分为直接向物料生产厂商进行采购的直接采购；委托某代理商或贸易公司向物料生产厂商进行采购的委托采购；厂商之间将过剩物料互相调拨支援进行采购的调拨采购。

此外，采购还可以按照性质、时间及方式的不同可以选择不同的采购方法，采购的方法较多，不同的情况选择不同的采购方法，以便达到高效的采购效率。

汽车产品的采购主要指汽车配件采购，主要是为汽车产品生产提供所需要的零部件，汽车配件的采购往往采用集中进货、分散进货和联购合销几种方式。联购合销是指由几个配件零售企业联合派出人员，统一向生产企业或者批发企业进货，然后由这些零售企业进行分销。此类型多适合小型零售企业之间，或者中型零售企业与小型零售企业联合组织进货，这样能够相互协作，节省人力，化零为整，拆整分销，并有利于组织运输，降低进货费用。

除此之外，汽车配件的采购有时还会采用集中进货与分散进货相结合的方式。

2.2.2.1　采购的基本流程

对于汽车企业来说，采购的基本流程虽与其他企业略有不同，但大体上是一个相同的模式。通常一个完整的汽车采购的基本流程包括确认需求、确认供应商、洽谈合同、进货控制、入库、对账和结算等几个步骤。

1）确认需求

确认需求就是指汽车企业的采购部门收到采购请求并制定采购计划。首先经过汽车生产企业计划部门向采购部门提出所需要的设备或原材料，采购部门进行项目可行性研究，这个阶段采购部门将发现的问题向上层汇报，内部用户也在酝酿采购计划中的有关问题，如考虑预算等问题。在上级部门同意后进行项目立项，组建由使用部门、技术部门、财务部门、决策部门等人员共同组成的项目采购小组，把采购的汽车产品汇总，制定采购计划和签发采购订单，并下达采购任务。通常的采购申请包括申请部门名称、申请理由、需求数量和计量单位、需求的送货时间和地点、成本预算情况等其他应包括的信息。不同的采购部门使用不同的采购申请单，表 2-1 是一般汽车企业所用的汽车产品采购申请单。

表 2-1   汽车产品采购申请单

日期：　　　年　　月　　日　　　　　　　　　　　　　　　　编号：

申请部门			部门编号			项目编号	
需求时间			收货地址			联系人	
						联系电话	
申请理由							
采购对象							
采购项目 描述	名称	规格	用途	数量	需求日期	预计单价	金额
预算情况	年度预算		已用预算	部门可用预算		预算编号	尚余预算
审核	财务部			申请人			
	使用部门经理			预算负责人			

2）确认供应商

确认供应商的过程是指在确定汽车产品采购需求后，对供应商进行选择的过程，也就是采购流程的招标部分。采购标准制定好以后，将以标书的形式发布出去，表明采购意向。准备投标的汽车零部件生产厂制定投标方案并进行投标。投标完成后，采购部门还要审阅投标建议书，就相关采购资本项目与投标供应商洽谈，然后对每个投标者的标书进行评估，这种评估主要是对供应商提出的价格和费用、产品质量、交付情况和服务水平等方面进行评价，同时还要考虑选择供货的方式和采购形式。汽车生产企业一般会选择与两家以上的供货商进行洽谈，以便进行评估和比较，得到更好的商业条件，最后选择合适的供应商。

3）洽谈合同

确定了供应商之后，汽车企业的采购部门要与供应商进行多次商务谈判，确定采购价、汽车产品的技术标准和规格、数量以及付款方式等采购条件，并努力争取一些附加价值。然后以书面形式确定下来，签订采购合同。采购合同是供需双方的法律依据，必须按合同法规的要求拟定，合同的内容要简明扼要，文字清晰，字意确切。最后交付产品，实施安装。合同的签订并不意味着交易的结束，而是供货的开始，供货商要按合同认真履行承诺，准时交货，按进度完成，否则要承担所造成的损失。

4）进货控制

采购合同洽谈完毕以后，汽车企业的采购部门有责任督促供应商按时送货，根据采购订单上要求的供货日期，采用向供货商反复确认到货日期直至零部件到达。若有送货需求的改变，采购部门需及时与供应商进行协商。同时，还要注意对进货量的控制。进货量的控制通常采用定性分析法和定量分析法相结合的方法进行。

5）入库

入库分为实物入库和单据入库。实物入库是指收货员收材料之前需确认供应商的送货单是否具备以下信息：供应商名称、订单号、存货编码、数量；如订单上的信息与采购订单不符，询问采购员意见是否可以收下。单据入库是指采购员根据检验合格单，将检验单上的数据入到资料库中，便于以后对账。采购人员对到达的货物要进行验收，然后才能入库，以确保所到货物的质量、数量与订购要求相符，若有不符合的物品，要进行订单退货。

6）对账、结算

汽车企业采购部门的结算部门对采购订单、收货报告、入库信息及发票信息进行核对，然后支付货款。汽车配件的结算要注意财务规定和结算办法。

2.2.3 采购物流管理目标和难点

1）采购物流管理目标

在汽车供应链系统中，采购的管理目标就是正确计划用料，寻找汽车企业物料供应的源头，评估所选供应商，强化采购管理，发挥盘点功效来确保产品质量，避免供给中断影响运作。

汽车企业采购部门负责确定采购的标准，选择适合的供应商，确定采购成本价格，管理采购订单，合理地进行采购管理，达到采购的目标，这个目标具体包括：

（1）正确计划用料。采购部门应该明确采购需求，配合销售目标与销售计划，正确计划用料并严格的进行检查，防止次品或者废料的产生，同时，加强用料支出控制，防止采购成本支出浪费。

（2）适当存量管理。要适时、适量的供应物料，避免造成浪费和不足，为保证整个汽车企业的生产得到连续不断的原材料供给，应该适当的有计划库存，便于供给和周转，提高库位使用率。

（3）强化采购管理。要适价、适质、适量、适时、适地的供应材料，充分了解并掌握市场行情，并与供应商协调配合，保持良好关系，同时寻求替补供应商。

（4）发挥盘点功效。消除料账差异，确定材料的准确性和材料的存量合理。

（5）确保产品品质。确保材料品质，加强对进货验收的控制，确保产品的品质符合采购要求，进而增强材料使用性。

（6）降低成本。在保证产品质量和数量的前提下，达到成本的最低化，同时还可以以旧换新物尽其用。

从某种程度上来说，采购的目标等同于整个物流环节的目标。采购是整个供应链中比较重要的一部分，因此，它的目标服从且有助于实现整个供应链管理的整体目标，为达到目标，采购应该遵循以下几项要求：

（1）为企业提供所需要的不间断的物料和服务，使整个组织正常运转，这是采购部门的第一要务。原材料和生产零部件的缺货会使企业的经营中断，由于必须支出的固定成本带来的运营成本的增加以及无法兑现向顾客做出的交货承诺，所造成的损失极大。

（2）争取最低的成本。采购部门应尽力以最低的价格获得所需要的物料和服务，但获得最低价格必须在确保质量、数量和服务等方面得到满足的条件下进行。

（3）使存货和损失降到最低限度。保证物料供应不间断的一个方法是保持大量的库存。而保持库存必然占用资金，使资金不能用到需要的方面，降低了资金使用效率。

（4）提高产品或服务质量。每一种物料的投入都要达到一定的质量要求，否则最终产品或服务将达不到期望的要求，或是其生产成本将远远超过可以接受的程度。在降低价格的同时决不能在质量上妥协。

（5）发现或发展有竞争力的供应商。一个采购部门需注重发展供应商，分析供应商的能力，从中选择合适的供应商并且与其一起努力对流程进行持续的改进，在保持良好供应关系的同时，还要发展有竞争力的后备供应商。

（6）将采购物品标准化。原材料标准化可以适当地降低库存、储运成本，而且可以使采购部门在一定程度上与供应商洽谈价格。

（7）在企业内部与其他职能部门建立和谐而生产效率高的工作关系。采购不是一个完全独立的环节，它几乎涉及企业整个运作过程的各个方面，在一个企业当中，如果没有其他部门和个人的合作，采购经理的工作不可能圆满完成。因此，采购部门一定要与其他部门通力合作、协调解决共同问题。

明确采购的目标，在采购中注意管理，以最低的成本达到采购的目的，完成采购的任务。

2）采购物流管理难点

采购物流管理的难点主要是确定需求与保障供给。需求是拉动采购物流运转的动力，如果不能准确确定需求，就不能有效地进行采购管理；保证供给是要了解有什么、缺什么、用什么，从而解决生产什么和如何满足等问题，保证在适当的时间将合适的物品以合适的数量送到正确的地点。

在实践中，要解决采购物流管理的难点并非容易的事情，对于汽车制造企业采购物流领域来说，由于系统庞大、地域广阔，供求双方沟通困难，物流作业环节冗杂，导致我国现行汽车的采购供应物流体系已经不能满足现代汽车行业市场竞争的需要，所以，汽车采购物流管理难点主要集中在以下几个方面：

（1）零配件生产厂分布地域广阔，造成供求关系管理不协调。由于零配件生产厂的分布广泛不集中，使得供求双方不能对生产计划的变动进行及时的沟通与调整，这就增大了整车生产厂的需求物流管理难度。

（2）由于我国物流系统庞大、地域广阔，造成了供应物流信息堵塞，使生产与市场需求脱节。

（3）供应商分配的不平衡，降低供应链整体竞争力。如果为了满足整车生产厂的需要，在整车生产厂周围设配多个零配件配送仓库，就牺牲了零配件供应商的利益，增加了零配件供应商的压力，而整车生产厂由于要面对许多仓库，配送难度加大，配送效率降低。

（4）流动资金减少，整体供应链效率降低。零配件生产供应商为了满足整车生产厂的供货需求，往往会加大零配件库存量，以满足由于信息和物流不畅而造成的需求变化，致使整个零配件生产厂库存增加，流动资金占用增加，进而使整个供应链的效率降低。

面对我国汽车采购供应物流的现状，了解了汽车采购物流的管理难点，需要运用现代物流的新观念加以改进，保证供求双方的及时沟通与信息的流畅，降低供应链上游环节中的总库存，增加流动资金，提高供应物流效率。

2.2.4　采购的库存控制

2.2.4.1　采购成本分析

采购的成本分析是汽车企业产品物资预算的主体，其目的是在满足生产经营要求的同时，实现对汽车企业物资的库存控制，从而达到低成本、高效益的汽车企业运作。

1）采购成本的含义和构成

采购成本包括直接成本和间接成本。直接成本指直接消耗的原料，通常指那些能够被具体而准确地归入某一特定生产部件的成本。间接成本指那些在工厂的日常运作过程中发生的，不能直接归入任何一种生产部件的成本。

成本包括可变成本、半可变成本和固定成本。大多数直接成本是可变成本，它们随着生产部件数量的变化成比例的变化；固定成本通常不随产量的变化而改变。

汽车企业采购成本的构成是采购过程汽车产品物资预算的一个重要因素，采购成本是在洽谈合同的过程中制定的，采购成本的确定，关系到企业是否得到最大经济利益。所以采购者必须很好的掌握各种定价的方法，了解各种方法适应的时机，并且能够利用技巧来取得满意的支付价格，争取最大的优惠服务，这样就构成了采购的成本。采购部门要对采购成本进行有效的管理，不断地加以完善，规范企业的采购活动、提高工作效率，达到总成本最低，使企业能够以低成本提供优质的商品和服务。

2）影响采购价格的因素

在汽车企业中，采购物流的价格是十分重要的，它关系到整个汽车企业的运营情况。在汽车供应链管理系统中，采购的构成要素影响采购的价格，包括如下几项：

（1）供应商成本的高低。这是影响采购价格的最根本、最直接的因素。供应商成本的高低决定采购价格的多少，采购价格一般在供应商成本之上，供应商进行供应的目的在于盈利，供应商的成本是采购价格的底线，低于这个底线，就无法产生利润，供应商就不会提供商品。在双方协议谈判中，价格常常发生变化，但这个价格的变化并不是谈判决定的，而是供应商成本的高低决定的。

（2）规格与品质。物资的质量、品种、规格直接关系到企业产品的质量、制造成本、市场竞争力和企业经济效益。采购方对采购汽车产品的规格要求越复杂，采购价格就越高。价格的高低与采购品的品质也有很大的关系。如果采购品的品质一般或质量低下，供应商会主动降低价格。采购人员应首先确保采购物品能满足本企业的需要，质量能满足产品的设计要求，千万不要因追求价格最低，而忽略了质量。

（3）采购数量多少。采购汽车产品的数量，关系到汽车企业取得资源的可靠性和稳定性，同时影响采购成本的高低。如果采购数量大，采购方就会享受供应商的数量折扣，从而降低采购的价格，因此大批量、集中采购是降低采购价格的有效途径。

（4）供求关系及其变化。商品的市场价格是由市场上的供求关系决定的。市场上汽车产品的供求关系及其变化均会直接影响汽车产品的价格。在其他条件不变或变化极微的情况下，当市场上某汽车产品的供给增加，该产品的价格就会下跌，供给减少，价格就会上涨；当该产品的需求增加，其价格就会上涨，需求减少，价格就会下跌。简而言之，就是当企业需采购的物料紧俏时，则供应商处于主动地位，它会趁机抬高价格；当企业所采购的物料供过于求时，则采购企业处于主动地位，可以获得最优的价格。

（5）生产季节与采购时机。当汽车企业处于生产的旺季时，对汽车原材料、零部件需求紧急，因此不得不承受更高的价格。避免这种情况的最好办法是提前做好生产计划，并根据生产计划制定出相应的采购计划，为生产旺季的到来提前做好准备。

（6）市场竞争。在市场上，汽车产品的竞争包括各卖主之间的竞售、各买主之间的竞购和买主和卖主之间的竞争。这三个方面的竞争均会影响产品的市场价格。在市场上，卖方竞销某一汽车产品则使这一产品的市场价格下跌；买主竞购某一汽车产品则使这一产品的市场价格上涨；各买主和卖主之间的竞争对某一汽车产品的价格影响则取决于两者有竞争力量的对比，当某一汽车产品处于"买方市场"时，卖方就会凭某些有利条件抬高价格。

3）采购的战略成本控制

控制采购成本对一个企业的经营业绩来说至关重要。采购成本下降不仅体现在汽车企业现金流出的减少，而且直接体现在汽车产品成本的下降、利润的增加以及企业竞争力的增强。如果企业能够估算供应商的产品和服务的成本，就可以控制采购流程，在谈判中压低采购价格，减少材料成本，从而控制采购成本，尽可能地实现利润的最大化。

战略成本核算流程由以下四步组成：

（1）估计供应商的产品或服务成本。要做到对采购成本的全面控制，就应该对供应商的成本状况有所了解，只有这样，才能在价格谈判中占主动地位。要估计供应商的成本，必须了解产品的用料、制造该产品的人员数量以及所有直接用于生产过程的设备的总投资额。估计供应商的成本可以通过参观供应商的设施，观察并适当提问以获得更多有用的资料。

估计供应商的成本之后，企业就可以规划一个使自己在价格上获利的谈判。但是，若想建立长久的供需关系，就一定要争取双赢的局面，在自己获得较高利益的同时，保证对方同时获利。

（2）对竞争对手进行分析。对竞争对手进行分析的目的是要明确成本态势，对竞争对手的估测能为企业提供必要的信息，使其在市场中占主动地位。

　　竞争力评估指的是对竞争对手的业务、投资、成本、现金流做出精细的研究，它不仅仅是了解并估计竞争对手产品和服务的成本，而且还能够分析自身的优势以及对手的优势，分析优势和劣势的根源是源于战略上的差异，还是源于各自所处的不同环境，或是企业内部结构、技术、管理等一系列原因。然后从消除劣势，保持优势入手，制定在竞争中战胜对手的策略。通过对竞争对手的分析，找到努力的方向，在竞争中保持先机。

　　（3）设定企业的目标成本并发现改进的领域。在实施改善成本前，企业必须先估计竞争对手的成本，将其与企业的实际成本相比较，发现需要注意的领域，并且进行改进领域，计算改进所带来的价值。

　　（4）实施流程和产品改进并持续改进对企业的价值。企业考虑任何举措都要从长期和短期效果两方面看待。现金流能够反映产品改进对财务状况的长期影响状况。通过计算年度实际或预测的现金流入和流出，企业可以指定一个保证财务顺利进行的计划，确保企业的正常运转。

　　所以，采用战略成本法来评估和指导其竞争力，可以实现持续改进以及达到最优绩效，以使企业对所购买产品的成本构成与控制技术有一个全面的了解与把握。

2.2.4.2　降低采购价格的策略

　　汽车产品的生产成本价格是采购价格的主要构成部分。汽车企业在实施采购管理时，首先要形成一套采购价格分析体系，对所采购产品的成本构成进行分析，以便在采购过程中能够以较低价格购买到称心如意的产品，所以，降低采购价格在采购过程中显得极为重要。

　　1）建立、完善采购制度

　　建立、完善采购制度，做好采购成本控制的基础工作。由于采购工作涉及面广，采购人员代表企业同各类供应商打交道，操作过程难以完全透明，所以，企业必须制定严格的采购制度和程序，来制约企业的采购活动，防止采购人员暗箱操作的违规现象出现。

　　通过建立采购制度，并不断地完善，不仅能规范企业的采购活动、提高效率，还能预防采购人员的违规行为，使采购成本得到有效的控制。采购制度应规定物料采购的申请、授权人的批准许可权、物料采购的流程、相关部门的责任和关系、各种材料采购的规定和方式、报价和价格审批等。

　　除此之外，为了达到采购制度完善，还应做到以下几点：

　　（1）建立价格档案和价格评价体系。企业采购部门要对所有采购材料建立价格档案，对每一批采购物品的报价，应首先与归档的材料价格进行比较，分析价格差异的原因。

　　（2）建立供应商档案和准入制度。对企业的正式供应商要建立档案，供应商档案除有编号、详细联系方式和地址外，还应有付款条款、交货条款、交货期限、品质评级、银行账号等，每一个供应商档案都应经严格审核才能归档。

　　（3）建立材料的标准采购价格，对采购人员根据工作业绩进行奖惩。财务部对所重点监控的材料应根据市场的变化和产品标准成本定期定出标准采购价格，并提出奖惩措施，促使采购人员积极寻找货源，货比三家，不断地降低采购价格。

2）选择降低采购成本的方法

有效的降低采购价格，毫无疑问，可以给企业带来较高的利润，提高企业的效益。降低采购成本的方法有很多，但是，在选择降低采购成本方法时一定要注意产品质量和服务质量是否达到要求，不能为了追求利润，而在质量方面妥协。下面介绍几种降低采购成本的方法。

（1）电子采购。如果企业的采购管理不善，就会直接导致企业生产成本过高或者产品质量下降，采购过程中常出现过多的人为因素和信息闭塞的现象，所以，无论在生产过程中如何管理和控制，其产品都会受到影响。现在是高科技的时代，通过互联网可以减少人为因素和信息不畅通的问题，可以在极大限度上降低采购的成本，我们称这种方法为"电子采购"。

电子采购极大限度地降低了采购的成本，通过互联网可以全面的了解供应商信息，对采购信息进行整合和处理；还可以将生产信息、库存信息和采购系统连接起来，统一管理，实现信息的实时互动。同时，利用互联网还可以与供应商进行信息共享，帮助供应商按照企业需求进行供应，进而实现了库存、订购管理的自动化，最大限度减少人为因素的干预。采用电子采购，可以提高采购效率，节省大量人力和避免人为因素造成的不必要损失。

（2）集中采购。集中采购就是将采购物品集中起来，统一进行采购。这是很有效的降低采购成本的方法之一，采购部门将需要采购的物品集中起来，以数量之大来争取价格和服务的优惠政策。集中采购时，要加强计划管理，实行集中批量采购，降低采购价格，强调控制成本，提高经济效益。

（3）利用价值分析。利用价值分析也是降低采购成本的重要方法之一。它是将产品的设计简单化从而降低生产成本，并使用替代性材料和相应的生产程序的方法。利用价值分析，可将产品简化设计以便于制造，使用替代材料或制造程序，达到降低成本的目的；也可以采用付款条件较好的供应商，采购二手机器设备而非全新设备，运用不同的议价技巧，选择费用较低的货运物流，或者考虑改变运输方式，达到降低成本的目的。

（4）目标成本规划法。目标成本是指企业在新产品开发设计过程中为了实现目标利润而必须达到的成本目标值，即产品生命周期成本下的最大成本允许值。目标成本法的核心工作就是制定目标成本，并且通过各种方法不断地改进产品与工序设计，最终使产品的设计成本小于或等于其目标成本。这一工作需要由营销、开发与设计、采购、工程、财务与会计，甚至供应商与顾客在内的设计小组或工作团队来进行。

3）实施采购业务内部控制的注意事项

（1）要对采购部门进行监督和控制，防止管理不善或者疏漏而导致经济犯罪。

（2）要确定采购业务内部控制的控制要点，主要有：有无控制计划；主管领导授权审批；材料物资验收入库；会计人员月末到仓库抽单、核对账实；不相容岗位的分离等。

（3）要经常对采购业务内部控制制度进行修订和完善，适应经济发展和企业管理的需要。

（4）在强化内部控制的同时也要注意外部监督，使企业的经济活动沿着正确健康的轨道前进。

2.2.4.3　供应链下的采购控制

1）供应链管理环境下的采购

在供应链管理模式下，采购应该做到适量、适时、适地、适价以及适当的来源等要求。在供应链管理环境下，汽车企业的采购方式和传统的采购方式有所不同，主要表现在以下几个方面：

（1）从为库存而采购到为订单而采购的转变。在传统的采购模式中，采购部门并不了解生产的进度和产品需求的变化，在采购过程中缺乏主动性，所以制定出来的采购计划很难适应制造需求的变化，只是为了补充库存而采购。而在供应链管理模式下，改善了传统的采购模式，采用了以订单驱动方式进行，制造订单的产生是在用户需求订单的驱动下产生，然后驱动采购订单进而驱动供应商。这种模式使供应商与制造商建立了战略合作伙伴关系，符合了用户的需求，从而降低了库存成本，提高了物流的速度和库存的周转率。

（2）从采购管理向外部资源管理转变。在传统的采购模式中，采购部门与供应商之间缺乏信息联系和相互合作，缺乏采购的柔性和市场响应能力，这样就使供应商对采购部门的要求不能得到实时地响应。同时，关于产品的质量控制也只能进行事后把关，不能进行实时控制，使供应链企业无法实现同步化运作。而在供应链管理模式下，实施有效的外部资源管理，使制造商与供应商建立一种长期的、互利的合作关系，协调供应商的计划，通过信息反馈和教育培训支持，在供应商之间促进质量改善和质量保证，从而使供应链企业的业务流程朝着精细化生产努力，达到零库存生产的要求。

（3）从一般买卖关系向战略合作伙伴关系转变。在传统的采购模式中，供应商与需求企业之间是一种简单的买卖关系，因此无法解决一些涉及全局性、战略性的供应链问题，无法共享库存信息问题也使供应链的整体效率得不到充分提高。而在供应链管理模式下，运用战略伙伴关系的采购方式，供应与需求双方可以共享库存数据，减少需求信息的失真现象，同时，需供双方通过战略性合作关系，可以降低由于不可预测的需求变化带来的风险，共同计划，避免造成不必要的损失。

2）供应链中成本管理

供应链管理的作用在于通过系统的设计和管理各供应环节，使之更好地满足客户需求，并且使供应链系统的成本最优。一个完整的供应链由三个环节组成——销售、生产和采购。而采购的控制是供应链中成本管理的主要环节，通过降低原材料的采购成本，使企业获得的原材料转化成产品并以较低的成本销售出去。

合理地进行供应链下的采购控制，需要开发和管理一套支持快速及时准确的销售网络及快捷而富有弹性的生产流程系统。为了达到这种采购控制，需要对供应商进行如下考虑：

（1）要建立与供应商的联系。与供应商建立长期的战略协作关系，选择优秀的供应商作为供应链的合作伙伴，这种做法不仅能够避免因缺乏与供应商沟通而导致的成本提高，还能让供应商意识到他们之间的竞争，能帮助他们更好的认识自己的优势与不足，提高自身绩效。同时，还能提供一个展示自我的平台，与供应商建立信誉和互相参与的关系。

（2）确定备用供应商。评估每个供应商，与那些乐于降低成本、创造更大价值的供应商建立关系，与那些无意愿的供应商也逐步建立关系。选择更好更优的供应商，降低成本和提高品质的行动会变成越来越有成效。

（3）与供应商分享信息。企业的关键信息应该与供应商分享，通过供应链管理缩短来料提前期，降低采购成本和经营费用，使供应商也参与到产品的设计、物料的接收和支付程序中来，从而使成本最小化。

2.3 采购绩效的评估

在所有行业物流中，汽车物流被公认为是涉及面最广、技术最复杂的领域之一。而在汽车物流中，采购物流又被公认为是使物流系统良性运作并持续优化的最关键环节，但其运行的难度也最大。目前，汽车生产企业所采取的是外协零部件—装配生产的模式，即一个整车或一个总成的几个或几千个零部件，不是自制品，而是来自世界各地，它的范围很广、统筹调度难度大、影响因素多，这就是采购物流复杂的原因所在。

对于汽车生产企业而言，采购物流管理是企业经营管理不可忽视的重要部分。在企业各部分分工越来越细，专业化服务日渐兴起的今天，产品和技术的发展日新月异，具备参与竞争的实力，对采购物流服务商的选择与评价尤为重要。因此，对采购物流绩效进行评价，能够正确判断出企业实际经营水平，提高企业经营能力，对汽车生产企业具有重要的意义。

2.3.1 采购绩效评估的目的

采购绩效就是指采购效益和采购业绩，是采购产出与相应的投入之间的对比关系，它是对采购效率进行的全面整体的评价。采购绩效评估是指通过建立科学、合理的评估指标体系，全面反映和评估采购政策功能目标和经济有效性目标的过程。评估过程一般依据事先制定的标准或表格，对各项采购指标逐一检查以判断对应环节的工作绩效，在通过与过去的比较或与同行业标准、国际领先标准对照，对采购工作及时作出总结并加以改进。

汽车物流领域中，在汽车采购供应系统的管理下，汽车的采购绩效评估是为了能够及时进行总结而对汽车产品采购工作进行全面系统地评价和对比，找到现在工作的不足，为将来的工作提供借鉴，进一步提高工作绩效。做任何工作都要根据一定的标准进行评估。若能对采购工作做好绩效评估，通常可以达到下列的目的：

1）可以有效地保证采购目标的实现

汽车企业的采购目标往往各有侧重，有的偏重于质量和服务，有的偏重于价格低廉，有的偏重于其他条件，每个汽车企业都需要针对采购单位所追求的主要目标加以评估，从而促进目标的实现。

　　2）作为提供改进绩效的依据

　　汽车企业实行的绩效评估制度，可以提供客观的标准来衡量采购目标是否达成，也可以确定采购部门目前的工作绩效。进行绩效评估是对采购工作的总结，有助于找出采购工作的缺陷，累积经验，制定改进措施，并且在制定采购工作计划时高效发挥，及时防止突然事件发生。

　　3）作为奖惩的参考并提高采购人员的士气

　　采购绩效能够作为评价部门和采购人员工作状况的参考，进一步成为一个激励因素。采购工作绩效评估反映采购人员的个人表现，成为各种人事考核的参考依据。依据客观的绩效评估，达到公正的奖惩，可以有效地调动采购人员积极性。所以，采购绩效评估不仅对汽车产品采购工作，而且对汽车企业整体运作和效益都有着不可忽视的影响。

　　4）协助甄选和培养优秀采购人员

　　根据绩效评估结果，可以针对现有采购人员的工作能力，制定培养计划，有针对性地进行专业性的教育培训，组建一支优秀的采购队伍。

　　5）促进各部门间的沟通与合作

　　采购部门的绩效受其他部门配合程度的影响。采购绩效衡量和评估信息的共享有利于采购部门与设计、仓储、销售、售后等其他部门的沟通和合作，有利于提高汽车企业整体运作效率。

　　6）增强业务的透明度

　　正确的衡量和评估采购绩效使采购工作更加透明。定期报告计划的内容和实际执行的结果，可以使客户清楚地看到企业是如何对采购严格把关的，还可以让客户提供一些建设性建议，并且能够核实他们的意见是否被采纳。此外，通过向管理部门提供个人和部门的业绩，有利于增强采购部门的被认可度。

2.3.2　采购绩效的指标体系

　　汽车物流活动管理是一种控制客户服务绩效水平的管理过程，其管理实质是以客户满意为首要目标的。汽车物流服务绩效可以通过一系列指标来衡量。理想的评价指标应是：能够反映企业自身的特点，能够反映顾客对企业产品或服务的要求，具有客观性全面性，与企业的发展规划相一致等。汽车采购物流绩效的评价立足于汽车生产企业，其目的是使生产企业选择到可靠稳定、服务水平高、可以长期合作的第三方采购物流服务商，建立评价指标体系需要体现客观性、可操作性、完整性、系统性、服务性的原则。

2.3.2.1　采购绩效评估指标

　　一般来说，在完整的汽车供应链管理系统下，采购人员在工作时必须适时、适量、适质、适价和适地地完成基本任务。所以，对采购人员的绩效评估就应以"五适"为中心，并以量化的指标作为评估绩效的标准。汽车企业采购物流绩效指标体系，如图 2-3 所示。

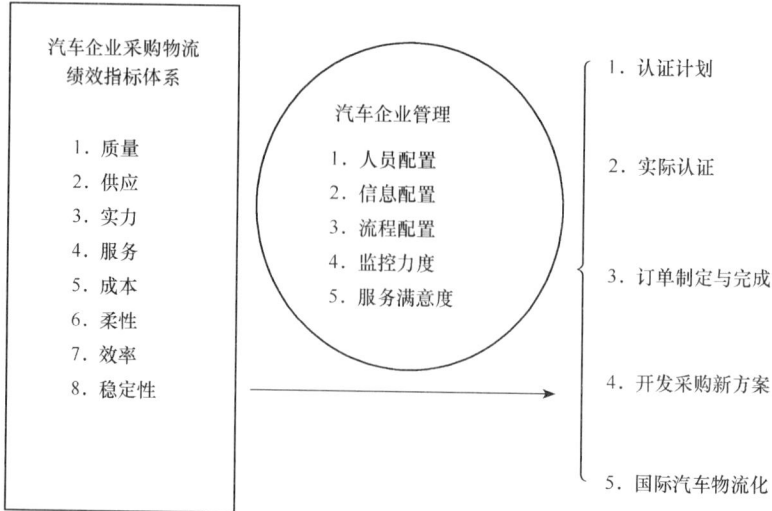

图 2-3 汽车企业采购物流绩效指标体系

1）价格与成本指标

采购的价格与成本指标包括参考指标和控制指标。参考指标主要有年采购总额、各采购人员年采购额、年人均采购额、各供应商年采购额、供应商年平均采购额、各采购物品年度采购基价及年平均采购基价等。它是作为计算采购相关指标的基础，同时也是展示采购规模、了解采购人员及供应商工作量的指标，是进行采购过程控制的依据和出发点。而控制指标则是指展示采购改进过程及其成果的指标，如平均付款周期、采购降价等。

（1）年采购额。包括生产性原材料与零部件采购总额、非生产性采购总额（包括设备、生产辅料、软件、服务、办公室耗材等）、原材料采购总额占产品总成本的比例等。其中最为重要的是原材料采购总额，按采购成本结构可划分为基本价值额、运输费用及保险额、税额等。

（2）采购价格。包括各种各类原材料的年度基价、所有原材料的年平均采购基价、各原材料的目标价格、所有原材料的年平均目标价格、各原材料的降价幅度及平均降价幅度、降价总金额、各供应商的降价目标、联合采购的降价幅度等。

（3）付款。包括付款方式、平均付款周期、预计付款期等。

2）质量指标

质量指标主要是指供应商的质量水平以及供应商所提供的汽车产品或服务的质量表现，它包括来料质量水平和供应商质量体系等方面，主要包括：

（1）产品质量水平。也可称为来料质量水平。包括批次质量合格率、货物抽检缺陷率、货物免检率、货物在线报废率、返工率、退货率、对供应投诉率及处理时间等。

（2）供应商质量体系。供应商质量体系包括通过国际质量体系认证的供应商比例、实行来料质量免检的物料比例、来料质量免检的供应商比例、来料质量免检的价值比例、开展专项质量改进的供应商数目及比例、参与本公司质量改进小组的供应商人数及供应商比例等。

3）企划指标和采购物流指标

企划指标是指供应商在实现接收订单过程、交货过程中的表现及运作水平。包括交货周期、交货可靠性以及采购运作的表现，包括订单与交货、企划系统等。而采购物流指标主要用来衡量采购物流各环节的工作情况，包括涉及到订货工作的指标、涉及供应商供货的指标、涉及交货与货物接收的指标、涉及库存与周转的指标等。

4）采购效率指标

采购效率指标是指与采购能力如人员、系统等相关的指标。

5）其他采购效果指标

其他采购效果指标是指其他与供应商表现相关的指标，如供应商总体水平、参与产品或业务开发、支持与服务等方面的指标，它包括产品技术支持与服务、供应商综合评估等内容。

2.3.2.2　采购绩效衡量的标准

制定绩效评估的指标之后，就必须考虑依据什么样的绩效作为与目前实际绩效的比较基础标准。汽车企业运用的标准如下：

1）历史绩效标准

选择公司以往的采购绩效作为评估目前绩效的基础，是汽车企业常用的非常有效的做法。通过与以往采购绩效的比较，可以看出企业现在的采购绩效是提高还是降低了；如果分开项目比较，虽然可以看出企业应该在哪些方面做得比较好，在哪些方面需要做改进，但这种方法只适用于公司的采购部门，并且在组织、目标和人员等均没有重大变动的情况下，否则就没有价值了。

2）标准绩效标准

如果汽车企业过去没有作过类似的绩效评价，或者过去的绩效资料难以取得，或者企业的组织机构、组织职责、采购人员发生了较大的变动，那么就不能够采用历史绩效标准作为评估标准。在这个时候，可以采取预算或标准绩效作为评估的标准。标准绩效的确定，一般可以采取以下几种方法：

（1）固定的标准。所谓固定标准，就是一旦确定了标准，在一般情况下就不再变动了。这种方法简便易行，容易与过去指标进行对比，找出差距、进步或失误。但是这种固定的标准灵活性较差，恐怕难以适应千变万化的市场环境。

（2）理想的标准。所谓理想标准，是指在拥有一切最优条件的工作环境下，企业应有的绩效。这种方法易于激励员工的工作积极性，促使其最大限度地发挥工作潜力。但是"最优的"工作环境是一般的汽车企业是很难达到的，这样的标准对员工来说不切实际，易使其产生挫折感。

（3）可实现的标准。所谓可实现的标准，就是指在现有的条件环境下，企业可以达到的标准。通常可以依据当前的绩效加以适当的修改，应该说是综合了以上两种方法的优点。这一标准既不像固定标准那样一成不变，难以适应瞬息变化的环境，又不像理想标准那样遥不可及。

（4）行业平均绩效标准。如果其他的汽车公司在采购组织、采购职责以及人员配备等方面都与公司有相似之处，那么公司就可以与同业的平均绩效水平进行比较，从中看出自己的采购工作成效上的优缺点。

（5）目标绩效标准。目标绩效通常代表公司的管理层对采购部门追求最佳绩效的期望值。这个标准的制定通常是以汽车产品公司中最佳的绩效水平为标准。目标绩效和预算或理想的绩效不同。前者是指在现有的情况和条件下，必须经过一番特别艰辛的努力才能达到，否则就无法完成；而后者是指在现有的情况下，应该可以达到的工作绩效。所以说，前者是更注重实际的标准。

3）采购绩效指标

采购绩效评估可分为采购部门绩效评估、采购团队绩效评估和采购个人绩效评估三个层次。采购部门绩效评估是对整个汽车企业采购运作状况的一个全面衡量，而采购团队绩效评估主要侧重于汽车产品的质量、成本、库存和交货方面。采购个人绩效评估取决于所管理物料的相关采购指标的统计数值，是团队绩效的基本组成要素。

2.3.3　采购绩效的评估方法

制造、销售、服务组成的汽车供应链体系中，在建立了采购绩效衡量与评估的指标体系，确立了采购绩效衡量与评估的标准之后，进行的就是评估工作。对采购绩效评估必须按照一定的要求流程，组织相关人员，选择一定的方式，按照评估指标和标准开展工作。

采购绩效衡量与评估是对采购工作进行全面系统地评价对比从而判定采购所处整体水平的一种做法，可通过自我评估、内审、管理评审等方式进行。评估审核一般依据事先制定的审核评估标准或表格，对照本企业的实际采购情况逐项检查、打分，依据实际得分并对照其他汽车企业或世界最好水平找出自己的薄弱环节进行相应改善。采购绩效衡量与评估的流程通常包括制定目标、沟通、保持纪录、评估、识别、激励和关注辅导。

1）采购绩效的评估方式

汽车企业采购部门围绕供应链的管理目标，对供应链的整体和各个组成环节，尤其是对供应链核心企业的物流运营状况进行所有业务活动全过程的量化分析。现在，越来越多的汽车企业管理者意识到一个采购部门在整个企业中发挥的巨大作用，尤其是一个配备了有较高能力的雇员和组织的采购部门。定期合理地评价采购部门的绩效可以节省费用，直接增加企业利润。采购人员工作绩效的评估方式，可以分为定期和不定期两种评估方式：

（1）定期评估。定期评估是配合企业年度人事考核制度进行的。一般而言，以"人"的表现，比如工作态度、协调能力、学习能力、忠诚程度等为评估的主要内容，并不能提升采购人员的工作绩效。如果能以目标管理的方式，也就是从各种工作绩效指标中选择年度重要性比较高的项目中的几个定为绩效目标，年终按实际达到的程度加以评估，那么一定能够提升个人或部门的采购绩效。这种方法因为摒除了"人"的抽象因素，以"事"的具体成就为评估重点，也就比较客观公正。

（2）不定期评估。不定期绩效评估，是以专案的方式进行的。比如企业要求某项特定产品的采购成本降低 10%，当设定期限一到，评估实际的成果是否高于或低于 10%，并以此给予采购人员适当的奖励。此种评估方法可以很好的提升采购人员的士气。不定期的绩效评估方式，特别适用于新产品开发计划、资本支出预算、成本降低的专案。

2）建立采购绩效评估制度

建立采购绩效评估制度就是要把评估工作的原则、标准、人员、方式、目的等作出明确的规定，并形成制度，各部门严格遵守，一般由采购管理部门负责监督执行。想要成功地建立起采购绩效评估制度，必须注意以下几个方面：

（1）明确目的。汽车企业必须首先明确采购绩效评估的目的，才能在此基础上建立采购绩效评估制度，该项制度的建立必须符合评估目的的需要。评估的目的是引导员工行为的指南，明确的目的能使员工加深对制度的理解，保障企业利益最大化。

（2）符合汽车企业的实际。汽车企业建立的采购绩效评估制度必须从企业自身特点出发，符合企业自身的实际运作方式，满足企业各部门的需要，这样的评估制度才能够得以长期实施，并取得显著的效果。评估制度不是摆设，在制定前要对企业的业务运营进行深入调查，使采购绩效评估制度能和企业实际结合起来，从而发挥最大效用。

（3）信息共享，公开明确。汽车企业建立采购绩效评估制度不是采购部门一个部门的事情，我们应该站在整个企业的立场上建立这项制度，评估结果也要在企业各个部门内共享，这样才能保证采购绩效评估的目的得以实现。

汽车制造业的采购物流是降低物流成本的源泉，是发展的必然趋势。衡量采购效果和业绩要从货物价格与成本、货物质量、采购物流等方面进行考察。对采购绩效评估必须按照一定的要求和流程，组织相关人员，选择一定的方式，按照评估指标和标准，公正、公平、公开地开展工作。

2.4　案例分析

长安汽车公司的采购成本优化管理

从汽车企业成本发生的类型来看，主要有采购成本、加工成本和管理成本等。供应商的采购成本根据所从事行业的不同，占到总成本的 55%～70%，主机厂采购成本所占比例更是高达 70%，如果能有效降低采购成本，就抓住了成本优化的关键。长安汽车股份有限公司决定以增强供应链竞争力的采购成本优化管理作为突破口，全面实施成本优化战略。

1）优化管理方案

（1）采用以市场为导向的目标成本法，建立新车型配套件采购价格管理新模式。汽车行业通常采用成本加成法来制定配套件的采购价格和整车销售价格，即在完全成本的基础上加一个利润额，构成所制定的价格。按照这种方法制定的价格很可能得不到市场接受，也不容易满足新车型开发进度要求。因此，长安股份公司决定用目标成本法取代成本加成法。

（2）确定单车材料总成本。首先，通过市场调研确定既能被市场接受，又符合公司战略意图的新车型单车目标销售价格，然后由成本管理人员计算出该产品必须承受的制造成本、期间费用以及可以接受的目标利润，在上述指标基本确定以后，就可以计算出新车型单车材料总成本。

（3）制定零部件技术系数。零部件价格系数是指单一零部件占整车材料成本的比重。技术系数是在基准车型零部件价格系数的基础上，经产品开发部门根据结构、材料、工艺等技术因素的变化，综合评估每个零部件的变化程度，将原价格系数给予适度修正后确定的该零部件占新车型整车材料成本的比重。

（4）建立价格管理新模式，采用招、议标相结合，价、量相结合的方法制定"已定点未定价"和改型配套件的采购价格，建立价、量、点三合一的改型车配套件采购价格管理新模式。"已定点未定价"的零部件属于遗留问题。改型配套件的定价任务也很重，虽然公司现在生产的车型只有一个平台，但衍生车型品种却有数百个，它是新品定价的重要组成部分。

2）采取措施

（1）该公司针对配套零件供货状态及质量状况的复杂性，将招标和议标相结合。对配套供应商生产能力不均衡、"假两家，真独家"或产品质量状况不稳定的情况，采用以财务部主导，相关部门参与的议标方式确定价格。议标方式的引入，使得整个"改进方法"能够处理各种复杂情况。对生产能力均衡，产品质量状况稳定，没有特殊保护需要的零部件采用招标的方式制定价格。

（2）对需要议标的零部件，财务部先制定目标价格，然后由供应商报价，公开开标后按供应商报价高低排出第 1 标和第 2 标顺序，依次和财务部谈价。经过这一轮谈判，如果供应商接受目标价格，就达到了议标的目的，如果都不接受目标价格，直接转为招标。

（3）对需要招标的零部件，确定以"价量结合"的方式来制定配套零部件采购价格。对供应商投标价格最低的，长安公司从订货数量上给予支持，鼓励供应商依靠自身综合实力从规模中找效益。

若一个配套零件有两家供应商供货，一般按 7∶3 执行第 1 标和第 2 标供货比例。有三家配套供应商的，按 6∶3∶1 的供货比例执行。对一个配套零件存在既有国外引进又有国内供应商供货的情况，首先明确引进数量比例，剩余部分再由国内供应商通过招、议标方式投出的价格确定订货比例分配方案。

（4）利用成本函数原理，建立价量曲线指导成熟车型配套件降价运作管理新模式。单位产品成本会随产量的增加而逐步降低，主要在于固定成本摊薄。如果能准确建立零部件的成本—产量模型，便可以根据整车产量的变化，准确测算零部件的成本下降幅度。

（5）按零部件的加工工艺分类，成立了以财务和技术为核心的机加、冲焊、电器、橡塑、总装杂件和发动机共六个调研小组，抽调了财务、技术和配套处等部门 40 多位业务骨干人员参加。

调研小组按零部件价值排序，分别从成本构成、加工工艺和技术含量三个方面分层逐步筛选，结合产品重要性和降价潜力性分析，选择了 100 个零部件进行调研，其价值占采购总价值的 70%，保证了样本量足够大。

以公司的采购总金额和供应商的成本费用数据作为基准，将所有采购零部件分为汽车、发动机两大系列，每个系列再细分为机加、冲焊、电器、橡塑、总装杂件五大行业，分别建立起分行业的成本—产量数学模型，计算出当采购金额在各种不同增幅情况下固定成本的下降幅度，就可以绘制出各个行业的价量曲线，用以指导与供应商的谈判与合作。

3）实施效果

通过实施采购成本优化管理，长安汽车股份有限公司的供应链成本结构得以优化，和供应商的关系得以紧密，供应链的综合竞争能力显著增强。新车型开发比基准车型单车采购成本下降 22%，至今已为公司节约采购成本 5000 万元。运用目标成本法制定零部件价格，客观上也促使供应商积极采取措施，不断挖潜降低成本，供应商在成本下降中获利 30%。通过这样持续的努力，促使主机厂和供应商都成为行业的成本领先者。

增强了产品"性价比"竞争力，显著提高企业经济效益。公司依托客观反映供应商成本状况的价量曲线，随着采购数量的大幅增加，逐年降低外购配套件的采购价格，共节约采购成本 17 亿多元，弥补了公司同期整车降价损失的 50%，有力支撑了公司经济效益的显著提升。

采购成本优化管理起到了纲举目张的作用，一改行业沿用数十年的成本加成定价法，创造性地采用目标成本法和标准成本体系法，显著改善了产品成本状况，在围绕新品定价、供应商布点和供应商采购比例的整个管理流程中，将各有关职能部门链结为一体，杜绝了职能和信息的孤岛现象，杜绝了管理环节的暗箱操作，逐渐形成了价、量、点三合一的管理模式，以定价为中心，以定量和定点为筹码，采用先定价，后布点，价低优先定点，优价优量的方式，从而最大程度地降低采购成本。

本章小结

采购是企业物流活动的重要环节，采购成本在企业销售收入中占的比例很高，这决定着采购成本的节约存在着倍增效应。因此，加强采购管理是提高企业效益的一项重要工作。在我国，越来越多的企业，尤其是汽车企业注意到采购的重要性，进行研究与管理，以科学的采购管理为企业的战略发展提供足够的动力。

思考题

1. 采购的概念是什么？怎样理解采购的内容？
2. 采购的方法有哪些？采购的流程是什么？
3. 采购物流的管理目标是什么？
4. 降低采购成本的主要途径有哪些？
5. 怎样理解供应链下的采购控制？
6. 简述采购绩效评估的目的。
7. 试述采购绩效评估的衡量指标体系，思考为什么选定这些衡量指标。

参考文献

蔡长术，戴开富，倪燕翎，翟运开. 2005. 汽车采购物流服务绩效评价指标体系研究[J]. 物流技术（5）：73-75.

甘卫华，马智胜，周业付. 2007. 采购管理[M]. 南昌：江西高校出版社.

高振云. 2006. 汽车物流[M]. 北京：中国劳动社会保障出版社.

李雅萍. 2004. 采购物流[M]. 北京：对外经济贸易大学出版社.

刘华. 2004. 现代物流管理与实务[M]. 北京：清华大学出版社.

刘圣华，马士华. 2008. 汽车企业采购成本优化管理[J]. 中国物流与采购（2）：70-71.

孙明贵. 2004. 采购物流实务[M]. 北京：机械工业出版社.

孙强. 2005. 采购与供应链规范管理[M]. 北京：机械工业出版社.

第3章
汽车企业生产物流

[本章提要]

简要介绍生产物流和生产物流管理的基本概念、特征以及物流组织形式和物流管理基本内容。结合汽车生产的特点，对汽车生产物流计划与控制、计划编制，生产物流管理和过程控制进行介绍，并通过简单案例分析使读者加深对汽车生产计划与生产物流的理解。

3.1 生产物流概述

生产物流（production logistics）是指在生产过程中，从原材料采购，到在制品、半成品等各道生产程序的加工，直至制成品进入仓库全过程的物流活动。

这种物流活动是与整个生产工艺过程相伴而生的，实际上已经构成了生产工艺过程的一部分。过去人们在研究生产活动时，主要关注单个的生产加工过程，而忽视了将每一个生产加工过程串在一起，并且又和每一个生产加工过程同时出现的物流活动。例如，产品不断地离开上一工序，进入下一工序，便会不断发生搬上搬下、向前运动、暂时停止等物流活动，实际上一个生产周期中，物流活动所用的时间远多于实际加工的时间。所以，企业生产物流研究的潜力是非常大的。

3.1.1 生产物流系统的概念和特征

3.1.1.1 生产物流的定义

生产物流是企业生产过程发生的涉及原材料、在制品、半成品和产成品等所进行的物流活动。国家标准《物流术语》（GB/T 18354—2006）中将生产物流定义为："生产过程中，原材料、在制品、半成品、产成品等在企业内部的实体流动。"

具体来讲，企业的生产物流活动是指在生产工艺中的物流活动。一般是指原材料、燃料、外购件投入生产后，经过下料、发料、运送到各加工点和存储点，以在制品的形态，从一个生产单位（仓库）流入另一个生产单位，按照规定的工艺过程进行加工、储存，借助一定的运输装置，在某个点内流转，又从某个点内流出，始终体现着物料实物形态的流转过程。

3.1.1.2　生产物流的特点和特征

生产物流和社会物流的一个最本质上的不同之处，也是企业物流最本质的特点，即不是主要实现时间价值和空间价值的经济活动，而是主要实现加工附加价值的经济活动。

生产物流一般是在企业的小范围内完成，不包括在全国或者世界范围内布局的巨型企业。因此，空间距离的变化不大，在企业内部的储存和社会储存目的也不相同，这种储存是对生产的保证，而不是一种追求利润的独立功能，因此，时间价值不高。

生产物流伴随加工活动而发生，实现加工附加价值，也即实现企业主要目的。所以，虽然物流空间、时间价值潜力不高，但加工附加价值却很高。

生产物流的主要功能要素也不同于社会物流。一般物流功能的主要要素是运输和储存，其他部分是作为辅助性或次要功能或强化性功能要素出现的。企业物流主要功能要素则是搬运活动。

许多生产企业的生产过程，实际上是物料不停地搬运过程，在不停地搬运过程中，物料得到了加工，改变了形态。

即使是配送企业和批发企业的内部物流，实际也是不断地搬运过程，通过搬运，商品完成了分货、拣选、配货工作，完成了大改小、小集大的换装工作，从而使商品形成了可配送或可批发的形态。

生产物流是一种工艺过程性物流，一旦企业生产工艺、生产装备及生产流程确定，企业物流也因而成了一种稳定性的物流，物流便成了工艺流程的重要组成部分。由于这种稳定性，企业物流的可控性、计划性便很强，一旦进入这一物流过程，选择性及可变性便很小。对物流的改进只能通过对工艺流程的优化，这方面和随机性很强的社会物流也有很大的不同，这是生产物流的过程特点。

生产物流的运行具有极强的伴生性，往往是生产过程中的一个组成部分或一个伴生部分，这决定了企业物流很难与生产过程分开而形成独立的系统，这是生产物流的运行特点。

在总体的伴生性同时，企业生产物流中也确实有与生产工艺过程可分开的局部物流活动，这些局部物流活动有本身的界限和运动规律，当前企业物流的研究大多是针对这些局部物流活动而言。这些局部物流活动主要是：仓库的储存活动、接货物流活动、车间或分厂之间的运输活动等。

生产企业的生产过程实质上是每一个生产加工过程"串"起来时出现的物流活动，因此，一个合理的生产物流过程应该具有以下基本特征，才能保证生产过程始终处于最佳状态。

1）连续性

连续性是指物料总是处于不停地流动之中，包括空间上的连续性和时间上的流畅性。空间上的连续性要求生产过程各个环节在空间布置上合理紧凑，使物料的流程尽可能短，没有迂回往返现象。时间上的流畅性要求物料在生产过程的各个环节中的运动，自始至终处于连续流畅状态，没有或很少有不必要的停顿与等待现象。

产品的生产过程在理论上是一个连续的过程。各工序之间相互衔接，组成完整的生产链。然而，实际物理空间里，各加工工序存在时空的间隔。一道工序加工好的零件，要经过一段距离才能进入到下一道工序，这是空间距离造成的；成批加工的产品，需要间隔一定时间才进入下一工序进行加工，这是时间间隔造成的。为了顺利完成产品加工的全过程，物料供应系统承担了承上启下的作用，把各个孤立的作业工序连接起来，形成一个完整、连续的产品加工过程。为了保证各个生产工序对物料的供给及时且准确，既要防止缺货，又要避免物料堵塞，这就要求从生产的第一道工序开始，保证物料的供应始终是最顺畅、最快捷的，直到走完生产的全过程。生产过程的连续性也要求物流过程是连续的。

2）平行性

各种产品的生产过程中，各个工序需要源源不断地供应各种不同的原材料和零配件。生产物料的供给和保障体系不是一个单一的流程，而是由多个工作流程并行完成的。因此生产物流呈现出平行性的特点。

3）比例性

它是指生产过程的各个工艺阶段之间、各工序之间在生产能力上要保持一定的比例以适应产品制造的要求。比例关系表现在各生产环节的工人数、设备数、生产面积、生产速率和开动班次等因素之间相互协调和适应，所以，比例是相对的、动态的。

生产物流的比例性，是根据不同产品的要求，为生产过程提供不同比例的物料。例如汽车装配生产线某装配工位，每辆车需要装配螺钉 15 个、垫圈 30 个、螺帽 45 个。按照 15：30：45 的比例为此工序提供螺钉、垫圈和螺母是最为合理的。这样既可防止某种零件的短缺，也不会出现零件的积压。

4）均衡性或节奏性

它是指产品从投料到最后完工都能按预定的计划（一定的节拍、批次）均衡地进行，能够在相等的时间间隔内（如月、旬、周、日）完成大体相等的工作量或稳定递增的生产工作量。很少有时松时紧、突击加班现象。也就是说，物流供应计划应该依据生产计划进行制定和及时调整。

5）准时性

它是指生产的各阶段、各工序都按后续阶段和工序的需要生产，即在需要的时候，按需要的数量，生产所需要的零部件。只有保证准时性，才有可能推动上述连续性、平行性、比例性和均衡性。

6）柔性和适应性

它是指加工制造的灵活性、可变性和调节性。即在短时间内以最少的资源从一种产品的生产转换为另一种产品的生产，从而适应市场的多样化、个性化要求。

由于生产物流的主要任务是为生产过程提供物料，因此生产物流对生产过程的适应性，成为衡量生产物流优劣的主要标准。上述所提出的物流的连续性、均衡性或节奏性、比例性和平行性等特点都是出于对生产过程的适应性要求。

除此之外，当企业生产规模、产品品种、产品结构、生产工艺等发生变化时，生产物流能够及时进行调整，以快速适应这种变化。

3.1.2　生产物流的组织

3.1.2.1　生产组织与生产物流组织

1）生产组织

生产组织，是指为了确保生产的顺利进行所进行的各种人力、设备、材料等生产资源的配置。生产组织是生产过程的组织与劳动过程的组织合二为一。生产过程的组织主要是指生产过程的各个阶段、各个工序在时间上、空间上的衔接与协调。它包括企业总体布局，车间设备布置，工艺流程和工艺参数的确定等。在此基础上，进行劳动过程的组织，不断调整和改善劳动者之间的分工与协作形式，充分发挥其技能与专长，不断提高劳动生产率。

生产过程组织是指为提高生产效率，缩短生产周期，对生产过程的各个组成部分从时间和空间上进行合理安排，使它们能够相互衔接、密切配合，设计与组织工作的系统。生产过程组织包括空间组织和时间组织两项基本内容。生产过程组织的目标是要使产品内在生产过程中的行程最短，时间最省，占用和耗费最少，效率最高，能取得最大的生产成果和经济效益。在企业中，任何生产过程的组织形式都是生产过程的空间组织与时间组织的结合。企业必须根据其生产目的和条件，将生产过程中空间组织与时间组织有机地结合，采用适合自己生产特点的生产组织形式。

2）生产物流组织

生产物流的组织和生产过程的组织是同步进行的。伴随着生产过程的空间组织和时间组织，生产物流也存在着如何进行合理的空间和时间组织的问题。

生产物流空间组织是指企业内部各生产阶段或生产单位的组织及其空间位置的安排，目标是如何缩短物流在工艺流程中的移动距离。

生产物流时间组织是指一批加工对象在生产过程中各生产单位、各道工序之间在时间上的衔接和结合方式，目标是如何缩短物流在工艺流程中移动的时间。

3.1.2.2　生产物流的空间组织

开展生产物流的空间组织工作通常要考虑以下几个问题：

（1）应包括哪些经济活动单元；

（2）每个单元需要多大空间；

（3）每个单元空间的形状如何；

（4）每个单元在设施范围内的位置。

一般有工艺专业化组织形式，对象专业化组织形式和成组工艺组织形式 3 种专业化的组织形式。

1）工艺专业化组织形式

工艺专业化组织形式也称工艺原则、功能生产物流体系，是将同类设备和人员集中在一起对企业生产的各种产品进行相同工艺加工的生产物流组织形式。

机加企业的铸造车间、锻造车间、热处理车间等都属于这种组织形式。

特点：同类型的设备、同工种的工人和同一加工方法完成产品某一工艺过程加工。

适用范围：企业生产规模不大，生产专业化程度低、产品品种不稳定的单件小批生产。

2）对象专业化组织形式

对象专业化组织形式也称产品专业化原则、流水线，是按加工产品为对象划分生产单位，通过固定制造某种部件或某种产品的封闭车间，其设备、人员按加工或装配的工艺过程顺序布置，形成一定的生产线来完成物料流动。汽车制造厂、发动机分厂（车间）、电机车间等的生产物流都是这种组织形式。

3）成组工艺组织形式

结合上述两种形式的特点，按成组技术原理，把完成一组相似零件的所有或极大部分加工工序的多种机床组成机器群，以此为一个单元，并根据其加工路线在其周围配置其他必要设备进行加工的生产物流组织方式。

3.1.2.3 生产物流的时间组织

生产物流的时间组织指一批加工对象在生产过程中各生产单位、各道工序之间在时间上的衔接和结合方式。通常一批物料有顺序移动方式、平行移动方式和平行顺序移动三种典型的移动组织方式。

1）顺序移动方式

当一批生产加工对象在上道工序完成全部加工后，整批地转到下一道工序生产加工。顺序移动方式下一批零件的生产周期按式（3-1）计算，移动方式如图3-1所示。

$$T_{sh} = n\sum_{i=1}^{m} t_i \qquad (3\text{-}1)$$

式中：n 为零件批数；m 为序数；t_i 为第 i 道工序上的单件工时；T_{sh} 为顺序移动方式下一批零件的生产周期。

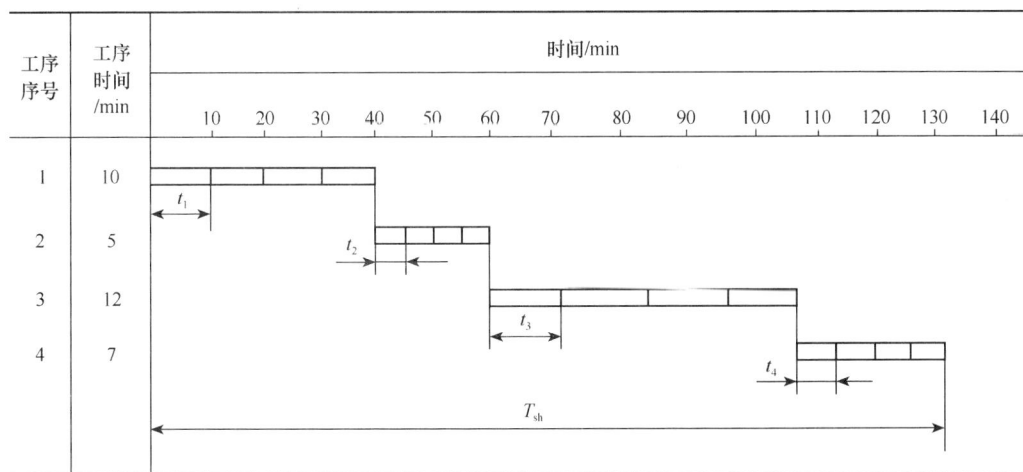

图3-1 顺序移动方式

例：已知 $n=4$，$t_1=10$，$t_2=5$，$t_3=15$，$t_4=10$；求 T_{sh}（需要说明时间单位）。

解：$T_{sh}=4×（10+5+15+10）=160$（min）

2）平行移动方式

指每个产品或零件在上道工序加工完后，立即转到下道工序加工，使各个零件或产品在各道工序上的加工平行地进行，如图3-2所示。若用 t_L 表示工序时间最长的工序时间，其他指标含义同顺序移动方式，则：

$$T_p = \sum_{i=1}^{m} t_i + (n-1)t_L \tag{3-2}$$

式中：t_L 为最长工序单件时间；T_p 为平行移动方式下一批零件的生产周期。

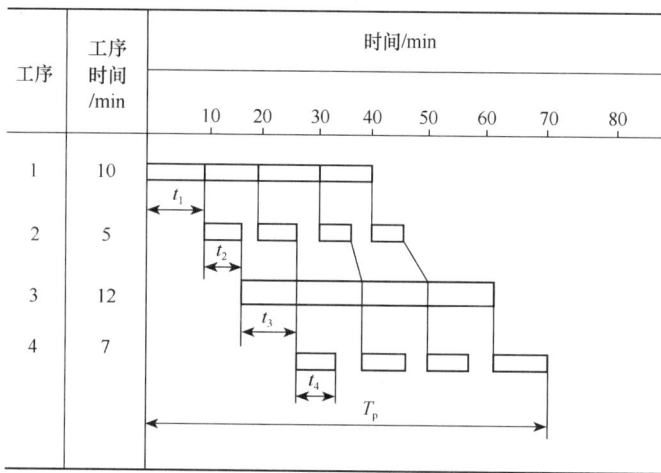

图3-2　平行移动方式

例：如上例，已知 $n=4$，$t_1=10$，$t_2=5$，$t_3=15$，$t_4=10$。采用平行顺序移动方式，求 T_p（需要有时间单位）。

解：$T_p=（10+5+15+10）+（4-1）×15=85$（min）

3）平行顺序移动

一批零件或产品既保持每道工序的平行性，又保持连续性的作业移动方式，如图3-3所示。若用 t_j，t_{j+1} 表示相邻两道工序用时，则生产周期按下式计算：

$$T_{p-sh} = n\sum_{i=1}^{m} t_i - (n-1)\sum_{j=1}^{m-1}(t_j, t_{j+i}) \tag{3-3}$$

式中：t_j，t_{j+1} 为相邻两工序比较短的时间工序单件工时；其他符号含义同顺序移动方式。

例：仍按上例，已知 $n=4$，$t_1=10$，$t_2=5$，$t_3=15$，$t_4=10$（需要有时间单位）。

$T_{p-sh}=4×（10+5+15+10）-（4-1）×（5+5+10）=100$（min）

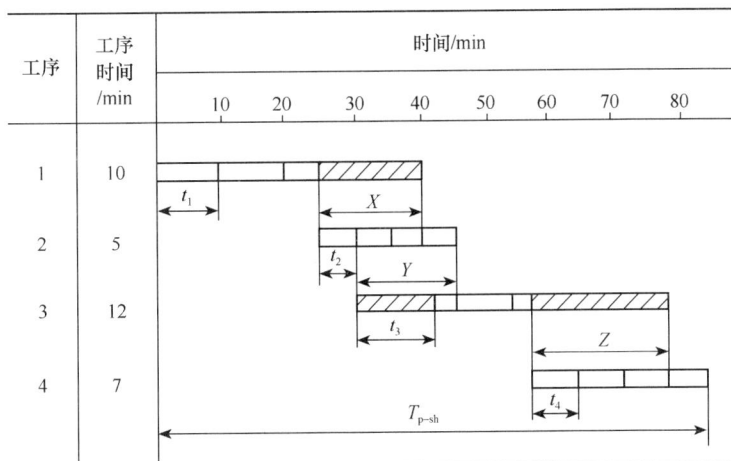

图 3-3 平行顺序移动方式

3.1.3 生产物流管理的基本内容及对象

企业生产物流的活动始于原材料的入库,止于产成品的出库,包含了从原材料采购、保存与发放,车间生产过程半成品的运送,产成品的入库、存放与外运等过程。

按照流体的类型,生产物流可以分为原材料、零配件部件物流,半成品物流,产成品物流和回收物流。

(1)原材料、零配件部件物流。指有计划地从供应商企业采购原材料、零配件部件,并进行存放和提供生产加工需要的活动。

(2)半成品物流。指生产过程中的半成品从上一道工序(或车间)到下一道工序(或车间)的物流活动。

(3)产成品物流。指产成品从生产线到产成品仓库或者直接到下游企业的物流活动。

(4)回收物流。指生产过程中的废弃物丢弃或再生所发生的物流活动。

可以看出,生产物流的基本功能包括运输、储存、装卸、搬运、包装、信息处理等。

3.1.4 生产物流管理的发展趋势

生产物流是伴随着生产加工过程产生的。其任务是供给生产加工过程中所需的物料,以保障生产过程顺利进行。所供给的物料包括原材料、外购件(零件、部件、标准件等)和半成品等。

在生产发展初期,生产力水平低下,生产规模小,产品单一。在这一时期,物料加工是制造业的主要矛盾。物料的管理仅仅是生产的辅助,与生产加工相比,物流的重要性显得不十分突出。企业关注的重点主要在于如何改善工艺,改进设备,以提高加工的有效性和提高生产效率。这一阶段生产物流处于较低的水平,以人工搬运、人工仓储和管理为主,企业生产物流是分散的、相互割裂的。生产物流仅仅依靠简单化、单一化的操作,就可以满足生产流程的需要。这时的物流处于人工物流阶段。

然而,随着制造业和计算机技术的发展,以及定量分析方法的完善,生产物流管理得以不断发展以适应市场经济的挑战。由于技术的进步以及生产力水平的提高和发展，制造业出现以下新的发展趋势：

（1）随着加工工艺地不断完善，设备不断改进，生产加工的效率大大提高。与物料加工过程相比，物料管理的重要性越来越大。

（2）市场的多样化需求，使多品种、小批量逐渐成为产品生产的主要趋势。物料供给的模式也随之更为复杂。

（3）生产的专业分工逐渐细化，产品生产链越来越长。一个产品的生产往往涉及多个企业，在地域上往往是跨省市、跨地区，乃至跨国界的。物料管理的时间、空间、成本也都明显扩大。

（4）制造加工设备逐渐实现了自动化、信息化。

（5）具有复杂化、快速化、国际化、信息化等特点的生产系统，往往是多数人有序地、协同地生产的过程。

以上生产力水平的发展和提高，带来生产物流在以下几方面的相应发展。

1）从单纯的生产物料储备发展到生产物流准时化管理

在计划经济条件下，企业主要采取以产定销的生产运作模式。由于商品供不应求，为保证生产用料的需求，生产物流管理部门倾向于大量储备生产物料，因而造成较高的库存资金占用，生产物料浪费现象严重。在以需定产的市场驱动的经济环境下，企业生产物流管理的目标主要集中在提高质量、降低成本、减少资金占用、支持销售、提供优良的顾客服务水平等方面。由日本丰田公司首创的准时化（just in time，JIT）系统恰恰适应了这种需求。

2）从手工操作发展到机械化与自动化物流

随着生产力水平的提高，生产物流的重要性逐渐凸显出来。据统计，现在的产品生产制造过程，物料在设备上被加工的时间仅占整个制造过程总时间的 5%，而 95%的时间物料处于生产物流中。所以，对于现代化生产企业来说，提高生产物流的水平和效率是缩短产品生产周期，提高生产力水平，进而提高企业竞争力的关键。

生产物流的发展首先是改进物流工具与设施。生产物流开始以机械化的物流工具，如各种装卸设备（如起重机、吊车）、各种运输车（如叉车、电动搬运车）、动力输送机、集装箱、托盘、机械手、自动分货机等通用或专用的自动化机械设备等代替过去的手工为主的物流操作。大大提高了物流速度和运输的灵活性，减少了生产物流管理中的体力消耗，降低了装卸搬运时的生产物流损耗。同时由于充分利用机械设备，实现了规模作业，降低了整体的物流成本。

生产力水平的进一步提高，自动化生产的出现，人们开始为自动化生产过程配备相应的自动化物流设备，以保证物流过程与高效率生产过程的匹配。生产物流开始向机械化、自动化方向发展。

3）从专业部门管理发展到集成化物流

过去将生产物流管理称为"材料管制"（material control），主要任务是对内供应生产所需的原料、材料和用品。企业主管的主要精力集中在生产和销售方面，生产物流管理部门成为配合生产的辅助部门。由于生产物流管理涉及企业组织中的许多部门，如生产、销售、采购、仓库等，只有各部门之间相互合作，实行全面综合管理，才能取得良好的效益。

从手工物流向机械化和自动化物流的发展，主要表现为物流工具、物流装备和设施的改进和发展，即物流载体的变化。物流载体的变化带来的主要是物流效率的极大提高。使生产物流的节奏逐步与生产的节奏合拍、协调。

然而，自动化仅仅从局部提高了生产的效率，并未从根本上改善物流整体的效率和效益。现代生产物流不仅仅满足于局部效益和效率，更关注的是整体效益。物流管理的目标从仅仅满足于运输、装卸、储存等基本功能的实现，变为更加注重准时化、低成本、高服务水平、高质量等性能要求。同时也将物流管理的系统化和集成化提上日程。

集成化物流系统除了必要的机械化和自动化物流系统的基础外，还需要在物流管理模式方面有很大的突破和改进。集成化物流模式在追求整体效益的过程中不断寻找最佳的模式，其中已经为多数人所公认的有供应链管理、拉式物流、面向服务、准时化物流等。

4）社会化物流

生产物流发展的另一个趋势是社会化。供应物流和销售物流都是企业与外部社会相关联的活动，具有较强的社会属性。随着现代物流的发展，越来越多的制造企业把供应物流和销售物流进行了社会化的改造。企业把更多的精力集中于产品生产过程，而把供应物流和销售物流委托给第三方物流企业去完成。现代企业生产物流逐渐摆脱传统的自主经营模式，开始更多地融入了社会大物流的活动中。因此，传统的社会大物流与企业生产物流之间的分界线已经不再严格和清晰了。

5）信息化物流

物流现代化过程的一个显著特点是信息化。信息化是物流自动化、物流集成化和物流社会化的重要支撑。

借助网络、计算机和信息技术，实现对自动化系统的控制与协调；实现物流、信息流、资金流的一体化协调；实现对物流资源的统筹计划和利用；实现对物流全程的最优规划与管理等，在物流现代化进程中起到至关重要的作用。特别是供应链管理理念的实施，更是离不开物流信息化。

6）从简单的生产物流预测发展到科学的 MRP 或 ERP 系统

生产物流管理中的预测主要有三类：

（1）需求预测。预测企业目前及将来对生产物流的需求情况、库存状态及提前期等；同时还要考虑整个行业和产品最终使用者现在及将来的需求。

（2）供给预测。收集有关现有的生产物流供应商或生产商的数据，分析未来供应市场状况及可能影响供应的各种经济、政治和技术因素。

（3）价格预测。在上述供给和需求预测分析的基础上，提供对有关生产物流价格的短期、长期预测，以及相关影响因素的分析。

但是，由于产品结构复杂，加工流程长，预测计算的工作量太大，手工方式难以对每种生产物料作预测，结果是粗线条的，价值不大。随着计算机技术的不断完善，现在企业可以根据自己的实际情况，选择适合本身特点和市场状况的预测技术和方法。目前，较通用的技术和方法有动态规划方法、排队理论、准时生产系统、物料需求计划、配送需求计划和有关消除不确定变数影响的统计方法等。尤其是兴起于 20 世纪 60 年代的物料需求计划以及目前广泛使用的企业资源计划（enterprise resource planning，ERP）在企业中的广泛应用，借助计算机强大的信息处理能力在预测企业生产物料用量、编制生产物流供应计划方面，具体到每个零件，大大提高了计划的准确性和可靠性，使企业的生产物流管理进入了一个新的阶段。

随着市场经济的发展，高新技术不断涌现，企业组织自身的成熟与完善，生产物流管理在企业管理中的角色和地位发生了很大的变化。表 3-1 中列出了传统生产物流管理与现代生产物流管理特点的比较。

表 3-1   传统生产物流管理与现代生产物流管理特点的比较

项目	传统生产物流管理	现代生产物流管理
市场	卖方市场，市场竞争少	买方市场，竞争激烈
产品	产品类别少，生命周期长，低技术含量低	产品类别多，生命周期短，技术含量高
生产	满负荷大批量生产，柔性小，提前期长，自制件为主	满负荷小批量生产，柔性大，提前期短，外购件较多
服务水平	高服务水平，高库存，运输慢，物流流程缓慢	高服务水平，少库存，运输快，物流流程快捷
信息技术	人工数据处理，有纸张消耗	电子数据处理，无纸化工厂

3.2   汽车企业生产物流组织

3.2.1   汽车企业生产物流计划与控制

生产计划是一个包含需求预测、中期生产计划、生产作业计划、物流需求计划、能力建设计划、设备可靠性改造计划、新产品开发计划等相关子计划，并以生产控制信息的迅速反馈进行连接构成的复杂系统，贯穿企业的所有层面。

企业的生产计划主要体现为三个方面：商务需求计划管理、生产作业计划管理和物流供应计划管理。所有实际工作中其他计划的细分必须围绕这三大组成部分展开和寻求技术的支持。实践中，以物流供应计划的可靠执行为核心，这是因为商务需求计划的满足要靠生产作业计划来确认和保证，但生产计划是否能够达到预定目的，则取决于物流供应计划是否有可靠的保证。

计划与控制是企业管理的重要职能，是对未来行动的筹划与预先安排，是控制工作的依据与标准，是企业所有经营活动的指南，也是企业未来发展的蓝图。在现代经济生活中，任何组织和个人都会遇到计划问题，它决定"做什么"和"怎么做"两个基本方面，也就是确定目标、选择实现目标的途径和方案、安排完成工作任务的时间进度并落实到个人。生产计划的质量水平与指导性直接关系到客户的满意程度和企业绩效。科学地编制企业生产计划是企业运营工作的一项重点工作。

　　从物流与供应链的角度出发，计划与控制领域的业务内容至少包含了网络设计、需求计划、供应计划、销售计划、作业计划、调度协调、订单处理、资源管理、生产排程、配送计划和运输规划等。为了运营的方便，计划必须按照时间区间来逐层深入，生产计划与控制领域的关系如图 3-4 所示。

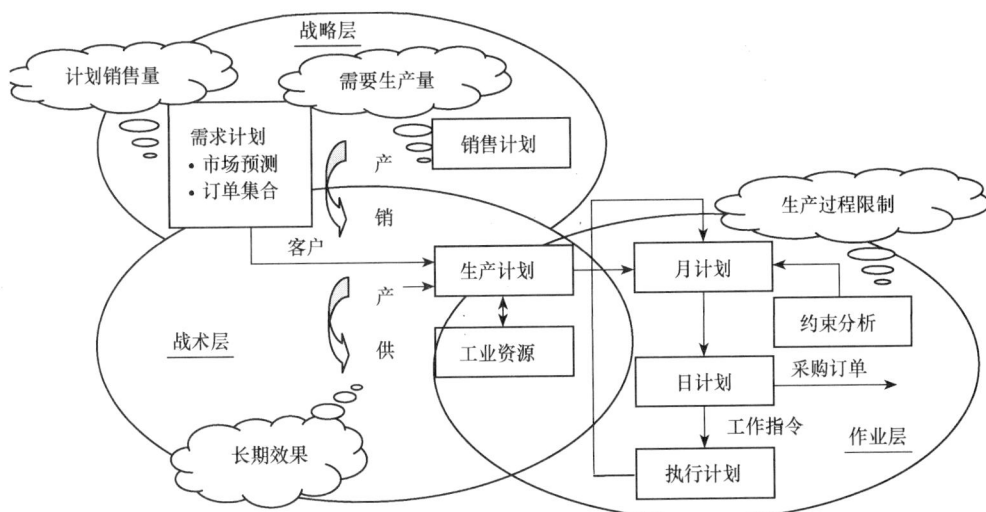

图 3-4　生产计划与控制领域的关系

　　生产计划是落实企业战略目标和年度经营计划的重要部分之一，涉及企业各个方面的资源。随着精益管理体系给企业带来的成功，计划体系的构成越加缜密，影响要素也越加广泛。在订单制生产方式渐行渐近的今天，基于相对准确的市场预测，充分利用现有资源和生产能力，尽可能均衡地组织生产，合理控制库存水平，多品种、小批量、混流排程和按序执行的计划与控制，尽可能满足市场需求是该领域的主要业务内容。

　　在现代大型汽车制造企业中，内部分工精密、协作严密，任何业务活动都无法特立独行，生产计划领域更是如此。周密的生产计划安排和严谨的工业资源管理，是企业按需要的时间和地点、需要的质量和数量、需要的品种和期限，恰当地满足市场需求的坚实基础，是尽可能提高企业的经济效益和社会效益的基本保证。

　　在汽车制造业的生产计划与控制领域中，通常采用的管理技术主要集中在 MRP、JIT 及约束理论（theory of constraints，TOC）等方面，或者是其中的两种到三种的集成应用，以形成各种计划技术的优势互补。

3.2.2　汽车企业生产计划的层级

3.2.2.1　生产计划的层级

　　从企业运营的角度出发，生产计划按控制的层次要点一般可分为未来 3～5 年的长期战略计划、中期年度战术计划和短期作业计划（包含季、月、周、日、时）或分为战略层计划、战术层计划和作业层计划三个层次，采用集成技术将短期计划、中期计划和长期计划有机结合起来,根据近期计划的执行状况和环境变化因素,定期修订未来计划并逐期向前推移的滚动方式编制生产计划。不同层次计划的特征对比如表3-2所列。

1)长期生产计划

长期生产计划属于战略规划的范畴,一般由企业的高层根据企业的经营战略来研究确定,是实现目标的全局战略和市场定位。它涉及企业资源的获取途径和市场拓展的进攻方向,其覆盖期通常为3～5年或更长的时间,其目标逐年分解、内容高度概括,并随着市场环境和企业经营战略的变化而定期调整。

它的主要任务是进行产品决策、生产能力决策、资源配置决策和竞争战略决策,涉及产品发展方向、生产发展规模、技术发展水平、工业化程度和供应链管理模式等。

表3-2   不同层次计划的特征对比

项　目	计划层次		
	战略层计划	战术层计划	作业层计划
计划期	长（≥5年）	中（1年）	短（月、旬、周）
计划的时间单位	粗（年）	中（季、月）	细（工作日、班次、小时、分）
空间范围	企业、公司	工厂	车间、工段和班组
详细程度	高度综合	综合	详细
不确定性	高	中	低
管理层次	企业高层领导	中层、部门领导	低层、车间领导
特点	涉及资源获取	资源利用	日常活动处理

2)中期生产计划

中期生产计划属于战术性计划,也称生产计划大纲或年度生产计划,一般由企业的中层根据市场预测数据结合企业资源状况来研究制定。它涉及供应链内外部工业资源和企业成本策略,其覆盖期通常为1～2年,目标逐季或逐月分解,内容综合、全面,并随着市场需求的变化和企业财务目标的改变而适当调整,有一定的确定性。

它的主要任务是在相对准确的市场预测数据的基础上,对企业计划年度内的生产任务进行统筹安排,确定生产品种、数量、质量、期限和库存控制水平等指标。充分利用现有的生产能力与资源,尽可能均衡地组织生产活动,合理地控制库存水平,尽最大努力及时满足市场需求。

3)短期生产计划

短期生产计划或称生产作业计划,属于执行层行动计划。一般由企业的管理执行人员根据生产系统的能力约束条件和绩效目标来研究制订,其覆盖期一般为4个月以下,并逐月细化到周、逐周细化到日、逐日细化到班次和小时,按总装配生产顺序进行精细安排,涉及所有相关日常事务的处理,内容翔实明确,具有稳定性,也是计划执行人员的考核目标。

它的主要任务是直接依客户的订单,合理安排生产活动的每一个细节,使之紧密衔接，以确保按客户的质量、数量和交货期交货。生产作业计划是中期生产计划的具体实施，将中期生产计划中的每一项任务具体落实到每一个生产中心和每一个单位的每一个生产班次乃至操作人员。生产作业计划的地位与作用十分关键，在运营管理过程中，如何合理地安排和协调原材料、自制零部件、外协零部件和成品的加工节奏、加工批量，确保质量和交货期，并使库存尽可能合理化，是生产作业计划领域的主要挑战。

3.2.2.2 计划与控制领域的难点

生产计划是一种决策，一种集权的行政指令，特别是滚动作业计划，一旦确认，就必须要严格执行。在编制计划的过程中，如果未能周到地进行能力平衡和工业资源调配，则计划被整体执行得越好，供应链上的库存就会越高。

在现代汽车制造企业的生产计划与控制领域中，能力平衡和工业资源管理是两个具有挑战性的新领域，也是现有单一计划技术存在局限性问题的所在，需要以系统的观点来集成运用多项技术解决计划与控制工作中的难题。

工业资源指具有相同功能的零件的集合，对这些集合的产能进行规划、量化评审、产能提升、产能分配的管理工作，构成了工业资源管理与控制的主要工作内容。工业资源管理对供应链中主机厂以外的上游零部件供应商能力的管理尤其重要。

实践中，可运用制订生产计划常用的原理来规避风险和提前做出防范预案。

（1）灵活性原理。在科学预测的基础上，适当地留有余地以应对环境变化或意外事件，让计划目标与可控资源之间留有适当的弹性空间。

（2）时限原理。长短结合，合理地设定计划的时间周期，把长期因素与当前行动进行合理协调，滚动计划法就是对这个原理的实际应用。

（3）木桶原理。找出系统中的主要限制性因素，并采取有针对性的措施，消除该限制性因素对系统的阻碍，或者将计划指标设定在限制性因素允许的范围之内。

（4）航道原理。先确定战略，再制订解决方案，从环境变化中寻找机会、把握时机，不断开发新的细分市场；通过业务流程重组，快速满足市场需求，必须坚定按照预定目标的方向发展。

要想解决好能力平衡和工业资源管理领域中的难题，还必须明确以下几个重要概念：

（1）产能。供应商在单位时间内按照要货令向其下游工厂供应一定数量的零件，将此数量折算为满足主机厂总装配线装车份数的最大能力。必须强调的是，这些零件是一定的时间内所能生产出的质量合格的零件。根据这个产能可以计算出按主机厂的标准工作日供应的车辆份数，即日产量节拍（辆/天）。

（2）额定产能。零部件生产商在一个有效工作日内正常生产所能提供的合格零件的额定数量，即以周为单位进行统计的在标准工作时间内（标准班次、工作天数）供应商可以实现的生产产能。根据主机厂的标准周工作日，可以折算为一个额定日产能（辆/天）。

（3）饱和产能。指供应商在国家法律规定的工作时间和劳动者同意的前提下，在某一周期内，比如以 4 个月为基础单位周期，考虑了适当加班、补人、提高设备开动率等因素后，计算出的每周可供生产消耗的整车当量的合格零件。饱和产能一般以周为单位计量零件的最大生产与供给能力。根据主机厂的标准周工作日,折算为一个饱和日产能(辆/天)。

额定产能与饱和产能折算到相同单位时间上的产量差异,就构成了生产能力吸收市场波动的柔性。

这种对供应商能力的量化非常有助于中远期计划决策的能力平衡,尤其是有助于外部资源获取能力的平衡。因为对于中远期计划来说,由于市场需求往往基于预测来进行估算,而非真正的客户需求。在客户需求不确定的情况下,用工业资源的能力水平来进行市场规模的计划平衡非常实用。

任何资源都存在稀缺性,资源的获取需要一定的投资成本与投资期限。在企业的生产组织中,资源的利用与消耗存在一定的限制,这就决定了在资源的消耗管理过程中,必须充分考虑资源使用的效率与效果的最优化目标。无论是主机厂外部供应商,还是主机厂内部的生产能力,在具有良好的工业化规划管理的条件下,能力的形成需要一定的时间周期,这个周期的长短取决于工艺能力建设准备周期的长短。通常,这个周期在10~24个月之间,因此,它是一种对工业资源可获得性的约束力,形成了对市场大幅度波动的限制。在此基础之上,工业资源的可获得性及工业资源消耗利用率的要求,构成了整个工业资源管理控制的激励要素。

在外部资源存在限制性约束的情况下,主机厂内部的产能必然存在着一定的约束要求。在一定的时间段内,主机厂产能的安排必须要与外部工业资源的能力进行平衡,这样可以最大限度地避免以下风险:

(1)避免因内部能力配置过大而外部能力不足,造成内部能力投资利用率变低,投资回收期变长,经济效益降低的现象。

(2)避免因内部能力不足而外部能力配置过大,造成外部供应商投资利用率变低,投资回收周期变长,无法对供应商伙伴进行有效的工业投资激励。这种供应链投入的不经济性必然会抬高整个供应链的生产成本,最终影响供应链的市场竞争能力。

3.2.3   汽车企业生产物流计划的编制

3.2.3.1   生产物流计划的编制方法

不同的生产类型和不同的生产组织方式,生产作业计划的编制方法也大不相同。常用的有在制品定额法、生产周期法、"看板"法、累计编号法、网络计划技术等。

1)在制品定额法

在制品定额是指在一定技术组织条件下,为保证生产正常进行,各个生产环节所必须占用的最低限度的在制品数量。

2)生产周期法

即根据产品生产周期来规定车间生产任务安排的方法,这种方法适用于单件小批生产的企业。这种方法的关键是注意期限上的衔接。

3)"看板"法

"看板"法即准时生产法,是由日本丰田汽车公司所推行的一种生产管理制度。所谓准时生产法，即"只在必要的时刻、按必要的数量生产必须的产品"。

4）累计编号法

累计编号法又称提前期法，是指根据预先制定的提前期标准，规定各车间出产和投入应达到的累计号数的方法。这种方法将预先制定的提前期转化为提前量，确定各车间计划期应达到的投入和出产的累计数，减去计划期前已投入和出产的累计数，以求得各车间应完成的投入和出产数。采用这种方法生产的产品必须实行累计编号。累计编号法只适用于需求稳定而均匀，周期性轮番生产的产品。累计编号是指从年初或从开始生产这种产品起，按照产品出产的先后顺序，为每一件产品编上一个累计号码。在同一时间内，产品在某一生产环节上的累计号数，同成品出产累计号数相比，相差的号数称为提前量，它的大小和提前期成正比例，累计编号法据此确定提前量的大小。其计算式如下：

$$提前量=提前期×平均日产量$$

采用累计编号法编制企业的生产作业计划的方法一般应用于成批生产的企业，一般应遵循以下步骤：

（1）计算各车间在计划期末产品出产和投入应达到的累计号数：

$$某车间出产累计号数=成品出产累计号数+该车间出产提前期定额×成品的平均日产量$$

$$=产品出产累计号数+出产提前量$$

$$某车间投入累计号数=成品出产累计号数+该车间投入提前期定额×成品的品均日产量$$

$$=成品出产累计号数+该车间投入提前量$$

（2）计算各车间在计划期内应完成的投入量和出产量：

$$计划期车间出产量=计划期末出产的累计号数-计划期初已生产的累计号数$$

$$计划期车间投入量=计划期末投入的累计号数-计划期初已投入的累计号数$$

（3）把根据上市情况计算出的投入量和出产量，根据零件的批量进行修正，使车间出产或投入的数量相等或成整数倍关系。

采用累计编号法安排车间生产任务的优点：

（1）它可以同时计算各车间任务，故而加快了计划编制速度。

（2）由于生产任务用累计号数来表示，所以不必预计初期在制品的结存量。这样就可以简化计划的编制工作。

（3）由于同一产品所有零件都属于同一累计编号，所以只要每个生产环节都能生产（或投入）到计划规定的累计号数，就能有效保证零件的成套性，防止零件不成套或投料过多等不良现象。

5）网络计划技术

网络计划技术是指用于工程项目的计划与控制的一项管理技术。它是 20 世纪 50 年代末发展起来的，依其起源有关键路径法（critical path method，CPM）与计划评审法或技术（program/project evaluationand review technique，PERT）之分。1956 年，美国杜邦公司在制定企业不同业务部门的系统规划时，制定了第一套网络计划。这种计划借助于网络表示各项工作与所需要的时间，以及各项工作的相互关系。通过网络分析研究工程费用与工期的相互关系，并找出在编制计划及计划执行过程中的关键路线。

3.2.3.2 生产物流计划的编制

以年度生产物流计划的编制为例说明，其他计划的编制可参照年度计划。

1）审核数据计算指标

编制计划时，对有关的数据和资料要进行认真的审核，特别要注意生产部门的生产物资需求量是否合理，需要时间是否恰当，生产物料消耗定额是否先进可靠，预计期末库存、周转库存量是否合理，各种物资需要是否配套，生产物料所需资金是否超出资金定额指标等。

2）综合平衡

生产物流计划和其他计划，如生产计划、运输计划、资金使用计划、库存计划等构成一个企业的计划管理体系，各计划之间存在着相互依存、相互制约的关系。因此，企业的生产物流计划要与企业其他计划进行综合平衡。

3）编制计划

生产物流供应计划一般由三部分组成，即生产物流核算表、待购生产物流表和文字说明。

生产物流部门在编制年度生产物流计划时，要考虑一些不确定因素的影响，虽不能预测到全年、全季度的所有变化，但可以增强计划抗突发事件的能力。在生产物流计划的实施过程中，会出现某些不确定的偶然事件，从而破坏年度和季度生产物流计划中原有的平衡。这时，就要通过月份生产物流计划来进行调整，月份计划就是从长期到短期，从概括到具体，积极应变，实现组织供需平衡的过程。

ERP/MRP 既是一种对提前量的预测，关注主生产计划的提前期，也是一种对未来的预测。它与真实需求存在一定的偏差，因此主生产计划的编制确认，需要考虑市场预测的时效性，计划的编制必须滚动执行并进行不断的信息修正、刷新。滚动计划编制的逻辑流程如图 3-5 所示。

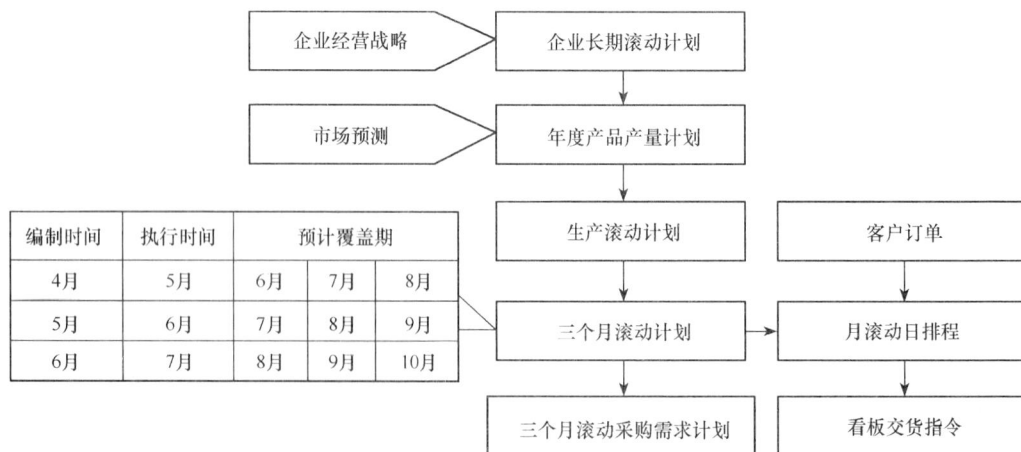

编制时间	执行时间	预计覆盖期		
4月	5月	6月	7月	8月
5月	6月	7月	8月	9月
6月	7月	8月	9月	10月

图 3-5 滚动计划编制的逻辑流程

3.3　汽车企业生产物流的管理

3.3.1　汽车企业生产物流组成

　　汽车生产流程主要为冲压、焊装、涂装、总装四大流水线工艺车间。冲压部是汽车生产四大工艺的第一道工序，承担汽车车身片件的冲压成型任务。按照设计好的车身标准，把铁皮用巨型厚重的冲压设备冲压成种类小的片件。焊装车间是第二道工序，负责把前一工序冲压成型的车身片件通过烧焊、点焊等，把各类片件组焊成车身。第三道工序是涂装车间，在这里把车身进行油漆喷涂（按照市场上用户的色彩需求）。总装车间为最后一道工序，把汽车各类部件，如发动机、前后桥、沙发、线束等组装在车身内，组成一台合格的整车，即市场上出售的商品车。

　　一般除了被喷涂的车身（车壳）外，其他零部件全部为外购或外协加工的，假设某月要生产 100 台汽车，那么发动机、前后桥、沙发、玻璃、轮胎、橡胶件等零部件要提前三个月或一个月订货，必须在组装的一天前到货（最早不超过三天），存放在企业仓库里。汽车生产企业通常把物质管理部门设置为物管部，负责对外来部件的保管与生产工位上的配送。企业内部物流主要是汽车零部件配送到工位和四大工艺部间在制品（毛坯）的物料转接过程，汽车生产物流流程如图 3-6 所示。

3.3.2　汽车企业生产物流的库存管理

3.3.2.1　库存概述

　　物料的存储现象由来已久，但是把存储问题作为一门学科来研究，是进入 20 世纪以后的事情。早在 1915 年，哈里斯就提出了"经济批量"问题，它研究如何从经济的角度确定最佳的库存数量。"经济批量"的提出，从根本上改变了人们对库存问题的传统认识，是对库存理论研究的一个重大突破，可以说，该理论是现代库存理论的奠基石。

　　库存是指一个组织机构用于与今后销售或使用的任何需要而持有的所有物品和材料（包括原材料、半成品、成品等不同形态）。有人将库存定义为存放在仓库中的物品，像存放在蓄水池中的水一样暂时派不上用场的备用品。由于它不能马上为企业产生经济效益，同时企业还要为库存物资承担资金、场地、人员占用而产生的成本，存在需要控制的一面；另一方面，由于运作中存在着不可避免的不确定因素，导致库存也是企业经营中所必备的，也具有积极的一面。因此，控制库存量是企业管理工作中的经常性工作。

　　库存一般有五项指标：

　　（1）库存水平。当月的库存总金额÷过去 12 个月的销售额库存总金额（含零部件在库库存，零部件在途库存，半成品库存，成品库存）。

　　（2）零部件天数。月结时库存零部件金额×当月工作天数÷当月销售成本。零部件金额指的是在厂内，如果有外库，含外库的金额总和的库存。

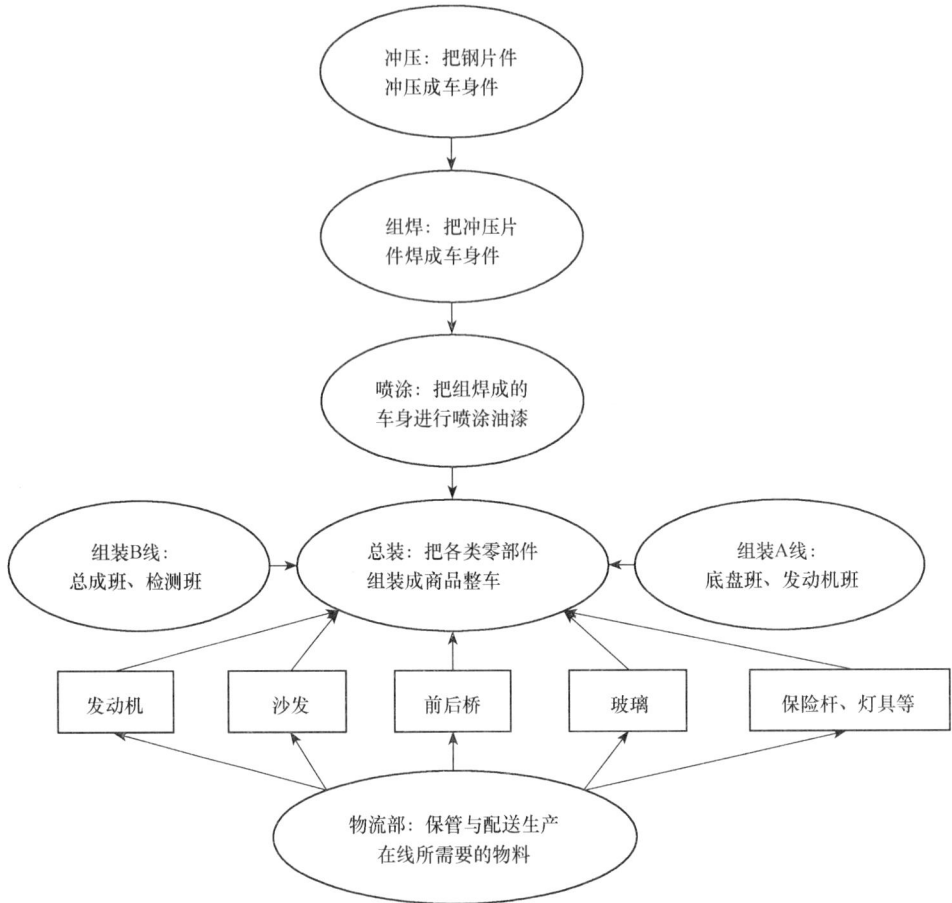

图 3-6　汽车生产物流流程示意图

（3）在途库存天数。月结时在途库存零部件金额×当月工作天数÷当月销售成本。如果价格条款是出厂价，在途库存指的是从离开供应商工厂到到达工厂之前库存总和。包括海上运输，航空运输和陆路运输的所有在途库存。

（4）在制品库存天数。月结时在制品库存金额×当月工作天数÷当月销售成本。在制品库存指的是从仓库转移到生产车间的外购件，生产车间生产的半成品库存总和。

（5）成品库存天数。月结时成品库存金额×当月工作天数÷当月销售成本。成品库存含在有线末库存，缓冲库存，安全库存，车准备区库存和客户处用于更换质量问题件的库存总和。

总体上来讲，库存存在原因有如下三点：

（1）预防不确定性的、随机的需求变动。拥有库存可以预防需求与供应的波动。如果销售需求增大，而又不能及时增加生产量适应这个变化时，库存可以提高用户服务水平，即持有一定量的库存有利于调节供需之间的不平衡，保证企业按时交货和快速交货，能够避免或减少由于库存缺货或供货延迟带来的损失，这些对企业改善顾客服务质量都具有重要作用。

（2）为了保持生产的连续性、稳定性。如果供应商的供应不确定时，原材料安全库存可以使生产过程正常进行。

（3）为了以经济批量订货。这也是库存具有的优点，大批量的采购可以获得价格折扣，降低采购次数，避免价格上涨。因此，如果增大订货批量，就可以减少订货次数，从而减少订货费用。原材料合理的库存数量基于经济订货批量，可以降低总费用。

由于诸多方面的原因，企业库存物料的库存数量是经常变动的，为了使库存量保持在合理的水平上，就要进行合理的、科学的库存控制。当库存物料的存储数量过少时，就不能满足企业生产或经营的需要；储备量过多时，要占用大量资金、影响滚动资金的周转，且占用大量的生产面积和库存面积，还可能由于长期积压而使存货损坏变质，造成浪费。因此需要加强库存控制，搞好存货的科学管理，其目的就是为了在保证企业生产或经营活动能够正常进行的前提下，使库存量维持在合理的水平上，降低库存成本，提高企业的经济效益。库存控制理论研究在什么时间，以什么数量，从什么来源补充库存，使得保持库存和补充采购的总成本最少。

3.3.2.2 汽车生产企业库存管理

库存管理是汽车物流与供应链管理的核心内容之一，设定一定水平库存的目的是为了保证汽车物流与供应链运行的连续性和满足网点的不确定需求。汽车生产物流与供应链的库存同供应链的不确定性有很密切的关系。汽车生产库存管理，即管理和控制汽车销售商和备件供应商的不确定性以及汽车需求的不确定性。从备件供应商配送备件到主机厂备件配送中心的上游物流和供应链环节的不确定性因素有经济性制造批量波动、制造原材料采购周期波动、供应商制造能力、制造组织方式、物流组织方式和突发性产品质量问题；汽车销售和备件需求不确定性因素有需求预测水平的偏差、季节性需求波动和质量事件影响。汽车销售和备件需求变化独立于人们的主观控制能力之外，其需求数量与需求出现的概率是随机的、不确定的、模糊的。汽车和备件库存管理可研究和关注的东西非常多，汽车和备件库存管理的目的是要对汽车和备件库存水平进行精细化控制。

汽车生产物流库存管理的本质就是汽车配件的库存管理与控制，它与汽车的生产和销售及市场占有状态直接相关，影响着汽车生产和客户满意度，也决定着企业生产物流的绩效。

1）汽车和备件的需求特性

汽车和备件物流活动管理者必须知道备件的需求量变化曲线，汽车和备件需求是有规律性、季节性或随机性的。一种车型需要管理的备件达到几千种，单品种备件的需求特性经历四个阶段：导入期、增长期、成熟期和衰退期。汽车备件需求与装配该零部件整车市场的保有量有关，即随着整车市场保有量的增加而增加，当整车市场保有量下降时，汽车备件的需求呈下降的趋势。汽车备件需求表现出具有生命周期性的特性。

在新车型推向市场后，因备件需求有一定时间上的滞后期，所以初期备件消耗量不大，应采用谨慎的库存策略。随着整车市场保有量的增加，备件需求量会迅速增长。可通过备件消耗的历史记录预测存储点的库存水平。随着车型的停止生产制造，车型市场保有量会逐渐减少，备件消耗量也会逐渐下降。不同功能的备件，其生命周期演变中数量需求变化的趋势也不同。新车型投放市场初期，备件只有零星的需求；随着整车保有量的增加，备件需求逐渐增加；当整车市场保有量趋于稳定时，备件的需求量也相对稳定；当整车市场保有量逐渐下降时，备件的需求逐渐衰减，直至为零。在汽车备件生命周期的不同阶段，需采用不同的备件库存管理。

2）汽车和备件的库存策略

汽车和备件物流供应链库存管理是为了在满足已设定的客户服务水平的目标下，降低库存。汽车和备件物流活动管理者必须明确需求量发生的时间和地点、库存点位置、库存水平和运输资源等。在满足客户期望在任何时候购买汽车和备件的需求之前，需要提前预测库存对象、规模和交付期。预测必然存在偏差，而偏差的容忍范围需要很好地把握。需求预测水平对汽车和备件供应链整体绩效来说至关重要。汽车和备件物流供应链的预测涉及需求的空间和时间特征、需求波动的幅度和随机程度。需求随时间的变化可归于销售量的增长或下降、需求模式的季节性变化和多因素导致的一般性波动等因素。

根据汽车备件的使用功能特性，设计不同的库存水平分类管理，不同功能类别的备件随时间变化形成不同的需求模式。如果需求有规律，根据其趋势、季节性和随机性规律，利用常用的预测方法即可得到较好的结果。易损备件和定期保养备件可适用上述预测方法。根据备件的分类功能码或名称码，分析同功能型备件在整车保有量下的历史销售数据，分析时间序列的趋势和季节性变化，预测备件需求。

由于汽车备件品种的多样性和每类备件的需求趋势不同，汽车备件库存管理不仅需要分析备件生命周期的演变趋势，还要分析不同类别备件的库存策略。新车型所面临的问题是库存规模、位置和获取期限。根据经验，部分备件品种的市场需求量远远大于其他的备件品种；而部分备件品种可能在仓库中休眠，呈间断性需求；部分备件品种没有需求。

基于市场需求量的差异，汽车备件的库存策略有如下四类：

（1）日库存策略。备件的库存量控制在一天的备件需求量波动范围内。此策略适用于备件需求数量高的品种，备件品种的产品特征是空间尺寸大，备件的生产制造地在备件配送中心附近，备件供应商具有每天按采购订单供应备件的生产节奏和运输能力。适用的备件品种有汽车前、后保险杠和汽车前照灯、轮胎等。

（2）周库存策略。备件的库存量控制在一周的备件需求量波动范围内。此策略适用于备件需求数量较高的备件品种，备件供应商具备每周按采购订单供应备件的能力。适用的备件品种有火花塞、汽油滤清器等。

（3）月库存策略。备件按月消耗补充库存，80%的备件品种适用此策略。

（4）非库存策略。备件的年需求量小于三件的备件品种采用此策略。当备件的年需求量大于三件时，备件的库存策略由不建立库存变为库存件。

进行库存需求预测时，常常会遇到一些特殊的问题，如汽车备件启动库存问题、尖峰需求问题。新车型备件启动库存问题，是物流管理者常常面临的问题。因为需要预测备件和服务的需求水平，但又没有足够的、用于预测的历史经验数据，所以该问题不好解决。在汽车备件启动库存的品种选择上，可以利用类似车型投放初期，客户需求订单的备件品种分布情况和需求模式，估计新增备件的预期需求，以前的需求模式可以为新车型新增备件品种最初需求预测提供启示。尖峰需求的随机波动非常大，趋势非常模糊，如下雪等恶劣天气下，汽车前照灯和翼子板的尖峰需求会出现，由于时间序列波动的幅度大，很难用数学方法准确预测尖峰需求，库存管理者需要寻找导致尖峰需求的原因，利用这些因素进行预测。应将尖峰需求与其他有规律的需求区分开，需要分别使用不同的方法。跟踪和识别这类备件的需求趋势中的例外点、异常点或特殊情况，避免出现大量的客户订单不能满足或者在满足了尖峰需求之后，持续地按尖峰需求重新订购，以至于库存量大于正常水平的状况。如果备件的体积占用空间大，就容易导致配送中心物流设施和面积的尖峰需求转变为正常持续的能力需求，放大对物流设施和能力的需求。

汽车备件明细表系统性地规范了所有备件名称代码，通过备件名称代码或备件名称检索，分析已经有销售历史车型类似备件的需要，预测新备件的市场需求。表3-3为备件名称代码和需求量分析表。

表 3-3　备件名称代码和需求量分析

功能码	备件名称码	备件名称	备件需求量与整车市场保有量的比例/%
1AI513	160	机油滤清器	5.00
3V5AOl	12610	空调	0.03
322A01	14101	前照灯总成	2.50

表3-3中显示汽车机油滤清器的需求量与市场保有量的比例为5.00%，即整车市场保有量为100辆时，汽车机油滤清器的需求量是5件。通过这样的分析，在新车型投放初期，以车型的年度产量计划，就可预测初期的备件需求量。

假定一个车型在3月投放市场，根据当年产量，则机油滤清器的需求量预测如表3-4所列。

表 3-4　机油滤清器需求量预测

月份	3	4	5	6	7	8	9	10	11	12
车型保有量/辆	1000	3000	5000	8000	11000	14000	17000	20000	23000	27000
需求量/件	50	150	250	400	550	700	850	1000	1150	1350

汽车备件在其生命周期的四个阶段中，市场需求量是非线性的，汽车备件需求量与整车市场保有量的比例在生命周期中的不同阶段中，其比例值是不同的，重点需要关注车型项目启动初期的比例值和正常管理状态下的比例值。经过对几个车型预测量和实际需求量的跟踪，来修订和调整汽车备件需求量与整车市场保有量的比例值。通过预测，可预见性地了解在汽车备件物流供应链上的物流量，可有效组织和策划汽车备件供应链上的采购活动、从供应商到备件配送中心的前端物流活动，将预测结果转换为物流活动各方需要的信息，如交货期、价格、装载单元规划、运输批次、操作计划控制等。

新车型备件启动库存的组织方式一般是由汽车备件商务营销部门提出每个网点的库存计划，汽车备件物流供应链管理部门按商务营销部门的需求组织备件的配送。在这种组织模式下，网点数量影响着备件启动库存采购的数量，若汽车销售网点为 400 个、每个网点库存 1 件，则每个启动库存备件至少需要采购 400 件，该数量可能大于备件实际的市场需求量。备件的市场需求量区域性的不均衡，可能导致部分区域的备件需求量不足，而另一部分区域的备件需求量过剩的情况。因此，备件启动库存组织方式逐渐演变为非强制性方式，由每个网点根据需求订购需要的备件，汽车主机厂不统一配送指定的备件品种和数量到网点。此组织模式使备件物流与供应链更灵活，要求汽车销售网点和汽车主机厂计划部门应具备预测能力。

3）备件库存控制

备件物流活动管理者关注如何以最小的库存满足客户订单的要求，以最接近客户订单需求量的高频率、小批量的补货方式达到用更少的库存满足客户需求的目标。

连续补货策略可将库存控制在最低水平，其可实施的前提条件如下：

（1）供应商通过物流服务商送达货物，物流服务商每天有固定的运输车辆配送货物，不单独增加运输次数，并具有准时交货的能力。

（2）信息在供应商和中间物流商、备件配送中心共享。

（3）供应商的经济批量和连续补货数量基本持平，库存没有转移到供应商或物流服务商处。

（4）供应商的生产制造具有计划性和稳定性，消除了供应渠道中可能出现的不确定性。

（5）备件产品质量稳定。

在不增加企业的生产启动成本和采购订货成本的前提下，设定经济补货量，逐渐趋近一天的客户需求量。

因为存在采购的规模经济效应，供应商又邻近备件配送中心，可通过与供应商和中间物流商建立紧密的协作关系，在供应链上共享生产制造计划、客户需求信息，减少供应链上的反应时间和波动。对需求量大的备件品种，可选择合适的备件供应商提供连续补货的供应策略，以实现与需求一致的备件在供应链上流动的效果。尽管与其他库存策略相比，管理供应渠道需要付出更多的精力，但由此带来的收益是能够在备件供应链前端渠道转运过程中保持最低的库存、降低物流设施的投资并提高对客户的服务水平。适时管理、快速反应和压缩时间，可以最大限度地降低供应渠道中所需的库存量，控制方法如下：

（1）管理备件供应商前端制造计划，控制并缩减供应链周转时间。作为供应链源头，供应商制造计划水平会影响供应链的时间、库存和成本等绩效参数。

（2）备件供应链上下游信息整合。整合的内容包括：需求预测、库存规划、采购订货、运输规划、信息交流平台以及生产流程等。

（3）实现备件物流供应链上一体化的信息交流，仅传递数据是远远不够的，数据不能代表信息，还需要对数据进行收集、分析、传递工作。供应商和第三方物流服务商将数据装载到他们的系统中后，再向他们的二级供应商传递数据。因此，数据的收集、分析、传递工作需要耗费大量的时间；相反，如果信息与信息系统能实现一体化，就可以加强信息传递的时效性、缩短信息传递时间、改善信息的准确性。

（4）有选择性地实施一体化战略。选择与供应链上关键的供应商和第三方物流服务商共同实施一体化战略。

（5）分析库存的流动形式和存储地点，加快库存的周转速度。

3.3.3 汽车企业生产物流的库存管理趋势

对于任何一项产业而言，最理想的状态就是没有库存。当然，实际上是不可以达到零库存的状态，但是必须把零库存作为终极目标。如果把零库存当作终极目标，企业势必会不断采取以下行动：当库存减少到一半时，再把剩下的一半减少一半，再减少剩下的一半，把最后的一半再减少一半。如果做到这样，那么库存肯定降下来了。最后，就会只剩下零散的几件库存。

"在没有任何库存的情况下，可以保证这道工序的生产吗？"如果回答是："不能，这道工序必须有 1 件库存。"那么就只留 1 件库存。这样，这个工位就知道只能留 1 件生产所必须的库存。

如果这道工序并不一定要留一件库存，那么就必须保证零库存。然而如果有的工序必须留一件库存，这件库存就必须保留。但必须明确的是，这一件库存是保证该道工序生产的必须品。每个工位通过减少库存的过程，就会了解到自己工位所必须的库存数目。

在所有企业都在优化库存的同时，也存在着一些挑战，正如一句名言"态度决定一切"，只要有将零库存作为终极目标的态度，才会通过对客户需求的分析，对供应商的协调，对仓库的管理等方式持续地降低库存。但是，许多企业在库存管理上刚刚取得了一点成绩，就满足于现状，停步不前，并没有向着零库存的终极目标继续努力。这时，态度就成了优化库存的绊脚石。

客观地讲，质量问题也对优化库存起着负面的影响。例如，由于产品的质量不合格，需要返修而不能发给客户，这就造成库存的积压。所以，质量也是影响库存优化的一个重要因素，并且需要生产部门和质量部门的密切配合。

此外，一些设备的因素也对库存优化起着作用，如此工序的节拍时间高于下道工序的节拍时间，就需要在两道工序之间建立一定的库存以满足正常的生产；如产品的工艺要求产品静置两个小时，冷却定型后才可以流入下道工序，那么这两道工序之间也要有一定的库存；如设备不稳定，为了避免由于设备停机造成的停产，也需要准备一定的库存。

以上都是由于物流以外的因素造成对库存优化的影响。对于物流部门来说，无法通过自己的控制来降低这部分库存，只能通过部门之间的配合来控制。从另一个层面说，库存优化是一个整体配合的工作，需要生产、质量、维修等部门共同努力，密切配合，及时沟通来达到降低库存的目的。

不管库存是动还是静，是原材料形式还是成品形式，要卖任何东西你必须先有这东西，除非手头有货或者能够及时提供，否则的确没有办法解决顾客遇到的问题。

管理就是把正确的产品以正确的数量，恰当的状态和合适的成本送到正确的地方。拥有库存是由于我们无法在一瞬间制造和发送我们的产品，所以不得不在产生需求前就拥有库存，以满足"我现在就要"的准时化需求。在满足客户需求之前，必须去预测顾客要什么，要多少和什么时候要。但是关于预测，有一件事情绝对正确，那就是预测总会成为一个精致的错误。这里会有两个重要的问题："会错到什么程度"和"实际需求会向哪个方向偏离，是高于预测还是低于预测"。低于预测会冒着付出额外运费，加班等紧急供货状况；高于预测，会存在产能浪费，人员浪费，库存浪费。

通过采取对所有整车厂的订单分析，跟踪数量和品种的变动趋势，进行滚动的 6 个月的产品类生产计划和滚动 5 周的均衡周生产计划来平准客户的预测波动；在确定自身的计划后，内部以补充库存的方式进行看板拉动，确保生产的产品是客户所要的。同时把稳定的计划传递给供应商，确保供应商的稳定供货，来达到降低零部件安全库存的作用。在客户、工厂和供应商三大物流部分明确后，优化 ERP 系统，确保每一次细节的信息准确，达到物料流的畅通。在物料流里，库存是阻碍流动的绊脚石，需从人、机、料、法四大方面进行分析，来减短生产周期，最终达到降低库存的目的。

从深层次的研究发现，库存并不是简单的资源储备或闲置的问题，而是一种组织行为问题。这是关于库存管理新的理解："库存是企业之间或部门之间没有实现无缝连接的结果，因此，库存管理的真正本质不是针对物料的物流管理，而是针对企业业务的工作流管理。"通过整合工作流程来实现"拉式"库存，可以最大限度地降低库存。

3.4 汽车企业生产过程的物流控制

3.4.1 汽车生产企业生产物流构成

汽车生产过程物流包含了车身流和零部件配送流两个子领域，处于汽车工业供应链中游，属于企业内部物流与供应链。车身流因其存在于企业内部供应链并与工业领域紧密相连，尚未被供应链管理的研究者知晓和重视；而零部件配送流因其处于内部供应链和外部供应链的结合部，是第三方物流服务商的业务重点，已经被业界所广泛知晓。而两者之间是密切相关的，前者的绩效是整个物流与供应链管理水平的体现，是后者的指导，后者的运作质量是前者绩效的保证。

车身流指的是一个完整的整车制造过程，即按照作业计划形成了焊接底盘总成后，经过焊装各个工艺流程完成白车身，经过涂装各个工艺流程完成颜色车身，再经过总装配和商业化流程到进入成品车库的全过程。车身流起于焊装制造指令的下达点，止于成品整车下线的商业化点，其流程如图 3-7 所示。

在整个制造过程中，装配顺序卡是整个车身流的指导文件，衡量车身流绩效状况的指标就是遵守这个指导文件的程度，车身流装配顺序卡指导范围如图 3-8 所示。

车身制造计划的执行阶段，以装配顺序卡作为计划执行与控制的指导文件。在这个装配顺序卡中，每一台车都有一个唯一的制造令，一条总装配线对应一个装配顺序卡。

焊装车间导入制造令的时间和空间点就是车身流的起始点,用以拉动焊装车间各前端工位进行生产。

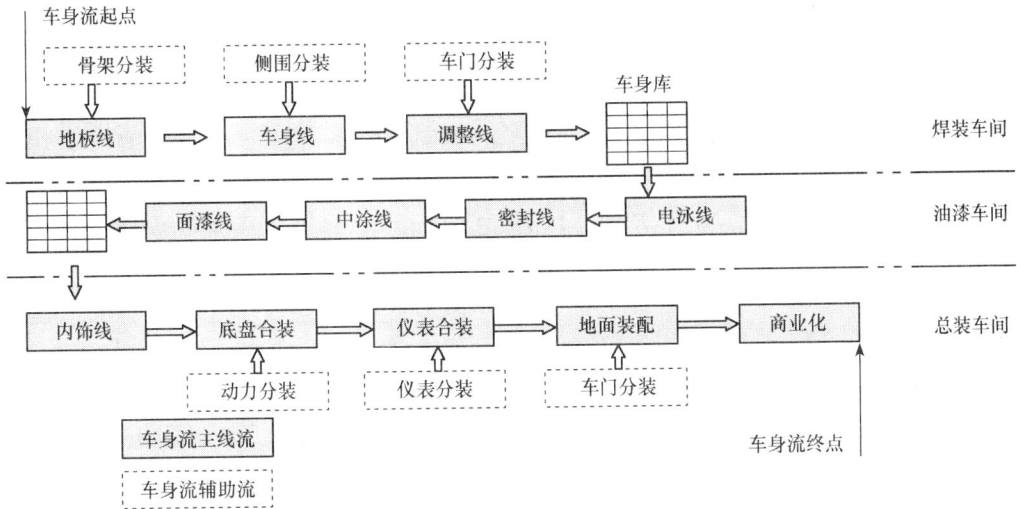

图 3-7 车身流流程图

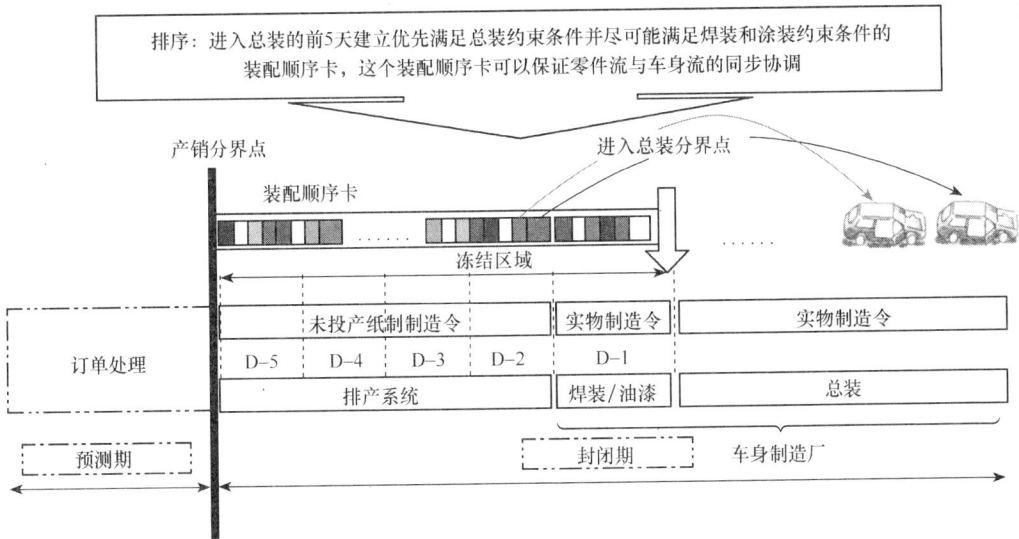

图 3-8 车身流装配顺序卡指导范围

3.4.2 汽车企业生产物流的控制

以约束理论(theory of constraints,TOC)为依据的生产物流计划与控制可以确保整个生产过程和工作过程快速有序的进行,能够有效地防止不适当地追求局部效率而损害全局效率的现象,从而最大限度地提高整个系统的效益。

企业生产物流,尤其是制造企业的生产物流,是伴随着产品生产制造过程而发生的,产品的生产制造过程实质上是一个物流过程。企业生产物流的控制主要体现在对生产物流流动速度的进度和物料数量上的控制。随着人们对物流活动影响生产促进作用的认识越来越深刻，近年来出现了按物料流动的通畅程度为标准来识别生产控制优先度的生产管理理论。对于各工序能力负荷相对稳定的生产企业，在有了 MRP 所需要的基础数据（如产品结构文件、加工工艺文件、提前期、库存量及设备情况等信息）后，就能以约束理论为依据对生产和物流活动进行计划和控制。

尽管 TOC 产生的时间不长，却取得了令人瞩目的成就，是继 MRP 和 JIT 之后出现的又一项组织生产的新方式，该理论已经在西方各国得到比较广泛的应用。约束理论已从单一的生产计划方法发展成为一套用于复杂系统分析与性能持续改进的管理哲学。

3.4.2.1　TOC 的产生

20 世纪 70 年代末由以色列物理学家 E.高德拉特（E. Goldratt）首创最优化生产技术（optimized production technology，OPT）。1992 年，E.高德拉特撰写出版了一本畅销小说《目标》，这本小说，以故事的形式介绍了他的 OPT 思想。这是一套用于安排人力和物料调度的计划方法。最初，E.高德拉特是为他朋友的一家处于困境的制造厂设计了这套方法。该厂使用这套方法后，迅速摆脱了困境。在此基础上，E.高德拉特和他的同事们又进一步开发了适用于制造的系统软件，并申请了专利。为了有助于 OPT 的运算原理被理解，E.高德拉特描述了 OPT 的九个原理。由于 OPT 在管理思想上很有特点，并在生产实践中取得了明显的经济效益，已被国际上一些大企业重视并采纳，如通用汽车公司、通用电器公司、菲利浦、柯达等。E.高德拉特在 OPT 的基础上进一步扩展了应用范围，发展了约束理论。这一理论现已成为一种可用于多种行业（不局限于制造业）解决问题的方法。

E.高德拉特创立了全球性的"高德拉特学会"（Avraham Y．Goldratt Institute，AGI）。这一学会开设的改进生产、分销和项目管理等课程中，有一个共同的主线，就是 TOC 理论。OPT 和 TOC 的基本原理就是分清主次，集中精力解决主要矛盾，——提高瓶颈的利用率。这样的特点特别适合于单件、小批量类型的生产运营管理。

3.4.2.2　TOC 系统的基本概念

1）瓶颈

所谓瓶颈（bottleneck），是指制约生产系统产出的关键生产资源。生产资源由生产能力的主要特征决定，可以是机器，也可以是人力资源或生产场地等。因此生产系统中的瓶颈，有可能是制约系统产量的某种机器设备或具有高技能的专门操作者，也可能是掌握某种知识与能力的管理人员或技术人员。瓶颈资源的能力小于对它的需求，瓶颈是限制系统输出的约束，当物流或服务流经过瓶颈位置时，若安排不当常常会出现停顿。大多数企业一般都存在瓶颈问题。如果企业没有瓶颈，那就意味着存在多余的能力，为了充分利用能力，企业很可能在运营上做一些调整，以降低成本。如减小生产批量（同时增加了设备的调整次数）或减少能力（解聘人力或租出设备），其结果又会促使瓶颈产生。所以，生产系统是一个动态的系统，瓶颈与非瓶颈在一定的条件下会相互转化。

2）非瓶颈

非瓶颈（non-bottleneck）是指能力大于需求的资源。也就是说，非瓶颈资源有空闲时间。正因为如此，非瓶颈资源不应该连续工作，否则会使它生产出多于需求的产品。

3）能力约束资源

能力约束资源（capacity constrained resource，CCR）是指利用率接近实际生产能力的资源。当生产安排不合理时，CCR 有可能转化为瓶颈。例如，在单件小批量生产的企业里，CCR 可能需要加工来自不同工序的工件，当排序不适合时，这些工件的到达无法让 CCR 连续工作，此时在 CCR 上就出现了等待的时间。当等待的时间大于原来计划的空闲时间时，CCR 就转换成了瓶颈。

4）能力的平衡

生产能力的平衡是指生产系统内各阶段各类型的生产能力与负荷都是均衡的。其具体含义如下：

（1）生产系统各阶段的生产能力是相等的，即每一阶段可完成的零件品种数量都是相等的。

（2）所完成的产品数是以平均工时来计算的，如某工序全天生产能力为 8h，能力利用率假设为 90%，工序单件工时 t 为 10min，则

$$该工序每天可完成产品数=60min/h \times 8h \times 90\% \div 10min=43.2（个）$$

（3）能力的利用率在各阶段是平衡的。这是指每一个阶段能力的利用率是相等的。若某一阶段生产能力的利用率是 90%，则按照能力平衡观点，要求每一阶段能力的利用率都是 90%。

5）物流的平衡

所谓物流的平衡，是指物流在各阶段是畅通的，具有准时、准量的特点，即在需要的时间物流及时到达，并且需要多少到达多少。

绝大多数企业都尝试使内部各阶段能力平衡，以达到能力充分利用和降低成本的目的，并以此考核各个部门。但事实上，由于需求的多变，引起对企业各阶段各类型能力需求的比例失衡，在这种情况下要求能力平衡实际上是很难达到的，因为这种能力平衡意味着需要不断地对能力投资并同时产生大量成品和在制品积压。况且，即使不断进行能力投资，也无法真正达到能力平衡。因为只有当各工作地输出时间为一常量或者标准差很小时，这种平衡才是可能的。也就是说，只有在使用专用设备、高效自动化设备时，才有可能实现这种平衡。

6）企业业绩的衡量标准

为了实现企业目标，必须对企业业绩进行衡量。同时使用两套衡量体系，一套从财务角度衡量，另一套从运营角度衡量。

3.4.2.3 TOC 系统的基本思想

TOC 的基本思想由九条具体原则来描述，而有关生产物流计划与控制的算法和软

件，也是按照这九条原则提出和开发的。

1）追求物流的平衡，而不是能力的平衡

作为一个理想的生产过程，企业希望既实现物流的平衡又实现能力的平衡。但这种情况在单件、小批量的生产类型下很难出现，其原因就是由于瓶颈资源的存在。在设计建立一个新企业时，总要使生产过程各环节的生产能力实现平衡，这时往往可以做到物流平衡与能力平衡并举的情况。但对于一个已投产的企业，特别是多品种的单件、小批量的生产企业，由于市场需求时刻都在变化，加上科学技术日新月异的发展，使原来平衡的能力变得不平衡了，而且这种不平衡是绝对的，即使采取一些措施使能力达到了平衡，这种平衡关系很快就又会被打破。在这种情况下，若一定要追求能力平衡，那么企业的生产能力虽然被充分利用了，但生产出来的产品并非符合需求配套的比例关系和市场的需求，多余的部分就成为库存积压下来，这将给企业造成极大的浪费。因此 TOC 强调追求物流的平衡，以求生产周期最短、在制品最少。这一点，在现代企业生产管理的各种方法中（如 JIT、ERP 等）都是首先强调的。

2）在瓶颈处的损失将影响到整个系统

既然瓶颈资源是制约整个生产系统产出的关键资源，那么瓶颈资源工作的每 1min 都直接贡献于生产系统的产出。所以，在瓶颈资源上损失 1h，就意味着整个生产系统损失 1h。为取得生产系统的最大产出，就应该保证瓶颈资源 100%的利用率。TOC 系统中，通常采用下述措施来提高瓶颈的产出量：

（1）在瓶颈工序前设置质量检查站，保证流入瓶颈工序的工件 100%都是合格品。

（2）在瓶颈工序前设置缓冲环节，以使瓶颈不受前面工序生产率波动的影响。

（3）加大瓶颈设备的生产批量，以减少瓶颈设备的调整次数，从而增加瓶颈设备的总基本生产时间。

（4）减少瓶颈工序中的辅助生产时间，以增加设备的基本生产时间。

3）系统的总物流量取决于瓶颈资源的通过能力

由于非瓶颈资源的利用程度由瓶颈资源的能力来决定，系统的总物流量取决于瓶颈资源的通过能力，因此系统的利用程度应根据物流平衡的原则由瓶颈资源的通过能力决定。如果非瓶颈资源满负荷工作，它生产出来的在制品若瓶颈资源加工不了，就会增加库存而引起浪费。

4）在非瓶颈资源上节省时间是没有意义的

由于系统的能力受瓶颈资源的制约，因此在非瓶颈资源上节省时间除了增加非瓶颈资源的空闲时间外，对整个系统来说不产生作用。相反，非瓶颈资源上节省时间和提高生产率往往需要代价，而且这种代价的付出却不能获得经济效益，因此是没有意义的。那些不区分瓶颈与非瓶颈而一味强调提高生产率的做法是很有问题的。

5）瓶颈控制了库存和产销率

产销率是指单位时间内生产出来并被销售出去的量，所以，很明显它受到企业的生产能力和市场的需求量这两方面的制约，而它们都是受瓶颈控制的。如果瓶颈存在于企业内部，表明企业的生产能力不足，因受到瓶颈能力的限制，相应的产销率也受到限制；而如果企业所有的资源都能维持高于市场需求的能力，则市场需求就成了瓶颈。这时，即使企业能多生产，但由于市场承受能力不足，产销率也不能增加。同时，由于瓶颈控制了产销率，所以企业的非瓶颈与瓶颈同步，它们的库存水平只要能维持瓶颈上的物流连续稳定即可，过多的库存只是浪费。这样，瓶颈也就相应地控制了库存。

6）对瓶颈工序的前导工序和后续工序应采用不同的计划方法

由于瓶颈制约了整个生产系统的产出，因此 TOC 计划系统在做生产物流计划时，首先排定各种工件在瓶颈资源上的所有工序的加工时间。而这些工件不在瓶颈资源上的工序，则根据已排定的在瓶颈资源上的工序的开工、完工时间来决定。处在瓶颈工序前的工序，则由瓶颈工序的开工时间从后往前决定前工序的开工、完工时间，即采用拉动方式编制计划。对于在瓶颈工序后的工序，则由瓶颈工序的完工时间从前往后决定后工序的开工、完工时间，即采用推动方式编制计划。采用这样的计划方式在瓶颈工序之前可以使工件不会过多地积压以及在瓶颈工序之后可迅速流出。

7）运输批量不一定等于加工批量

运输批量是在工序间一次运输的部分。一个加工批量一般不会在全部加工完后才运输，一般来说，运输批量可以等于加工批量，但不会大于加工批量。运输批量小于加工批量的好处是可以缩短加工周期，减少在制品库存，但增加了物流搬运次数。确定加工批量与运输批量的依据是不同的加工批量的大小主要应该综合考虑资源的充分利用（减少设备调整次数）和减少在制品库存因素；而运输批量的大小则要综合考虑减少运输工作量和运输次数以及保证生产的连续性和减少工件的等待时间等因素。由于确定批量的依据不同，因此所确定的加工批量和运输批量也不一定相同。

8）各工序的加工批量是可变的

同一种工件在瓶颈资源和非瓶颈资源上采用不同的加工批量，以使生产系统有尽可能大的产出和较低的成本。由于瓶颈资源约束整个生产系统的产出，因此，为提高其有效能力常采用较大的加工批量；而非瓶颈资源本来就负荷不足，因此主要考虑物流平衡及减少在制品库存而采用较小的加工批量。

9）提前期不是固定期量标准，而是作业计划的结果

作业计划应该在考虑了整个系统资源的约束条件之后再进行安排。由于单件小批生产类型在编制作业计划时，计划期内部分资源已有不同程度的占用，这时作业计划若全部采用反工艺顺序从后往前编排，那么排到前面则由于许多资源已被占用而使这样的计划不可行，这样就要做很大的调整，实际造成了很大量的返工。TOC 不采用这样的作业计划方式，而是在考虑了计划期内资源的约束条件后，按一定的优先级原则编排作业计划。

因此，TOC 计划体系下的提前期，是综合考虑资源负荷、排队时间、加工批量等因素后的作业计划的结果，而不是像 MRP Ⅱ 系统（MRP Ⅱ 是一个集采购、库存、生产、销售、财务、工程技术等为一体的计算机信息管理系统）是一个固定的期量标准。

3.4.2.4　TOC 条件下的生产物流计划与控制——DBR 系统

1）DBR 系统的概念

为保证 TOC 计划的顺利实施，企业制定计划时就要以寻求与企业能力的最佳配合

为目标，一旦一个被控制的工序（即瓶颈）建立了一个动态的平衡，其余的工序应相继与这一被控制的工序同步。TOC 的计划和控制是通过 DBR（drum-buffer-rope）系统来实现的，即鼓—缓冲—绳索系统。

（1）鼓。任何一个生产系统都需要设置控制点对生产系统的物流进行控制。那么应该如何设置控制点的位置呢？若生产存在瓶颈，则瓶颈就是最好的控制点。在 TOC 系统里，这个控制点称为鼓（drum），因为它敲出了决定生产系统其他部分运转的节拍，像"击鼓传花"游戏一样，由鼓点决定传花的速度及工作的起止时间。由于瓶颈的能力小于对它的需求，所以把瓶颈作为控制点就可以确保前工序不过量生产，以免前工序生产出瓶颈无法消化的过量制品；当生产系统不存在瓶颈的时候，就把能力约束资源作为鼓点。

找出瓶颈之后可以通过编制详细的生产作业计划，在保证对其生产能力的充分合理利用的前提下，适时满足市场对本企业产品的需求。从计划和控制的角度看，"鼓"反映了系统对瓶颈资源的利用。

（2）缓冲。TOC 系统最突出的特点，是充分发挥瓶颈的作用，确保瓶颈始终有工作可做，使受瓶颈约束的物流达到最优。因为瓶颈约束控制着系统的"鼓的节拍"，即控制着企业的生产节拍和产出率。为此，一般按有限能力，用排序方法对关键资源排序。为了充分利用瓶颈的能力，在瓶颈上可采用扩大批量的方法来减少调整准备时间。同时要对瓶颈进行保护，使之不受其他部分波动的影响。为此，一般要设置缓冲（buffer），以防止可能出现的由于生产的随机波动造成的瓶颈等待任务的情况。

一般来说，缓冲分为库存缓冲和时间缓冲两类。库存缓冲也就是安全库存，用以保证非瓶颈工序出现意外时瓶颈工序的正常运行。而时间缓冲则是要求瓶颈工序所需的物料提前提交的时间，以解决由于瓶颈工序和非瓶颈工序在生产批量的差异可能造成的对生产的延误。

（3）绳索。缓冲的设置保证了企业的最大产出率，但也相应产生了一定的库存。为了实现在及时满足市场需求的前提下的最大效益，必须合理安排一个物料通过各个工序的详细的作业计划，这就是 TOC 中的绳索（rope）。即在生产的组织中，物料供应与投放由一个详细的作业计划——"绳索"来同步。绳子控制着企业物料的进入（包括瓶颈的上游工序与非瓶颈的装配），其实质和"看板"思想相同，即由后道工序根据需要向前道工序领取必要的零件进行加工，而前道工序只能补充动用的部分。实行的是一种受控生产方式。在 TOC 就是受控于瓶颈的产出节奏，也就是"鼓点"。没有瓶颈发出的生产指令，就不能进行生产，这个生产指令是通过类似"看板"的物质在工序间传递的。

通过"绳索"系统的控制，使得瓶颈前的非瓶颈设备均衡生产，加工批量和运输批量减少，可以减少提前期以及在制品库存，而同时不使瓶颈待料。所以，"绳索"是瓶颈对其上游机器发出生产指令的媒介。

应用约束理论可以重点突出地确保整个生产过程或工作过程快速有序的进行，能够有效地防止不当地追求局部效率而损害全局效率的现象，从而最大限度地提高整个系统的效益。在 DBR 管理模式下，企业可以在现有的资源条件下，不增加人力、物力和财力，仅靠转变管理思路、调节系统运作和挖掘内部潜力，就能显著提高经济效益。

2）DBR 系统的实施步骤

在鼓—缓冲—绳索系统中，"鼓"的目标是使产出率最大；"缓冲"的目标是对瓶颈进行保护，使其生产能力得到充分利用；"绳索"的目标是使库存最小。所以具体操作时有几个关键步骤：

（1）识别企业的真正约束（瓶颈）所在是控制物流的关键。一般来说，当需求超过能力时，排队长的机器就是"瓶颈"。如果管理人员知道一定时间内生产的产品及其组合，就可以按物料清单计算出要生产的零部件。然后，按零部件的加工路线及工时定额，计算出各类机床的任务工时，将任务工时与能力工时比较，负荷最高、最不能满足需求的机床就是瓶颈。找出瓶颈之后，把企业里所有的加工设备划分为关键资源和非关键资源。

（2）基于瓶颈约束，建立产品出产计划。建立产品出产计划的前提是使受瓶颈约束的物流达到最优，因为瓶颈约束控制着系统的"鼓的节拍"，即控制着企业的生产节拍和产销率。为此，需要按有限能力法进行生产安排，在瓶颈上扩大批量、设置"缓冲器"。对非约束资源安排作业计划，采用无限能力倒排法，使之与约束资源上的工序同步。

（3）设置"缓冲"并进行监控，以防止随机波动，使约束资源不至于出现等待任务的情况。

（4）对企业物流进行平衡，使得进入非瓶颈的物料被瓶颈的产出率所控制，即充分发挥"绳索"的信息传递作用。

3.4.3 影响汽车生产物流的主要因素

3.4.3.1 生产周期和批量

生产周期包括：各工序生产产品的加工时间、准备时间、各工序间的等待时间。缩短生产周期就能够实现不断减少生产批量，减少在制品库存。生产周期的缩短是实施准时生产方式最困难的一个实践环节，也是最具有应用价值的一环和影响生产物流的主要因素之一。

1）客户需求

生产源于最终客户的需求，只有需求，才能控制好各环节的物流。

整车厂的需求都会以年度计划、月计划、周计划及日计划给出，但是由于种种原因，计划的波动性很大。为了避免"牛鞭"效应（指供应链上的信息流从最终客户向原始供应商端传递时候，由于无法有效地实现信息的共享，使得信息扭曲而逐渐放大，导致了需求信息出现越来越大的波动），必须寻求波动的规律。另外，客户订单多以车型描述、配置描述出现，必须把这种描述和生产的编号建立起准确的联系，一旦联系建立错，整个供应链物料流就一错千里了。

明确不同客户需求和数量及品种波动规律后，制定企业稳定的生产计划。

2）生产均衡化

均衡生产不仅包括产品均衡，品种也要均衡。对于任何生产系统，为达到均衡生产，周密完备的计划都是不可缺少的。计划系统可详细划分为年度计划，月度滚动计划，周计划，这些计划都不是指令性的，仅仅是要在各环节之间建立一个比较松散的构架，以便准备安排全厂各工序的材料和工具。生产现场则严格通过顺序排程和看板在厂内反方向流通来下达生产指令。年度计划一般由市场预测来决定一年内能够满足市场需求和销售的产品数量。准时生产制采用滚动期为三个月的计划体系。根据三个月的生产计划和月需求预测，确定月生产的产品品种及数量。月度滚动计划提前两个月给出市场建议的产品型号及数量。在一个月前决定该市场计划的细节，将产量均匀分配至每个工作日，大致形成月顺序排产，然后将该指导性计划发给协作厂或供应者，以便做好准备工作。一般月计划与实际生产计划的变动量控制在 10% 以内。

为了提高计划的准确性。准时生产制非常重视收集市场最新信息。当每月生产计划计算出来后，下个步骤为计算每日顺序排程。这个排程是指成品装配线生产各种成品的装配顺序，一般是利用计算机进行启发式算法来获得一个较满意的混流生产的顺序排程。正式的日顺序排程是在装配前两天发送到各制造部门。日顺序排程必须使总装和总加工中心的能力需求稳定，即装配线上每小时零件的使用量必须尽可能保持一定。

3.4.3.2 内部生产物流组织

1）拉式生产

汽车生产的均衡性是一件十分困难的事情，因为有太多品种的产品和数量，这个过程是非常复杂的。

对大多数生产者（包括早期的丰田汽车），唯一可行的解决办法就是保持一定量的库存，每条生产线根据计划去做每天的工作。然而，这是一个高代价的办法，因为装配线需要持有相当于使用均衡生产系统 3～4 倍的库存，这是一种巨大的浪费。

拥有一个成功的系统来均衡生产，不仅仅要均衡数量，还包括产品种类。丰田公司将这种数量和品种的均衡命名为工作平准化。生产的平准化是消除浪费的大前提。

看板系统在平准化生产模式下的运用是非常成功的。如果没有平准化生产，看板将无用武之地。

基于丰田精益生产理论，企业把日计划用均衡板把各时间段的生产以看板的形式展示出来，称为拉动生产模式。理想的拉动模式就是客户需要什么，就生产什么，生产节拍和客户一致，按单件流生产没有多余的库存。

节拍时间=客户计划生产时间÷客户日生产量

由于客户需求的波动和内部生产质量问题，设备问题等，导致很难执行理想化的拉动。根据客户订单的数据分析，来确定工厂内部的周生产计划，并以均衡板的形式把计划展示出来；同时根据客户波动的数据分析确定缓冲库存的数量；根据产品类型和换型时间确定线末库存的数量；根据发货频次和备货时间长短确定运输车准备区的数量。在这种拉动方式下，一方面保证了客户的交付，另一方面也保证了内部生产的稳定和库存的优化。

2）缓冲和稳定性

通过对信息流和物料流进行分析来确定缓冲（库存缓冲和时间缓冲）和提高生产物流稳定性。

材料信息流是一种分析工具，它把生产现场的各个环节状况清晰详细地展示出来，识别出问题点，再共同找到改善方法。材料流里要识别出停滞点在哪里，即库存所在，材料从一个位置移到另一处通过什么样方式，所用人员、频次、数量；信息流要体现出谁是信息的发出者和接收者，信息以什么方式发出，是看板，排序单还是计划，信息传递通道是否畅通。

企业相关部门需要一起绘制生产的信息流和物料流，从客户的信息开始画起，从后序向前序展开，在画的过程中，用红色笔标出识别出的问题，以便之后共同找到解决方案。对材料流和信息流进行分析的过程包括：①分析客户需求；②描述生产过程；③描述库存；④描述材料流；⑤描述信息流；⑥计算周期时间；⑦总结分析结果；⑧制定目标。

3.5　案例分析

滚动生产计划

众所周知，汽车的生产环节总是处于两股相互矛盾的力量当中：一方面，需要满足如何充分利用现有的固定资产规模，尽可能满足大批量和满负荷生产的要求；另一方面，需要与客户需求的动态变化保持高度的一致性（包括为客户的定制化、采用与销售同步的"一个流"生产等）。

滚动的生产计划是实际指导汽车生产运营的操作性文件，随着时间的推移不断保持定期更新。滚动计划的主要作用是：

（1）配合财务部门安排资金，为保证资金运转提供依据；

（2）为生产周期较长的产品投料提供依据；

（3）配合采购部门对进口件的采购；

（4）指导配套供应商对生产周期较长的零部件做生产准备；

（5）指导生产线的执行；

（6）指导供应商的日常供货计划。

由于中、长期的滚动计划对物流与供应链中最前段部分的运作有着确定的指导意义，所以"滚动计划"在实践中是以季度为跨度进行计划滚动的。所谓"季度"滚动计划，实际上是对"即将到来的三个月"的生产安排（俗称"一加二"计划），其中第一个月的安排就是市场部门的"月度要货计划"，而对应的月度滚动计划的制订部门通常是汽车生产的制造工程部门；后两个月的安排是市场部门的"要货预测计划"，采购部门据此以对供应商下达对应的滚动要货计划（即预订单）。因此，季度滚动计划受采购合同的约束，要求有一定的准确率（在日本，一般水平为±10%；根据国内的实际经验，国内供应商可接受的水平一般为±15%），或根据汽车零部件生产特性与供应商约定。

本章小结

本章从生产物流的基本概念出发，引出汽车生产物流的概念、特点及其组成和汽车生产物流管理的基本内容；在阐述汽车生产基本概念的基础上，对汽车生产物流的计划与控制、计划编制和过程控制进行简要介绍，并通过案例分析加深读者对汽车生产计划与生产物流的理解。

思考题

1. 简述生产物流概念和组织形式。
2. 简述汽车生产物流计划与控制。
3. 简述汽车生产物流计划编制方法。
4. 简述汽车生产物流库存管理特点。
5. 简述汽车生产物流计划控制 TOC 理论的基本原理和方法。

参考文献

高本河，张晓萍．2009．现代生产物流[M]．北京：清华大学出版社．

陆薇，宋秀丽，高深．2010．汽车企业物流与供应链管理及经典案例分析[M]．北京：机械工业出版社．

周海英．2007．企业物流管理[M]．北京：科学出版社．

第4章
汽车企业销售物流

[本章提要]

销售物流是企业物流系统的一个重要环节，是企业物流与社会物流的最后一个衔接点，是企业物流与社会物流的转换点。本章主要讲述了企业销售物流的基本概念、汽车销售物流的管理内容以及汽车国际贸易物流的相关内容。

4.1 企业销售物流概述

销售物流是连接生产和消费的桥梁，是一切销售活动的保障。一般意义上的销售是指把企业生产、经营的产品或服务出售给消费者的活动。对生产企业来讲，销售活动大多数发生在与各种中间商的交易过程中；对经销商和零售商来讲，销售是指向最终消费者出售商品或服务。销售物流包括订货处理、产成品库存、发货运输、销售配送等内容。它是企业物流与社会物流的转换点，与企业销售系统相配合，共同完成产品的销售任务。

4.1.1 销售物流的概念

企业的产品只有经过销售才能实现其价值，从而创造利润。销售物流是企业在销售过程中，将产品的实体转移给用户的物流活动；是产品从生产地到用户的时间和空间的转移，是以实现企业销售利润为目的。销售物流是储存、运输、配送等诸环节的统一。

对销售物流概念的理解包括以下几个方面：

（1）销售物流是一个系统，具有一体化特征。它是企业为保证自身的经营利益，不断伴随销售活动，将产品所有权转给用户的物流活动，包括订货处理、产成品库存、发货运输、销售配送等物流活动。

91

（2）销售物流是连接生产企业和用户的桥梁。销售物流是企业物流的一部分。销售物流是企业物流活动的一个重要环节，它以产品离开生产线进入流通领域为起点，以送达用户并经售后服务为终点。

（3）销售物流是企业物流与社会物流的另一个衔接点。作为连接生产企业与用户的桥梁，企业销售物流与社会销售系统相互配合共同完成企业的分销和销售任务。

（4）销售物流是生产企业赖以生存和发展的条件。对于生产企业来讲，物流是企业的第三利润源，降低销售物流成本是企业降低成本的重要手段。销售物流成本占据了企业销售总成本的 20%左右，销售物流的好坏直接关系到企业利润的高低。

（5）销售物流具有很强的服务性。在现代社会中，市场环境是一个完全的买方市场，只有满足买方要求，卖方才能最终实现销售。在这种市场前提下，销售往往以送达用户并经过售后服务才算终止，因此销售物流具有更强的服务性。

汽车销售物流是指整车从汽车生产企业到分销商或用户之间的物流。它与汽车企业的销售部门配合共同完成商品车的销售任务，是企业物流的最后一个环节。

4.1.2　销售物流的功能和管理模式

销售物流是企业物流的一个重要环节，它与企业的销售系统相结合，共同完成产品的销售任务。具有普遍意义的销售物流流程如图 4-1 所示。

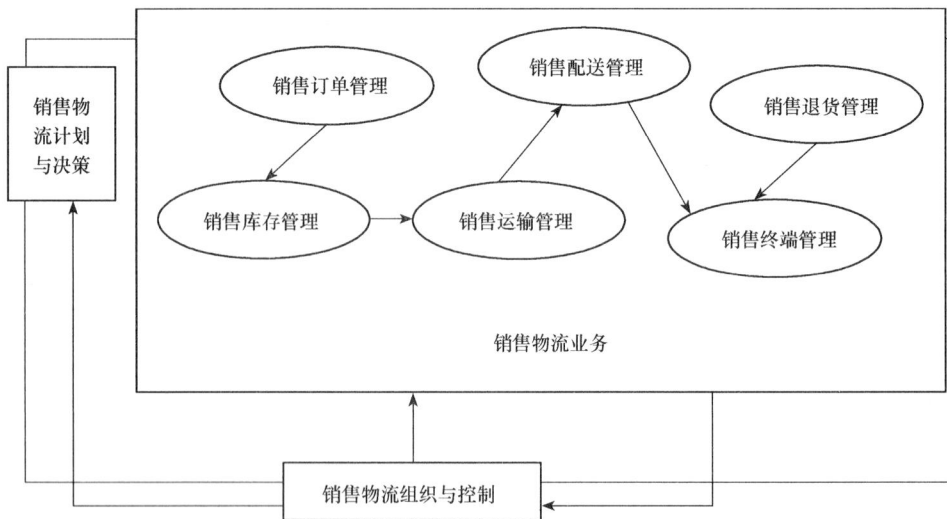

图 4-1　销售物流流程图

销售物流归根到底是由客户订单驱动的，而物流的终点又是客户。因此，在销售物流之前，企业要进行售前的各种市场活动，包括确定客户（潜在客户、目标客户）、与客户的联系、产品展示、客户询价、报价、报价跟踪等。所以，从企业方面来看，销售物流的第一个环节应该是订单处理，在客户接受报价后就开始处理销售订单。订单记录了客户的需求、订货的价格，并检查客户信用度和可用的物料。然后，根据销售订单实施其他物流业务。若有库存，则生成产品提货通知单，配送部门根据提货通知单生成物流配送单，进行销售运输、组织配送等；若没有库存，生成产品需求单（包括采购单），再把信息传递给生产物流管理系统或供应物流管理系统。

对于由于损坏或其他原因退回的货物，还应该实施退货处理。退货在销售活动中会经常发生，由于销售退还的商品也需要登记和管理，也会有费用发生，因此退货作业与企业经济效益紧密相关，不可小视。另外，还应考虑在库商品的退换问题，可以在数据上分为退换商品与正品，但实际的物理存放空间不变。

4.2 汽车销售物流

4.2.1 汽车销售物流管理的内容

汽车销售物流包括整车销售物流和零配件销售物流。整车销售物流模式及其管理内容在 4.2.2 中详细讲述，本节主要介绍汽车零配件销售物流模式及其管理内容。

4.2.1.1 国外汽车零配件销售的主要模式及管理内容

目前国际上汽车售后市场的经营模式有两种："四位一体"和"连锁经营"模式。

"四位一体"制的汽车服务起源于欧洲。所谓的"四位一体"是指汽车营销工作中四种营销方法的动态整合，是一种战略组合，也是一种综合的销售方法。"四位"是指终端建设、营销推广、活动促销、广告传播。"一体"指营销整体。"四位一体"不是简单的四种营销方法累加，而是要产生巨大营销效果的一种有机叠加。欧洲的城市密布，城市间距离短，交通便利，汽车工业发达，各种服务设施完备。在汽车保有结构方面的特点是车型集中，每种车型有较大的保有量。以德国为例，国内人口为 8100 万，汽车拥有量为 5000 万辆，其中轿车 4200 万辆，品牌多集中为欧洲本土的大众、奔驰、宝马等汽车集团旗下，故"四位一体"的经营模式得以存在和发展。

除去"四位一体"的方式外，还有以美国为代表的以品牌为纽带的综合性服务商，也就是"连锁经营"模式。美国汽配连锁的代表企业，如 NAPA、AUTO-ZONE、PEPBOYS 的配件销量占据美国汽配市场的 70%，他们旗下的汽车养护中心已超过了 13000 家。连锁体系内的维修企业成员，可依托盟主的配件库存、进货渠道、配送力量和技术支持，在较少库存的经济模式下，实现及时、高质量的维修服务。连锁体系内的汽配店可依附盟主广泛、稳定的供货渠道，以小批量的订货获得规模订货的优势价格，以盟主总库的配件支持来减轻自己的库存规模，在享受品牌效应的同时，以网络内其他维修企业的服务为依托，增加自己的市场竞争力。由盟主完成配送、技术支持工作，使其工作更为简单化。而对于车主，连锁体系在品牌、产品基础、技术和服务上为客户提供了有效的保障。由于连锁体系成员是综合性配件供应商及维修商，不是专一车型的配件供应维修商，所以产品适用车型广，维修业务覆盖的车型多，因而在价格上具有优势。

4.2.1.2 我国汽车零配件销售的主要模式及管理内容

我国汽车工业由于起步较晚，综合实力与国外汽车工业强国相差甚远，而且长期

"重整车、轻部件"的观念也使得我国汽车零部件业的发展水平明显低于整车行业。目前我国汽车零部件销售的主要模式有以下几种：

1）汽配城

汽配城是目前我国汽车零配件售后服务市场主要的营销模式，是非配套零配件厂的供货渠道的聚集地，客户主要有非特约售后服务站、路边快修点、出租车、长途客运车、货运车等汽车运营公司的驾驶员和修理工，以及少数私车驾驶者。

汽配城在零配件产品的流通领域中主要担当批发渠道的角色。汽车修理用零配件的60%都是源自汽配城。汽配城内产品品种齐全，数量繁多，资源丰富，给消费者提供了较大便利。但目前汽配城的经营和管理却存在一些问题，突出表现在只重招商，不重市场建设和管理。一个汽配城有上千个摊位，多是现货交易，且管理不到位，导致产品质量无法保证，会损害消费者利益，损害汽配城的形象。

2）特约经销商和特约维修站

各个品牌特约经销商和特约维修站是售后服务市场"原厂配件"或"正宗配件"的主要流通渠道。目前，国内大型的整车企业都在全国范围内建立了集"整车销售、配件供应、维修、信息反馈"为一体的品牌专卖店以及品牌维修站，并通过严格规范的管理，要求只能从公司下设的专门负责备件供应的部门或设在各地的配件中心库订购备件，不得外购，尤其不能外购假冒伪劣配件。确保消费者可以在全国任何一家特约经销商和特约维修站购买到质量有保障的正品零配件。

特约经销商和特约维修站具有产品质量可靠，专业化程度高、价格统一、管理规范等优势。整车厂商供应给全国各地的零配件产品，一般是统一进价、统一零售指导价，或者是要求经销商在批发价的基础上浮动一定的比例。这样有利于规范汽配售后服务市场，防止不正当竞争。但从特约经销商和特约维修站的位置、布局和覆盖区域来看，还存在服务网点少，布局也不合理，服务网络建设不科学、不完善，产品价格过高等问题，导致其没有发挥出销售正品配件的主渠道作用。

3）零配件生产商建立的品牌经销店

一些有实力的汽车零配件生产企业采用特约经销的方式或品牌的方式销售产品。他们在全国各地实行区域代理，保证企业正宗配件的供应，同时严把质量关。

这种由汽车零配件生产商建立的品牌专营店和售后服务体系，可以提供优质、专业的产品和服务；有利于规范售后服务市场的秩序。我国零配件生产商建立的品牌经销店目前还处于起步阶段，国内成型的零配件生产商建立的品牌经销店多是由国外引进的，如世界最多元化的汽车零部件供应商德尔福公司。

4）路边汽配经销点和快修点

我国的汽车零配件售后服务市场存在着巨大的需求，而由于非配套汽配产品的价格很低，在利益的驱使下，必然会出现大量的、小规模的路边汽配经销点和快修点，路边的汽配经销点和快修点多是私人投资的，规模小，投资少，成本低，进入门槛很低。

由于目前我国汽车零配件售后服务市场发展还不完善，销售正品零配件的特约经销商数量很少且网络布局不合理，消费者无法方便、及时地购买到正品零配件，路边的汽配经销点和快修点凭借其低廉的价格赢得了一定的市场。

4.2.2　汽车销售网络的建立与管理

汽车制造商把汽车生产出来以后，并不能将商品立即销售出去，需要通过一定的销售网络、销售渠道才能将商品送到消费者手中。销售网络是由销售网点与销售渠道所形成的信息共有、风险共担、利益共享的网络化销售系统。

销售网络可以创造时空便利、扩大市场覆盖、降低销售成本、提高承担风险能力、沟通相关信息，使之形成综合竞争优势。建立销售网络的主要目的是将产品以最有效的方式、最佳的渠道送到消费者的手中。对于汽车来讲，单位价值较高，一般以直接销售为主，渠道不宜过长。

4.2.2.1　汽车营销模式

现代营销模式最大的特点是销售方式扁平化，制造商的产品不需经过层层经销商的推销。所谓的扁平化就是指通过减少管理层次、压缩职能部门和机构、裁减人员，使企业的决策层和操作层之间的中间管理层级尽可能减少，以便使企业快速地将决策权延至企业生产、营销的最前线，提高企业效率。目前，汽车营销模式主要有品牌专卖店模式、汽车超市模式、汽车交易市场、汽车园区，汽车大道模式，网络直销模式。

1）品牌专卖店模式

品牌专卖店模式是以汽车厂家的营销部门为中心，以区域管理中心为依托，以特许经销商为基点，受控于厂家的全新营销模式，它以单一品牌销售为主。它是由汽车制造或销售厂家授权，只经营销售专一汽车品牌，为消费者提供全方位购车服务的汽车交易场所，具有规范性、全程性和排他性等特点，是市场经济、市场竞争发展到一定程度的必然产物。

2）汽车超市模式

汽车超市可以代理多家汽车品牌，即一家经销商可以同时提供多种品牌的汽车产品和服务。汽车超市的特点是以汽车服务贸易为主，并千方百计拓展服务的外延，促使服务效益最大化。如美国卡迈克斯汽车商店，在全美设有 24 家分销店，分别经营不同品牌的汽车产品。

对于汽车超市模式，由于它可以同时经营多种汽车产品，投资风险比较低。目前我国的整车厂中大部分厂家的年销售量不足 10000 辆，大部分汽车生产商没有实力采用品牌专卖店模式，而汽车超市模式则以其优势可以作为我国汽车营销模式的主流。

3）汽车交易市场与汽车园区

汽车交易市场是指以众多的汽车经销商集于同一场地，形成多品种、多商家的汽车交易市场，如北京的亚运村、北方汽车交易市场便是我国汽车交易市场的代表。

从经营方式上来讲，汽车交易市场可以分为三种类型。一是以管理服务为主。该模式的主要特征是管理者不参与经营销售，由经销商进场经营售车，市场只做好硬件建设及完善的服务管理，北京亚运村汽车交易市场是该模式的典型代表；二是以自营为主，其他的入市经销商很少，即市场管理者同时也是主要汽车销售者；三是自营与其他的入市经销商各占一半。

汽车园区是汽车集约型交易市场发展的新阶段，它以更加以用户为中心的服务理念，即更宽松的购物环境为特点。相对于汽车交易市场，汽车园区的最大优势就是功能的多元化、服务的规范化。如果说汽车交易市场是集市，那么汽车园区就是现代化的购物广场。

4）汽车大道营销模式

目前，欧美汽车大国出现了一种新的汽车市场集合模式，即"汽车大道营销模式"。它设在方便顾客进入的快速道路两侧，聚集若干品牌的专卖店，形成专卖店集群。汽车大道营销模式集汽车交易、服务、信息、文化等多种功能于一体，具有规模大、环境好、交易额大、影响大等特点，体现了国际汽车营销由专一专卖店向集约化、趋同性方向发展趋势。

汽车大道营销模式在西方颇受欢迎，但作为西方汽车工业高度发达和当地地理人文条件形成的产物，并不适合中国当前的汽车市场。

5）网络直销模式

随着电子商务的发展，网络直销也开始作为一种全新的营销模式应用于汽车销售。

对于消费者而言，他们能更详细、更具体地比较各种汽车产品的信息，由此可促使他们更成熟更理智的购买行为。同时消费者个性化的要求也能够得到更好的满足。对于汽车生产商来说，网络的运用大大提高了企业的反应速度，这对提高企业竞争力有很大的帮助。同样重要的是，企业借助互联网可节省大量的人力、物力和财力；同时，汽车销售渠道的大大缩短，汽车生产厂家库存和中间流通费用的减少，也将使汽车成本得到大幅度降低。

4.2.2.2　汽车销售渠道管理

汽车销售渠道是汽车产品实现其价值过程中的一个重要环节，它包括科学地确定汽车销售路线，合理地规划汽车销售网络，认真地选择汽车经销商，高效地组织汽车储运，及时地将品质完好的汽车提供给消费者，以满足消费者的需要。

1）汽车销售渠道的物流管理

汽车产品由汽车生产企业最终到达消费者手中，不仅要通过汽车所有权的转移，而且要经过订货、运输、仓储、存货等管理活动，才能实现汽车产品实体的空间转移。其中，最为重要的是运输和仓储，它们和企业的销售渠道相辅相成，构成了汽车销售渠道的物流系统。汽车企业制定正确的物流策略，对于降低成本，增强竞争能力，提供优质服务，提高企业效益具有重要的意义。

（1）物流成本。每个特定的汽车物流系统都由仓库数目、库址、规模、运输策略以及存货策略等构成。因此，每一个汽车物流系统都存在着一套总成本计算方法，汽车物流系统总成本通常表达为总运输成本、总固定仓储成本、总变动仓储成本和因延迟销售所造成的销售损失的总机会成本之和。在设计和选择汽车物流系统时，要考虑各种系统的总成本，然后从中选择总成本最低的物流系统。

（2）汽车的储存。汽车的储存是指汽车产品离开生产领域而尚未进入消费领域之前，在汽车销售渠道流通过程中的合理停留。为了保证汽车企业再生产的顺利进行和满足消费者的消费要求，必须保持一定数量的汽车储存。汽车储存的策略主要包括汽车仓库的选择、汽车存货水平的控制和订货时间的确定。

（3）汽车的运输。汽车的运输是指借助各种运输工具实现汽车产品由生产地运送到消费地的空间位置上的转移。

汽车运输方式是实现汽车产品地区之间移动的物质条件。常用运输方式有铁路运输、水路运输和公路运输。运输方式选择主要取决于运输成本、地理因素和消费者需要服务的内容。

汽车运输路线选择时要力求做到把货物交给消费者的时间最短，以确保及时交货，提高服务质量，减少总的运输里程，降低企业的运输费用。

汽车的运输策略，即汽车生产企业选择何种运输方式和运输路线，将汽车产品运送到销售地点。在制定汽车运输策略时，必须对各种汽车运输方式之间复杂的利害关系加以平衡，同时还须考虑其他销售要素（如仓储和存货水平）的潜在影响。

2）汽车销售渠道的资金流管理

汽车产品的整个流动过程，不仅包括物流，还包括资金流。中间商的财务部是进行资金结算的管理部门和执行内部会计、财务功能的职能部门，它对资金进行规划和控制，因此必须建立严格的财务管理制度，以确保资金结算、融资业务、财务评估等资金流的工作合理、有效地进行。财务管理制度的内容包括如下四个方面：

（1）资金结算管理。地区分销商在总经销商的汽车销售体系中担负的主要使命是从总经销商购进汽车，通过其所管辖的经销商将汽车销给最终消费者。地区分销商的其他一切活动均是为此目的的服务的。

（2）内部财务管理。内部财务管理的内容包括制定分销商内部财务、会计管理实施办法；编制销售收入、费用、利润、税金计划以及财务考核计划；统一管理分销商的固定资产、流动资金等。

（3）对经销商的财务评估。对经销商的财务评估内容包括编制对经销商的财务评估计划；参与对经销商售车业务的审查，重点检查经销商售车时对售车价格政策的执行情况；评估、复核固定资产的群务处理及其公允价值，提出支付"投资毛利"的数额、支付方式与计划等的建议等。

（4）融资售车业务。融资售车业务管理的内容包括向进行融资售车业务合作的承办行和协办行提供经销商的财务状况等有关资料；将分销商的信贷需求计划与销售部提供的汽车计划报告给总经销商和承办行、协办行；协助承办行和协办行做好汽车销售收入划转、筹资结算和资金清算等。

3）汽车销售渠道的信息流管理

信息流几乎渗透到汽车销售渠道中的每一个环节，控制和利用好这些信息流可以及时掌握相关的信息，从而制定合理的销售计划，并依此完善内部管理，扩大汽车企业的业务规模。常用的信息系统应包括营销管理系统、条码管理系统、库存管理系统、财务管理系统、PDI 管理系统等。

汽车销售渠道的体系及其科学的管理方法，表明了选择和建设汽车销售渠道对于汽车生产企业至关重要，加强对销售渠道的管理，能保证销售渠道的正常运转，降低渠道运营成本，从而为消费者提供更大的价值。

4.2.3　汽车销售物流计划与决策

4.2.3.1　销售物流计划

汽车整车销售物流的客户服务要求高、周转速度快、流程复杂，以及整车管理本身要求单车各种数据完整、及时和准确。作为汽车企业的资产，大量的成品车是通过代销的方式存放在经销商以及各地营销中心的，对这部分没有形成回款的资产，管理上要求是非常高的。而客户的需求，也就是市场和销售是引导生产产品品种、质量、数量的根本原因，也是影响和驱动产品物流流向、流量、流速的根本因素。

汽车销售物流计划同样是按照汽车物流决策所确定的方案对其物流活动及其所需各种资源，从时间和空间上做出具体统筹安排的工作。物流计划的重要性可归纳为：是决策的基础、应变的堤防、统一经营的保障、有效控制的手段。

物流计划一般有三个要求：一是承诺性，对用户的保证，对未来的承诺；二是弹性，适应未来不确定性因素；三是滚动性，根据计划执行情况和环境变化而定期修订计划，使长期计划、中期计划、短期计划互相协调。

为保证计划实现，要组织好物流计划的执行与控制。物流计划的执行，最重要的有两项工作：首先，把物流总目标层层分解下去，做到层层有对策计划；其次，经常对物流计划运行情况进行修订和调整。一般采用以下两种方法。

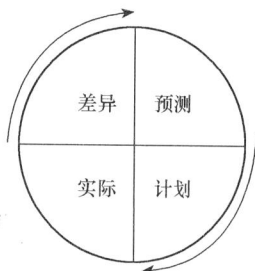

图 4-2　滚动式计划

1）滚动式计划法

滚动式计划法（预测、计划、实际、差异循环法）把计划分为若干期，根据物流计划执行一定时期的实际情况和环境变化，对以后各期计划的内容进行适当的修订，并向前推进一个新的执行期，如图 4-2 所示。

这种方法的特点是：远近结合、近细远粗、逐年滚动。这样既使物流计划保持严肃性，又具有适应性和现实性，有利于保持前后期工作的衔接协调，也可以使物流计划能够适应市场的变化，增强适应对外部环境的能力。其程序如图 4-3 所示。

2）应变计划法

应变计划法（应急计划）是指当客观情况发生重大变化，原有计划失去作用时，物流企业为适应外部环境变化而采用备用计划的方法。一般物流企业在编制年度物流计划时都制定了备用计划，以便企业在内部调整计划时相对主动，从而避免慌乱，减少损失。

要保证物流计划的实现，必须在计划执行过程中加强控制，也就是按预定的目标、标准来控制和检查物流计划的执行情况，及时发现偏差，迅速予以解决。控制包括事前控制、事中控制和事后控制。为此，首先要制定各种科学的标准，如定额、限额、技术标准和计划指标等；其次要健全物流信息反馈系统，加强物流信息管理。

销售物流企业5年（2006—2010年）经营计划

详细具体	较细	一般	较粗	很粗
2006年	2007年	2008年	2009年	2010年

2003年实际完成情况	物流计划的调整与修正因素		
计划与实际之间的差异	差异分析与研究	环境条件变化	经营方针目标的变化

修订计划

新的5年（2007—2011年）经营计划

详细具体	较细	一般	较粗	很粗
2007年	2008年	2009年	2010年	2011年

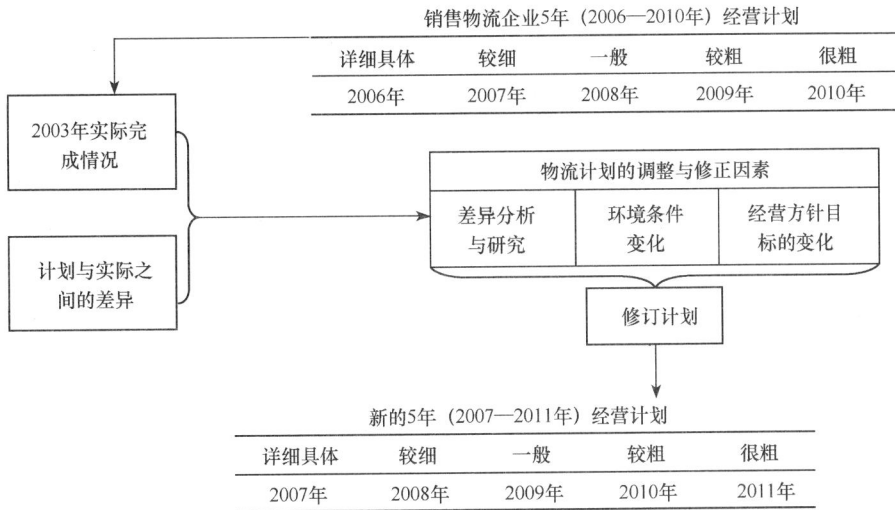

图 4-3 滚动式计划法程序图

4.2.3.2 销售物流决策

销售物流决策是物流企业决策者在拥有大量信息和个人丰富经验的基础上，对未来行为确定目标，并借助一定的计算手段、方法和技巧，对影响销售物流的因素进行分析研究后，从两个以上可行方案中选择一个合理方案的分析判断过程。销售物流决策方法包括定性决策方法和定量决策方法两大类。

1）定性决策方法

定性决策方法是决策者根据所掌握的信息，通过对事物运动规律的分析，在把握事物内在本质联系基础上进行决策的方法。定性决策方法有下述几种：

（1）头脑风暴法，又称思维共振法，即通过有关专家之间的信息交流，引起思维共振，产生组合效应，从而引发创造性思维。

（2）特尔菲法是由美国著名的兰德公司首创并用于预测和决策的方法，该方法是以匿名方式通过几轮函询征求专家的意见，组织预测小组对每一轮的意见进行汇总整理后作为参考再发给各专家，供他们分析判断以提出新的论证。几轮反复后，专家意见渐趋一致，最后供决策者进行决策。

（3）哥顿法是美国人哥顿于 1964 年提出的决策方法。该法与头脑风暴法相似，由会议主持人先把决策问题向会议成员做笼统的介绍，然后由会议成员（专家成员）讨论解决方案。当会议进行到适当时机，决策者将决策的具体问题展示给小组成员，使小组成员的讨论进一步深化，最后由决策者吸收讨论结果进行决策。

（4）淘汰法是根据一定的条件和标准，对全部备选的方案筛选一遍，淘汰达不到要求的方案，缩小选择的范围。

（5）环比法是在所有方案中进行两两比较，优者得 1 分，劣者得 0 分，最后以各方案得分多少为标准选择方案。

2）定量决策方法

定量决策方法，是指利用数学模型进行优选决策方案的决策方法。定量决策方法一般分为确定型决策、风险型决策和不确定性决策方法三种。

（1）确定型决策方法是只有一种选择，决策没有风险，只要满足数学模型的前提条件，数学模型就会给出特定的结果。确定型决策方法的主要有盈亏平衡分析模型和经济批量模型。

（2）风险型决策方法是指一个决策方案对应几个相互排斥的可能状态，每一种状态都以一定的可能性出现，并对应特定结果。风险型决策的目的是如何使收益期望值最大，或者损失期望值最小。期望值是一种方案的损益值与相应概率的乘积之和。

（3）不确定型决策方法是指不能够判断各种状况出现的概率时使用的方法。常用的主要有三种，即冒险法（也称大中取大法）、保守法（又称小中取大法）和折中法。

4.2.4　汽车销售订单管理

4.2.4.1　销售物流订单管理的范围

订单管理是一切作业的起始，它的成效将直接影响后续的运输、配送等作业流程。

物流中心在销售物流里担任着制造商与零售商中间桥梁的批发机能，所接触的物流组织为商品供给者的制造、进口、代理商以及商品销售对象的零售商。就物流流程来说，可以将物流中心的订单管理界定为处理分销商的订货、下单作业，而不包含物流中心向供货商的订货、下单作业，销售物流订单管理的范围如图4-4所示。

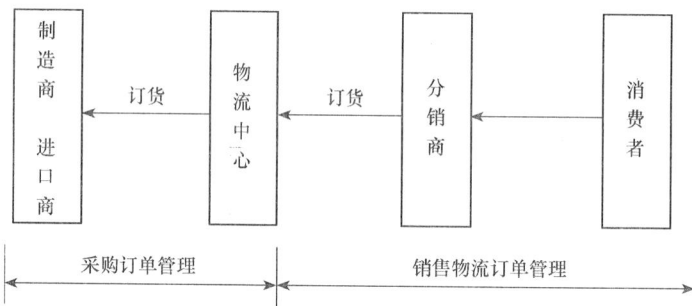

图 4-4　销售物流亲单管理的范围

4.2.4.2　销售物流订单管理的作用

（1）订单管理开启物流作业。在物流中心每天的营运活动中，订单管理扮演着开端的角色，即客户端接受订货资料，将其处理输出，以便开始拣货、理货、分类、配送等一连串物流作业。因此其处理的正确性、效率性，深切地影响着后续的作业绩效。

（2）订单管理开启信息流。信息的产生是随着作业而来的，订单管理既开启物流中心的物流作业，也开启整个信息流作业。订单管理为物流中心的物流及信息流的开端，其处理结果影响后续作业以及其处理过程中需要考虑、支持相关操作系统。

4.2.4.3　汽车销售订单管理作业程序

　　汽车销售订单管理的作业流程始于接单，经由接单所取得的订货信息，经过订单资料输入、资料核查、确认，并按此订单进行库存分配和订单数据处理输出。以某商用汽车销售有限公司为例来阐述汽车销售订单流程。汽车销售订单管理包括 3 部分，即订单业务流程、订单财务流程和订单发运流程。

　　（1）订单业务流程包括：①经销商提出月度需求计划；②大区汇总各商家需求，并传至商用车公司；③商用车公司依据全国计划制定生产月、周计划；④资源入库，经销商在系统中做出启票订单；⑤启票订单导入，即将订单由经销商系统导入销售公司系统；⑥启票订单计划，即由启票人员对订单进行物料保留，因车型、状态、颜色不能满足时，经销商可等待或与启票人员沟通修改订单；⑦启票订单登记，确认地址、价格等无误后登记订单；⑧启票订单打印，对登记的订单进行打印；⑨销售折让对接，对有折让的单位启票单中注明进行对接，完成后转到财务。

　　（2）订单财务流程包括：①经销商余额审查，余额足够可正常通过；②销售订单财务审核，审核通过后直接导入发运系统。

　　（3）订单发运流程包括：①销售订单发运分配，即将发运通知单交承运车队；②销售订单挑车出库，打印出库通知单挑车出库后发运；③由物流客户服务进行在途监控发出车辆途中的位置；④经销商收车后入库。

　　某汽车公司销售订单总体流程如图 4-5 所示。

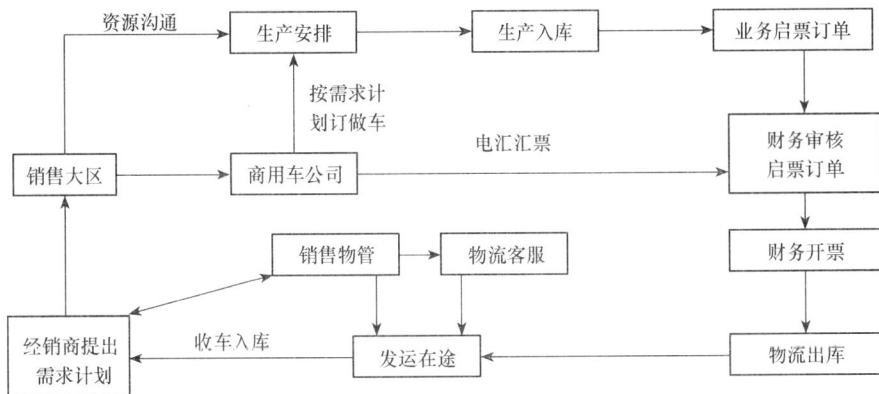

图 4-5　某汽车公司销售订单总体流程图

4.2.5　汽车销售运输管理

　　随着物流管理观念在各经济领域的普遍渗透，运输部门在企业中的作用逐步提升，运输管理的基本责任和内容也随之发生了变化。运输管理是一项复杂、细致、富有挑战性的工作，是成功物流系统的重要保障。图 4-6 为运输管理作业流程图。

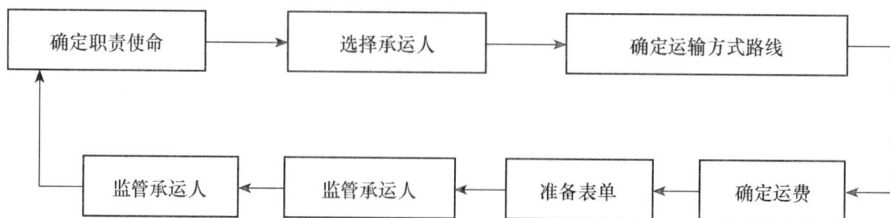

图 4-6　运输管理作业流程图

4.2.5.1　确定运输管理部门职责和使命

运输部门的职责和使命，是确保以最低的成本为企业提供所需要的运输服务以及为企业提供有关原材料、供应品和产成品移动方面的技术支持。

物流系统中的运输部门除了要做好各项与运输相关的本部门内的职责，还要协助企业内其他部门进行运营和做出决策，包括协助市场营销部门向销售人员报出准确的运费，就可能的运输费用节约为销售折扣的数量提供依据，选择合适的线路确保产品的配送；帮助生产制造部门对包装和原料搬运提供建议，同时确保随时提供充足的运输；为外向运输提供运输方式和线路选择方面的指导，填发运输单据，促进集运的使用；就如何控制内向配送的成本、质量向采购部门提出建议，并协助追踪和催促重要投入品的运输。

4.2.5.2　承运人的选择

不同的运输方式和运作类型会有各自的特点和优劣。运输管理者必须对这些运输方式和运作类型进行分析之后，选择恰当的方式和运作类型，然后在初步圈定的运输方式和运作类型范围内选出合适的承运人。

经过初步范围确定后，要在运输能力指标相近的承运人中做出选择，就需要对可能影响承运人服务质量的多项指标进行比较，其中比较重要的指标依次为：货运过程中处理破损的经验、处理索赔的程序、运输时间的可靠度、有无货物跟踪服务、门到门运输时间、上门取货和配送服务的质量、是否只提供单向运输服务、运输设备状况等。

选择好承运人以后，企业必须和承运人签订货物运输合同。

4.2.5.3　运输方式选择

在汽车整车的物流中，有三种运输方式比较可行，即：铁路运输、公路运输、水路运输。采用铁路运输往往是出于对运费的考虑。在长途货运中，火车的价格优势很容易体现出来。但除了少数具有服务网络的物流公司或货物代理（如中铁快运等），能提供"门到门"全程服务外，目前的铁路部门是无法提供这种服务的。而公路能够提供"门到门"的服务，公路运输可以作为首选的运输工具。当顾客急需某种整车车型订货时采用这种"高速运输"的措施将极大缩短紧急订货配送时间。并且需要正确权衡库存费用和运输费用，正确确定运输价格，将降低总成本。

在对运输系统的运输方式进行选择时，通常还要综合以下几个方面进行选择：

（1）各种运输方式的经济性；

（2）各种运输方式的最佳运距；

（3）不同运输方式所需的时间与预期顾客服务水平的匹配等问题。

4.2.5.4　运费确定

随着各国运输业自由化和市场化的进程加速，运输费率体系越来越复杂，要达到运输的低成本化，企业的运输管理人员必须对各种运输费率体系十分了解，并据其确定企业可利用的最低费率。

整车运输在计算运输费用时，要考虑运输方式（可分为零公里运输、背驮运输和非零公里运输、商品车直接开到目的地）、运输路线长度费用。另外按公里数的不同要执行分段计费标准。系统能够快速打印与承运商结算费用的单据，准确地记录承运商运输车辆的数量、目的地、运输方式，对运输结果的有效性进行确认，根据不同的运输费率来进行费用的计算，定期打印账单与承运商进行运输费用的对账。

如果是运输量较小的企业，运输费率可以根据承运人公布的运价来计收，运输部门就要尽量搜集多家承运人的运价信息，从中选取适合企业的最低运费。通常，要由企业和承运人双方的代表组成费率等级确定小组进行商谈后确定费率。运输管理人员应通过各种途径对该小组人员施加影响，使其确定尽量低的费率和较少的等级。

对于货物运输量常年较高的企业而言，往往更适用需要与承运人进行单独谈判的特殊费率。运输部门管理人员的最主要精力是花费在与承运人就运输合同进行商谈上。

4.2.5.5　表单准备

填写运输单据也是企业运输管理部门的职责。现在，有许多承运人向货主提供相应的软件，以便通过计算机输出通用的运输单据。也有些货主运用其订单处理软件输出运输单据，如：公路运输托运表、公路运输货运单、水路运输货运单、水路运输托运计划、航空货运单、货物交运单、货物清单。

4.2.5.6　对承运人的监管

在企业销售运行管理中，要使企业的商品在合适的时间运到合适的地方，很重要的一环就是对承运人的监管与控制。运输部门将企业的产品交给承运人之后，还需要负责监督和跟踪货物在运输中的情况，以确保货物安全、及时、准确、完好无损地送到客户或指定的地点。

4.2.5.7　运输保险

汽车作为大宗货物在运输过程中若出现意外情况，不但会给企业带来不小的经济损失，同时也会耽搁经销商或客户对整车的使用，为了万无一失，整车运输企业尤其要做好运输保险工作。

在企业的物流保险上，财产一切险、货物运输险、公众责任险已覆盖到物流作业的大部分环节，而涉及到运输环节的主要是货物预约险（又称"货物运输险"），它是指公路、水路、铁路以及多式联运过程中的货物，在遭受自然灾害和意外事故时能够对所造成的损失得到赔付的险种，其保障程度按基本险、综合险以及特别约定有所差别。

4.2.6　汽车销售配送管理

21 世纪后汽车企业从暴利时代跌入了微利时代，配送作为其最具增值性的物流活动更显得十分重要。在这种竞争形势下，国外汽车制造企业十分重视配送中心的规划设计，通过科学布局，合理选择和使用仓储设备，提供多样化、专业化的增值服务，应用先进的信息管理系统等方法，降低了物流成本，提高了经济效益。如德国的宝马公司在全球就设有 35 个物流配送中心，特别是 2006 年末刚刚建成的位于丁格芬的物流配送中心，被视为宝马公司的"物流心脏"；美国通用汽车制造公司为北美 30 多个制造厂和十多个主要供货厂商设立了一个配送中心，接收和集中各供货厂商送来的零部件，然后立即重新组合发送到各制造工厂，配送中心使用电脑、条形码、激光扫描技术并借助完善的计算机管理系统降低了费用，为通用公司和他的供货厂商节约了 800 万美元。

而我国汽车制造企业配送中心多数是充当着仓库和运输中转站的角色，功能也仅限于原有仓库的储存、保管上，忽略了增值服务的功能。由于缺乏具体分析或专业人才紧缺等原因，使得建筑物、机械设备、运输操作系统等各部分没有构成有机的整体，降低了配送中心的运营效率。我国汽车制造企业配送中心的计算机应用程度较低，仍处于人工化操作状态，适应具体操作的物流信息系统的开发和应用滞后。

从西方汽车行业的发展来看，汽车行业的未来趋势是加强行业分工，汽车零部件生产功能和物流配送功能都将从制造企业中剥离出来，把物流管理的部分功能委托给第三方物流企业管理。第三方物流对于汽车制造企业改善物流环境，提升企业核心业务竞争力具有显著效果。常见的第三方配送系统运作模式如图 4-7 所示。

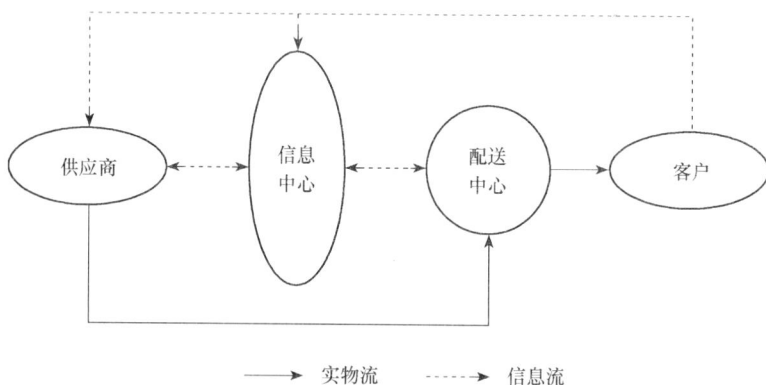

图 4-7　常见的第三方配送系统运作模式

若某物流公司下设信息中心和仓储配送中心，客户（汽车生产厂）可以通过因特网、电话或传真直接向信息中心下达配送指令或订单，信息中心将配送指令或订单信息传送给配送中心，配送中心根据工厂的要求进行分拣配货作业，并按时间要求向工厂进行实物配送。同时，配送中心将库存情况和配送执行的信息实时反馈给信息中心，信息中心处理后再传给客户（汽车生产厂）。客户（汽车生产厂）根据配送中心的库存情况决定配送中心的进货时机，并通过因特网、电话或传真向相应的配套零件供应商下订货单。供应商确认订单后向信息中心发送交货通知和交货单，信息中心向配送中心下达接货指令，由供应商组织进货运输，将货物运至配送中心。

4.3　汽车国际贸易与物流管理

4.3.1　汽车国际物流的含义与特点

4.3.1.1　国际物流的含义

国际物流是国内物流的延伸和进一步扩展，是跨越国界的、流通范围扩大了的"物的流通"。国际物流是组织货物在国际间的合理流动，是实现货物在 2 个或 2 个以上国家（或地区）间的物流性移动而发生的国际贸易活动。国际物流是国际间贸易的一个必然组成部分，各国之间的相互贸易最终要通过国际物流来实现。从国际贸易的一般业务角度来看，国际物流是实现国际商品交易的过程，即实现卖方交付单证、提交货物和收取货款，而买方接受单证、支付货款和收取货物的贸易对流条件。

国际物流的实质是：按国际分工协作的原则，依照国际惯例，利用国际化的物流网络、物流设施和物流技术，实现货物在国际间的流动与交换，以促进区域经济的发展和世界资源优化配置。随着经济全球化进程的加快，不论是已经实现国际化的跨国企业，还是一般有实力的企业，都在积极地推行国际化战略。企业国际化战略的实施，是企业分别在不同国度中生产零配件，又在另外一些国家组装货装配整机，企业这种生产环节之间的衔接必须依靠国际物流。而汽车这一商品以其复杂的结构决定了其企业必须要参与到国际物流中。

4.3.1.2　国际物流的特点

国际物流与国内物流相比，具有以下几个特点。

1）物流环境存在差异

国际物流的一个非常重要的特点是，各国物流环境存在差异，这种差异来自于多方面的因素，尤其是物流软环境的差异。不同国家有关物流的适用法律使国际物流的复杂性远高于一个国家的国内物流的发展水平，甚至会阻断国际物流。不同国家的不同经济和科技发展水平会造成国际物流处于不同科技条件的支撑下，甚至有些地区根本无法应用某些技术而迫使国际物流全系统水平的下降。不同国家不同标准，也造成国际间"接轨"的困难，因而使国际物流系统难以建立。不同国家的风俗人文也使国际物流受到很大局限。由于物流环境的差异，就迫使一个国际物流系统需要在几个不同法律、人文、习俗、语言、科技、设施的环境下运行，无疑会大大增加物流的难度和系统的复杂性。因此，国际物流相对于物流来说，要形成完整、高效的物流系统的难度非常大。

2）物流系统的范围广

物流本身的功能要素、系统与外界的沟通已经很复杂了，而国际物流还要在这复杂系统上增加不同国家的要素和不断变化的各种因素，这就不仅使国际物流在地域上、空间上更广阔，而且所涉及的内外因素更多，所需的时间更长，其直接后果是难度和复杂性增加、风险增大。因此，国际物流只有融入现代化信息技术之后，其效果才比以前更显著。

3）国际物流必须有国际化信息系统的支持

国际化信息系统是国际物流，尤其是国际联运非常重要的支持手段。国际物流面对的市场变化多、稳定性小，因此对信息的提供、搜集和管理具有更高的要求。国际信息系统建立的难度大（管理困难，投资巨大）。另外，由于世界上有些地区物流信息水平较高，有些地区较低，因此会出现信息水平不均衡，因而信息系统的建立更为困难。

当前，国际物流信息系统一个较好的建立办法就是和各国海关的公共信息系统联机，以便及时掌握各个港口、机场和联运线路、站场的实际状况，为供应或销售物流决策提供支持。国际物流是最早发展"电子数据交换"（简称 EDI）的领域，以 EDI 为基础的国际物流将会对物流的国际化产生重大影响。

4）国际物流的标准化要求较高

国际物流要使国际间物流互相接轨，并畅通起来，统一标准是非常重要的。可以说，如果没有统一的标准，国际物流水平是不可能提高的。这些标准包括国际基础标准、安全标准、卫生标准、环保标准及贸易标准等，在此基础上还制定并推行了运输、包装、配送、装卸、储存等技术标准。目前，美国、欧洲基本实现了物流工具、设施的统一标准，如统一的托盘规格、统一的集装箱规格及条码技术等，这样就大大降低了物流费用，降低了转运的难度。如果不向这一标准靠拢的国家，必然就会在转运、换车底等许多方面要多耗费时间和费用，从而降低其国际竞争能力。

4.3.2　汽车国际物流系统的组成

汽车国际物流系统是一个极其复杂的大系统，它是由众多分系统、子系统相互连接、共同组成的一个运作协调的开放经济系统。从国际物流系统的功能要素角度看，汽车国际物流系统是由商品的包装、储存、运输、检验、流通加工和再包装，以及配送等子系统组成。国际物流信息系统组成如图 4-8 所示。

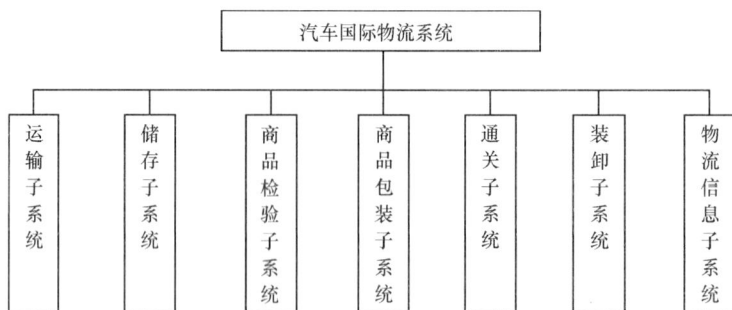

图 4-8　国际物流信息系统组成

1）运输子系统

运输的作用是将商品的使用价值进行空间移动，物流系统依靠运输作业克服商品生产地和需要地点的空间距离，创造了商品的空间效益。国际物流系统依靠运输作业克服在不同国家（或不同地区）的生产地点和需要地点的空间距离。物品通过国际货物运输作业由供方转移给需方。国际货物运输具有线路长、环节多、涉及面广、手续繁杂、风险性大、时间性强等特点。国际运输费用在国际物品价格中有时会占有很大的比重。国际运输管理主要考虑运输方式的选择、运输路线的选择、承运人的选择、运输费用的节约、运输单据的处理以及货物保险等方面的问题。总之，运输子系统是国际物流系统中的核心子系统。

2）储存子系统

物品的储存会使物品在流通过程中处于一种或长或短的相对停滞状态，有人称储存是运输中的"零速度运输"。即使是在"零库存"的概念下，国际物流中物品的储存也是完全必要的，因为国际物品的流通，是一个由分散到集中，再由集中到分散的源源不断的流通过程。例如，国际贸易或跨国经营中的物品从生产厂或供应部门被集中运送到装运港口，通常需临时存放一段时间，再装运出口，这就是一个集散的过程。它主要在各国的保税区和保税仓库进行，因此会涉及各国保税制度和保税仓库建设等方面的问题。

从现代物流的理念看，在国际物流中应尽量减少储存时间、储存数量，加速物品的周转，实现国际物流的高效率运转。由于储存保管可以克服物品在时间上的差异，因此能够创造时间效益。

3）商品检验子系统

国际物流中的物品是国际贸易交易的货物或跨国经营的商品，其具有投资大、风险高、周期长等特点，因此商品检验成为国际物流系统中重要的子系统。通过商品检验，确定交货品质、数量和包装条件是否符合合同的规定。如发现问题，可分清责任，向有关方面索赔。在买卖合同中，一般都定有商品检验条款，其主要内容有检验的时间与地点、检验机构与检验证明、检验标准与检验方法等内容。

4）商品包装子系统

杜邦定律（美国杜邦化学公司提出）认为，63%的消费者是根据商品的包装进行购买的，国际市场和消费者是通过商品来认识企业的，而商品的商标和包装就是企业的面孔，它反映了一个国家的综合科技文化水平。

5）通关子系统

国际物流的一个重要特点就是货物要跨越关境。由于各国海关的规定并不完全相同，因此对于国际货物的流通而言，各国的海关可能会成为国际物流中的瓶颈。要消除这一瓶颈，就要求物流经营人熟知有关各国的海关制度，在适应各国的通关制度的前提下，建立安全有效的快速通关系统，保证货畅其流。

6）装卸子系统

国际物流运输、储存等作业离不开装卸搬运，因此国际物流系统中的又一个重要子系统是装卸搬运子系统。装卸是短距离物品的搬移，是储存和运输作业的纽带和桥梁，它也能够提供空间效益。能够高效地完成物品的装卸搬运，就能够更好地发挥国际物流节点的作用。同时，节省装卸搬运费用也是降低物流成本的重要途径之一。

7）国际物流信息子系统

国际物流信息系统的主要功能是采集、处理和传递国际物流和商流的信息情报。没有功能完善的信息系统，进行国际贸易和跨国经营将比较困难。国际物流信息的主要内容包括进出口单证的作业过程、支付方式信息、客户资料信息、市场行情信息和供求信息等。国际物流信息系统的特点是信息量大、交换频繁、传递量大、时间性强、环节多、点多、线长。所以，要建立技术先进的国际物流信息系统。国际贸易中，EDI 的发展是一个重要的趋势，我国也应该在国际物流中加强推广 EDI 的应用，建立国际贸易和跨国经营的高速公路。

国际物流系统中的上述子系统应该与配送子系统、包装子系统以及流通加工子系统等有机联系起来，统筹考虑，全面规划，建立适应国际竞争要求的国际物流系统。

4.3.3　汽车国际物流组织运作管理

汽车国际物流运作管理是在充分把握物流需求特性的基础上，利用相关国家提供的政策支持和国际物流资源，构建有竞争力的国际物流运作网络，并对其运行过程进行持续的监控、评价、优化和再造。它包括四个组成部分：物流网络的规划与构建，物流信息系统的开发与维护，物流运行过程的控制，运作过程的优化与再造。国际物流运作管理的组成如图 4-9 所示。

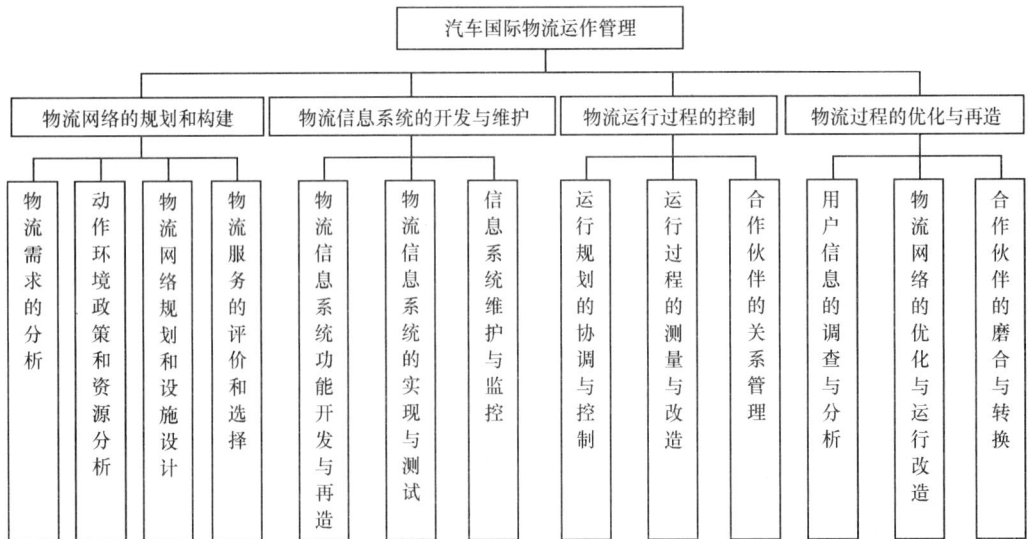

图 4-9　国际物流运作管理的组成

1）物流网络的规划与构建

首先要对物流的需求进行系统的分析，把握需求的品种、频率、数量、包装要求和成本需求，然后研究供应地的位置和供应能力，以及相关国家的政策环境和物流服务提供者的资源水平；在把握需求、能力和环境的基础上，开发出各种国际物流运作方案，并对其服务水平和服务成本进行评价，确定满意度最高的国际物流网络；与潜在的物流链上的各个服务商进行商务谈判，建立战略伙伴关系。网络规划与构建过程是一个持续的过程，是一个随着国际商务需求特点的变化、运作环境政策的调整、合作伙伴能力的变化而不断动态优化的过程，这是领导者长期关注的重点，是战略层面的思考和行动。

2）物流信息系统的开发与维护

为了支持这些规划得以实现，使运作过程的效率得到保证，物流信息系统的开发与维护便成为第二个重要的管理维度。大的汽车公司可以有自己的系统开发团队或子公司支持，也可以寻找信息系统开发商作为长期的战略合作伙伴，特别是在日常运营维护层面，几乎所有大公司都有外部的信息系统运营服务商做日常支持，从而保证服务效率和质量。信息系统的开发是为了保证物流链运行中的信息需求的可得性，反过来对于管理者和客户来说也要求得到物流运行状态的反馈信息，既要满足业务执行信息需求，又要满足管理和控制的需求，比如订单、运单、包装和发运计划、货物报关和放验的状态、财务结算状况、索赔认可及执行情况、货物运输和储存的位置、客户的意见及执行效果，要保证所有利益相关方都能对其关切的信息具有可得性、准确性和及时性，这就需要综合运用现代信息技术手段，如 EDI 技术、互联网通信、一维或二维条形码技术、RFID（射频识别系统）技术、智能化调度技术（路线规划、配载方案开发等）以及统计、分析和预测技术。系统建成后，要进行测试与试运行，在正式运行后做好维护和监控服务。国际物流运作效率的高低直接取决于系统的开发和使用的水平，这是国际物流运作中一个持续改善的维度，已得到所有利益相关者的高度重视。

3）物流运行过程的控制

要根据需求和资源情况，确定滚动的运作计划，为物流链中的所有参与方提供资源准备的指南；利用信息系统中提供的差异信息和统计分析数据，对运行过程进行适时的协调和控制，对合作伙伴的人员、资产、能力发展计划进行必要的监控和支持，保证物流运行过程稳定。同时，要对潜在的风险做出预测和防范，并制定应急方案，比如建立安全库存，规划备用运输路线和备用港口、仓储设施等，或安排应急的运输公司提供紧急服务支持，保证能够应对因季节性气候变化、政治冲突、重大社会活动、军事活动等给物流链顺畅运行带来的风险。从运作过程的优化与再造维度上看，主要是坚持用户导向，将用户的现实需求和潜在需求的满足作为运作管理改进创新的目标，针对用户变化的需求动态地调整物流链的运作方式，甚至在必要情况下发起业务流程再造。

4）运作过程的优化与再造

多年的实践表明，大众汽车集团通过与船舶公司协商，调整班轮航行计划，缩短了运输周期；通过与海关、商检部门密切合作，缩短了货物的验放周期；通过与供应商合作缩短了供应周期；通过与包装中心合作缩短了包装和发运周期，使从德国到中国的物流运行周期缩短了 42%，所产生的直接和间接效益是巨大的。

以上四个维度的论述，是基于德国大众集团多年的运作管理实践进行的总结和归纳，对于国内外的大型汽车集团或其他全球化公司的国际化物流运作管理应该起到借鉴作用。

4.3.4 汽车进出口管理

4.3.4.1 汽车进出口销售的概念及特征

汽车进出口是指以汽车为交易对象的进出口活动，其实质就是汽车产品跨越国界的交换，即在双边或多边的条件下进行。由于汽车产品的交换活动越出了国界，就会出现国内销售中不存在的约束和特点。不同国家和地区的当事人根据各国法律、国际公约和国际惯例，通过贸易准备、谈判和签订汽车进出口合同、履行合同等阶段来实施汽车的跨国界交换，这就要求汽车进出口活动在双方或多方都认可的交易条件下进行，在双方或多方均掌握、接受的基础上完成交易的全过程。汽车进出口销售的特征可以概括为以下几点：

（1）汽车进出口企业所面临的综合环境十分特殊且不确定。与国内销售不同，汽车出口销售面临的环境是进出口双方或多方乃至国际政治、经济、文化和法律环境。

（2）汽车进出口销售中的规则不是某一个国家单方面制定的，而是多方面甚至国际认可的国际惯例和国际公约，比如《联合国国际货物销售合同公约》《2000 年国际贸易术语解释通则》《跟单信用证统一惯例》（国际商会 500 号出版物）等。

（3）汽车进出口销售中的资金、商品等要素的流动更具风险性。由于汽车商品交易跨越国界，资金交割必然面临着汇率风险及信用风险，货物在跨国的运输途中也容易受到损坏。

4.3.4.2 汽车进出口销售方式

全球汽车贸易已经发展得非常成熟，选择合适的汽车进出口销售方式将会大大节省成本，提高效率。常用的方式有包销、代理、寄售、展卖、对销贸易、加工装配贸易等。

1）包销

包销是指汽车出口方通过协议把其旗下的某种品牌或某种品牌下的某类汽车产品在某一个地区和期限内的经营权单独授予某个客户或公司的贸易做法。就其实质而言，汽车出口方与包销方之间是一种买卖关系。采用包销这种方式，汽车出口方与包销商之间的权利义务是由包销协议所确定的。

2）代理

代理是众多汽车企业在进出口业务中的惯用做法。在汽车进出口销售中，代理是指汽车企业作为委托人授权代理人招揽生意、签订汽车进出口销售合同或办理与交易有关的各项事宜，由此而产生的权利与义务直接对委托人发生效力。代理与包销的性质不同，包销是一种买卖关系，而代理却不是买卖关系，汽车代理商不用垫付资金，不担风险，不负盈亏，只获取佣金，例如我国上海汽车进出口公司在躲避进出口业务风险时就经常充当多家汽车企业的代理人。

3）展卖

展卖是利用汽车展览会以及其他汽车交易会，对汽车产品实行展销结合的一种贸易方式。目前，各种汽车展览会层出不穷，这种形式对于新款车型推向国际市场非常有利，也有利于直接听取客户意见，通过货比货来发现问题。

4）寄售

寄售是一种委托代售的贸易方式。很多时候是在进口方收货有变动时，或市场行情突变时汽车进口方或出口方灵活机动的一种应变措施，是指委托人（货主）先将货物运往寄售地，委托国外一个代销人（受托人），按照寄售协议规定的条件，由代售人代替货主进行销售，在货物出售后，由代销人向货主结算货款的一种贸易做法。

5）对销贸易

对销贸易是在易货贸易基础上发展起来的以进出口相结合为基本特征的一种贸易方式，在汽车进出口业务中也经常使用。这种方式是包括易货、互购、产品做转手贸易等货物买卖，以进出结合、用出口来抵补或部分抵补进口为共同特征的一系列贸易方式的总称，现在还包括抵销贸易等融通资金和资本流动一体化的交易方法。

6）加工装配贸易

加工装配贸易是一种委托加工的方式。汽车商将原材料运交汽车加工方，并未发生所有权的转移，汽车加工方是作为受托人按照汽车商的要求，加工成成品。加工过程中加工方付出了劳动，获取的加工费是劳动的报酬，因此这是以汽车商品为载体的劳动出口，是劳动贸易的一种形式。

4.3.4.3 汽车进出口的相关合同条款

由于汽车进出口业务是在双方签订合同基础上进行的，为了维护汽车进出口双方的经济权益和利益，进出口双方都十分重视合同中明确规定的权利和义务。在汽车进出口实质性阶段——贸易磋商阶段，进出口双方就交易的内容，即各项交易条件逐一进行磋商，只有双方意思表示完全一致，合同才宣告成立。一般而言，汽车进出口合同包含的条款有：品质、数量、包装、价格、交货、支付、保险、检验、索赔、仲裁、不可抗力等条款。

1）品质

汽车商品的品质是汽车商品的外部形态、结构与内部质量功能的综合指标。它是汽车使用价值的决定因素，更是汽车进出口合同的物质基础。因此，在汽车进出口业务中不仅要明确规定汽车商品的品名，更重要的是要明确规定商品的品质，具体可以体现为以下性能指标：①汽车主要尺寸参数（轴距、轮距、外廓尺寸、前悬、后悬）；②汽车主要质量参数（载质量、整备质量、总质量、整备质量利用系数、干质量、干质量利用系数、汽车的载荷分配）等。

2）数量

数量条款是汽车进出口合同的必要式条款之一，是双方履行合同的依据。汽车进出口业务，并不像大宗货物贸易那样数量在装船时难以精确把握，而且在运输途中自然磨损也不会很厉害，只要严格规定汽车商品的辆数即可。

3）包装

一般而言，商品的包装一方面起到保护商品的作用，另一方面是实现商品价值的重要方式。虽然汽车是一种无需"藏起来"的产品，但是由于进出口业务往往要经历长途运输，所以运输包装也是非常重要的。汽车商品一般采用包装箱、包装袋等方式，以便集装运输。

4）价格

汽车进出口业务中，汽车商品在国际市场上的价格是浮动的，各国各地区贸易当事人的政策和销售意图，也会直接影响汽车商品价格的变化。为了维护和促成交易双方的权益及交易的顺利进行，在汽车进出口合同磋商时以及合同中都应对价格作明确的约定。

汽车进出口业务中，交易双方责任的划分是靠共同认可的术语来完成的，这些责任主要包括：风险（risk）、费用（costs）和手续（formalities）。国际商会制定的《2000 年国际贸易术语解释通则》（《INCOTERMS 2000》）中规定的 13 种贸易术语不仅是汽车进出口业务的依据，更是世界大多数贸易业务中的公认惯例。如：装运港船上交货（free on board，FOB）、成本价保险费、运费（cost insurance and freight，CIF）、成本价运费（cost and freight，CFR）等。

5）交货

交货分为象征性交货和实际交货两种形式，主要是通过不同的贸易术语来体现的。

（1）象征性交货在 FOB、CIF、CFR 这三种术语的条件下，买方把商品装上开往目的港的运输工具上，提交货运单据，就完成了交货责任，象征性交货中要明确装运港。

（2）实际交货是指在其他贸易术语的条件下，都是卖方把货物交给买方才完成交货责任，买方才付款收货。交货过程的顺利完成离不开明确的交货时间，在不同的贸易条件下，交货时间会不同，一般都是规定一个交货期限，交货期限可以规定明确的年、月、日。

6）支付

遵照合同中的规定，按买方已约定的金额、货币、方式和时间支付货款，是买方所承担的基本义务。支付方式是合同中规定的，包括支付时间、支付地点和支付方法。交易中货款的支付，一般有汇付、托收和信用证三种。汽车进出口业务中，因为金额比较大，往往使用信用证方式。

7）保险

汽车进出口贸易中存在许多风险，为了在风险和损失发生时能够得到及时的补偿，就需要对汽车货物进行保险，汽车进出口业务中遇到最多的是运输保险。目前世界上的保险机构为数众多，我国汽车商品进出口一般遵照"中国保险条款"（CIC）。保险本身也有多种险别，在国际海运中，一般有平安险、水渍险和一切险三种。

8）检验和索赔

检验又称为商检，是商检机构对商品的品质、数量和包装等进行检查和鉴定，并把检查和鉴定的结果写入检验证书。对于进口汽车商品来说，检验的程序分为表面检验和质量检验。由于检验可以由出口方所在地的商检机构和进口方商检机构分别检验，检验的时间地点也有所不同，所以进出口双方需对由何方检验和检验的时间、地点在合同中作规定，并订立检验条款，以利在双方对商品有疑义时根据检验书明确双方的责任。

汽车进出口双方中，有一方不履行合同或不完全履行合同的义务，致使另一方遭受损失，受损方要求赔偿的行为就是索赔。在汽车贸易中违约的行为是多方面的，如出口方延期交货，商品的品质、数量、包装与合同条款不符，进口方接货延期等。在合同索赔条款中通过双方洽谈订立的具体赔偿规定是索赔的依据。索赔条款大致包括两部分：针对汽车商品的品质、数量和包装订立的索赔条款；针对卖方延期交货或买方延期接货订立的罚金条款。

以上都是汽车进出口合同需要明确约定的条款，除此之外，还有不可抗力，仲裁条款，以及一些非必要式的补充条款等。

4.3.5　汽车国际物流信息管理

4.3.5.1　国际物流中心信息系统基本构成

国际物流作业中参与的成员虽然很多，但按照实体作业来区分可以把它视为两个以上的国内物流中心作业再加上进出口的报关与海空运（运输）作业。这里根据其功能大致可归纳成以下五个部分：

1）采购管理

采购作业最主要的功能是接受客户的委托，有条件地办理客户产品的进货事宜，免除客户对物流中心的存货状况的担心，只需专注于市场的反应即可。采购作业除了可以有效地缩短进货作业的前置时间外，也可以掌握供货商交货日期的正确性。

2）卷标系统

从货物进货开始就将其贴上条形码，条形码上的数据包含货品数据、委托客户数据等，在出货时再贴上送货客户数据、交货地点、预订送达时间等信息，整个物流作业的过程中均需要经过读条形码的环节，以方便客户查询货物情况。

3）客户服务

提供给客户的增值服务大多与信息分析有关。例如，送货客户的交货状况、最近出货变动分析、存货管理信息等，以协助客户实时掌握市场的最新动态，并迅速的相应配合。

4）货况管理

一般来说，客户将产品委托给物流中心后，只能被动地通过一些定期报表或向物流中心查询才能得知产品的现况。要获知产品现况的最好办法，是有统一的机构来负责搜集国际物流作业中的各项信息，客户再通过此渠道（因特网）来主动获得产品在交货过程中的各项状态。而送货客户、供应商也能利用此方式来预估是否需要提高产品库存等后续作业。有了这种渠道，能有效加强上下游之间的伙伴关系。

5）接口管理

国际物流中心的营运活动在于提供来自不同国家的产品、不同对象（委托客户、送货客户、物流合作伙伴、海关）与文件（信息）往来，而各个对象所需耗费的时间、文件数据皆不相同，因此必须有一个专门负责的系统来规范与转换彼此所需要的信息。

4.3.5.2　国际物流中心信息系统的流程

在信息分享与协同作业方面，国际物流中心信息系统最主要的功能是将有用的信息往上游或下游传递并与合作伙伴间的信息流程整合在一起，再根据当时作业现况做最佳化安排。这些数据包括基本数据、进出信息、财会信息、附加信息以及其他信息。

在国际物流作业流程里参与的机构很多，包含有进出口的供货商、专业物流公司（运输业者、第三方物流公司、仓储中心、物流中心）、海空运业者、海关及货主。

以进口货物为例来说明国际物流作业的信息流程。当供货商完成产品生产后，随即委托给物流业者处理，该批货物的物流信息即开始展开信息协同作业的流程，由客户的订单信息转为供货商的出货单、发票以及包装明细表。在供货中心阶段，数据已转成收货的订单信息和报关所需的相关文件，经由空运的打盘或海运的装柜作业，会产生仓单的内容。同时出口地的物流业者已将货物信息传递到进口地的物流合作伙伴，一方面成为国际物流中心的进货订单，另一方面也进行着通关作业和商品审验的文件处理，最后货物经由运输业者的配送作业送到客户手中。这些运送的文件也早已在运输业者的系统之中，等货交到客户手中时，取得到货证明文件，结束进口货物的国际物流作业。

4.3.5.3　国际物流中心的信息协同模式

在国际物流作业流程中，参与的机构众多，由单独的公司来进行所有的作业是不可行的。所以，必须以信息协同的理念来构建系统的功能与基本的运作模式。

通过信息的协同将物流作业的部分信息透明化，让众多成员间可以相互分享信息以及进行流程整合，这样可以缩短上下游之间产品的流动时间，降低相关企业的成本，增强企业的竞争优势。这种协同模式将国际物流中心的信息系统与联盟伙伴本身的物流信息系统进行信息的整合，这种信息架构主要包括以下几个部分：

1）数据交换接口管理

数据交换接口管理是与外界沟通的桥梁，共有客户电子数据交换、战略伙伴电子数据交换、报关电子数据交换三种。其主要功能是帮助物流成员的信息系统的数据交换，如执行电子数据交换所需要的通讯软件与转换软件。另外，国际物流中心也是通过客户电子数据交换，将配送产品、数量、到达时间、地点等有关物流方面的信息传递给委托客户、送货客户。

2）关务系统管理

通过第三方物流业者传递给国际物流中心的进口产品的物流信息，先由关务人员进行确认，再将相关的电子信息透过数据交换接口传送到关贸网络，并等待海关的回复，最后把结果传递给物流信息系统。整个报关作业均有国际物流中心关务人员来负责统筹，可以有效地节省信息传递的时间及费用。而此系统还包含查询服务系统，提供给海关、货主来查询有关报关的相关信息。

3）Web 服务器与应用程序

利用因特网的便利性设置网站，供成员或客户通过联机直接在网站上面作数据传输或查询相关的关务信息，也可以让客户直接在此下订购单。另外，设置 Web 服务器，可以有效分担客户与服务端的工作量，可以提升信息系统的运作效能，并统筹与管理物流作业，进一步降低国际物流作业的复杂性。

4）物流信息系统

这一信息系统包含了采购、卷标、出货订单、流通加工、仓储、拣货、出货、财会、营运、设备等系统的物流数据，每个物流作业点完成后都会将数据传到 Web 数据库，并在协议的时间内自动进行与伙伴间的数据交换，定期将货品的状况传递给货主。除了客户关系的管理外，还可以提供更多不同的信息或物流服务，加强客户的忠诚度。

5）运输管理系统

由于各送货客户的要求不尽相同，为保留各自的运作弹性，因此该系统并不负责送货客户的配送规划，仅负责汇总送货客户的出货要求给运输者，由运输者自行与送货客户协商并提出配送计划给国际物流中心，以便汇报委托客户。

6）客户服务系统

国际物流中心除了物流作业外，信息提供也可以提升本身的附加价值。通过信息的分享，可以将市场的信息通过适当的分析后迅速反馈给客户，就好像一个庞大的商业数据库摆在客户面前一样，供客户自行取用，彼此共创商机。

使用这一系统的各成员均可以通过国际物流中心来彼此联系，节省各自建立信息传递及数据转换的成本，日后的货况查询与信息分享也非常便利，对于整体物流作业而言利大于弊。在此系统构架下，对于企业或是战略伙伴的物流作业，并不会额外增加负担，还可以通过系统的辅助作更有效率的安排，进而达到合理的分配储位，多频率的配送，妥善的车辆调度及人员派遣的目标，使得物流成员间各司其职，使企业更具竞争力。

总之，在国际物流中心信息系统架构下，除了可以达到资源共享外，也能充分利用信息系统的优点，帮助物流业者提高竞争优势。

4.4 案例分析

哈飞汽车销售物流中心的运作经验

目前哈飞整车下线后由第三方物流公司负责将车辆运送到各经销网点。为了更好地满足公司业务发展的需要，公司成立了哈飞物流中心，对原哈飞有关销售物流的各个部门进行整合和精简，取消冗余的组织机构，将业务职能相近的部门和业务人员进行合并，进一步提高工作效率。改进后的销售物流组织结构由销售物流部、市场客服部、信息中心和财务部组成，其中，销售物流部又分为销售储备部、计划调度室和运输配送部，其职责依次为：

（1）销售储备部负责按照接收到的指令，进行商品车下线后的检验交接、入库、保管及必要的路试检查，做好车辆售前的安全检查和维修、保养；保证车辆处于待发状态，一直到装车运输前全部物流过程。

（2）信息中心负责车辆入库、出库及在途的信息处理，在出库时负责接收销售部的销售信息，并及时将信息传达给计划调度室。

（3）计划调度室接收到销售信息后，对车辆进行及时的调度和发配，处理相关事件，对在途车辆进行监控并发出相关指令，安排回程运输。

（4）运输配送部统一负责商品车的运输，具体负责接收运输指令、装车现场管理以及车辆在途运输。

（5）市场客服部负责接受客户投诉，对运输车队进行考评等。

（6）财务核算由财务部统一管理。

改进后的销售物流业务体系如图 4-10 所示。

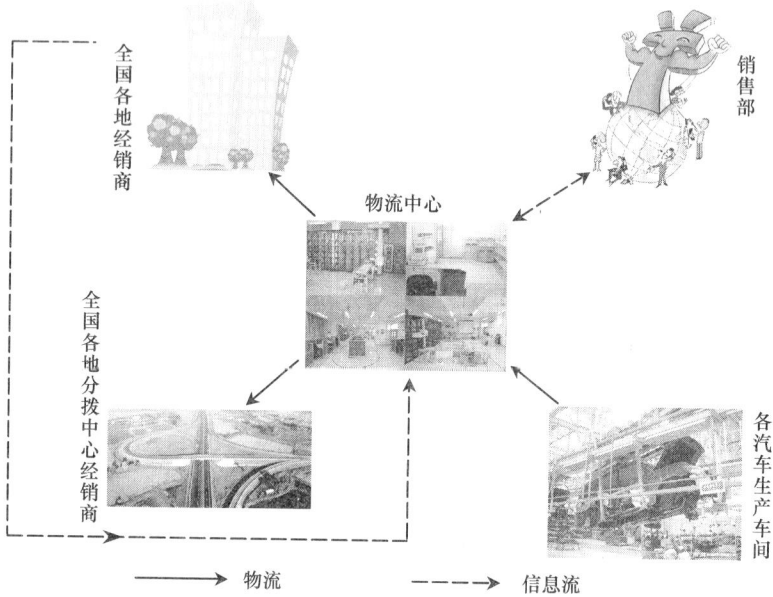

图 4-10　哈飞汽车销售物流体系

哈飞汽车销售物流可以分为售前储备业务、调度车辆、在途运输、回程运输等环节。

哈飞汽车销售物流业务总体流程为：车辆下线后，由销售储备部与生产车间进行交接，并负责售前业务部分。当销售指令发出后，由计划调度室调度车辆进行装车、发运，并负责途中的监控和安排回程运输。装车及在途运输由运输配送部负责。如图 4-11 所示。

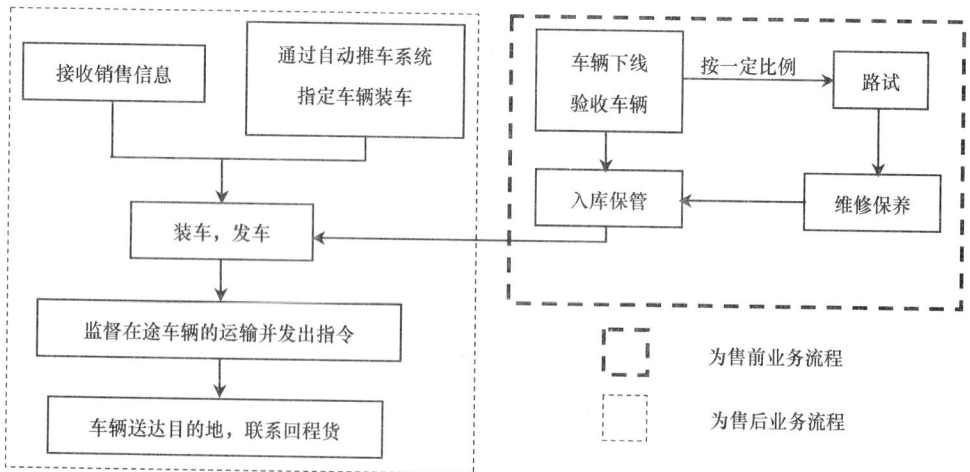

图 4-11　哈飞汽车销售物流流程

本章小结

如今对于汽车生产商来说，销售物流是其核心竞争力之一。能够在销售环节以最小的成本获得最大的收益是汽车生产企业所期盼的。本章从企业销售物流的基本概念、汽车销售物流的管理内容以及汽车国际贸易物流等方面分析了汽车企业销售物流，最后结合实际案例进行了销售物流的分析。

思考题

1. 什么是销售物流？如何理解这个概念？
2. 汽车零配件销售的主要模式有哪些？简述各模式的管理内容。
3. 汽车整车营销模式有哪些？简述各模式的管理内容。
4. 汽车销售渠道管理包括哪些内容？
5. 什么是销售物流计划？其常用方法有哪些？
6. 什么是销售物流决策？其常用方法有哪些？
7. 订单管理的作业程序是什么？
8. 汽车销售运输管理包括哪些内容？
9. 简述现有配送中心的形式及其管理模式。
10. 国际物流的含义和实质是什么？
11. 国际物流有哪些特点？
12. 汽车国际物流系统有哪些部分组成？
13. 汽车国际贸易物流组织运作管理包括哪些内容？
14. 汽车进出口销售的概念是什么？有哪些特征？
15. 汽车进出口销售方式有哪些？
16. 国际物流中心信息系统有哪些部分构成？
17. 国际物流中心的信息架构包括哪些部分？

参考文献

陈永革. 2006. 汽车服务贸易概论[M]. 北京：机械工业出版社.

樊琼. 2008. 汽车制造企业配送中心的规划与设计[D]. 上海：上海交通大学.

方春明，龚淑玲. 2009. 汽车工业国际物流运作管理研究[J]. 物流技术（7）：249-250.

洪毅. 2003. 汽车整车平面仓储和运输管理——提升整车物流管理水平[J]. 现代制造（3）：56-58.

蒋元涛. 2008. 国际物流学[M]. 重庆：重庆大学出版社.

劳动和社会保障部教材办公室. 2006. 汽车物流[M]. 北京：中国劳动社会保障出版社.

孙明贵. 2005. 销售物流管理[M]. 北京：中国社会科学出版社.

谭克诚，杨琳. 2011. 汽车与配件营销教程[M]. 北京：机械工业出版社.

庄耀. 2004. 汽车整车第三方物流系统研究[D]. 武汉：武汉理工大学.

第 5 章
汽车产品逆向物流

[本章提要]

　　随着汽车保有量的增加，报废汽车的数量将不断扩大，这既存在安全隐患，又对环境造成不良影响。汽车产品的逆向物流可以重新获得报废汽车及其零部件的使用价值，是节约资源、保护环境、实施可持续发展的重要措施。其中对汽车行业最重要的是产品召回和终端退回两大问题，即缺陷汽车召回和报废汽车回收利用。本章主要介绍逆向物流的概述及汽车产品逆向物流的定义、内容及其组织管理模式等。

5.1　逆向物流概述

　　由于受科学技术水平的限制和汽车在实际使用过程中的差异，当汽车报废时，汽车内部各系统的零部件有些可以继续使用，有些经维修后仍可使用，绝大部分材料可以回收重新利用。发达国家早在20世纪80年代就开始对汽车工业再循环工程进行研究与实践，且目前已达到较高水平，我国对此的研究起步较晚。

　　高新技术的迅猛发展提高了生产效率，缩短了产品更新换代的周期，加剧了市场竞争的激烈程度。当各种丰富的产品进入市场时，也就意味着有大量的使用后产品需要处理。这不仅关系到产品回收处理对企业经营决策的影响，更关系到环境保护和资源的有效利用，因此逆向物流是一个最值得关心的问题。

5.1.1　逆向物流的概念

　　逆向物流（reverse logistics）是一个相当广泛的概念，最早见于 Stock 在 1992 年给美国物流管理协会的一份报告中，指出逆向物流是一种包含了产品退回、物料替代、物品再利用、废弃处理、再处理、维修与再制造等流程的物流活动。

　　尽管逆向物流涉及的范围较广，但主要是废、次产品及包装材料从顾客、零售店向分销商或生产制造商的逆向流动。逆向物流着眼于使物品从最终目的地向上游回流的过程，其目的在于对回流的物品进行适当的处理并获取价值和利润。从流动对象看，逆向物流是产品、包装材料及相关信息等从它们的最终目的地沿着正向物流系统"反向"的流动过程；从目的看，逆向物流是为了重新获得退货品、回收品或废弃产品的使用价值，或者是对最终产品的废弃物进行正确的处置；从活动构成看，逆向物流包括对产品或包装物的回收、重用、翻新、改制、再生循环、垃圾填埋等多种形式。其最终是要实现对资源的最有效利用和对生态系统的最少量输入，从而节约自然资源，降低生产成本和污染治理成本。可以说，逆向物流是一种可以节约资源、降低污染，能为企业产生明显经济效益的企业战略。

从广义上讲，逆向物流代表了与产品和材料再利用相关的所有操作，对这些操作的管理与回收管理涉及再加工生产、重新打磨等活动。逆向物流并不只是包装容器的再利用和包装材料的再循环，它还包括重新设计包装以减少原材料利用，减少运输和其他重要活动中的能量使用以及污染等。逆向物流也涉及到处理由于损害、季节性库存、存货过量等原因引起的退货，还包括循环计划、危险材料计划、过时设备的处置和资源回收。

从狭义上讲，逆向物流可以定义为这样一个过程：以资源回收和合理处理废旧物品为宗旨，基于成本效益原则，有效地计划、实施和控制从顾客消费端到原始产出点之间整个动态链上，原材料、库存、产成品以及相关信息的流通。

目前，对逆向物流比较权威的定义有如下几种：

（1）美国物流管理委员会对逆向物流的定义为：计划、实施和控制原材料、半成品库存、制成品和相关信息，高效和成本经济地从消费点到起点的过程，从而达到回收价值和适当处置的目的。

（2）2003年，欧洲逆向物流工作组将逆向物流定义为：计划、实施和控制原材料、中间库存、最终产品从制造、分销或使用点到恢复点或适当处置点的过程。

（3）詹姆斯·斯多克还从企业物流角度和工程物流角度分别作了定义。前者的定义是：物流在产品回收、资源减量化、再循环、物料替代与再利用、废料处理以及整修、修理和再制造等方面的作用；后者的定义为：为了在整个闭环供应链中更有利润，而在整个企业中应用最好的物流工程和管理方法的一个系统业务模式。

从以上对逆向物流的定义可以看出，逆向物流包含正向物流中的各项活动，但以相反的方向运作。它涉及的范围很广，不仅包括废旧产品或包装的回收利用，还包括生产过程中废品和副产品的回收利用，缺陷产品召回或维修退回处理，以及由于产品过时、过期、不合格、错发、多发等原因引起的退货处理。逆向物流是物品在渠道成员间的反向传递过程，即从产品消费地到产品来源地的物理性流动，正向物流和逆向物流共同构成了一个闭环的供应链系统。企业通过这一过程中的物料再循环、再利用，使其在环境管理方面更有成效。

中国国家标准《物流术语》则将逆向物流分解为两大类：

（1）回收物流。不合格物品的返修、退货以及周转使用的包装容器从需方返回到供方所形成的物品实体流动；

（2）废弃物物流。将经济活动中失去原有价值的物品，根据实际需要进行收集、分类、加工、包装、搬运、储存，并分送到专门处理场所时所形成的物品实体流动。

从国内外对逆向物流的定义可以看出，其主要流动还是对于废品、次品以及包装材料从顾客、零售店向分销商或生产制造商的逆向流动。逆向物流着眼于使物品自最终目的地向上游回流的过程，其目的在于对回流的物品进行适当的处理并获取价值和利润。因此，企业设计逆向物流系统，是保证物品的回收并恢复其使用价值的必要方式。通过对产品的重用、翻新、改制和废料的再生循环等活动形式，实现对资源的最有效利用和对生态系统的最少量输入，从而节约自然资源，降低生产成本和污染治理成本。因此，逆向物流是一种可以节约资源、降低污染，能为企业产生明显经济效益的企业战略。

5.1.2　逆向物流的来源

逆向物流被学者们区分为投诉退回、终端退回、商业退回、产品召回、生产报废、副品回收以及包装物返还等六大来源。

1）生产过程

生产报废和副品回收：出于节约成本和保护环境的考虑，将工艺性排泄物、不合格成品、半成品、边角余料、生产中损坏报废的机械设备等通过再循环、再生产重新进入制造环节。在药品行业和钢铁业中普遍存在。

2）流通过程

（1）商业退回。由于产品包装过时、季节性产品过季、产品被新品代替、产品被禁止销售、零售商库存过高、零售商退出或破产等原因，零售商向上游供应商退回多余产品。比较常见的有时装、化妆品等产品。

（2）包装物返还。出于对节约成本和保护环境的考虑，将可重复使用的包装材料和产品载体在目的地使用后，通过检验清洗、修复或再生等流程实现循环利用。比如托盘、条板箱、器皿、包装袋等。

3）消费过程

（1）投诉退回。由于商品出现运输配送差错、存在质量问题、不符合顾客要求或者顾客滥用退货政策等原因，顾客向零售商退回商品。比如手机、家用电器等电子消费品。

（2）产品召回。由于售出的产品设计或制造方面存在缺陷，可能导致安全及环保等问题，制造商宣布召回产品进行维修处理。比如有缺陷的汽车、家用电器等。

（3）终端退回。出于节约资源的考虑，将完全使用后的报废产品最大限度地进行资源恢复。比如地毯、轮胎等可以再生产、再循环的产品。或者是因为受到法规条例的约束，制造商对超过生命期的产品仍负有法律责任。比如白色和黑色家电等。

5.1.3　逆向物流的特征

逆向物流是在正向物流运作过程中产生和形成的，没有正向物流，也就没有逆向物流，逆向物流的流量、流速等特性很大程度上取决于正向物流的运行情况。尽管逆向物流与正向物流具有相似的构成和职能，都包含包装、装卸、运输、供应、加工、配送、储存、加工等功能要素，但二者又有许多不同之处。相对正向物流来说，逆向物流具有以下一些特征。

1）逆向性

逆向物流中退回的产品或报废产品的流动与正常的商品流的方向刚好相反。逆向物流更加趋向于反应性的行为与活动，其中实物和信息的流动基本都是由供应链尾端的成员或最终消费者引起，即：消费者—中间商—制造商—供应商。

2）不可控性

不可控性是个相对的概念。在逆向物流的运行过程中，客户处于主动地位，企业处于对客户需要的被动地位，因此，客户发出退货要求的地点、时间和数量都是企业预先未知的，而且企业经常是经济批量回收，甚至是单件产品回收。一些复杂的预测技术并不容易应用到返还物品的供应管理上，因此说逆向物流具有不可控性。

3）依赖性

逆向物流依赖于正向物流，逆向物流是在正向物流运作过程中产生和形成的，没有正向物流，也就没有逆向物流，逆向物流的流向、流量、流速等特性是由正向物流属性决定的。如果正向物流利用效率高，损耗小，则逆向物流必然流量小、成本低；反之则流量大，成本高。另外，正向物流与逆向物流在一定条件下可以相互转化，如果正向物流管理不善，技术不完备就会转化成逆向物流；逆向物流经过再处理、再加工、改善管理方法制度，又会转化成正向物流，被消费者和生产者再利用。

4）高成本性

首先，投资于逆向物流的资产具有较高的专用性，如建立回收商品处理中心、建立逆向物流信息系统等，这些巨额资产企业只能应用于对逆向物流的管理中，使得逆向物流的成本巨大。其次，回收产品通常缺少规范的包装，具有不确定性，难以充分利用运输和仓储的规模效益。再次，许多商品需要人工进行检测、判断和处理，极大地增加了人工的费用，同时效率也低下。这三方面原因使得逆向物流具有高成本性。

5.1.4 逆向物流的作用

1）节约社会资源，降低物料成本，增加企业效益

随着社会经济的快速发展，资源短缺日益严重，资源的供求矛盾更加突出，逆向物流越来越显示其优越性。由于废旧产品的回收价格低、来源充足，对这些产品进行回购加工可以大幅度降低企业的物料成本，从而增加企业效益。

2）提高产品附加值，增加企业竞争优势

产品通常由三部分构成，即核心产品、形式产品和附加产品。而在竞争激烈的今天，取得竞争优势主要取决于附加产品，即产品服务。对于最终顾客来说，逆向物流能够确保不符合订单要求的产品及时退货，有利于消除顾客的后顾之忧，而且，企业实施逆向物流降低了产品成本，消费者支付的产品价格降低，从而增加其对企业的信任感及回头率，扩大企业的市场份额。如果一个公司要赢得顾客，必须保证顾客在整个交易过程中心情舒畅，而逆向物流战略是达到这一目标的有效手段。另一方面，对于供应链上的企业顾客来说，上游企业采取宽松的退货策略，能够减少下游客户的经营风险，改善供需关系，促使企业间战略合作，强化整个供应链的竞争优势。

3）改善人类生存环境，提高了企业形象

随着人们生活水平和文化素质的提高，环境意识日益增强，消费观念发生了巨大变化，顾客对环境的期望越来越高。另外，各国都制定了许多环保法规，为企业的生产行为规定了一个约束性标准。企业通过实施逆向物流管理，有效减少了废弃物的排放量，为改善人类环境承担了更多的社会责任，关心人们的身体健康，从而提高了企业自身的形象。

4）有利于改进产品设计、包装，促使企业不断创新

企业为了实现节约资源、降低产品成本的目标，根据逆向物流中的信息流，在产品设计时尽量采取可重复使用的材料，并采用标准件设计，以便统一安排运输，从而促使企业在产品设计、生产、包装、运输等方面进行不断地创新。

5）有利于企业发现运作中存在的问题

逆向物流发生的规模、频度往往反映了企业运作中存在的问题。退货物流、回收物流都有一部分能够体现出企业某些方面出了问题，从而导致上述物流的出现。

5.1.5　逆向物流与正向物流的关系

逆向物流和正向物流是一个完整物流系统的两个子系统，逆向物流中实物和信息的流动基本都是由供应链末端的成员或最终消费者引起的，正向物流则反之。但在一定条件下，两者可以相互转化。正向物流中损坏或者废弃的物品会流入逆向物流的渠道进行处理，逆向物流中的物品经过修理、整修、再造等加工过程，也会流入正向物流渠道进行再次配送。因此，两者不是完全独立的两个物流范畴，之间既有联系又有区别。

5.1.5.1　逆向物流与正向物流的联系

从物流系统的职能环节看，逆向物流与正向物流一样，也包括了数个职能环节。在这个意义上说，对逆向物流的管理符合传统正向物流供应链管理的思维模式，提倡各个环节之间的协调运作，而不是分开单独考虑。

从物流系统可持续发展角度看，不仅要考虑物流资源的正常合理使用，发挥正向物流主渠道作用，保持系统的革新与发展；同时还要实现物流资源的再使用（回收处理后再使用）、再利用（不用的物品处理后转化成新的原材料或产品使用）。为此，应当建立起生产、流通、消费的物流循环往复系统。逆向物流系统分成两个部分，一部分是由生产企业治理，如退货、维修等逆向物流活动；另一部分是由专业逆向物流公司或政府监督控制部门治理，因为不少逆向物流问题是社会问题，不是哪一家企业能够处理好的，由公共的专业逆向物流公司通过提供有偿服务、国家税收财政资助等手段，实现逆向物流有效治理。

5.1.5.2　逆向物流与正向物流的区别

逆向物流不是正向物流的对称图形，两者存在明显的不同特点，逆向物流与正向物流的区别如表 5-1 所列。

表 5-1　逆向物流与正向物流的区别

比较项目	逆向物流	正向物流
起终点数目	多点到一点的运输	一点到多点的运输
实施的强制性	对某些行业具有强制性	不具有强制
目的地的明确性	目的地不明确	目的地明确
运送速度的重要性	速度较容易被忽视	速度的重要性得到认可
产品包装的完好性	包装多数已破损	包装一致、完好
市场的可预测性	预测较困难	预测较容易
成本收益的可视性	核算十分复杂	较容易界定和核算
库存管理的连续性	库存管理不连续	库存管理连续
信息技术的普及性	缺乏功能强大的信息系统，不易追踪产品信息	拥有较为完善的信息系统，易于追踪产品信息

1）起终点数目

起终点数目不同是逆向物流和正向物流的最大区别。正向物流是将产品从产地最终配送至零售商或消费者处的过程。由于生产地往往只有一个，而零售商和消费者有很多个，因此正向物流一般是从一点到多点的运输。而逆向物流是将退货或废弃物从零售商或消费者处运往回收中心的过程，因此逆向物流一般是多点到一点的运输。起终点数目的不同直接影响了物流的管理运作，正向运输都是按一定的路线逐店送货，配货的时候也是按卸货顺序进行堆放，因此如果在送货的同时回收退货，这些退货会挡住下一站即将送出的新货，且退货多比较零散，比新货难于搬卸。基于这些原因，很多企业为避免操作难和共同作业日程安排的麻烦，选择建立独立的退货处理中心，而不实现逆物流退货处理中心和正向物流配送中心在仓储、运输等资源方面的共享。

2）实施的强制性

逆向物流的实施对某些行业带有强制性，这一特点在逆向物流的相关法规中有所体现。比如美国禁止填埋含阴极射线管（CRT）的计算机显示器，要求制造商回收处理，因为阴极射线管中所具有的汞、铅等多种有害物质会造成长期的危害。我国作为计算机拥有量仅次于美国的国家，目前在这方的规定还较少，但是大批旧计算机的显示器必然面临如何处理的问题。

3）目的地的明确性

正向物流中，当新产品到达配送中心时，只要根据订单按客户要求来安排发送时间和地点，并且在有些情况下，新产品在运抵配送中心之前，就已经知道其最终目的地。但是，在逆向物流中，被退还的产品运达退货处理中心时，其下一步去向并不明确。管理人员需要花费相当长的时间来决策，同样的产品有可能会进入二级市场或送到工厂整修。

4）运送速度的重要性

正向物流中，迅速准确地履行客户订单是至关重要的，如果不能及时满足客户需要，就会导致客户索赔，甚至客户流失。而逆向物流中通常不存在事先订货，产品的运送速度和时间往往都是由生产商决定。但是，值得一提的是，退货如果处理及时，同样可以获得较高利润。如果因为不重视，使得一些季节性或节日性商品等长期滞留于处理中心，就有可能导致其真正地贬值。

5）产品包装的完好性

包装在运输中转过程中，对产品可以起到很好的保护作用，也方便装卸、搬运和托盘集运。从产地运出的新产品一般包装完好，可以整齐地堆叠在托盘中集运，而从零售商或消费者处退回的商品，它们的包装一般已经损坏或者被打开，不适用于托盘运输，结果就是一大堆散货杂乱不堪地堆放在车上，大大增加了运输难度。完好包装的作用还在于对产品型号和存储单元的识别上。正向物流可以充分利用包装来实现条码、射频技术的应用，而对于逆向物流中的退货，工作人员可能无法从包装上获取所需的相关信息，从而加大了拣货和存储的难度。

6）市场的可预测性

正向物流中，企业只需预测未来的市场需求，每一个作业环节都是基于对市场的预测进行的，整个过程具有较强的可预测性。而逆向物流则是基于对下游成员或消费者行为的反应，企业不仅要考虑消费者对再加工产品的需要，还要分析是否可以获得回流源。因为下游成员或消费者在决定是否退货时会受到很多因素影响，企业无法确定产品的回收率及回收时产品的状态。因此逆向物流具有很大的不确定性。

7）成本收益的可视性

逆向物流与正向物流在实际运行操作中的不同会直接体现在物流成本和产品收益中。正向物流中成本的决定因素相对比较稳定，新产品的质量和价格也基本一致，因此一般拥有较为标准的成本、收益方面的量化指标和方法。而逆向物流中退回或回收产品的品质良莠不齐，在进行逆向物流处置时产生的成本必然存在差异。在收益方面，有些退货可以按新品出售，有些需要降价，也使得收益出现个体差异。

8）库存管理的连续性

正向物流中关于库存管理的理论研究很多，但都很难运用于逆向物流的库存管理。因为这些研究基于的假设对逆向物流并不合适。如最常用的经济批量模型要求供给和价格是确定和已知的，而逆向物流中产品的退货和回收是随机的，产品再出售的价格也因时间和处理方式的不同而具有较大差别。

9）信息技术的普及性

理想的物流信息系统可以将产品状态的相关信息及时传递给退货处理中心，以便管理人员根据退货的品种和数量，提早做出决策。但是在现实情况中，物流信息系统远未达到这种先进程度。大部分企业对逆向物流缺乏重视，不愿意投入重金组建逆向物流信息系统，导致管理人员制定退货处理计划和处置决策的难度大大增加。而正向物流经过多年的发展，基本上已经建立了较为完善的信息系统，能够较容易地对正向物流系统中的产品进行追踪。

通过逆向物流和正向物流的比较分析，可以发现，逆向物流业务对企业的生产能力、物流技术、信息技术、人员素质等都提出了更高的要求，需要企业和全社会投入更多的人力、物力和财力。

综上所述，逆向物流和传统的正向物流在实际运行操作中有许多的不同之处，而这些不同最直接的体现就是在物流的管理成本中：在正向物流中，决定成本的因素相对比较稳定，成本的计算直接且可控制性强；而在逆向物流中的产品所涉及的成本内容广泛，而且由于产品回流的原因各不相同，对于各种产品的价格与成本的核算标准也就不尽相同，另外对于部分产品，在逆向渠道中还要进行适当的处理之后才能够再次出售，这又会生成一部分的附加成本，因此对于逆向物流的成本核算十分复杂且可控制性较弱。逆向物流与正向物流的成本比较如表 5-2 所列。

表 5-2 逆向物流与正向物流成本比较

成　本	与正向物流的比较
运输	较高
库存持有成本	较低
价格缩水	大幅下降
过期损失	可能较高
收集	大幅增加
分拣、质量诊断	大幅增加（非标准的产品或部件）
处理	大幅增加
翻新表现显著，重新包装	在逆向中变现显著，在正向中很少出现
账面价值的改变	在逆向中表现显著，在正向中不存在

5.2 汽车产品的逆向物流

在我国学者的文献当中将汽车逆向物流定义为以顾客满意和保护环境为目的，将汽车产品、资源和相关信息从供应链下游向上游回流的过程。它包括退回物流和废弃物物流 2 大部分。其中退回物流指不合格产品的返修、退货以及周转使用的包装物等从需方返回到供方的物品流动。如在运输过程中因商品不合格或型号、数量有错误而造成的产品退回，以及将使用过但仍有利用价值的产品回收后，经过重新维修加工作为商品出售。此外，还有可再利用的物品的回收分类与再加工。废弃物物流指对物流过程产生的无用物资进行运输、装卸、处理等过程，进行回收、检测、分类等，并送到专门处理场所的物流活动。可以说，相对退回物流，废弃物物流具有更大的社会效益。为了减少资金的消耗，同时更好地保障生活和生产的正常秩序，对废弃物资进行综合利用很有必要。

5.2.1 汽车产品逆向物流的内涵

汽车从生产至终端消费的过程同样面临生产报废和副品回收、商业退回、包装物返还、投诉退回、终端退回以及产品召回等六大类别的逆向物流问题。但是，其中对汽车行业最重要的是产品召回和终端退回两大问题，即缺陷汽车召回和报废汽车回收利用。

1）缺陷汽车召回

缺陷汽车召回制度源于 20 世纪 50 年代的美国汽车工业，经过多年实践，目前美国、日本、欧洲、澳大利亚等国家和地区对缺陷汽车的召回都已经形成了比较成熟的管理制度。2004 年 3 月，我国颁布了《缺陷汽车产品召回管理规定》，对"缺陷"、"召回"作了详细的解释。缺陷，指由于设计、制造等方面原因而在某一批次、型号或类别的汽车产品中普遍存在的具有同一性的问题。包括三种情形：

（1）经检验机构检验，安全性能存在不符合有关汽车安全的国家标准、行业标准；

（2）缺陷已造成车主或他人人身或财产损失；

（3）虽未给车主或他人造成人身或财产损失，但经检测、试验和论证，在特定条件下缺陷仍可能引发人身或财产损失。召回，指按照《缺陷汽车产品召回管理规定》要求的程序，由缺陷汽车产品制造商以有效的方式，通知销售商、修理商、车主等有关方面关于缺陷的具体情况及消除缺陷的方法等事项，并由制造商组织销售商、修理商等通过修理、更换、收回等具体措施，有效消除其汽车产品缺陷的过程。

2）报废汽车回收利用

汽车使用达到一定期限，各个系统的组件大部分已完成使用寿命，维护和修理已不能保障汽车的安全行驶，必须及时报废更新。否则超期服役使用的汽车，一方面会排放大量废气（据测定，在汽车尾气排放中，80%来自旧汽车），对环境造成严重污染，萌生交通安全事故。另一方面，会直接影响汽车的销售与生产，影响汽车产品的更新换代和汽车工业的技术进步，并最终影响整条汽车产业链的发展。

但是，大量报废汽车的露天丢弃堆放，是一个既浪费资源，又影响环境的社会难题。因此，报废汽车的处置问题值得引起全社会的高度重视。推行报废汽车回收工程，发展循环经济，不仅可以促进汽车行业的可持续发展，而且更是解决报废汽车引发社会难题的重要途径。

根据对图 5-1 所示的报废汽车回收方式的分析，可以看出报废汽车的回收利用大致可分为直接重用、再制造、再循环三种模式。

（1）直接重用：指对仍具备完好使用性能的零部件直接加以利用或者只需对其进行简单的再处理，如发动机、变速箱的箱体等。

（2）再制造：指以报废零部件做毛坯，采用先进表面技术和其他加工技术对其磨损或锈蚀的部位进行修复和强化，使其恢复可用状态，实现再利用。

（3）再循环：指将无法修复的零部件和报废材料回收、重熔作为汽车原材料，或稍加改变作为材料参与其他产品的生命周期循环。

5.2.2　汽车逆向物流的内容

根据汽车逆向物流定义的介绍及包括的内容，汽车逆向物流体系主要由以下几方面的内容构成：

```
原材料供应商          零部件供应商
       ↓        ↓    ↓
      汽车生产商      回收退货中心
         ↓
        经销商
         ↓
        用户
         ↓
       回收企业
         ↓
       拆解企业
         ↓
       自然环境
```

材料回收　原材料处理回收企业

维修或直接用　专业维修企业

可回收利用　　可回收利用

不可再回收

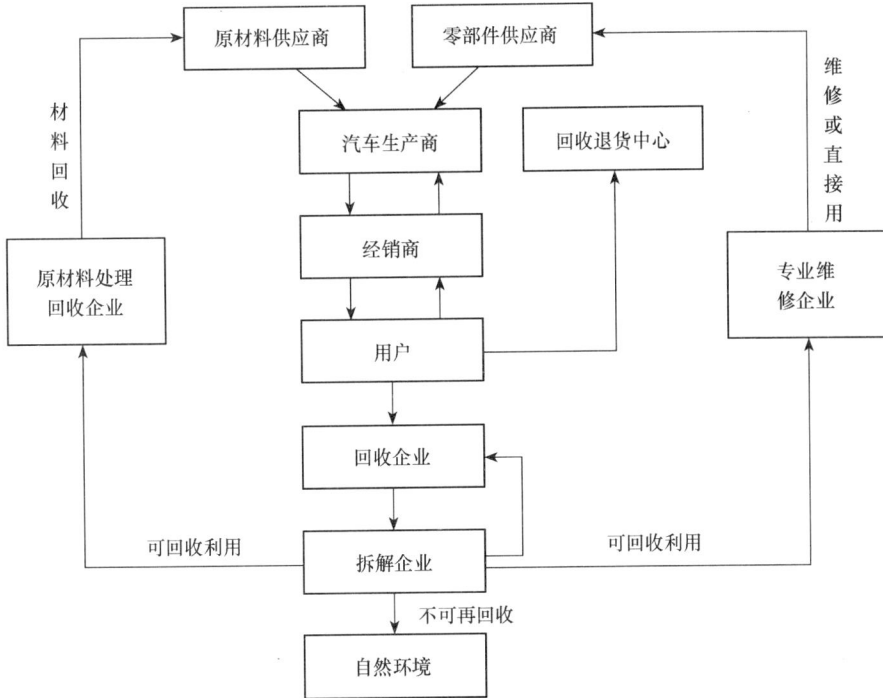

图 5-1　报废汽车回收方式

1）汽车召回

产品召回制度源于 20 世纪 50 年代的美国汽车行业。经过多年实践，美国、日本、欧洲、澳大利亚等国对缺陷汽车召回都已经形成了比较成熟的管理制度。汽车召回制度实质上就是将那些出现了缺陷、威胁到消费者运营安全的车辆返回到制造商，对其产品存在的缺陷进行维修、改进。该制度的实行，有利于促进汽车业供应商整体绩效的提高。到目前为止，一些发达国家对于缺陷汽车召回都已经成了比较成熟的管理制度。

汽车作为一种复杂的机电一体化的产品，在设计制造的过程中出现缺陷是难以避免的，但其性能和质量的可靠性直接关系到消费者的人身安全。因此，国际上普遍采用汽车召回制度来保护消费者权益。在我国《缺陷汽车产品召回管理规定》实施以来，2009年中国汽车共召回 57 次，涉及车辆 136.48 万辆，超过 2008 年 1.5 倍之多。其中，国产汽车召回 29 次，召回车辆 128.34 万辆；进口汽车召回 28 次，召回车辆 8.14 万辆。2011年开始，包括上海通用、广汽本田等多家车企发布了召回公告。中国汽车召回制度实施以来，为社会挽回直接经济损失约 30 亿元左右。汽车企业主动召回缺陷产品，可以有效地避免安全事故的发生，保障汽车消费者的权益，体现汽车企业对用户的责任感。在现代生产中，科技创新是许多企业追求的目标，较短周期的创新产品的生产体系及生产工艺的不成熟可能增加出现缺陷产品的风险，随着产品召回制度的形成，产品召回的次数和数量呈现增长趋势。

2）汽车退回

汽车退回主要是指缺陷产品及担保期退货，以及下游企业因平衡库存需要、运输中商品受损、产品本身有缺陷及未销售完产品的退货等。在大规模生产配送过程,以及运输及存储等各环节都有可能造成产品的缺陷,对于此类问题产品,顾客在购买以后可以进行退货,供应链上游企业可以向制造商退货。根据中国消费者协会公布的统计数据表明,在 2004 年全年质量投诉当中,汽车类投诉个案同比上升了 31.5%,位居消费品类投诉增幅第 2 位。2005 年,汽车再度成为投诉重点,投诉量不降反升,且上升度明显。此外,还应考虑本身无缺陷的产品,因消费者使用方法不当或企业员工对产品了解不够,未严格把关而引起的汽车退回。

3)生产过程中产生的废弃物

主要是指汽车制造企业在汽车生产过程中产生的报废零部件、边角废料,不合格产品和其他副产品的回收,这类废弃物来自企业自身的内部生产,如加以合理利用,可以帮助企业节约资源,降低制造成本。

4)包装材料的回收

包装材料的回收是逆向物流的一个重要内容,一些包装物如箱、托盘、集装箱等,这类包装不需要再加工处理就可以直接再利用。运输包装不仅回流的周期短,而且重复利用率高,回收的价值大。此外,包装材料还包括整车及零部件在运输过程中的废弃包装物,如车内座椅包装及其他回收利用价值但易造成环境污染的其他包装物。

5)报废汽车的回收处理

报废汽车是汽车逆向物流中最重要的组成部分。任何一种产品都有其使用年限,汽车在经过一定时间的运行之后,其零部件磨损程度很高,废气排放量变大,安全性能变差。无论从保护人身安全角度,还是保护环境角度出发,都必须对达到使用年限及相应磨损程度的汽车进行报废。对报废汽车的不合理处置将对社会带来严重的负面影响,而且会引发资源的枯竭以及自然环境的恶化。报废汽车的随意丢弃,在发达国家已成为社会公害。但从另一个角度看,通过对报废汽车的回收处理,可以回收作为投入再生产的资源,从而大大节省资源。在我国,报废汽车的回收拆解和合理利用是节约资源和国家原生资源保护性开发的重要举措。

5.2.3 汽车逆向物流的组织与管理模式

5.2.3.1 我国汽车逆向物流中存在的问题

1)缺乏对逆向物流的认知

物流是一个服务性的行业,空间效用和时间效用是物流的基本效用。但与汽车正向物流的效益相比,汽车逆向物流的效益不能在短时间内体现出来,这使得企业高层对汽车逆向物流的重视程度不高,同时还认为逆向物流给企业带来时间和效益的损失。尽管某些企业建立了逆向物流系统,但对退货程序设置了相当严格的制度,对顾客退货设置了相当复杂的退货手续,延长退货时间,降低退货效率,这些消极的退货政策阻碍着逆向物流的有效实施。同时,某些汽车生产商只看到汽车逆向物流的短期效益,如为了应对法律的规定,赶紧推出召回制度,在市场当中产生“眼球”效应,让消费者注意自身的产品,但企业只是利用召回制度产生市场效应,并不是真心为顾客着想，只对汽车那些最小的零配件进行免费更换，对汽车的真正安全隐患不加重视。

2）缺乏有效的逆向物流信息系统

汽车制造企业通过逆向物流信息系统可以收集有用的信息，对退货的产品进行逐一管理，反馈退货原因。而且，可以为其服务商提供包括产品质量评价、产品生命周期分析在内的各类营销信息。其系统功能的实现大大提高了退货的处理速度，使退货在最短的时间内得以分流，节约了大量的库存成本和运输成本。同时，可以通过有效的逆向物流信息系统把握汽车逆向物流的供应与需求的确定性。但目前汽车逆向物流信息系统严重缺乏，其原因一方面是逆向物流活动本身非常复杂，对信息系统的柔性化要求高，因而难以在传统物流信息系统的基础上进行扩展；另一方面是经营理念未能跟上时代发展的步伐，大多数企业不愿意在开发逆向物流信息系统上投入资金。

3）缺少汽车逆向物流网络

根据网络组织理论，一个企业与其他企业所建立的合作关系是企业最有价值的资源，从其他企业获取补充的投资或能力是增强企业竞争力的重要途径。企业间合作关系及网络关系可以创造某些难以仿效和复制的无形资产，而这些无形资产在保持企业可持续竞争力方面起着关键作用，它们完全依附于网络关系而存在，并随之瓦解而消失。由于逆向物流具有投资风险大、结构复杂、地点分散等特点，若由制造商独家经营运作，虽然可以降低交易成本，但增加了库存成本、运输成本，且需求响应迟缓，服务水平低，致使顾客价值下降，企业缺乏竞争力。加上网络组织所固有的优越性，使网络结构（集成供应链结构）成为逆向物流组织模式的最佳选择。但网络的建立除了需要资金的投入之外，更重要的是合作双方都能建立紧密的合作伙伴关系，而这正是在建立供应链合作关系时的关键问题，在逆向物流系统网络建立中，这同样是关键问题，这也是导致当前缺少逆向物流网络的原因。

要解决上述问题可从以下几个方面进行考虑：

1）增强汽车逆向物流意识

当前的汽车市场在 2002、2003 年的井喷式发展过后，出现了低迷的状况。利用价格下调作为吸引顾客的眼球已经失去了效用，如何提高服务水平才是关键，而增强汽车逆向物流意识便是此中的关键的关键。逆向物流的不确定性、复杂性使得汽车生产企业管理者在开展逆向物流时缺乏重视以及耐心，尽管现在出现的"4S"店〔4S 店是一种汽车服务方式，包括整车销售（sale）、零配件（sparepart）、售后服务（service）、信息反馈等（survey）〕。已成为了潮流，但"4S"中的"售后服务"这项功能并没有做好，企业并没有用心对待顾客的问题，只想从"售后服务"中如零件修理、更换中获得高收入。汽车厂商必须从企业内部加强逆向物流服务意识，完善汽车逆向物流服务流程，让顾客不仅能从厂商的产品中感受到产品的价值，更要让顾客从服务中体验到价值的升华。汽车市场在我国仍有巨大的开发潜力，厂商与顾客间的关系并不是在钱货交易后便消失了，如何利用好服务继续维持并且加强与顾客的关系，是厂商在开拓市场时的重要武器，所以必须要增强汽车逆向物流意识，以意识和态度指导逆向物流的开展。

2）建立有效的逆向物流信息系统

物流信息系统的建立能确保物流服务活动做到"有的放矢"，在信息的指导之下使得运输、储存、配送等能以较好的运作水平完成物流服务。汽车逆向物流的不确定性、复杂性使得在实施汽车逆向物流过程中厂商与顾客间存在信息不对称问题，厂商不能有效地对逆向物流做出反应，同时厂商也不能利用顾客信息的反馈来提高服务水平。所以厂商必须要在逆向物流信息系统的建立中加大投入，从信息的源头上把握顾客的需求。在建立逆向物流信息系统中，企业内部可以建立大型的公用数据库，在数据库和拆解中心建立访问节点，对数据库和拆解中心设置访问权限，对客户企业相关部门进行数据共享，同时实施在线查询处理，主要是产品信息的在线查询，包括产品生产日期、有效生命周期、使用说明等信息，便于各回收点对退货的处理；同时也要让汽车供应链中的下游企业和顾客能了解到汽车厂商的信息，让下游企业和顾客能根据厂商所发布的信息做出更理性的行为。

3）建立汽车逆向物流网络

虽然绝大部分汽车企业都有自己的物流设施，但是当前汽车逆向物流服务仍处于分散、割裂、封闭和无序竞争的状态。同时虽然可以利用汽车正向物流中所布置的网络，但逆向物流的特性使得在利用这些网络点时不能充分发挥这些网点的作用。这就要求企业间必须加强合作，完善汽车逆向物流渠道，对仓储设施和运输设备进行整合，建立信息资源共享平台，充分利用网路资源优势，降低逆向物流成本。如丰田汽车在欧洲就使用通用汽车的逆向物流系统，这不单帮丰田降低成本，通用也能充分利用其逆向物流系统的效率。在建立汽车逆向物流网络中，双方不仅要加大基础设施、信息系统、网络布点的投入，更重要的是双方要有一套合理高效的衔接机制，合作双方在企业理念、服务标准和渠道上加强合作，降低合作成本。

广义的汽车行业指从生产汽车的原材料、汽车生产、销售、售后服务、二手汽车交易、汽车维修、汽车报废直至报废汽车拆解的废钢又为生产汽车原材料提供炉料，如此循环往复形成一条巨大的"汽车链"。在汽车产品本身给予消费者的价值逐渐达到极限时，必须有效运用物流服务提高顾客的满意程度。如果说物流是第三利润源泉，那汽车逆向物流就是汽车物流的更进一步的利润源泉。在当前顾客更注重售后服务以及资源紧缺的情况下，汽车行业必须提高对汽车逆向物流的重视，加大对逆向物流的投入，完善逆向物流的程序，建立逆向物流系统，集中处理逆向物流的供需关系。同时要与合作伙伴建立紧密的网络合作关系，提高汽车逆向物流的技术水平，充分利用资源，降低企业制造成本。

5.2.3.2　汽车逆向物流的组织与管理模式

以汽车产品召回为例来说明。

1）汽车召回的概念及流程

汽车召回，指按照《缺陷汽车产品召回管理规定》要求的程序，由缺陷汽车产品制造商进行的消除其产品可能引起人身伤害、财产损失的缺陷的过程，包括制造商以有效方式通知销售商、修理商、车主等有关方面关于缺陷的具体情况及消除缺陷的方法等事项，并由制造商组织销售商、修理商等通过修理、更换、收回等具体措施有效消除其汽车产品缺陷的过程。汽车召回程序如图 5-2 所示。

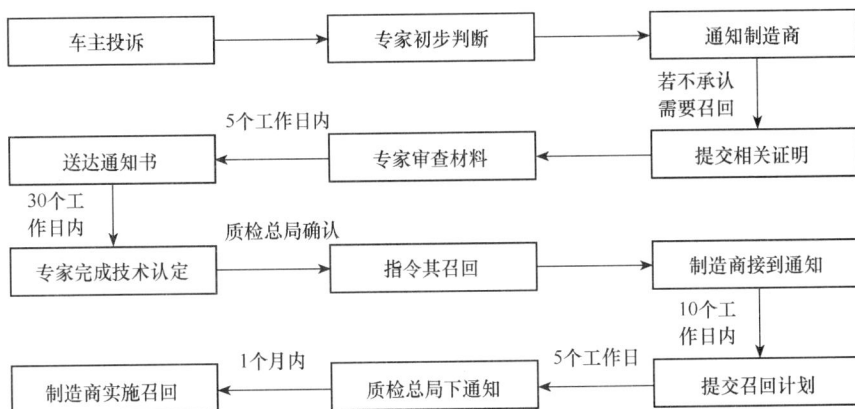

图 5-2　汽车召回程序示意图

2）汽车产品缺陷的报告、调查和确认

制造商确认其汽车产品存在缺陷，应当在 5 个工作日内以书面形式向主管部门报告。制造商在提交上述报告的同时，应当在 10 个工作日内以有效方式通知销售商停止销售所涉及的缺陷汽车产品，并将报告内容通告销售商。境外制造商还应在 10 个工作日内以有效方式通知进口商停止进口缺陷汽车产品，将报告内容报送商务部并通告进口商。

销售商、租赁商、修理商发现其经营的汽车产品可能存在缺陷，或者接到车主提出的关于汽车产品可能存在缺陷的投诉，应当及时向制造商和主管部门报告。

车主发现汽车产品可能存在缺陷，可通过有效方式向销售商或主管部门投诉或报告。主管部门根据其指定的信息系统提供的分析、处理报告及其建议，认为必要时，可将相关缺陷的信息以书面形式通知制造商，并要求制造商在指定的时间内确认其产品是否存在缺陷及是否需要进行召回。制造商在接到主管部门发出的通知，并确认汽车产品存在缺陷后，应当在 5 个工作日内以书面报告形式向主管部门提交报告，并按照缺陷汽车产品主动召回程序实施召回。

制造商能够证明其产品不需召回的，应向主管部门提供翔实的论证报告，主管部门应当继续跟踪调查。必要时，可委托国家认可的汽车质量检验机构对相关汽车产品进行检验。检测结果确认其产品存在缺陷的，应当书面通知制造商实施主动召回，有关缺陷鉴定、检验等费用由制造商承担。如果制造商仍拒绝主动召回，主管部门应责令制造商按照相应规定实施指令召回程序。

3）缺陷汽车产品主动召回程序

制造商确认其生产且已售出的汽车产品存在缺陷决定实施主动召回的，应当按要求向主管部门报告，并应当及时制定包括以下基本内容的召回计划，提交主管部门备案。

（1）有效停止缺陷汽车产品继续生产的措施。

（2）有效通知销售商停止批发和零售缺陷汽车产品的措施。

（3）有效通知相关车主有关缺陷的具体内容和处理缺陷的时间、地点和方法等。

（4）客观公正地预测召回效果。

境外制造商还应提交通知进口商停止缺陷汽车产品进口的措施。

制造商在向主管部门备案的同时，应当立即将其汽车产品存在的缺陷、可能造成的损害及其预防措施、召回计划等，以有效方式通知有关进口商、销售商、租赁商、修理商和车主，并通知销售商停止销售有关汽车产品，进口商停止进口有关汽车产品。制造商须设置热线电话，解答各方询问，并在主管部门指定的网站上公布缺陷情况供公众查询。

制造商依规定提交报告之日起 1 个月内，制定召回通知书，向主管部门备案，同时告知销售商、租赁商、修理商和车主，并开始实施召回计划。制造商按计划完成缺陷汽车产品召回后，应在 1 个月内向主管部门提交召回总结报告。

4）缺陷汽车产品指令召回程序

我国制定颁布了《缺陷汽车产品召回管理规定》等法规来规范缺陷汽车产品召回程序。主管部门依规定经调查、检验、鉴定确认汽车产品存在缺陷，而制造商又拒不召回的，应当及时向制造商发出指令召回通知书。国家认证监督管理部门责令认证机构暂停或收回汽车产品强制性认证证书。对境外生产的汽车产品，主管部门会同商务部和海关总署发布对缺陷汽车产品暂停进口的公告，海关停止办理缺陷汽车产品的进口报关手续。在缺陷汽车产品暂停进口公告发布前，在运输途中的，或已到达我国但尚未办理海关手续的缺陷汽车产品，应由进口商按海关有关规定办理退运手续。

主管部门未批准召回计划的，制造商应按主管部门提出的意见进行修改，并在接到通知之日起 10 个工作日内再次向主管部门递交修改后的召回计划，直至主管部门批准为止。

制造商有合理原因未能在此期限内完成召回的，应向主管部门提出延长期限的申请，主管部门可根据制造商的申请适当延长召回期限。

制造商应自发出召回通知书之日起，每 3 个月向主管部门提交符合要求的阶段性召回进展情况的报告；主管部门可根据召回的实际效果，决定制造商是否应采取更为有效的召回措施。对每一辆完成召回的缺陷汽车，制造商应保存符合所要求的召回记录单。召回记录单一式两份，一份交车主保存，一份由制造商保存。

主管部门认为制造商所进行的召回未能取得预期的效果，可责令制造商采取补救措施，再次进行召回。如制造商对审查结论有异议，可依法申请行政复议或提起行政诉讼，在行政复议或行政诉讼期间，主管部门的决定暂不执行。

主管部门应及时公布制造商在中国境内进行的缺陷汽车召回、召回效果审查结论等有关信息，通过指定网站公布，为查询者提供有关资料，并向商务部和海关总署通报进口缺陷汽车的召回情况。

5）产品召回对物流的影响及相应建议

产品召回对物流提出了更多、更高的要求，将对其产生深远的影响。一般意义上的物流指"为满足顾客的需要，对商品、服务及相关信息从产地到消费地高效、低成本流动和储存而进行的规划、实施及控制过程"，而在推行产品召回制度的背景下，相关的配件或改进品、替代品的补给及维修、技术服务等的提供需要更为高效快捷的物流支撑，相关信息及产品（不仅仅是废弃品等的回收）迅速、准确地逆向流动赋予物流全新的使命。能否第一时间发现产品批量性存在缺陷或瑕疵的可能性，能否迅速完善地实施产品主动召回，对减少企业的损失，保持甚至提升消费者对自身的信心指数，改善与政府部门、社会团体的公共关系等都大有裨益。不论制造商自己从事物流，还是部分由第三方提供，对其受到的主要影响及相应的建议如下：

（1）对物流信息系统实时采集范围的要求将更为广泛，对实时性的分析处理功能要求更高。与处于供应链的企业在共赢的基础上建立伙伴关系，能使制造商减少原材料、产品的库存，使得 JIT、敏捷制造等成为可能。正因为存在这样的共赢伙伴关系，所以在供应商、销售商、进口商、租赁商、修理商之间，即在其所处的供应链范围内，整合物流信息系统容易达成共识。必须补充完善与消费者互动的信息系统，除了面对面的交流、电话、书信的传统方式外，还可通过公司网站、电子邮件等更便捷、廉价的方式采集更为翔实的信息。在此基础上，必须将产品消费地的国家或地方的相应法规、行业标准及相关社会团体的信息实时动态地纳入。例如，环保组织的活动可能会影响到法规、行业标准的变更，这样可以有利于企业的产品召回决策，甚至对设计变更、产品研发都会有所帮助。

如此丰富的信息必须实时进行整理、分析、加工处理，否则冗余的信息只会造成堵塞、混乱。所以在完善系统硬件的同时，开发或引进相应软件、配备高素质的运行维护人员，可以保证信息通道的畅通，实时提炼有用信息，为产品召回提供决策依据，监控整个产品召回过程。

（2）对维修改进等技术服务的需求峰值飙升，且时间不确定，而这种服务又具有不可储存性，技术人员"库存"也不经济。以往一般采用设置售后服务网点、开辟特约维修点等方式对产品缺陷或瑕疵进行处理。由于各种原因，很多需召回的产品的消费者不能享有其应有的权利，或者因成本过大放弃了相应的权利。但推行产品召回制度后，消费者可以方便、低成本甚至零成本地享有自己应有的权利。综上所述，企业的成功与否与产品召回之间并不存在必然的关联，因此从理论上讲，任何企业都可能面临产品召回，而产品召回一旦实施，企业可能将面临一个维修改进等技术服务需求的高峰期；且尽管企业的物流信息系统可能极为完善，但其到来的时间在一定程度上也是极为随机的，所以对突然飙升的需求峰值，企业可考虑就地提供服务，或者运回公司集中处理，这就要在绝对满足时间要求的前提下，对就地服务成本与集中处理成本对比分析，然后做出决策。

在应对由此可能产生的技术人员需求暂时性激增问题方面，企业可以提前采取一定的措施。比如，企业平时就可以对员工通过轮岗或其他培训方式提高自身的技术力量，当由于产品召回技术人员需求骤增时，可以有更大的抽调自由度。

（3）配件或改进品、替代品的补给必须更为可靠、迅速，配件、替代品若是由供应商提供，制造商就应主要致力于与其建立伙伴关系，这不仅可满足产品召回时补给的可靠与迅速的要求，而且，可以如前所述，使得 JIT、敏捷制造等更富有成效。

阅读资料

国外汽车召回制度简介

汽车召回在美国、欧洲、日本、韩国等国家早已不是一件新鲜事儿。其中，美国的召回历史最长，相关的管理程序也最严密。美国早在 1955 年就开始对有缺陷的汽车进行召回了，至今美国已总计召回了 2 亿多辆整车，2400 多万条轮胎。涉及的车型有轿车、卡车、大客车、摩托车等多种，全球几乎所有汽车制造厂在美国都曾经历过召回案例。在这些召回案例中，大多数是由厂家主动召回的，但也有一些是因 NHTSA（美国高速公路安全管理局）的影响或 NHTSA 通过法院强制厂家召回的。美国法律规定，如果汽车厂家发现某个安全缺陷，必须通知 NHTSA 以及车主、销售商和代理商，然后再进行免费修复。NHTSA 负责监督厂家的修复措施和召回过程，以保证修复后的车辆能够满足法定要求。

日本从 1959 年开始实施汽车召回制度，1994 年将召回写进《公路运输车辆法》，并在 2002 年做了进一步修改和完善。截至 2001 年日本共召回缺陷车辆 3483 万辆，仅 2001 年就召回 329 万辆。其中，大多数是由企业依法自主召回。

韩国从 1992 年开始进行汽车召回，当年只召回了 1100 辆，无论是汽车厂家还是车主对召回的认识都不十分清楚。但随着政府对汽车安全的要求更加严格，车主权利意识的不断提高，召回数量在不断增加。到 2000 年，召回数量增加到 55 万辆，2001 年 57 万辆，2002 年 129 万辆。这并不是说汽车质量下降了，而是说明公众的质量意识提高了。

法国实行汽车召回制度也有了相当长的时间，对缺陷汽车召回已经形成了比较成熟的管理制度。在法国，汽车召回属于各种商品召回的一部分，其法律依据是法国消费法的 L221-5 条款。这一条款授权政府部门针对可能对消费者造成直接和严重伤害的产品发出产品强制召回令。

在实际操作过程中，政府很少通过发布政令的方式来进行强制性的商品召回，而是鼓励生产厂商自行进行商品召回。只有当问题商品对消费者构成严重威胁，或生产厂商对存在的安全问题没有给予应有的重视时，才会通过法律手段强制生产厂商实行召回。通常，厂商在发现缺陷时，会首先拟定一份新闻通告，说明产品存在的问题和可能导致的危险，要求消费者尽快送还问题商品。新闻通告一般首先送往法新社，经其播发后，全国主要报纸一般都会予以转载。与此同时，厂商还会以广告的方式在广播、电视以及影响较大的地方报纸和专业杂志上（如《汽车》杂志）发布召回通告。当然，对于汽车和大型家用电器，由于商家一般都会保留消费者的姓名和地址等资料，因此也可以直接通过投寄信件的方式进行通知。近年来随着因特网的日益普及，一些网站上也长期登载商品召回信息，如 CEPR（欧洲风险预防中心）的网站就是这个领域的专业网站。

作为主管部门，法国公平贸易、消费事务和欺诈监督总局在厂商决定对其产品进行召回处理时，将予以全面的协作和监督。但是，法国的汽车制造商在决定采取召回行动时并没有通报主管部门的义务，因为有关法规中没有这方面的规定。公平贸易、消费事务和欺诈监督总局往往是通过专业杂志或有关网站来了解汽车召回的信息。有些制造商甚至还有一种被称为"无声召回"的做法：即当车主把车辆送往专修店进行例行保养或维修时，专修店根据厂商的要求对车辆进行必要的检查和处理，消除有关的安全隐患。当地有关专家对厂商不必通报主管部门即可进行汽车召回的做法多次提出质疑，对于所谓的"无声召回"更是极力反对。他们认为，厂商通过"无声召回"无法完全消除安全隐患，因为许多车主往往不在专修店修车和保养，许多问题车辆因此得不到应有的解决。因此，尽管法律上没有相关规定，汽车生产厂商同主管部门的协调正在不断加强，双方之间的对立关系也正在发生变化。许多厂商也认识到，他们通过同主管部门加强关系能够得到不少帮助；而主管部门近年来也正在试图改变自己的形象，努力成为能够在厂商处理安全问题时提供专业知识的对话者。

据公平贸易、消费事务和欺诈监督总局一名负责人透露，在去年处理韩国某品牌汽车轮胎存在爆胎隐患的过程中，制造商同主管部门的协作卓有成效。制造商代表向主管部门介绍了解决问题的具体方式并通报了召回决定。主管部门则在诸如发布新闻通告、向用户发送通知信以及在专业刊物上发表通知等方面给予了厂商一定的帮助。由于双方的努力，召回工作进行得非常顺利。据透露，法国正在进一步完善商品召回方面的有关法律法规，预计在不远的将来，汽车生产厂商在决定对产品进行召回前可能也将像美国等国家的厂商一样首先通报主管部门。公平贸易、消费事务和欺诈监督总局的专家认为，随着汽车工业技术的不断发展，任何汽车产品都会有需要改进的地方。许多被召回的汽车实际上并不存在行驶方面的安全隐患，召回是为了改进车的机动性能和配置，目的是让汽车的质量更好，让消费者更加满意。他强调，一次成功的召回丝毫不会对厂商及其产品的形象造成危害，相反，将有利于增强人们对厂商的信任度和忠诚度。

5.3 案例分析

一汽专用汽车有限公司成立于 2003 年 6 月 20 日，是中国第一汽车集团公司下属的全资子公司，其前身是中国第一汽车集团公司专用车厂，位于长春市东郊长吉公路 5.5km处。公司共有职能部门 16 个，生产车间 5 个，具有年产专用车底盘 1.5 万辆，后桥及车架总成 1.5 万台·份，汽车零部件 150 万件，锻压 5000t 的生产能力。公司现已开发出越野车、载货车、水泥搅拌车、自卸车、牵引车、罐式车、起重举升车、特种结构车、仓栅车、军车和消防车等整车和底盘 11 个系列 213 个车型，其中水泥搅拌车底盘和起重机底盘等车型畅销全国，汽车零部件生产形成中、后桥和齿轮半轴两大总成系列。

一汽专用汽车有限公司实力十分雄厚，具有健全的销售网络和完善的售后服务体系，产品销往辽宁、北京、山西、河南、重庆、陕西等 20 多个省市，初步形成以东北、西北和华东地区为主的三大格局的销售基地。在逆向物流方面，公司采用的是传统的企业物流管理模式，企业内各个逆向物流相关部门制定生产作业计划和库存数据，达到准时化供货和合理的库存量，从而控制物流的成本最低。汽车下线以后，首先由事业部组织各销售分公司储备科运送至库场，进行售前的入库储存和维护保养。图 5-3 为一汽专用汽车有限公司逆向物流渠道示意图。

当营销公司下达售出指令后，由各分公司销售科分别通知储备科与营运公司办理车辆及单据的交接工作。营运公司负责联系车队进行运输，由各车队的车辆负责进行向全国各个经销站和分拨中心运输，形成了结构复杂、层次繁多的传统销售物流体系。在该体系中，生产部是销售物流的起点；营销公司是营销、物流管理层；各分公司储运科是仓储层；营运公司是仓储和运输的衔接者；各运输车队构成了干线运输层，而全国各分拨中心或经销地点形成了物流的终点。而这个体系的相反方向就是其逆向物流的流程。

一汽专用汽车有限公司的逆向物流体系

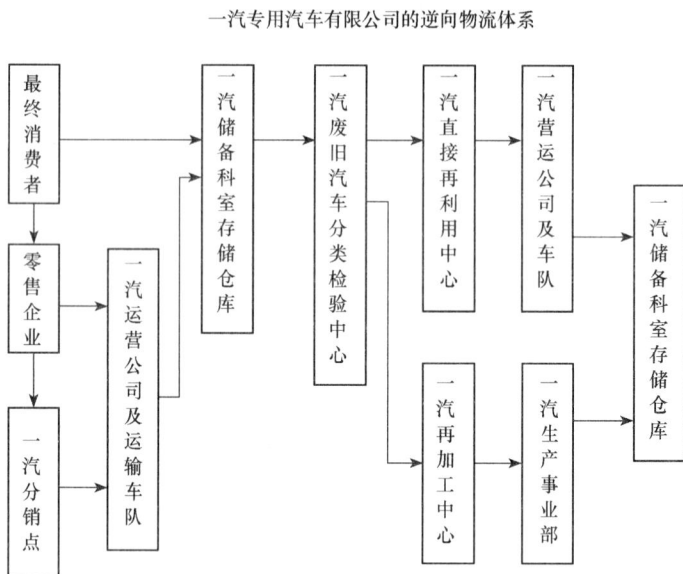

图 5-3　一汽专用汽车有限公司逆向物流渠道示意图

通过这一流程，一汽可以及时、全面地了解顾客的需求，了解造成逆向物流的真正原因，加强企业管理，改进生产方式，提高产品质量。由于没有中间环节，可以大大缩短流通时间，有利于公司及时把握市场脉搏，提高市场占有率。汽车制造商自营渠道优势可以使一汽对供应链有较强的控制能力，使得企业盘活了原有资产、降低企业交易成本，避免企业商业机密的泄露以及提高企业的品牌价值。一汽可以运用自身掌握的资料有效协调物流活动的各个环节，以较快的速度解决物流活动管理过程中出现的问题，获得供应商、销售商以及最终顾客的第一手信息，改善了客户服务和对整个物流进行协调和控制。

本章小结

随着我国汽车工业的发展，汽车正向物流得到了较好的发展，各汽车制造商、第三方物流公司对汽车正向物流比较关注。但是，随着市场竞争的升级，消费者需求个性化的突出，资源利用的创新和环保意识的提高，只注重汽车正向物流是不够的，汽车逆向物流必须得到应有的重视。汽车逆向物流是重新获得报废汽车及其零部件的使用价值、节约资源、保护环境、实施可持续发展的重要措施。本章在对逆向物流的概念内容介绍基础上，概括了汽车产品逆向物流系统中包含的内容，并以汽车产品召回为例介绍了汽车逆向物流的组织与管理模式。

思考题

1. 什么是逆向物流?其特点是什么?
2. 简述正向物流与逆向物流。

3．简述汽车产品逆向物流的定义及包含的内容。

4．在什么情况下需要进行汽车产品召回？

5．简述缺陷汽车产品主动召回的程序。

参考文献

甘卫华．2012．逆向物流[M]．北京：北京大学出版社．

龚英，靳俊喜．2007．循环经济下的回收物流[M]．北京：中国物资出版社．

黄祖庆．2010．逆向物流管理[M]．杭州：浙江大学出版社．

王长琼．2007．供应链逆向物流[M]．北京：中国物资出版社．

吴刚．2009．逆向物流规划体系及其基础理论研究[M]．成都：西南交通大学出版社．

张宝友，孟丽君．2011．逆向物流管理研究：理论与实践[M]．上海：上海交通大学出版社．

第6章
汽车行业第三方物流

[本章提要]

第三方物流自20世纪80年代在欧美等工业发达国家出现以来，以其独特的魅力受到了企业的青睐，并得到迅猛发展，被誉为企业发展的"加速器"和21世纪的"黄金产业"。本章将从汽车行业第三方物流概述、汽车行业第三方物流服务的方案设计、汽车行业第三方物流管理这三个方面来描述汽车行业第三方物流，并通过案例分析使读者对汽车行业第三方物流有个综合的理解。

6.1　汽车行业第三方物流概述

6.1.1　第三方物流概述

由于供应链的全球化，物流活动变得越来越复杂、物流成本越来越高、资金密集程度也越来越高。利用外协物流活动，公司可以节省物流成本、提高服务水平。这种趋势首先在制造业出现，公司将资源集中用于最主要的业务，而将其他活动交给第三方物流公司，这样就促进了第三方物流的发展。汽车行业物流外包的现象也逐渐普及，汽车行业第三方物流企业迎来了发展机遇。

6.1.1.1　第三方物流的概念

"第三方"是相对于"第一方"发货方和"第二方"收货方而言。自20世纪90年代以来，第三方物流（third party logistics，TPL）作为一种新的物流形态，受到广泛的关注。

中国国家标准《物流术语》（GB/T 18354—2006）中将第三方物流定义为："由供方和需方以外的物流企业提供物流服务的业务模式。"这一定义明确了"第三方"的内涵，即物流服务提供者作为发货人（甲方）和收货人（乙方）之间的第三方，代表甲方或者乙方来执行物流功能。但这一定义的外延过于宽泛，对于"物流企业"和"物流服务"所涵盖的范围界定不明。

在美国的有关著作中，第三方物流的定义是：非货主企业通过合同的方式确定回报，承担货主企业全部或一部分物流活动。所提供的服务包括与运营相关的服务、与管理相关的服务以及两者兼而有之的服务，无论是哪种形态都必须高于过去的公共运输业者（common carrier）和契约运输业者（contract carrier）。与国家标准《物流术语》（GB/T 18354—2006）相比，这一定义除了强调"第三方"不拥有货物所有权外，特别突出了第三方物流企业与传统仓储业的重大区别，即管理功能和契约式共同利益。

日本对于第三方物流的理解是：供方和需方以外不拥有商品所有权的业者为第三方，向货主企业提供物流系统，为货主企业全方位代理物流业务，即物流的外部委托方式。它强调物流全系统、全方位代理。

还有一些别的术语，如合同物流（contract logistics）、物流外协（logistics out sourcing）、全方位物流服务公司（full-service distribution company，FSDC）等，也能基本表达与第三方物流相同的概念。

6.1.1.2 国内外第三方物流发展状况

国际上，现代意义上的第三方物流业是一个只有 20 多年历史的相对年轻的行业，20 世纪 90 年代是国外第三方物流发展的黄金时期，在有些国家已经形成一个比较完整的产业。

美国把在第二次世界大战中的"后勤供应"手段用于物流业管理，并在公路、铁路、水运、管道、航空等五种运输业中广泛使用信息技术手段，早在 20 世纪 70 年代，仅汽车货运及相关行业的产值就达国民经济总产值的 7%以上，目前第三方物流业被认为处于产品生命周期的成长期，以两位数的速度持续发展。90 年代中后期第三方物流服务的使用比例约为 50%，市场规模为 200 亿美元，像苹果电脑、通用汽车等企业就是依托第三方物流而达到近乎"零库存"管理。

日本的物流网络遍布全国各地，20 世纪 80 年代中期就有 5 万多家物流企业，货物量达 34 亿多吨。日本由通商产业省和运输省主管物流，私营企业有许多都从事物流业，如流通中心、运输社等等。

在欧洲，使用第三方物流服务业的比例平均达 76%；全年 1290 亿欧元的物流服务市场，约 1/4 由第三方物流完成。其中，德国 99%的运输业务和 50%以上的仓储业务交给了第三方物流；英国的第三方物流在商业领域已从货物配送发展到店内物流，即零售店从开门到关门、从清扫店堂到补货上架等。原先由商店营业员负责的一系列服务工作，现在全部交给第三方物流商完成。

同时，国外企业越来越习惯于由单一的第三方公司提供全套物流服务。图 6-1 所示为货主企业物流外包的选择和发展趋势。

近年来，随着全球经济的不断发展，跨国公司、外资企业在我国的不断增多，外国

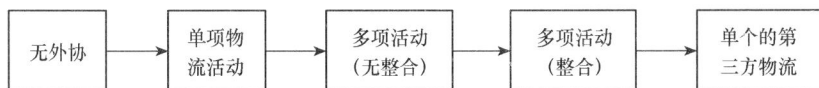

图 6-1 货主企业物流外包的选择和发展趋势

第三方物流企业开始进入我国。与此同时，我国商业、粮食、外贸等储运企业以及一些交通运输、货运代理企业也在积极扩展经营范围，延伸服务项目，改进服务方式，逐步实现由传统物流企业向第三方物流企业的转化。但总的来说，我国理论界和实务工作者对第三方物流的探索和研究才刚刚开始，我国第三方物流的发展还处于起步阶段。目前，我国使用第三方物流服务的主要以跨国公司、外资企业为主，国内只有少数知名企业使用第三方物流服务，大多数企业由于种种原因还未涉足这一领域。

6.1.2   汽车行业第三方物流概述

20 世纪 80 年代，随着物流一体化由企业内部物流活动的整合转向跨越企业边界的不同企业间的协作，供应链的概念应运而生。供应链是围绕核心企业，通过对信息流、物流、资金流的控制，从采购原材料开始，制成中间产品以及最终产品，最后由销售网络把产品送到消费者手中，将供应商、制造商、分销商、零售商直到最终用户连成一个整体的功能网链结构模式。它不仅是一条连接供应商到用户的物料链、信息链、资金链，而且还是一条增值链。

21 世纪是经济全球化、物流无国界的时代，汽车全球化竞争的加剧，使单个汽车企业间的竞争上升为供应链之间的竞争。汽车产业链很长，汽车制造商为降低成本，以尽可能低的供应链运作成本快速响应客户多样化的需求，要达到供应链整体效益最佳的目的，就必须努力构建以自己为核心的供应链体系，强调各成员企业的共赢和战略合作关系。为获得最优的供应链整体竞争力，汽车行业第三方物流的发展将呈现以下趋势，如图 6-2 所示。

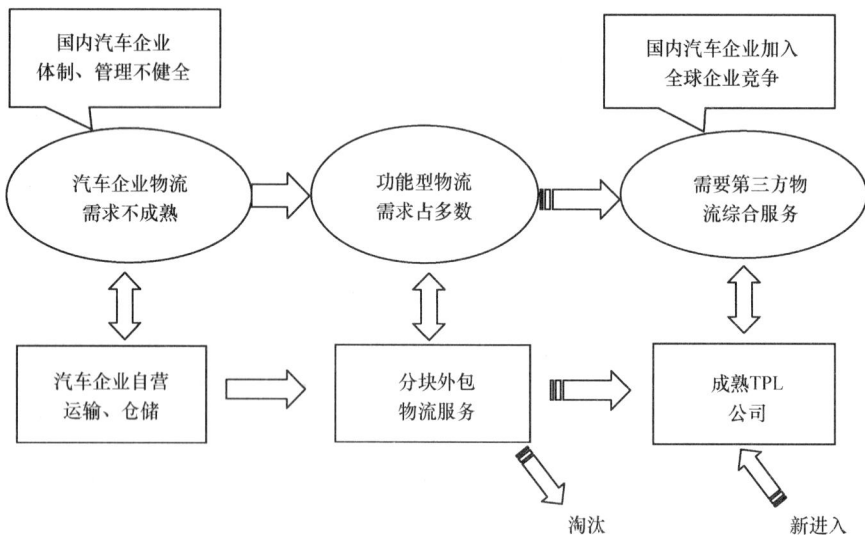

图 6-2   汽车物流市场第三方物流发展趋势

1）汽车物流服务全球化

荷兰国际分拨委员会在 2002 年发表的一篇题为《全球物流业——供应连锁服务业的前景》的报告中指出，目前许多大型制造部门正朝着"扩展企业"的方向发展。同时，报告认为，制造业已经实行了"定做"服务，并不断加速其活动的全球化，对全球供应连锁提出了一次性销售的需求。这种服务要求极其灵活机动的供应链，也迫使物流服务商几乎采取一种"一切为客户服务"的解决办法，要为全球化网络的需求提供跨国界的、全球化的物流服务。如 2005 年 1 月，我国最大的第三方物流企业——安吉汽车物流公司与国际航运业巨头——日本邮船株式会社（NYK）签订合资协议，成立安吉日邮汽车物流有限公司，从事汽车物流等多种业务。

2）汽车物流服务范围多元化

为汽车制造商或终端客户提供一站式的一体化的综合物流服务，成为现代第三方汽车物流企业生存的关键点。第三方汽车物流商要拓展自己的综合性物流业务，如实现海陆空等各种运输方式的一体化，运输、仓储、加工、信息管理等物流功能一体化等，在国外称之为物流企业的"混业"经营。如一些企业实行全球"混业"扩张战略，美国的 APL 公司旗下的美集物流公司（ACS）于 2001 年以 2.1 亿美元收购了美国第二大以增值仓储服务为主业的 GATX 物流公司，不久，APL 物流公司又收购了德国 Mare 物流公司，以形成自身的综合一体化的全球网络和能力。

3）汽车物流的绿色化方向

全球的经济在迅速发展，但周围的环境恶化与地球资源的过度消耗等现象已对人类的生存发展造成威胁。在物流活动中有大量的资源消耗、大量的有害气体排放、噪声污染、交通堵塞等危害直接作用于人们的日常生活，各国政府要求物流企业向绿色物流、循环型物流转变，如倡导采用替代燃料及排污量小的货车车型，采用近距离配送、夜间运送等方式，努力构建绿色物流体系。

6.1.3　我国汽车行业第三方物流现状和存在的主要问题

在我国，高速增长的汽车业刚刚触及汽车供应链管理的边缘，真正意义的汽车物流才刚刚起步。汽车行业的未来趋势是加强行业分工，零部件生产功能和物流配送功能都将从制造企业中剥离出来，把物流管理的部分功能委托给第三方物流系统管理，以降低作业成本、减少投资，将资源集中配置在核心事业上，促进汽车新产品的开发与产品质量的提高。第三方物流模式将成为未来的主导物流形式，即汽车制造企业将一部分或主要物流业务委托给外部的专业物流公司来完成。

6.1.3.1　我国汽车行业第三方物流的现状

1）汽车物流发展环境分析

（1）汽车物流受到前所未有的重视。由于充分认识到了物流是"第三利润源"，是企业降低成本，改善服务质量，提高竞争力的有效手段，所以现在各汽车制造企业均十分注重发展汽车物流。如一汽集团准备花大力气整合旗下的物流资源，成立了"零部件入厂物流项目组"和"（整车）出厂物流项目组"，两个项目组专门负责集团汽车物流业务，其最终目标是将一汽大众的整个物流费用降低 20%。

2004 年 5 月 28 日，中国物流与采购联合会汽车物流分会正式成立，自此我国汽车物流发展有了自己的行业组织。该分会自成立以来，立足于我国汽车物流行业发展需要，维护汽车物流行业利益，加强包括汽车生产企业、物流企业、物流设备制造企业及相关科研院所等在内的汽车物流相关单位之间的沟通交流、协调政府与企业、企业与消费者等多方面的关系，参与政府决策，为我国汽车物流的健康发展做出了积极的贡献。

（2）汽车物流发展环境得到改善。经过多年的积累发展和近些年的加速投资建设，我国已经具备了一定的汽车物流设施设备条件：①汽车制造企业多拥有一定的汽车物流资源；②全国汽车物流网络正在形成；③汽车物流设备生产也得到一定程度地发展；④政府也致力于改善汽车物流发展环境。

近年来我国为改善汽车物流发展环境的相关措施如表 6-1 所列。

表 6-1　我国改善汽车物流发展环境的措施

相关地区	措 施 内 容
大连港	大连港集团、日本邮船集团和中远太平洋集团合资，总投资 6 亿元的大连汽车码头建设项目于 2005 年底建成投入使用。码头的年设计通过能力 60 万辆，能一次性存放 114 万辆轿车
广州港	在充分利用好现有码头设施的同时，广州港口也投资 1400 多万元，将新沙码头一个 3 万 t 散货泊位改造成可靠泊 6000 车位的滚装船码头，并计划在南沙地区建设滚装船码头
天津港	北港池正在建设滚装码头，建成后可满足 10 万辆商品汽车运输需求，目前天津港保税区是全国最大的进口轿车贸易和集散中心，每年整车进口量已占全国半数以上
重庆港	寸滩港区汽车滚装码头 2005 年一期工程完工后，重庆港商品车通过能力将提高上万辆。到 2010 年二期工程完工后，重庆港商品车年通过能力将达 40 万辆
大连新港、天津新港、上海港、黄埔港	2004 年 6 月 1 日，国家发改委正式颁布实施《汽车产业发展政策》，制定大连新港、天津新港、上海港和黄埔港四个沿海港口为整车进口口岸。并规定从 2005 年起，所有进口口岸、保税区不得存放以进入国内市场为目的的汽车

2）中国汽车物流发展迅速

巨大的市场机会使得汽车物流企业在我国如雨后春笋般崛起。如安吉天地汽车物流有限公司、安吉汽车物流有限公司、安吉日邮汽车物流有限公司、天津安达物流有限公司、重庆长安民生物流有限公司、北京福田物流有限公司、武汉中原发展汽车物流有限公司、上海国际汽车（码头）有限公司等。而且有些专业汽车物流公司已达到了一定的规模和较高的服务水平。其中安吉天地汽车物流有限公司（2004 年主营业务收入 169 648 万元）、北京福田物流有限公司（2004 年主营业务收入 35 968 万元）更是闯入了 2005 年中国物流企业 50 强。而且像安吉天地汽车物流有限公司等除了提供整车物流外，还可以提供零部件物流以及物流策划、物流技术咨询、规划、管理、培训等服务，已成为一些专业运作并能为客户提供一体化解决方案的第三方汽车物流供应商。在这些企业中，既有从传统的运输企业转变来的，也有从汽车制造企业中分离出来的，还有伴随市场崛起的民营中国汽车整车物流的对策研究企业。此外，受国内巨大的汽车物流市场吸引，国外汽车物流巨头也纷至沓来，纷纷采取合资和合作等形式成立中外合资（合作）

的汽车物流公司。随着 2005 年 12 月 11 日物流市场的全面开放，我国出现了外商独资的汽车物流企业。

3）汽车物流市场需求巨大

随着中国汽车消费需求的增长，我国汽车产业迅猛发展，短短几年，汽车产量不断增长。据国家统计局统计，2005 年全国汽车总产量达 570 万辆，其中轿车 296 万辆，比上年增长 26.9%，增幅比上年提高 15.2 个百分点。2008 年，国产汽车生产 888.24 万辆，同比增长 22.02%；销售 879.15 万辆，同比增长 21.84%，已成为世界第二大汽车消费国和第三大汽车生产国。中国机械工业联合会副会长、中国汽车工程学会理事长张小虞 2007 年在出席南汽 60 周年研讨会上指出："未来 10～20 年我国 GDP 平均增长将保持在 7%左右，汽车工业在本世纪前 10 年按年均 5%～10%增长计算，在 2010 年之后产量将达到 1000 万辆；此后按年均 5%～10%增长计算，在 2020 年前后产量将可达到 1800 万辆左右。"

目前，我国汽车物流成本占汽车工业总产值的 10%左右，汽车产业高速发展为我国汽车物流带来巨大的增长空间。中国美国商会 2004 年的调查显示：被调查的美国公司中有 3/4 在华赢利，这其中 42%的公司在华利润率超过其全球的平均利润率。德国大众在华合资公司的运营利润相当其全球运营利润的四分之一。汽车产业高速发展为汽车物流带来成倍的增长空间，从 2002 年到 2004 年，中国汽车物流市场平均以每年 60%的速度增长。

4）汽车物流外包趋势逐渐形成

尽管我国汽车物流的主体运营模式仍然是制造企业供产销一体化的自营物流，但外包的好处逐步为企业所认同，汽车物流的外包趋势逐步形成，外包比例和业务范围逐年扩大。如上海通用将其汽车物流外包给了中远；一汽大众将进口零部件入厂物流外包给了第三方；上海大众则进入了"零部件入厂物流"的全面外包阶段。整车物流外包更是我国目前汽车物流外包中比例最高的一项业务，国内的整车制造商均已对将整车物流外包持认可态度，一些整车制造商已将整车物流外包给了专业的汽车物流提供商，甚至第三方的物流公司，以实现商品汽车的"零公里"运输。如国内"零公里"商品汽车运输的始创者天津安达物流 1995 年 8 月便成为了天津汽车工业集团的整车物流独家总承包商。

在我国，汽车销售的大区主要分布在华东、华南、东北、华北、华中、西南六大区域，这种格局非常有利于区域间物流对流的形成。此外迫于价格竞争的压力，个别具有现代物流意识的汽车物流企业近年来已在进行企业间"协作物流"的尝试。如安吉物流与华航物流的合作，已取得了丰厚的利润。一汽大众也发现，其整车多销往南方，回程往往空驶；而南方一些汽车企业也有整车销往北方，空车返回浪费运力，导致成本增加。2005 年，一汽大众开始了与安吉物流、二汽的一些公司、广州本田进行联合对开。此外，还有一些汽车运输公司相互展开了运力资源的共享与合作。我国汽车物流资源的整合与共享的步伐已经迈开。

5）汽车物流市场竞争日趋激烈

由于我国汽车产业迅猛发展带来巨大的汽车物流需求，这一市场备受瞩目，汽车物流公司如雨后春笋般涌现。跨国物流公司纷纷加入争夺中国汽车物流市场的行列，或以合资、或以合作等形式，进入中国汽车物流市场。目前，像一汽储运公司、上海安吉天地物流等为厂商提供专业化服务的管理型汽车物流企业，已占据了中国汽车物流业务的半壁江山。汽车物流这块巨大的蛋糕还吸引着国外众多物流巨头。外资加紧向中国市场的渗透必然会给中国的汽车物流企业带来很大的冲击，加剧我国汽车物流业的竞争。国外汽车物流企业在华投资情况如表 6-2 所列。

表 6-2　国外汽车物流企业在华投资情况

公　　司	成立时间	注册资金/万元	合　作　方	总部
长安民生物流公司	2002 年 4 月	10000	长安汽车（集团）有限公司、民生实业（集团）有限公司、美集物流运输有限公司和香港民生实业有限公司	重庆
安吉天地汽车物流公司	2002 年 6 月	3000	上海工业销售总公司、荷兰 TNT 公司	上海
中远日邮汽车船运公司	2002 年 10 月	650	中远航运公司、日本邮船株式会社	广州
深圳长航丰海汽车物流有限公司	2003 年 12 月	150	深圳市长航实业发展有限公司（长江航运集团）、TOYOFUJI 海运、丰田通商	深圳
捷富凯·大田物流	2003 年 12 月	—	中国大田集团、法国捷富凯公司	上海
中海川崎运输有限公司	2003 年 11 月	1000	中海集团、川崎汽船株式会社	上海
安吉日邮	2003 年 12 月	240	安吉汽车物流有限公司、日本邮船株式会社	上海
中铁伊通物流有限公司	2004 年 2 月	1050	伊藤忠商事株式会社，中铁现代物流科技股份有限公司	北京
中外运·商船三井航运有限公司	2004 年 4 月	—	中国外运集团公司、商船三井	上海

6.1.3.2　我国汽车行业第三方物流存在的主要问题

（1）国内汽车物流的服务质量与管理模式不成熟，缺乏先进的管理模式和理念。国内汽车物流共同的不足是基础设施薄弱，如新建的港口机场高速公路的投入不够。汽车物流供应商受地方保护及行政体制的影响太深，造成汽车物流工作质量参差不齐，服务质量不能有大的提升。国内物流市场对以金融 IT 技术为特征的物流解决方案的需求正在迅速增长，而这一部分业务正是对外资物流公司的核心竞争力所在。它们进入我国的愿望也更加强烈，但国内物流体制和市场的不完善使它们较难顺利进入我国市场。

（2）物流企业间运力资源共享与合作太少，信息沟通方式落后，回程空驶率很高，运送汽车过程成本高。国内不同省市之间政策规定不同，给物流商为客户提供跨省服务带来了不便。目前我国进出口汽车运输仍是以厂商自我运营为主导的市场，随着我国加入 WTO，进口车的数量有了大幅度的增长，目前国内运输网络还难以满足这种需要。

（3）国内不同省市间的不同政策给物流商在全国性范围内的运输服务造成了较大的阻碍，使全国范围内的运输网络不顺畅，影响物流收益。同时运输、仓储基础性服务收益占物流收益中的绝对比例高，而车辆运输等高附加值收益所占比例太小。

6.2　汽车行业第三方物流服务的方案设计

6.2.1　汽车行业第三方物流服务方案设计的基本内容

1）物流需求描述

物流需求可以被分类成从属需求和独立需求。这里重点对从属需求进行说明。从属需求包括垂直和水平两种。垂直从属需求可以以零部件为例，如轮胎，它们可以被装配成制成品，如汽车。在这种从属需求的情况下，轮胎的需求取决于汽车装配计划。垂直从属可以通过几个渠道分层次地展开，如原材料供应商、零部件制造商、装配作业和配送商等。水平从属需求是一种特别的情况，它在每一个装运项目中都包括了附属物、促销项目或经营者手册等。例如，买一辆小汽车就免费提供汽车保险。在这种水平需求的情况下，需求的项目并非完成制造过程所需要的，而有可能是完成营销过程所需要的。

对于第三方物流企业来说，最重要的是要了解服务对象和对基本项目需求（独立需求）的确定。并在此基础上，掌握从属需求。为此，应加强与服务对象的联系，及时了解他们的存货与需求的生产比例。

2）物流系统结构设计

物流系统结构设计是第三方物流服务方案设计的重要内容。一个好的系统结构应该能够在适当的时间与地点为适当的客户提供适当数量的产品，并使整个过程的物流费用最少。即，系统设计的目的就是要找到运送和接收产品的最经济的途径，并同时维持或提高客户服务的质量，也就是使利润最大化和服务最优化的途径。通常来讲，这样的结构设计应注意以下几个方面：①应建立多少个物流中心；②物流中心的地理位置；③每个物流中心的存货量；④每个物流中心的服务质量和规范；⑤应利用的各种运输方式。

物流系统结构的设计需经过下述七个步骤：①物流系统结构的数据收集；②明确送货要求；③建立数据库；④设计多个系统结构方案；⑤预估年度操作费用；⑥比较相关方案；⑦方案细节的制定。

对第三方物流企业来说，在系统结构分析时，所需要的重要数据之一便是交付要求时间，也就是从订购开始直到货物被接受为止的这段时间。如果交付天数不能确定，那么就必须做一个客户服务差距的分析。差距分析包括一系列对内部员工和客户的直接询问。其目的是为了查明客户对服务预期与实际需求之间的差异。差距分析是一种逼近与降低费用有关的客户服务价值的尝试。也就是说，是较快的速度还是较低的价格更为重要。

在第三方物流系统的设计中，必须注重"系统概念"。系统概念强调的是为完成预定目标所需的总体综合努力。依靠系统分析可以克服将物流功能处理为彼此独立的工作环节的弊端，可以在很大程度上检查特定功能是如何被组合起来而形成一个整体，而这个整体要比个别的部分或功能的总和更大。这种"全盘"方法试图刺激一种为致力于共同利益而相互合作的关系。实施系统一体化要确认各个功能区域之间妥协的可能性和必要性。总之，系统物流结构一体化的要点是：为制定一项创新的战略合作计划时，对功能间互换代价必须进行评价，功能间的相互作用会在一体化中产生卓越的绩效。

3）物流系统的日常管理

对于提供第三方物流服务的公司来说，物流服务项目的日常管理与监控能力已成为能否开拓和保持业务的关键之一。物流服务项目的监控是以正确的成本与效益的衡量为基础的。监控的目标有三方面：

（1）物流配送系统必须以精确的时间、精确的地点以及精确的服务方式来满足客户的要求。

（2）物流配送系统的运作必须以不断降低存货水平为前提，而计划、生产、物流的重新组合可以减少周转时间。从而降低存货水平，这就要加快信息处理的速度。

（3）迫于竞争的压力，必须以低成本和高效率来运作完成物流配送。精确的运作已成为最佳物流配送系统的衡量标准。

因此，物流监控系统必须建立衡量客户服务满意度、存货可得性以及成本控制三方面的标准。

物流配送系统管理的第一个重点是要放在重要数据上，而不要浪费时间整理琐碎无用的资料。监控的核心是集中，这样，有用的数据将有助于发现和纠正监控系统中尚未发现的问题。物流配送系统管理的第二个重点是确定适当的报告周期。理想的情况是把时间间隔或报告周期建立在可控活动的基础上。另外，对物流配送系统成本的监控是第三方物流公司可以为客户进行的一项重要活动。对成本监控有两个方面：①按主要功能（运输、仓储等）设备成本来划分的总成本；②生产效率，即描述一次作业、一个人或一台机器效率的投入产出比。

6.2.2 汽车行业第三方物流服务方案设计的原则

1）物流服务适应社会的原则

第三方物流服务是一种企业经营行为，必然会涉及社会的政治、道德风尚、经济利益、法律规范等方面，所以在企业进行物流服务过程中，应该积极适应来自社会各方面的要求。物流服务除了要考虑调运物流、企业内部物流、销售物流外，还要认真研究旨在保护环境、节省能源的回收物流。所以，物流服务的内容十分广泛，这是企业进行社会市场营销的必然结果，即企业的各个方面都必须符合社会伦理和环境的要求。此外，为了缓和交通混乱、道路建设不足等问题，如何实施有效的物流服务，也是物流在与社会系统相结合的过程中必须考虑的重要问题。

2）物流服务经济性原则

在物流开始成为企业经营战略重要一环的过程中，物流服务越来越具有经营特征，即物流服务有随市场机制和价格机制变化而变化的倾向；或者说市场机制和价格机制的变动通过供求关系既决定了物流服务的价值，又决定了一定服务水准下的成本。所以，第三方物流服务的供给充分考虑投入产出的比例；否则，过高的物流服务费用，势必损害第三方物流企业的经营绩效，不利于企业受益的稳定。

3）物流服务可靠性和灵活性相结合的原则

第三方物流服务的灵活性是指处理异常顾客服务的能力，这种能力直接关系到在始料不及的情况下，如何妥善处理问题。企业需要灵活作业的事件如下：

（1）修改基本服务安排，例如，一次性改变装运交付地点；

（2）支持独特的销售方案；

（3）产品逐步停产；

（4）供给中断；

（5）产品收回；

（6）特殊市场的定制或客户服务层次，如定价组合或包装等。

在许多情况下，物流优势的精华就在于灵活应变之中。一般来说，企业的整体物流能力取决于在适当满足关键客户的需求时所拥有的"随机应变"的能力，但这种能力必须有一定的可靠性，没有可靠性的物流灵活性是没有生命力的，因为客户通常讨厌意外事件，如果他们能够在事前收到有关信息，就能够对缺货或延迟递送等意外情况进行调整。

4）物流服务战略多样化原则

随着客户需求的多样化，对物流服务进行组合是十分必要的。如今，对客户提供同一服务的企业很多，这不利于物流服务的专业化和效率提高。物流服务对于企业来讲也要考虑有限企业资源的合理配置。也就是说，在决定企业物流服务时，应该根据客户的不同类型，采取相应的物流服务。

一般来说，应根据客户经营的规模、类型和对本企业贡献度来划分，可以采取支援型、维持型、被动型的物流服务战略。对本企业贡献大的客户，由于直接的利益相关性，应当采取支援型策略，而对本企业贡献小的客户，要根据其规模、类型再进行划分。经营规模小的专业型客户，由于存在进一步发展的潜力，可以采取维持型战略，以维持现有的交易关系，为将来进一步的发展打下基础。经营规模小且属于综合型的客户，将来进一步发展的可能性较小，所以在服务上采取被动型策略，即在客户要求的条件下才开展服务活动。物流服务除考虑客户类型外，还与经营的商品类型和商品的生命周期相关，即一般的商品类型与战略商品的物流服务应当有差异，如处于不同生命周期的商品的物流也应当有差异。

5）物流服务战略对比性原则

企业在确定物流服务要素和服务水平时，应当保证服务的对比性。与其他企业的物流服务对比，具有自己鲜明的特色。这是保证高质量物流服务的基础，也是物流服务战略的重要使命。要实现这一点，就必须具有对比性物流服务的观念，重视了解和收集竞争对手的物流服务信息。

除了上述五项原则外，第三方物流服务方案设计的原则还有对企业经营战略的支持原则、创新原则、建立通畅的信息系统和不断的物流服务绩效评价等。

6.2.3   汽车行业第三方物流方案的优化运作模式

汽车工业是现代物流技术应用最多、最重要的生产运输领域。一些物流技术设备生产厂就是伴随汽车工业的发展而成长的。由于汽车工业生产独具特色，多年来国内各大汽车集团，都配备有分布于全国各地的网络营销和物流运输体系。不仅如此，每一个汽车集团的不同子公司，也有各自的营销体系和配送渠道，其运输费用所占生产成本的耗资，一直是压在企业上的巨石，特别是随着我国加入 WTO 后汽车市场的进一步开放，此压力更显加重。为此，一些国有大型汽车制造商在不断合资、重组后又纷纷介入第三方汽车物流市场。

纵观国内外汽车企业，第三方物流的运作主要采用以下模式：

1）合资组建综合物流集团模式

合资组建综合物流集团模式即汽车企业与专业物流公司合资组建综合物流集团来负责制造企业的物流业务，为制造企业提供原材料的及时运输（JIT）、产品代理和物流设计等；为经销商和客户全权代理配货配送业务。

例如，上海汽车工业销售总公司于 2002 年 6 月和荷兰邮政集团下属的荷兰天地物流控股有限公司投资 4951 万美元组建了国内首家汽车物流合资企业——安吉天地物流公司，独家经营上海大众和上海通用的零部件入厂物流、售后零部件物流和整车物流等。2005 年 1 月，安吉汽车物流公司又与国际航运业巨头——日本邮船株式会社（NYK）签订合资协议，成立安吉日邮汽车物流有限公司，从事汽车物流等多种业务。

2）建立战略联盟型运作模式

建立战略联盟型运作模式是指汽车企业与第三方物流企业以契约的形式结成战略联盟，实现信息、技术和业务能力的共享。彼得·德鲁克曾说，21 世纪的企业从根本上有别于 20 世纪的企业之处，就是用"网状的、相互依存的"公司替代"纵向一体化"型的企业，用开放性、适应性的整体性意识进行管理。日本的物流企业主要通过建立战略联盟来整合物流市场，2000 年 11 月，丰田贸易公司与美国一流的第三方物流公司 Ryder 在美国合资成立了 TIR 物流公司，该公司将为日本的汽车工业开拓北美市场提供"一站式"的物流服务和运输一体化的解决方案。又如，北京现代汽车有限公司与吉林省长久物流有限公司建立了战略联盟，由长久物流负责北京现代商品的中转业务。长久物流根据北京现代的发展需要，利用其中转库为北京现代品牌商品车提供周到、安全、便捷的仓储服务。

3）部分物流业务外包模式

部分物流业务外包模式是指汽车企业将部分物流业务以合同的形式外包给专业的物流公司，但物流流程和方案由汽车制造企业设计。目前，国内市场上存在大量提供物流服务的企业，包括部分世界著名的物流企业，如 UPS、FedEx、TNT、马士基等物流公司。

4）系统剥离模式

这种方式也是国内外广大企业采用较多的一种方式，原来自理物流企业把物流部门剥离出去，成立一个独立的利润中心，允许它们承接第三方物流业务。美的集团在 2001

年 1 月成立了安得物流公司，把物流业务剥离出来，安得成为美的集团的第三方物流公司，同时也作为专业物流公司向外发展业务。美的集团把安得物流公司分立出来，不仅可以提高物流运营效率、将财力物力向核心业务集中，又能保证物流服务的质量，保有对物流职能有一定的控制，实行平稳过渡。

5）汽车物流企业的并购模式

20 世纪末开始，物流企业随着全球的并购之风的兴起，也开始了一系列的并购活动，一些知名的物流企业在消失，一些物流巨头在崛起。基于全球化战略的需要，欧美物流企业间发生了大规模的并购，如英国的 EXEL 公司于 2001 年收购了美国底特律从事汽车业经纪和货代业务的 F.X.Coughlin 公司；美国的 UPS 物流集团为占领全球高新技术产品的配件物流市场，从 1999 年到 2001 年先后将法国的 FinonSofcom 公司、美国的 Burnham 公司的配件物流事业部等收入麾下。

6.3　汽车行业第三方物流管理

汽车行业第三方物流管理就是对汽车行业第三方物流企业物流过程中的包装、流通加工、仓储、装卸搬运、运输、配送、物流信息等活动进行计划、组织和控制，通过物流管理组织对整个物流活动进行的计划、组织和控制工作。它是通过对物流的计划——实施——评价过程反复进行的，内容十分广泛。本节将着重介绍汽车行业第三方物流的运输管理、仓储管理、配送管理、成本管理和绩效评价等业务管理。

6.3.1　汽车行业第三方物流运输管理

运输是物流的主要功能之一，它改变了物品的时间状态和空间状态，将空间上相隔的供应商和需求者联系起来，并使供应商能在合理时间内将物品提供给需求者。运输提供了物品位移和短期库存的职能。

运输条件是企业选择工厂、仓库、配送中心等地点需要考虑的主要因素之一。按照运输工具及运输设备的不同，运输主要包括铁路运输、公路运输、水路运输、航空运输和管道运输等五种主要方式。各种运输方式都有其自身的特点，并且分别适合于运输不同距离、不同形式、不同运费负担能力和不同时间需求的物品。

1）运输管理的概念

汽车行业第三方物流企业的运输管理是指汽车行业中的第三方物流企业依托企业物流信息系统，对整个运输过程的各个部门、各个环节及其业务活动、运输计划、发运、接运、中转等活动中的人力、物力、财力和运输设备进行合理组织，统一使用，调节平衡，实时控制，监督执行，力求用同样的劳动消耗，运输更多的货物，在为客户提供优质服务的同时，实现自己企业的利润最大化。

2）运输管理的内容

汽车行业第三方物流企业的运输管理和其他企业的运输管理一样，主要包括运输决策、运输过程管理和运输结算管理三个内容。详述如下：

（1）运输决策。决策能力是第三方物流公司的核心竞争力。运输决策是整个运输管理的前期工作，对运输管理起着举足轻重的作用。这是企业在运输作业前就运输方式、运输工具、运输路线、运输时间选择、运输成本预算、运输人员配备和运输投保等进行选择，拿出最优方案的过程。它还包括决策所必须进行的对客户资源、服务项目及运输源的管理。

（2）运输过程管理。运输过程管理是整个运输管理的核心部分。它包括对发运、接运、中转和运输安全的管理以及对伴随商品流动而进行的人员流动、资金流动的管理。发运管理包括落实货源、检查包装标记、安排短途搬运、办理托运手续等工作。接运管理包括对交接手续、接卸商品、仓位准备、直拨等程序的管理。中转管理应注意中转的衔接，还应在加固包装、清理更换破损等方面加强工作，以提高运输质量。运输安全管理包括建立各项运输安全制度，防止运输事故发生；当事故发生后应及时进行处理，避免积压扯皮、长期悬而不决等。

（3）运输结算管理。运输结算管理是物流企业运输管理的最后环节，主要包括运输费用结算与财务处理，还可以包括索赔、处理他人索赔、运输设备的维修与采购等。

这三方面的内容，在实务操作中的体现主要是运输方式及服务方式的选择，运输路线的选择，车辆调度与组织，运费的确定与审议。

3）运输管理的特点

与一般企业的运输管理相似，汽车行业第三方物流企业的运输管理具有以下特点：

（1）专业化。汽车行业第三方物流企业必须具有专业的组织和人员、专业的设施设备、专业的管理与服务，才能有效完成运输任务，创造竞争优势，创造更大的利润空间。

（2）系统化。汽车行业第三方物流企业在进行运输管理时，要从系统的高度合理运用运输工具，提高运输效能，并且结合现代电子技术对运输源、物流客户、客户需求、服务项目、运输单证等进行综合管理，做到效益最大化。

（3）信息化。第三方物流企业通常会同时承接多个运输任务，为了有效地进行管理和控制，必须建立完善的信息系统。通过运输信息系统，及时把握市场信息，有效运用运力，做出最经济、最合理的运输方案。

另外，汽车行业第三方物流企业的运输管理还出现了高速度、高效率、低成本、集装化的运作趋势。

4）运输管理的基本原理

（1）规模原理。规模经济的特点是指随着装运规模的增长，每单位重量的运输成本不断下降，但包括接受运输订单的行政管理费用、定位运输工具装卸的时间、开票，以及设备费用等与商品转移有关的固定费用不随装运的数量而变化。

（2）距离原理。距离经济的特点是指每单位距离的运输成本随距离的增加而减少。运输工具装卸所发生的相对固定的费用必须分摊每单位距离的变动费用。距离越长，可以使固定费用分摊给更多的各单位距离，导致每单位距离支付的总费用更低。

（3）服务原理。任何运输经营活动都是为有空间效应需求的消费者提供服务的。运输经营的目标，不仅在于提高装运规模和实现距离最大化，而且更重要的在于满足客户的服务期望。提供怎样的服务、怎样提供服务和为谁提供服务就成了运输经营的核心要求。

（4）成本原理。企业开展运输经营，必须树立经营成本管理意识，加强运输成本控制，实现运输服务与运输成本的合理统一。

6.3.2 汽车行业第三方物流仓储管理

仓储在物流系统中有着调整时间和调节价格的作用，同时仓储业务的多种多样又决定了仓储管理的重要性。仓储管理也正随着经济的发展不断出现新的动态，因而学习和掌握仓储管理方法是必不可少的。

1）仓储管理的基本原理

（1）仓储的集约化法则。仓储的集约化法则就是集中仓储策略。其最大优点就是能够降低总体库存水平，节约仓储运作成本。所以在满足客户需求及维持一定的服务水平前提下，尽量实行集中仓储。

$$SS_2 = \sqrt{\frac{N_2}{N_1}} \times SS_1$$

式中：SS_2 为所有新仓库累计的安全库存；SS_1 为所有旧仓库累计的安全库存；N_2 为新的仓库数量；N_1 为旧的仓库数量。

（2）仓储管理的差异化原则（20/80 法则）。80%的利润来自20%的客户，所以，要将有限的最佳服务能力用在最有价值的客户身上。另外，产品的特征不同，客户的服务需求也就不同，所以要针对客户的特殊需求展开差异化服务，以建立自己的服务品牌和信誉，提高自己的物流服务价值。

（3）物流总成本最低法则：物流系统的规划和设计不是追求某个单一物流环节的成本最低，而是追求物流的总成本最低。也就是不是追求运输成本最低，也不是追求仓储成本最低，而是追求物流总成本最低。或者说，在客户服务水平确定的情况下，追求物流服务成本最低。

2）仓储的业务管理

仓储管理包括货物的入库管理、在库管理和出库管理三大块。其中，在库管理是指对库中作业的管理，特指货物包装、拆卸、库中调配、再加工等典型的物流服务。通过对出入库数量的计算，可以得出准确的库存结存量，另外，还可以根据物流订单信息进行库存的预测。

（1）入库管理。仓库作业过程的第一个步骤就是验货收货，物品入库。它是物品在整个物流供应链上的短暂停留，而准确的验货和及时的收货能够加强此环节的效率。一般来讲，在仓库的具体作业过程中，入库主要包括以下三个步骤：核对入库凭证、入库验收和记账登录。

（2）在库管理。仓库作业的第二个步骤是存货保管，物品进入仓库进行保管，需要安全地、经济地保持好物品原有的质量水平和使用价值，防止由于不合理的保管措施所引起的物品磨损和变质或者流失等现象，具体步骤为：堆码、养护和盘点。

（3）出库管理。仓库作业的最后一个步骤是发货出库。仓库管理员根据提货清单，在保证物品原先的质量和价值的情况下，进行物品的搬运和简易包装，然后发货。仓库管理员的具体操作步骤为：核对出库凭证、配货出库和记账清点。

3）仓储管理的原则

仓储管理的对象是具体、零散、千差万别的，因而其管理模式和方法不可能整齐划一，但为了管理有效、保证所储货物安全、能及时满足需要，仓储管理需遵循以下原则：

（1）保证存储货物安全。这是仓储管理的最基本要求，只有满足了这点才能满足企业的生产及其他方面的需要。威胁货物安全的因素主要有治安威胁、火灾威胁、货物的污染威胁等。

（2）符合作业规范要求。在保管业务中，按一定的规范对货物进行保管，可以提高作业绩效，方便保管运作，实现合理库存，改善保管环境。主要的作业规范要求如下：

① 面向通道：将货物面向通道进行保管库存，以便于货物在仓库内移动、存放和取出。

② 先进先出：根据货物入库时间决定发货送出次序，这样可以防止货物因保管时间过长而发生变质损耗现象，加快周转。

③ 周转频率对应：依据货物进发货的不同频率来确定货物的存放位置。次数频繁的货物放在靠近仓库出口的位置，流动性差的物品放在距离出入口稍远的地方，季节性物品则依其季节特性来选定放置位置的场所。这样便于货物的搬运，提高物流效率。

④ 同类归一：相同或相类似的货物存放在相同或相近的位置，以便于分拣，提高物流效率。

⑤ 重量对应：根据货物的重量确定存放的位置和保管的方法。较重的货物放置在地上或货架的底层，反之则放在货架的上层，需要人工搬运的大型物品则以腰部的高度为基准，以方便搬运，提高效率，保证安全。

⑥ 形状对应：根据货物的形状确定货物存放的位置和保管的方法，包装标准化的货物放在货架上保管，非标准化的货物对应于形状进行保管。

⑦ 标记明确：对保管货物的品种、数量及保管位置作明确详细的标记，以便于提高货物存放、拣出的物流作业效率。

⑧ 分层堆放：选用货架等保管设备对货物进行分层堆放保管，尽量向高处码放，以有效利用库内容积，提高仓库利用效率，防止破损，保证安全。

⑨ 五五堆放：以五或五的倍数在固定区域内堆放，使货物"五五成行、五五成方、五五成包、五五成堆、五五成层"堆放横竖对齐，上下垂直，过目知数，流动后零头尾数要及时分开，以方便货物的数量控制，清点盘存。

（3）节约开支，降低储存成本。仓储过程中发生的费用是整个物流费用中重要的组成部分，因此为降低整个物流成本，努力降低仓储成本是一条重要途径。

（4）为企业各方面的管理提供信息服务。企业库存管理的信息是企业经营管理的一个重要的信息组成部分，是企业组织生产经营计划、安排生产、实施经济核算的重要依据。货物的库存情况为管理部门进行综合管理发挥了信息服务的作用。

6.3.3　汽车行业第三方物流配送管理

1）配送管理的概念

汽车行业第三方物流配送管理是指为了以最低的配送成本达到客户所满意的服务

水平，对配送活动进行的计划、组织、管理、协调与控制。按照管理进行的顺序，可将配送管理划分为三个阶段：计划阶段、实施阶段和评估阶段。

（1）计划阶段。计划是作为行动基础的某些事先的考虑。配送计划是为了实现配送预期所要达到的目标而做的准备性工作。

首先，配送计划要确定配送所要达到的目标，以及为实现这个目标所进行的各项工作的先后顺序；其次，要分析研究在配送目标实现的过程中可能发生的任何不确定性，尤其是不利因素，并做出应对这些不利因素的对策；最后，制定贯彻和指导实现配送目标的人力、物力和财力的具体措施。

（2）实施阶段。配送计划确定以后，为实现配送目标，就必须要把配送计划付诸实施。配送的实施管理就是对正在进行的各项配送活动进行管理。它在配送各阶段的管理中具有最突出的地位，因为在这个阶段，各项计划将通过具体的执行而得到检验。同时，实施阶段也把配送管理工作与配送各项具体活动紧密地结合在一起。

（3）评估阶段。在一定时期内，人们对配送实施后的结果与原计划的配送目标进行对照、分析，这就是对配送的评价。通过对配送活动的评价，可以确定配送计划的科学性、合理性如何，确认配送实施阶段的成果与不足，从而为今后制定新的计划、组织新的配送提供宝贵的经验和资料。

2）配送管理的内容

从不同的角度来看，配送管理包含不同的内容。

（1）配送模式管理。配送模式是指企业对配送所采取的基本战略和方法，具体包括5W1H（即 What、Why、Who、Where、When、How）的内容。企业选择何种配送模式，主要取决于以下几方面的因素：配送对企业的重要性、企业的配送能力、市场规模与地理范围、保证的服务及配送成本等。根据国内外的发展经验及我国的配送理论与实践，目前主要形成了以下几种配送模式：自营配送模式、共同配送模式、共用配送模式和第三方配送模式。

（2）配送作业管理。不同产品的配送可能有其独特之处，但配送的一般流程大体相同。配送作业流程的管理就是对这个流程的各项活动进行计划和组织。

（3）对配送系统各要素的管理。从系统的角度看，对配送系统各要素的管理主要包含以下内容：

① 人的管理：人是配送系统和配送活动中最活跃的因素。对人的管理包括：配送从业人员的选拔和录用；配送专业人才的培训与提高；配送教育和配送人才培养规划与措施的制定等。

② 物的管理："物"指的是配送活动的客体，即物质资料实体。物质材料的种类繁多，物质资料的物理、化学性能更是千差万别。对物的管理贯穿于配送活动的始终，它渗入了配送活动的流程之中，不可忽视。

③ 财的管理：财的管理主要是指配送管理中有关降低配送成本、提高经济效益等方面的内容，财的管理是配送管理的出发点，也是配送管理的最终归宿。主要内容有包括配送成本的计算与控制；配送经济效益指标体系的建立；资金的筹措与运营；提高经济效益的方法等。

④ 设备管理：设备管理的主要内容为各种配送设备的选型与优化配置；各种设备的合理使用和更新改造；各种设备的研制、开发与引进等。

⑤ 方法管理：方法管理的主要内容为各种配送技术的研究和推广普及；配送科学研究工作的组织与开展；现代管理方法的应用等。

⑥ 信息管理：信息是配送系统的神经中枢，只有做到有效的处理并及时传输物流信息，才能对系统内部的人力、财力、物力、设备和方法等要素进行有效的管理。

（4）对配送活动中具体职能的管理。从职能上划分，配送活动主要包括配送计划管理、配送质量管理、配送技术管理及配送经济管理等。分述如下：

① 配送计划管理：配送计划管理是指在系统目标的约束下，对配送过程中的每个环节都要进行科学的计划管理，具体体现在配送系统内各种计划的编制、执行、修正及监督的全过程。配送计划管理是物流管理工作的最重要的职能。

② 配送质量管理：配送质量管理包括对配送服务质量管理、配送工作质量管理、配送工程质量管理等。配送质量的提高意味着配送管理水平的提高，意味着企业竞争能力的提高。因此，配送质量管理是配送管理工作的中心环节。

③ 配送技术管理：配送技术管理包括对配送硬技术和配送软技术的管理。对配送硬技术的管理，是对配送基础设施和配送设备的管理。如配送设施的规划、建设、维修与运用，配送设备的购置、安装、使用、维修和更新，提高设备的利用效率，对日常工具的管理等；对配送软技术的管理，主要是指配送各种专业技术的开发、引进和推广，配送作业流程的制定，技术情报和技术文件的管理，配送技术人员的培训等。配送技术管理是配送管理工作的依托。

④ 配送经济管理：配送经济管理包括配送费用的计算和控制，配送劳务价格的确定和管理，配送活动的经济核算、分析等。成本费用的管理是配送经济管理的核心。

3）配送管理的意义

配送管理的意义在于，可以通过对配送活动的合理计划、组织、协调与控制，帮助实现以最低的成本达到最高的顾客服务水平的总目标。从不同的角度来看，其意义有不同的体现。

（1）对从事配送工作的企业的意义

① 通过科学、合理的配送管理，可以大幅度地提高企业的配送效率。配送企业通过对配送活动的合理组织，可以提高信息的传递效率，配送决策的效率和准确性，以及各作业环节的效率，并能有效地对配送活动进行实时监控，促进配送作业环节的合理衔接，减少失误，更好地完成配送的职能。

② 通过科学、合理的配送管理，可以大幅度地提高货物供应的保证程度，降低用户因缺货而产生的风险，进而提高配送企业的客户满意度。

③ 通过科学、合理的配送管理，可以大幅度地提高配送企业的经济效益。一方面，货物供应保证程度和客户满意度的提高，将会提高配送企业的信誉和形象，吸引更多的客户；另一方面，将会使企业更科学、合理地选择配送的方式及配送线路，保持较低的库存水平，降低成本。

（2）对客户的意义

① 对于需求方客户来说，可以通过配送管理降低库存水平，甚至可以实现零库存，减少库存资金，改善财务状况，降低经营成本。

② 对于供应方客户来说，如果供应方实施自营配送模式，可以通过科学合理的配送管理方法提高其配送效率，降低配送成本。如果供应方采取委托配送模式，可节约在配送系统方面的投资和人力资源的配置，提高资金的使用效率，降低成本开支。

（3）对配送系统的意义

① 完善配送系统：配送系统是构成整体物流系统的重要系统，配送活动处于物流活动的末端，它的完善和发展将会使整个物流系统得以完善和发展。通过科学合理的配送管理，可以帮助完善整个配送系统，从而达到完善物流系统的目的。

② 强化配送系统的功能：通过配送管理，将更强地体现出配送运作乃至整体物流运作的系统性，使运作之中的各个环节紧密衔接、互相配合，从而达到系统最优的目的。

③ 提高配送系统的效率：对配送工作而言，与其他任何工作一样，需要进行全过程的管理，从而不断提高系统运作效率，更好地实现经济效益与社会效益。

6.3.4 汽车行业第三方物流成本管理和绩效评价

6.3.4.1 物流成本管理

1）物流成本管理的意义

物流成本是指伴随着物流活动而发生的各种费用，是物流活动中所消耗的物化劳动和活劳动的货币表现。物流成本由三部分组成：①伴随着物资的物理性流通活动发生的费用以及从事这些活动所必需的设备、设施费用；②完成物流信息的传送和处理活动所发生的费用以及从事这些活动所必需的设备和设施费用；③对上述活动进行综合管理所发生的费用。

物流成本管理的意义在于，通过对物流成本的有效把握，利用物流要素之间的效益背反关系，科学、合理地组织物流活动，加强对物流活动过程中费用支出的有效控制，降低物流活动中的物化劳动和活劳动的消耗，从而达到降低物流总成本，提高企业和社会经济效益的目的。也就是说，物流成本管理不应该理解为管理物流成本，而是通过对物流成本的把握和分析，去发现物流系统中需要重点改进的环节，达到改善物流系统的目的。

2）物流成本管理环节

物流成本管理的具体环节包括：物流成本预测、物流成本决策、物流成本计划、物流成本控制、物流成本核算和物流成本分析等。分述如下：

（1）物流成本预测。物流成本预测是指人们对未来一种未知或不确定的成本支出，在事先掌握历史资料，调查研究和分析当前的各种技术经济条件、外界环境变化及可能采取的管理措施的基础上，做出合乎客观发展规律的定量描述和逻辑推断。

合理的物流成本预测可以提高物流成本管理的科学性和预见性。在物流成本管理的许多环节都存在预测问题，如仓储环节的库存预测、流通环节的加工预测、运输环节的货运周转量预测等。

（2）物流成本决策。物流成本决策是指为了实现目标物流成本，在现有已知资料的基础上，借助一定的手段、方法，进行计算和判断，比较各种可行方案在不同状态下的物流成本，或将预测的物流成本与收益进行比较，从中选定一个技术上先进、经济上合理的最佳方案的过程。

（3）物流成本计划。物流成本计划是以货币指标反映企业在计划期内物流活动情况的一项综合性计划。物流成本计划是根据成本决策所确定的方案、计划期的生产任务、降低成本的要求及有关资料，通过一定的程序，运用一定的方法，以货币形式规定计划期物流各环节耗费水平和成本水平，并提出保证成本计划顺利实现所采取的措施。物流成本计划是物流企业计划体系中的重要组成部分，是物流成本决策的具体化和数量化，同时也是企业组织物流成本管理工作的主要依据。

（4）物流成本控制。物流成本控制是指在物流企业的整个经营过程中，按照既定的目标，对构成物流成本的一切耗费进行严格的计算、调节和监督，及时揭示偏差，并采取有效措施纠正不利的差异，发展有利的差异，使物流实际成本被控制在预定的目标范围之内。

（5）物流成本核算。物流成本核算是根据企业确定的成本计算对象，采用相应的成本计算方法，按规定的成本项目，将一系列的物流费用进行归集与分配，从而计算出各物流活动成本计算对象的实际总成本和单位成本。通过物流成本核算，可以如实地反映出生产经营过程中的实际耗费；同时，它也是对各种活动费用实际支出的控制过程。

（6）物流成本分析。物流成本分析是在成本核算及其他有关资料的基础上，运用一定的方法，揭示物流成本水平的变动，进一步查明影响物流成本变动的各种因素。通过物流成本分析，可以提出积极的建议，采取有效的措施，合理地控制物流成本。

6.3.4.2　绩效评价

1）绩效管理的概念

绩效是一个多义的概念，我们一般认为绩效指的是那些经过评价的工作行为、方式及其结果，也就是说绩效包括了工作行为、工作方式以及工作行为的结果。

管理学认为绩效可以分为员工绩效和组织绩效。员工绩效是指员工在某一时期内的工作结果、工作行为和工作态度的综合。而组织绩效是指组织在某一时期内完成组织任务的数量、质量、效率及盈利状况。

绩效管理是指管理者为了达到组织目标对各级部门和员工进行绩效计划制订、绩效辅导实施、绩效考核评价、绩效反馈面谈、绩效目标提升的持续循环过程，其目的是持续提升组织和个人的绩效。绩效管理的目的在于通过激发员工的工作热情和提高员工的能力、素质，以达到改善公司绩效的效果。

绩效管理是一个持续的交流过程，该过程是完成由员工和直接主管人员之间达成的协议的过程，并且在协议中对有关的问题提出明确的要求和规定。关键的一点是，绩效管理工作是上级与员工一起完成的，并且最好是以共同合作的方式来完成。因为它对员工本身、上级和企业都有益。绩效管理是一种协同提高绩效的工具，它意味着上级同员工之间持续的双向沟通，包括听和说两个方面，它是两个人共同学习和提高的过程。因此，整个绩效考核的一个核心工作就是沟通。绩效管理绝对不是经理对员工的单向工作，也绝对不是迫使员工更好或更努力工作的大棒，更不是只在绩效低下时才使用的惩罚工具。

2）物流部门绩效考核

作为一个利润中心，物流部门的绩效考核主要是在一定的物流费用率下的物流部门收益和效用考核。

（1）物流部门收益考核：

① $物流毛收益 = \dfrac{年物流服务收入总额}{年物流服务支出总额}$

② $物流费用率 = \dfrac{年物流费用总额}{年销售额}$

③ 物流部门收益＝物流毛收益管理费用×物流费用率权重×修正系数

虽然物流部门是一个利润中心，其利润贡献的最直接衡量指标是销售收益，但为了达到降低物流成本的目的，物流销售收益必须是一定物流费用率下的收益，超过规定的物流费用率，部门收益就需要打折扣（这里的物流费用只包括运输费用、仓储费用、管理费用，不包括存货成本等）。如果实际物流费用率比标准费用率高出很多，超过权重上限，则部门收益为零，甚至为负数。物流费用率标准的制定采用目标期望法，为达到费用率逐年降低的目标，可依据去年的物流费用率确定本年度的物流费用率，同时排除能源、劳动力的价格上涨或下跌，以及交通法规等变化带来的影响。

（2）物流部门效用考核：

① $物流效用增长率 = \dfrac{物流费用比上一年增长率}{销售额比上一年增长率} \times 100\%$

合理的比率应该小于 1。如果比率大于 1，则物流费用具有降低的空间。

物流部与产品事业部的物流费用结算，初期按照实际发生的物流费用计量，在形成一个稳定的产品运距预算后，物流费用应按照产品运距计量。

② $运营费用比率 = \dfrac{所支付的仓库租金和汽运铁路运费}{支出总额} \times 100\%$

该指标可作为物流部门考核指标，也可作为物流部门考核配送中心的指标。

6.4　案例分析

菲亚特集团中国汽车物流系统的运营管理

2000 年菲亚特集团决定挥师进军中国家用经济型小汽车市场，以果断的方式取得了江苏南亚自动车有限公司 50%的股权，并积极地将其各种经济型车型引进中国进行各种测试。前后共进口了 PUNTO 和 PALIO 等 40 多辆各型号的小汽车，并决定引进生产在南美创造 60 万辆销售奇迹的 PALIO 系列。

最初，由于对中国国情的不了解，对国家关于汽车行业的管理情况不熟悉，对中国海关、商检等手续的不清楚，再加上对于其第三方物流供应商的偏信和对中国地方国际货运代理公司的不信任。在事先毫无准备的情况下，盲目发运。以至于货到上海后几个月才提到货，从而造成了巨大的损失。

2000年下半年，菲亚特集团为此特派遣了以国际投资部中国项目总经理为首的工作小组配合菲亚特集团中国办事处进行专门调查，发现由于上述原因造成了近200万人民币的损失。在分头了解有关政策和海关及商检等各部门的各项规定，并且召开了与中国的国际货运代理讨论会之后，最终同意了跃进汽车集团提出的方案，由跃进集团和中国国内的国际货运公司牵头负责菲亚特PALIO家用经济型小汽车的物流配送。

为了解决菲亚特集团在整个外协物流配送过程中所碰到的问题，上海韦铭国际货运有限公司进行了详细的前期调查和研究工作。从中发现了问题症结的所在，并且提出了相关的改进模式。具体讨论如下：

首先，对菲亚特中国汽车物料订货系统流程进行修改，如图6-3所示。

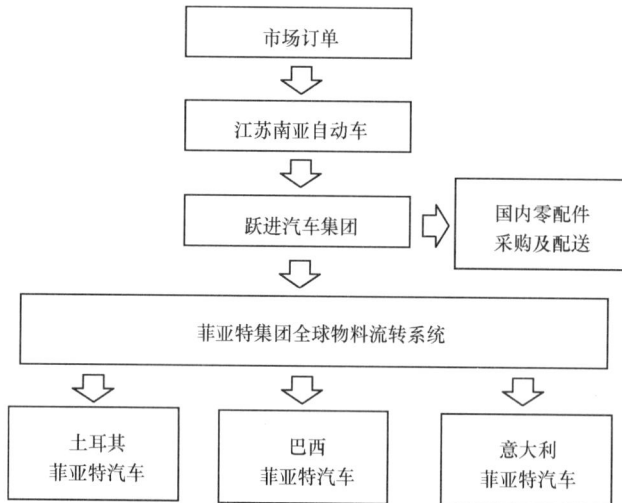

图6-3   菲亚特中国汽车物料订货系统流程

由图6-3中可以看出江苏南亚自动车根据市场订单，向跃进汽车集团公司属下的进口公司下订料单，所有的汽车零部件全部由跃进汽车集团进出口公司代为采购。除国产零部件外，其他进口零部件则由进出口公司下单给菲亚特集团，再由菲亚特集团全球物料流转系统向巴西、意大利和土耳其等国家的部件厂订货。如此一来，南亚汽车避免了重复的机构设置，由专业的进出口公司负责进口许可证的办理和其他进口的手续。由菲亚特集团全球物料流转系统进行集团采购，提高了效率、降低了成本，为经济型小汽车的成本控制打下了坚实的基础。

与此同时，为了进一步加强物流配送的可控性，跃进汽车进出口公司吸取以往的经验，改变做法，要求所有零部件的进口条款改为EXWORKS。由进出口公司来掌握整个物流配送的进程。经过艰苦的谈判，菲亚特集团最终同意了这一方案。并由上海韦铭国际货运有限公司竞标中得。韦铭公司根据跃进汽车进出口公司的要求，通过实地考察，并进行认真的分析和筛选，确定了在各地的合作伙伴，然后，制定了一套物流配送方案，如图 6-4 所示。

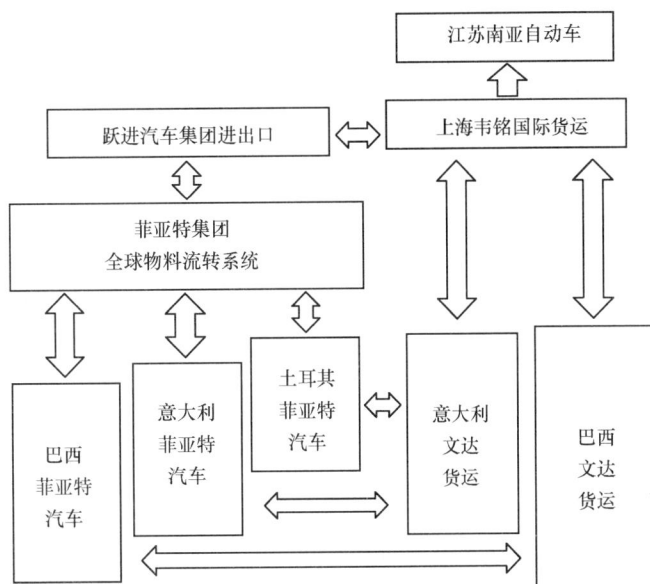

图 6-4　菲亚特中国汽车的整套物流配送方案

当跃进汽车进出口公司接到订单后，立即通知菲亚特集团进行采购，同时准备订购合同以及进口许可证等有关进口文件。而菲亚特集团则通过其全球采购，向巴西、意大利和土耳其等国家的零部件厂商订购，并确定交货时间。第三层的零部件生产厂商根据订单和其生产能力，安排生产，以确定交货时间。并按时向菲亚特集团提供生产进度报告，然后再由菲亚特集团反馈给跃进汽车进出口公司，以确保按时交货。

另外一方面，当跃进汽车进出口公司接到订单同时，将订购合同及进货明细通知上海韦铭国际货运有限公司，韦铭公司则将收到的信息发给在欧洲和巴西的合作伙伴，由他们与生产厂商取得联系，进一步确认其生产进度，随时向韦铭公司反馈。再由韦铭公司与跃进汽车进出口公司根据备货情况及进口文件的准备情况来确定最终运输方式和时间。待确定最终运输方式和时间后，韦铭公司立即通知其在海外的合作伙伴根据确定的时间和方式进行操作。上门提货、包装、订舱、装箱、报关、制作运输文件、发送预报、运输。上海韦铭国际货运有限公司根据海外合作伙伴提供的运输文件，整合跃进汽车进出口公司提供的清关文件，准备清关手续。此外，上海韦铭还与货物的承运人保持联系，以确定货物的准确到达时间。当货物抵达上海港，韦铭公司立即安排清关，同时根据南亚厂的生产进度，安排卡车运输和仓库收货。并根据清关状况，随时调整卡车运输和仓库收货，尽量达到准时供货的目标。

为了达到准时供货，上海韦铭国际货运有限公司还进行了大量的数据分析和考证，设计了相应的物流配送链，每阶段都设定了工作时间，并通过联网，达到时时刻刻了解货物的流向和状态。整个提货、发运过程可以控制在 3～4 个工作日，海运运输过程控制在 45 天（空运运输控制在 5 天），到货至送货到达工厂可控制在 7～9 个工作日（空运控制在 3～4 个工作日）。可大大缩短原先的工作流程时间。

同时，作为这次物流项目的总包商，上海韦铭国际货运有限公司还制定了整个过程的控制协调流程，就是在 5 个主要的环节设置 5 个协调中心，分别是：跃进、韦铭、菲亚特、欧洲物流和巴西物流。

如能按改进的模式运作，各个功能领域的效率和效益将会得到大大提高。在其他可能发生的情况不变的条件下，就整个提货、发运过程来讲，正常可以控制在 3～4 个工作日内，比以前的工作程序可节约 3 天。也就是说，可以节省约 50%的时间，如果按每人每小时 8 美元的水平，3 天可从每人身上省下 192 美元。假设按平均每次出 10 个集装箱，以 900 个集装箱为例，操作人员按单证、现场、仓储、订舱和包装最少 5 位来计算，即可节省 86400 美元。如果每次少于 10 个集装箱，则可节省更多。若以 2002 年度 18000 辆的需求，约 3000 个集装箱来估计，仅这一项即可省下 288000 美元，折合人民币约 2400000 元，金额十分可观。

本章小结

本章结合汽车第三方物流企业设计的内容、发展策略以及运作模式的分析，让我们对汽车第三方物流的方案设计以及发展状况有一个大致的了解，并以此为基础，为后文分析具体的汽车提供借鉴，发现问题，提供解决方案。

思考题

1．什么是第三方物流？
2．简述我国汽车行业第三方物流存在的主要问题。
3．简述汽车行业第三方物流服务方案设计的原则。

参考文献

陈文若．2004．第三方物流[M]．北京：对外经济贸易大学出版社．

陈雅萍，朱国俊，刘娜．2008．第三方物流[M]．北京：清华大学出版社．

陈永革．2006．汽车物流基础[M]．北京：机械工业出版社．

杜文，任民．2004．第三方物流[M]．北京：机械工业出版社．

杭洪波．2001．基于第三方物流的菲亚特中国汽车物流分析[D]．上海：上海海运学院．

刘胜春，李严锋．2010．第三方物流[M]．大连：东北财经大学出版社．

徐雯霞．2007．汽车物流与信息技术[M]．北京：北京理工大学出版社．

周晓晔，柴伟莉．2006．第三方物流[M]．北京：电子工业出版社．

第7章
汽车物流标准化

[本章提要]

汽车物流标准化是以汽车物流系统为对象，围绕运输、储存、装卸、包装以及物流信息处理等物流活动制定、发布、实施有关技术和工作方面的标准，并按照相关配合性要求，统一整个物流系统标准的过程。构建汽车物流标准化体系，核心内容应以技术标准体系、管理标准体系和工作标准体系三部分组成。标准的编写要充分考虑各方面因素，充分了解标准编写的基本知识，确保标准表述的合理。

7.1　物流标准化概述

汽车物流被国际物流业公认为是最复杂、最具专业性的行业，要降低汽车物流链的成本，使汽车物流各环节有机运转，建立标准体系是最有效的手段。从整个国内汽车物流行业来看，汽车物流标准化工作水平远远滞后于现代汽车物流业的发展。虽然很多汽车物流企业根据实际运作情况总结出了符合自身需要的各类标准，但均未进行统一筛选和必要的整合，难以在广阔的领域中发挥作用，使得汽车物流成本居高不下，这也成为国内现代汽车物流业发展的一大瓶颈。因此，必须采取措施，加快汽车物流标准化工作进程，切实解决我国汽车物流标准化严重滞后问题。

物流标准化是指以物流为一个大系统，制定系统内部设施、机械装备、专用工具等的技术标准和包装、装卸、运输、配送等各类作业的作业标准和管理标准，以及作为现代物流突出特征的物流信息标准并形成全国以及和国际接轨的标准化体系，推动物流业的发展。物流标准化的作用不言而喻，它可以统一国内物流概念，规范物流企业，提高物流效率，使国内物流与国际接轨，是物流发展的基础。

7.1.1　标准的定义

国家标准 GB 3935.1—1996《标准化基本术语》第一部分对标准作如下定义："在一定的范围内获得最佳秩序，对活动或其结果的和重复使用的规则、导则或特殊的文件，该文件经协商一致制定并经一个公认机构批准，以科学、技术和实践经验的综合成果为基础，以促进最佳社会效益为目的。"

该定义包含以下几个方面的含义：

（1）标准的本质属性是一种"统一规定"。这种统一规定是作为有关各方"共同遵守的准则和依据"。根据中华人民共和国标准化法规定，我国标准分为强制性标准和推荐性标准两类。强制性标准必须严格执行，做到全国统一。推荐性标准国家鼓励企业自愿采用。但推荐性标准如经协商，并计入经济合同或企业向用户作出明示担保，有关各方则必须执行，做到统一。

（2）标准制定的对象是重复性事物和概念。这里讲的"重复性"指的是同一事物或概念反复多次出现的性质。例如批量生产的产品在生产过程中的重复投入，重复加工，重复检验等；同一类技术管理活动中反复出现同一概念的术语、符号、代号等被反复利用等等。

只有当事物或概念具有重复出现的特性并处于相对稳定时才有制定标准的必要，使标准作为今后实践的依据，以最大限度地减少不必要的重复劳动，又能扩大"标准"重复利用范围。

（3）标准产生的客观基础是"科学、技术和实践经验的综合成果"。这就是说标准既是科学技术成果，又是实践经验的总结，并且这些成果和经验都是在经过分析、比较、综合和验证基础上，加之规范化，只有这样制定出来的标准才能具有科学性。

（4）制定标准过程要"经有关方面协商一致"，就是制定标准要发扬技术民主，与有关方面协商一致，做到"三稿定标"，即征求意见稿—送审稿—报批稿。如制定产品标准不仅要有生产部门参加，还应当有用户、科研、检验等部门参加共同讨论研究，协商一致，这样制定出来的标准才具有权威性、科学性和适用性。

（5）标准文件有其自己的一套特定格式和制定颁布的程序。标准的编写、印刷、幅面格式和编号、发布的统一，既可保证标准的质量，又便于资料管理，体现了标准文件的严肃性。所以，标准必须"由主管机构批准，以特定形式发布"。标准从制定到批准发布的一整套工作程序和审批制度，是使标准本身具有法规特性的表现。

7.1.2 标准化的定义

标准化是促进和保证物流运作快捷便利、高效通畅的重要措施，对于提高物流服务水平，优化物流作业流程，促进物流业健康发展，更好地与国际接轨具有重要作用。

国家标准 GB 3935.1—96《标准化基本术语》第一部分对标准作如下定义："为了在一定范围内获得最佳秩序，对现实问题或潜在问题制定共同使用和重复使用的条款的活动。"上述活动主要包括编制、发布和实施标准的过程。该定义的含义如下：

（1）标准化是一项活动过程，"化"加在名词或形容词后成为后缀，该名词或形容词就成为动词，表示转变成某种性质或状态（如绿化、美化、亮化、机械化、电气化等等）。标准化就是使标准在社会一定范围内得以推广，使不够标准状态转变成标准状态的一项科学活动。《标准化法》第三条规定："标准化工作的任务是制定标准、组织实施标准和对标准的实施进行监督。"

（2）这个活动过程是永无止境的循环上升的。即制定标准，实施标准，在实施中随着科学技术进步对原标准适时进行总结、修订、再实施。每循环一周，标准就上升到一个新的水平，充实新的内容，产生新的效果。

（3）这个活动过程在广度上是一个不断扩展的过程。如过去只制定产品标准、技术标准，现在又要制定管理标准、工作标准；过去标准化工作主要在工农业生产领域，现在已扩展到安全、卫生、环境保护、交通运输、行政管理、信息代码等。标准化正随着社会科学技术进步而不断地扩展和深化自己的工作领域。

（4）标准化的目的是"获得最佳秩序和社会效益"。最佳秩序和社会效益可以体现多方面，如在生产技术管理和各项管理工作中，按照 GB/T 19000 建立质量保证体系，可保证和提高产品质量，保护消费者和社会公共利益；简化设计，完善工艺，提高生产效率；扩大通用化程度，方便使用维修；消除贸易壁垒，扩大国际贸易和交流等。

应该说明，定义中"最佳"是从整个国家和整个社会利益来衡量，而不是从一个部门、一个地区、一个单位、一个企业来考虑的。尤其是环境保护标准化和安全卫生标准化主要是从国计民生的长远利益来考虑。在开展标准化工作过程中可能会遇到贯彻一项具体标准对整个国家会产生很大的经济效益或社会效益，而对某一个具体单位、具体企业在一段时间内可能会受到一定的经济损失。但为了整个国家和社会的长远经济利益或社会效益，我们应该充分理解和正确对待"最佳"的要求。

7.1.3　我国物流标准化现状和趋势

现代物流业的发展，离不开标准化，可以说没有标准化就没有现代物流。物流标准化的定义为：以物流系统为对象，围绕运输、储存、装卸、包装以及物流信息处理等物流活动制定、发布、实施有关技术和工作方面的标准，并按照技术标准和工作标准的配合性要求，统一整个物流系统标准的过程。

7.1.3.1　我国物流标准化现状

随着中国物流业的迅速发展，物流标准化建设也显得越来越滞后。已经出台的与物流业相关的标准总体质量不高，跟不上行业的发展需要。物流标准的多方面差异与缺陷，制约了物流的协调运作，使商品从生产、流通到消费等各个环节难以形成完整流畅的供应链，造成了人力、时间、空间等资源的极大浪费，导致物流成本长期居高不下。针对物流标准化的问题，对物流标准化进行总体研究，指导物流标准化工作有规划、有重点、协调性地发展，最终建立完善、规范、符合国际惯例的我国物流标准科学体系，对优化供应链管理具有十分紧迫的现实意义。

近年来，我国物流标准化建设现状及存在的问题如下：

1）建立了物流标准标识体系，制定了一系列物流或与物流有关的标准，但物流标准化缺乏统一规范，标准化的内容、观念不能与时俱进

随着我国进出口贸易的发展，我国物流标准化及相关标准不断颁布出现，物流行业的通用标准、工作标准和管理标准已开始制定。据粗略统计，在我国现已制定颁布的物流或与物流有关的标准已有近千个。我国自 20 世纪 70 年代末引入物流概念以来，各主要行业

的标准化建设，也已形成各自的一套体系，而这些体系的形成，并没有考虑到现代物流发展的需要。现有技术标准与现有的生产建设、交通运输、科学技术方面的标准要求产生了矛盾，制约了物流的协调运作。突出表现在托盘、包装、信息技术等通用设备与技术方面。铁路、公路、海运、民航、工业部门物流系统业都有各自不一致的物流标准。

2）建立物流标准化组织与机构，积极开展物流标准化的研究工作，但产业间的标准难统一

我国标准化的主管机构是国家质量监督检验检疫总局国家标准化管理委员会，其中设有许多从事物流标准化研究与管理的机构和组织。针对国际物流专业标准化技术委员会，我国都确定有归口技术单位。我国成立了机械标准化研究所、中国标准化与信息分类编码研究所以及集装箱、船舶、车辆、包装标准化专业技术委员会。近年分别成立了中国物品编码中心、全国物流信息技术委员会和全国物流标准化技术委员会，具体负责制定现代物流标准体系。此外，我国还成立了许多行业机构和组织专门从事与物流有关的标准化工作，这些为我国物流标准化事业的发展起了重要作用。至此，物流标准化工作被提到了前所未有的高度上来，全国不少相关科研院所、高等院校的科研机构，都投入到了这项研究工作当中。另一方面，现代物流需要一套能通行各个相关行业的标准，但现行的标准化体系却以部门为主，制约了物流各相关产业间的统一性和协调性。各个产业的标准化专业技术组织与科研机构分散在各个政府部门和行业中，导致了在实际的运作过程中，不同部门之间缺乏有效的协调和沟通。

3）企业参与物流标准化，但在实际操作中，标准的应用推广状况不佳，企业基本物流设备缺乏统一规范

近年来，企业参与物流标准化的积极性比以前显著提高。企业积极参与标准的制定。在物流管理过程中积极采用物流标准，提高物流效率。目前，我国物流企业非标准化装备、非标准化设施和非标准化行为相当普遍。我国物流系统货物的仓储、装卸和运输等环节缺乏统一规范而难以有效衔接。在我国物流企业中，有的采用欧美标准、有的采用日韩标准等。物流器具标准不配套、各类运输方式之间装备标准不一、物流包装标准与物流设施标准间的缺口严重影响了运输工具的装载率，信息技术不能实现自动的无缝衔接与处理等。

4）积极采用国际物流标准，但采用比例低

我国非常重视参与国际物流标准化活动，积极与国际标准化组织（ISO）和国际电工委员会（IEC）对接，加强与国际物流有关的各标准技术委员会及技术部门的联系，明确我国物流业务标准的各自技术归口单位。在包装、标志、运输、贮存方面的近百个国家标准中，已采用国际标准的约占 30％。但在长期计划经济的影响下，我国的标准包括物流相关标准在制定过程中较少考虑与国际标准的一致性，因此，目前能与国际标准接轨的物流标准所占比例还是较低。

7.1.3.2　我国物流标准化发展趋势

1）全面推进物流标准化体系建设

物流标准化工作的重点要放在加快制定和推进物流基础设施、技术装备、管理流程、

信息网络的技术标准等方面。在这一过程中，要进一步加强物流标委会的组织建设，加强物流产业间的协调，促进企业、科研机构、院校、行业组织和政府领导部门之间的密切合作，配合 13 个部委全国现代物流协调工作机制的运行，与国际标准接轨，尽可能地以国际标准为基本参照，在国家标准委等有关部门的领导下，逐步形成协调统一的现代物流技术标准化体系。

2）充分发挥政府职能，自上而下地推动物流标准化工作的开展

我国国家物流标准制定的主题是由政府机构领导的各种物流标准化组织结构，由这些组织机构来负责组织和参与行业标准的研究和制定工作。因此，在按我国物流标准化建设过程中，应当充分发挥政府的组织协调功能。政府除了不同行业间标准化部门的统一协调之外，在标准规范的制定上也应有所改善。

3）充分发挥行业协会组织的牵头作用，推进物流行业标准化建设

我国已经成立了物流和物流信息化的技术标准委员会，一些与物流行业相关的行业协会在物流信息化方面做了大量基础性工作。除了通过制定物流行业标准来规范物流企业行为外，物流行业协会还必须在公平、公正的基础上协调行业内各企业之间的利益、各企业与行业发展的整体利益之间的关系，使得物流信息化在给各企业带来短期效益的同时，朝着有利于行业长远发展的方向前进。

4）国内标准逐步与国际标准接轨

随着全球经济一体化进程的加快，国际标准的采用已经十分普遍，是否采用国际标准已经成为企业能否参与国际竞争以及能否获得竞争优势的必要条件。物流标准必须与国际标准接轨，才能实现多方共赢，才能促进中国企业参与到全球供应链竞争中来。

7.2 汽车物流标准化概述

汽车物流标准化是以汽车物流系统为对象，围绕运输、储存、装卸、包装以及物流信息处理等物流活动制定、发布、实施有关技术和工作方面的标准，并按照技术标准和工作标准的配合性要求，统一整个物流系统标准的过程。实际生产过程证实建立以技术标准为主体，以管理标准、工作标准相配套的企业标准体系，可促进企业内的各类标准组成达到科学合理、完整有序的基础，从而确立一个非常清晰的整体性标准化的工作蓝图。

汽车物流标准化应建立在解决汽车物流各环节各标准之间的协调性、配合性、连接性的问题，形成有机的整合。因此汽车物流企业在目前已建立的质量、环境、职业健康安全管理一体化体系的基础上必须按照企业标准体系四项国家标准的要求加以补充完善，形成一套科学完整的企业标准体系。

建立企业标准体系的指导性文件为：《标准化基本术语》、《中华人民共和国标准化法》、GB/T 1.1—2009《标准化工作导则　第 1 部分：标准的结构和编写》、GB/T 15496—2003《企业标准体系要求》、GB/T 15497—2003《企业标准体系　技术标准体系》、GB/T 15498—2003《企业标准体系　管理标准和工作标准体系》、GB/T 19273—2003《企业标

准体系 评价与改进》、GB/T 13016—2009《企业标准体系表编制原则和要求》、GB/T 13017—2008《企业标准体系表编制指南》等。

7.2.1　汽车物流标准化的含义

汽车物流标准化是按照汽车物流合理化的目的和要求，在对汽车整车及零部件物流现代化运营理念、操作方式、运营模式进行系统分析和研究的基础上，按照国家标准体系的规范和《全国物流标准 2005—2010 年发展规划》及《全国物流标准 2009—2011 年专项规划》的要求来制订各类技术标准、工作标准和管理标准，并形成全国乃至国际汽车物流系统标准化体系的活动过程。它的主要内容包括：汽车物流系统的各类固定设施、移动设备、专用工具的技术标准；汽车物流服务过程各个环节内部、外部及相互间的工作标准；汽车物流服务过程对绩效、过程控制和创新等方面的管理标准；物流系统各类技术标准之间、技术标准与工作标准之间、工作标准与管理标准之间、管理标准与技术标准之间的配合要求，以及物流系统与其他相关系统的配合要求等。

物流标准化工作是一项十分复杂的系统工程，需要突出汽车物流行业的资源整合、集成优化的特点，结合汽车物流行业的新技术、新方法和新模式来建立具有前瞻性和先进性的标准体系，这个庞大而复杂的系统由各类为了适应不同要求的标准构成，为便于研究和应用，人们从不同的角度和属性将标准进行合理分类。按照《标准化法》实施中提出的分类方法来研究和构建物流标准化。

7.2.2　汽车物流标准化体系结构

按照《标准化法》与《全国物流标准 2005—2010 年发展规划》的规定，考虑汽车物流的特点，在组织编制汽车物流企业标准体系时主要考虑如下几个原则。

1）确定模式，系统优化

在建立和实施企业标准体系时要充分考虑与一体化管理体系的结合，并对一体化管理体系评审中需要改进的流程和文件按照企业标准体系四项国家标准的要求加以补充完善，形成一套科学完整的企业标准体系。

2）全面成套

整个标准体系，应充分研究当前预计到的经济、科学、技术及其管理中需要协调统一的各种事物和概念，力求在一定范围内的应有标准全面成套。"全面成套"必须又从理顺层次关系入手。

3）层次恰当

标准的层次由具体标准构成，每个层次内的标准应该具有标准明细表。上一层次对下一层次是指导和制约的关系，下一层次对上一层次是实施、执行和遵循的关系。"层次恰当"就要求标准体系在纵向的层次上呈现递进关系、横向上体现支撑关系、深度上表现覆盖关系。搭建的汽车物流企业标准体系由技术标准、管理标准和工作标准三个子体系组成。每个子体系下分若干层次。

4）划分明确

一些具有相互依存关系的标准应该划分在同一类别内。"划分明确"要求行业之间、专业之间、门类之间的范围界定清晰准确。比如，具有技术属性的标准应归集于技术标准项下、具有服务属性的标准应归集在服务标准项下、具有管理属性的标准应归集于管理标准项下。对于国内先进企业的标准，只有转化为本企业标准后，才能纳入体系。整个体系包含了美国通用、德国大众、荷兰 TNT 等国际著名汽车物流公司的国外先进标准。

5）超前设置，动态发展，逐步完善

超前设置要求根据国际和国外标准化，我国标准化和行业标准化发展的特点和趋势，以及企业标准化长远规划和企业自身发展的需要，预先设置项目。由于预先设置是预测和规划，可能有不成熟或不完善的一面，所以，对于小类，特别是标准个体，允许暂时空缺，可以制订计划，逐步完整。

动态发展是指标准的属性，标准呈螺旋状阶梯式发展，企业标准体系也是这样，所不同的是体系是群体，时间跨度更大一点，阶段性特征更明显一些。在一个历史阶段内，体系应该是相对稳定的。体系发生变更则体现了一个企业的质发生了变化，或飞跃，或倒退。建立新的标准体系，则建立了新的秩序。标准会不断被修订，体系也不会一成不变。体系应动态发展，循序渐进，逐步完善。

系统的企业标准化是企业组织生产的重要依据，也是企业管理的基础工作之一。它围绕企业的生产经营目标，有组织地贯彻实施上级标准，制定企业内部标准，通过标准的实施，使企业的生产管理和经营管理活动制度化、程序化和科学化，实现企业内部各个部门、各个环节密切配合，互相衔接，协调动作。汽车物流标准体系应按照国家标准体系的规范和《全国物流标准 2005—2010 年发展规划》及《全国物流标准 2009—2011 年专项规划》的要求，结合企业标准体系的需求分析和定位原则来制定。汽车物流标准体系的结构如图 7-1 所示。

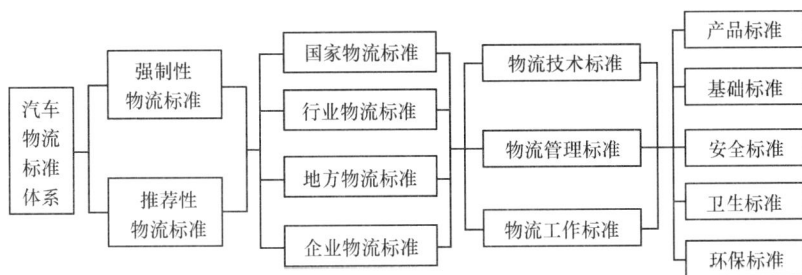

图 7-1　汽车物流标准体系结构图

国家标准是由国务院标准化行政主管部门制定的需要在全国范围内统一的技术要求，包括国际、国家的法律、法规、技术法规等。行业标准是暂时还没有提升为国家标准，但需要在全国某个行业范围内统一的技术标准，这些技术标准由国务院有关行政主管部门制定并报国务院标准化行政主管部门备案。国家标准代号为 GB 和 GB/T，其含义分别为强制性国家标准和推荐性国家标准。国家标准及行业标准中与汽车物流相关的法律法规有《中华人民共和国标准化法》《标准化管理实施条例》《安全生产法》《交通安全法》《环境保护法》《道路商品汽车发送管理办法》《机动车维修管理规定》等，通用基础标准包括《标准化工作导则》《物流术语》《物流企业分类》《物流标志标识》等。

地方标准是对没有国家标准和行业标准而又需要在省、自治区、直辖市范围内统一要求的工业产品的安全、卫生要求，这些要求由省、自治区、直辖市标准化行政主管部门制定并报国务院标准化行政主管部门和国务院有关行业行政主管部门备案。

企业标准是针对企业生产的产品还没有国家标准、行业标准和地方标准，由企业自己制定，并作为组织生产依据的企业标准，是对企业范围内需要协调、统一的技术要求、管理要求和工作要求所制定的标准。或是在企业内制定适用的严于国家标准、行业标准或地方标准的企业（内控）标准，并按省、自治区、直辖市人民政府的规定备案（不含内控标准）的标准。企业标准主体由企业技术标准体系、企业管理标准体系和企业工作标准体系三部分组成。企业技术标准体系和企业管理标准体系这两部分是企业标准体系的核心，需要满足国家标准、行业标准、地方标准的原则、方法和相关规定。企业工作标准受企业技术标准和企业管理标准 2 个子体系间的交互制约，企业工作标准应同时实施企业技术标准和企业管理标准中的相关规定。

7.2.2.1　汽车物流技术标准的体系结构

技术标准是针对那些对标准化领域的技术活动中需要协调统一的技术事项而制订的标准。它是根据不同时期的科学技术水平和实践经验，针对具有普遍性和重复出现的技术问题，提出的最佳解决方案。主要描述事物的技术性内容，是根据生产技术活动的经验和总结，作为技术上共同遵守的规则。按照《中华人民共和国标准化法》的规范来构建汽车物流技术标准结构，如图 7-2 所示。

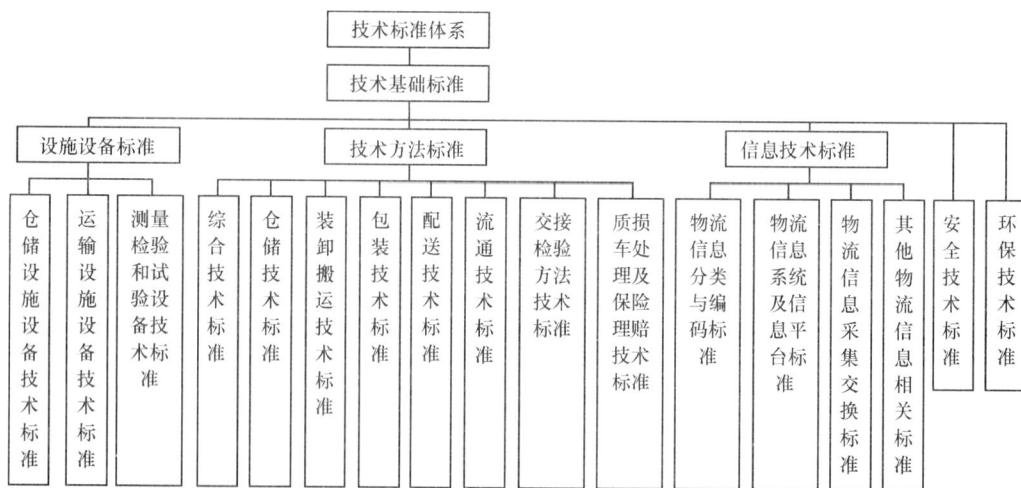

图 7-2　汽车物流技术标准结构图

汽车物流企业技术标准体系结构可分为两个层次，其主体应由三部分组成：物流设施与设备技术标准、物流技术方法标准和物流信息技术标准。

第一层是由技术基础标准组成。技术基础标准指那些作为其他标准的基础，并普遍使用具有广泛指导意义的标准。比如，企业技术基础标准是在企业范围内，作为企业制订技术标准、管理标准、工作标准的基础标准，凡对制订企业技术标准有指导和制约作用的上级共性标准都应列入技术基础标准子系统。这类标准的范围和内容比较宽泛，也是建立技术标准体系的难点。技术基础标准体系构成如图 7-3 所示。

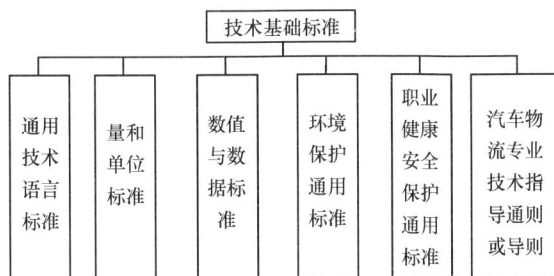

图 7-3 技术基础标准体系结构图

由图 7-3 所示的技术基础标准包括通用技术语言标准、量和单位标准、数值与数据标准、环境保护通用标准、职业健康安全保护通用标准、汽车物流专业技术指导通则或导则等。该层次的标准是最基础性的标准，能有效指导第二层次的标准。其中：

（1）通用技术语言标准。包括：①汽车物流术语；②物流标志要素，如符号、代号、代码、标志等；③技术制图标准。

（2）量和单位标准。量纲是将一个物理导出量用若干个基本量的乘方之积表示出来的表达式。它可以定性地表示出物理量与基本量之间的关系，可以有效地应用其进行单位换算，可以用它来检查物理公式的正确与否，还可以通过它来推知某些物理规律。

（3）数值与数据标准。数据标准是研究、制定和推广应用统一的数据分类分级、记录格式及转换、编码等技术的标准。数据在计算机系统中，各种字母、数字符号的组合、语音、图形、图像等统称为数据，数据经过加工后就成为信息。一个量用数目表示出来的多少称作这个量的数值。例如"3g"的"3"，"4s"的"4"。

第二层是由设施设备标准、技术方法标准、信息技术标准、安全技术标准、环保技术标准组成，这部分是技术标准体系的核心。其中：

（1）设施设备标准是对设备技术要求、配置、测量、检验、试验方法进行研究规范的标准。包括仓储设施设备技术标准、运输设施设备技术标准、测量检验和试验设备技术标准等。

（2）技术方法标准是对物流各要素如运输、仓储、装卸搬运、包装等过程的技术要求、交接检验方法等进行规范的标准。包括运输过程技术标准、仓储过程技术标准、交接检验方法标准及质损车处理及保险理赔方法标准等。

（3）信息技术标准是对汽车物流中有关数据与信息的应用技术，其内容包括：数据与信息的采集、表示、处理、安全、传输、交换、显现、管理、组织、存储、检索等的技术要求进行规范的标准。包括物流信息分类与编码标准、物流信息系统及信息平台标准、物流信息采集标准及其他物流信息相关标准等。

（4）安全技术标准是对汽车物流中保证安全的技术标准，包括对作业人、物品以及作业环境安全系数、安全程度以及善后的安全措施等控制标准。

（5）环保技术标准是对控制汽车物流对环境影响的标准，是以环境质量标准为核心，以污染物排放和控制标准、环境监测和环境管理技术规范为重要内容的环保技术标准。

7.2.2.2　汽车物流作业标准的体系结构

作业标准也称工作标准，是进行标准作业的各种规范，是标准作业的组成部分，主要是对各项工作制定统一的要求及规范化的规定。物流企业的规范作业是其中的人员、设施设备和物品安全的重要保证，也是企业发挥效率、效益，为社会提供高水平物流服务的保证。物流企业的作业标准可以帮助划定各种职责范围，对权利与义务进行清晰的分配与界定，以及为工作方法、检查监督以及奖励惩罚制度等提出建议性的规定。可实现整个工作过程的协调，促进工作质量和工作效率的提高，减少个体差异，形成群体习惯和行为准则，减少不必要、不合理的作业动作，增加可靠性。

工作标准的分类是依据工作岗位划分的，一般来讲分为通用工作标准和岗位工作标准。岗位工作标准分为生产岗位工作标准和管理岗位工作标准。汽车物流作业标准体系应根据工作标准的划分依据和汽车物流的特点来构建。汽车物流作业标准体系结构如图 7-4 所示。

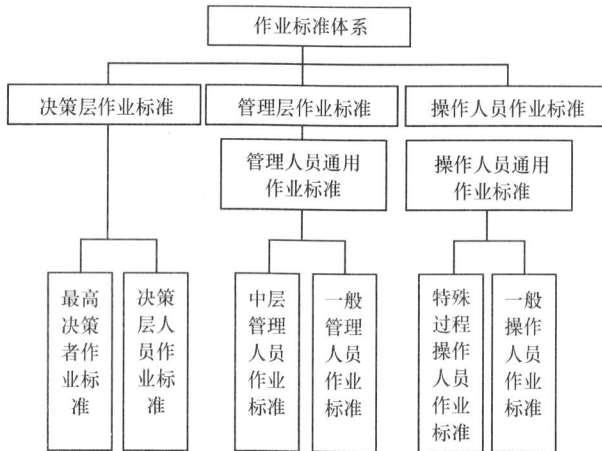

图 7-4　物流作业标准体系结构图

作业标准体系表由决策层工作标准、管理层工作标准、操作人员工作标准构成。决策层工作标准包括最高决策者工作标准、决策层人员工作标准，针对最高决策者及决策层其他管理人员，每个职务都应制定工作标准。管理层工作标准包括管理人员通用工作标准、中层管理人员工作标准、一般管理人员工作标准。操作层工作标准包括操作人员通用工作标准、操作人员岗位工作标准。其中操作人员岗位工作标准应根据具体岗位特点明确规范，如 SVW 仓储作业标准、SGM 仓储作业标准、公路运输作业工作标准，铁路运输作业工作标准，水路运输作业工作标准等。工作标准中规定各岗位的职责、权限、人员资格、工作内容要求、检查与考核办法等方面。工作标准项目的明细表可根据各企业的实际情况对每个岗位上的工作人员进行工作标准的规定。

7.2.2.3 汽车物流管理标准的体系结构

对企业标准化领域中需要协调统一的管理事项所制定的标准称为管理标准。管理标准是企业为了实现其方针和目标，保证与提高产品质量，实现总的质量目标而提炼总结并实施的各方面经营管理活动、管理业务的各种工作标准、工作程序和管理规定。

管理标准一般包括管理基础标准、管理方法标准、管理工作标准、生产管理标准、生产过程管理标准。管理基础标准是在一定范围内以管理活动的共性因素为对象所制定的标准。管理方法标准是以管理方法为对象所制定的标准，它包括决策方法、计划方法、组织方法、行政管理方法、经济管理方法、法律管理方法等。管理工作标准是以管理工作为对象所制定的标准，内容主要包括工作范围、内容和要求，与相关工作的关系，工作条件，工作人员的职权与必备条件，工作人员的考核、评价及奖惩办法等；生产管理标准是以生产管理事项为对象而制定的标准，从广义上来讲，生产管理标准的内容很广，涉及到生产管理过程中的各个环节和各个方面。例如：生产经营计划管理、产品设计管理、生产工艺管理、生产组织与劳动管理、定额管理、质量管理、设备管理、物资管理、能源管理和销售管理等。从狭义上来说，生产管理标准仅涉及到与产品加工、制造和装配等活动直接相关的生产组织和劳动管理等方面。生产过程管理标准是对生产过程中的管理事项所做的统一规定，生产过程管理标准一般包括：生产计划、工作程序、方法的规程，生产组织方法和程序的规程，生产管理控制方法规程等。

一般来讲，管理事项涉及到管理者、被管理者和管理事项（或管理对象），而工作事项仅涉及到一个部门或一个岗位（或工种）及其所进行的工作事项。因此，若一个标准只规定了某个部门管理方面的职责权利，则该项部门的岗位职责标准可看作是一项工作标准，而不是一项管理标准。

汽车物流管理标准体系是企业在进行标准化经营管理的过程中，针对企业经营管理的各个环节、各个部门、各个岗位，以人为核心，制定周密细致的量化标准，按照标准的要求进行的精益管理。标准化管理目标是保证企业从上到下应用统一的管理标准，形成统一的思维逻辑和行动宗旨，实现提高产品质量和劳动生产率，减少资源浪费，有利于提高服务质量，树立企业形象。更重要的是标准化管理能使企业在连锁和兼并中，成功地进行"复制"或"克隆"，使企业的经营管理模式在扩张中不走样、不变味，使企业以最少的投入获得最大的经济效益。汽车物流管理标准体系应按照国家标准 GB/T 15498—2003《企业标准体系 管理标准和工作标准体系》的规定，结合汽车企业的特点来构建。汽车物流管理标准体系如图 7-5 所示：

汽车物流企业管理标准体系可分为两个层次，第一层是由管理基础标准组成，包括图形符号标准、量和单位标准、数理统计标准、质量环境安全管理标准、网络计划技术、计算机软件工程企业管理信息系统、服务标准化指南、工业工程等组成。该层次的标准是最基础性的标准，能有效指导第二层次的标准。

第二层是由经营综合管理标准、设计开发与创新管理标准、采购管理标准、物流运作管理标准、能源管理标准、设备与基础设施管理标准、测量检验试验管理标准、质量管理标准、环境管理标准、职业健康安全管理标准和物流信息管理标准组成，这 11 部分是管理标准体系的核心。

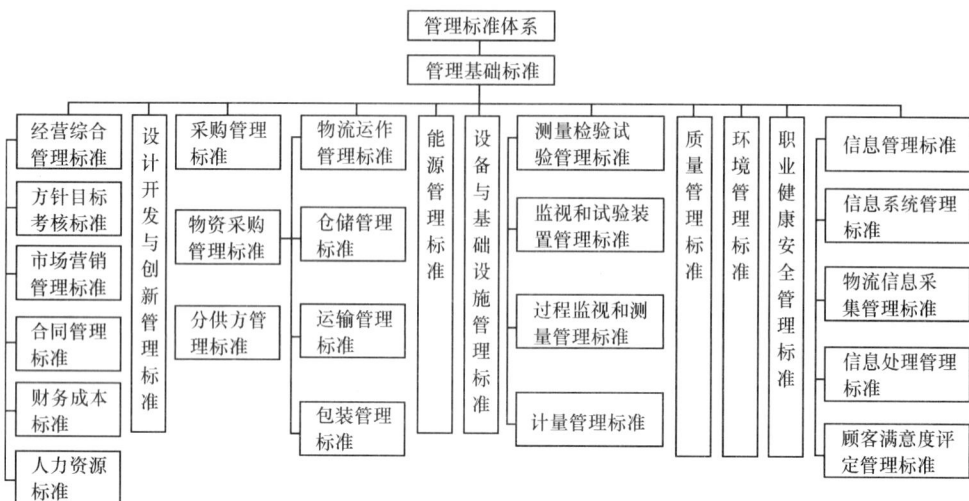

图 7-5   汽车物流管理标准体系结构图

（1）经营综合管理标准是对企业方针目标考核办法、市场营销、合同分类制定、材料消耗定额、员工培训实施管理程序、岗位安全责任、作业人员薪资管理等方面进行规范的标准。如员工管理标准主要针对员工行为标准的制定，内容包括环境卫生、衣着气质、工作态度和工作作风。

（2）设计开发管理标准是对设计开发信息传递、技术文件控制、科技进步奖评审、技术创新考核等程序进行规范的标准。

（3）采购管理标准是对采购的整个过程包括采购计划、订单管理及发票校验、供应商选定及管理等内容进行规范的标准。

（4）物流运作管理标准是对物流作业过程中的包装、装卸搬运、储存等各环节管理，物流作业安全管理等进行规范的标准。如储存管理标准主要内容是入库、出库和分拣货物摆放标准，即货物摆放在什么位置、货物与货物摆放的距离等。

（5）物流信息管理标准主要对信息档案管理、信息交流控制、信息系统操作规程、信息设备使用管理等方面制定不同的标准。

（6）设备与基础设施管理标准主要对设施设备的购置、存放、使用、保养、回收报废、安全等方面订立标准。如设备存放管理标准主要对区域设备的位置进行具体规定。如叉车使用后停放时车距要精确到厘米。

（7）测量检验试验管理标准主要对产品过程监测管理、实验装置管理程序、计量量值溯源管理、计量人员培训管理程序等方面制定标准。

（8）质量管理标准是对包括产品质量管理和工作质量管理在内的全面质量管理事项为对象而制定的标准。如质量保证体系标准、质量统计标准、可靠性标准、质量责任追究制度、责任划分标准等。

（9）职业健康安全管理标准主要对物流安全基础标准、物流设施设备安全标准、物流作业安全标准、物流人员安全管理标准 4 项基础标准及职业健康卫生管理标准等方面进行标准的制定。如物流设施设备安全标准主要针对设施设备的安全，制定不同的管理标准，用标准来检验日常管理工作的落实。比如车辆等运输设备的定期检查时间及程序；物流设施、建筑的定期检查验收规范；异常突发事件的处理办法等。

7.3 汽车物流标准的编写方法

物流标准化作为现代物流的突出特征，越来越被物流行业所重视，并成为物流企业岗位定额定员标准化体系的重要内容。标准化管理水平的高低是衡量整体管理水平的一把尺子，是领导者管理水平和能力的一面镜子，是劳动效率和服务水平高低的真实体现，也是员工综合素质的综合反映。如何编制标准是普遍存在的难题，任何标准的编制都要充分考虑标准的必要性、科学性和可操作性；充分考虑标准的定位，即试图解决的主要问题；充分了解标准编写的基本知识，以确保标准表述的合理性；充分考虑标准在行业及企业中如何贯彻实施。因此，有必要在怎样编写具体标准方面进行分类详细阐述。

7.3.1 汽车物流技术标准的编写

技术标准是指重复性的技术事项在一定范围内的统一规定，是针对那些对标准化领域的技术活动中需要协调统一的技术事项而制定的标准。汽车物流技术标准体系由 4 个大类组成，其中的设备设施标准已经建立了很多，我们以汽车配件货架技术标准为对象，来讨论技术标准层下的规划设计类标准中的汽车配件货架技术标准应该如何编写。

汽车配件货架技术标准的编写具有一定的复杂性，主要是因为汽车配件的极不规则性而决定的。汽车配件货架是根据汽车备件的极不规则性而巧妙设计的专用货架。结构上有别于超市货架及仓储货架，但是在仓储货架的基础上灵活演变与运用而来的。汽车配件货架的设计一般是先将汽车配件分门别类，通常可分为大件（包括汽车前包围、后包围车内饰等）、小件（如塑胶件）、零配件（螺钉、螺母、小而散的零件）、汽车玻璃、汽车轮胎、汽车排气管等。货架的结构是根据上述的配件外形而设计的，而货架的外形则具有统一性，这样可将原来难以堆放及存储的汽车配件很好有效地存储，但仓储内仍然显得整齐有序。有效地避免了空间浪费，同时货物安全亦得到保障。

1）适用范围

规定标准的规范对象，如："本标准规定了货架的原材料、形状、尺寸、表面质量、检验规则、试验方法、包装、标志等；本标准适用于以立柱片、横梁相互组合的金属货架，供汽车大件如包括汽车前包围、后包围车内饰的存放储存之用。"

2）规范性引用文件

列出在编写标准的过程中可能引用到的相关规范及规定，这类文件包括相关国家标准、行业标准、企业标准、法律法规等。比如，货架设计应依以下相关标准及规定：

JB/T 5323—1991《立式仓库焊接式钢结构货架　技术条件》、ZBJ 83015—1989《有轨苍道式高层货架仓库设计规范》。并符合本公司内部标准，如 QA/ULD/011—1998《高、低层钢结构货架内控标准》、QA/ULD/012—1998《钢结构插接式货架技术条件》。

3）设计原则

此部分对货架结构的承重构件设计要求、强设计度值及材料和结构的选择原则进行规定。比如："货架结构的承重构件按正常使用极限状态设计，非承重构件按构造要求设计；按正常使用极限状态设计货架结构，采用载荷标准和允许变形进行计算；货架结构，综合考虑了使用要求、设备情况、载荷性质、材料供应及制作安装条件等因素，合理选择了材料和结构，做到技术先进、经济合理、安全使用、确保质量。

4）功能描述

功能描述指对被规范对象的功能及特点进行具体明确。例如，全组装式结构，随意组合，拆装方便灵活；层高每 70mm 任意可调；货架材料均为各种优质冷弯型钢（碳钢 SS400），内部品质、外观、承载性能都非常优越。

5）技术要求

该部分内容针对货架材料、结构、处理技术等做出规定。

（1）构件材料。所有货架的构件均为优质冷弯型钢（碳钢 SS400）材料经冷轧加工的轻型材制做，强度指标如表 7-1。

表 7-1　构建材料强度指标

钢号	钢材种类	抗拉强度	屈服强度
SS400	冷弯型钢	400～510	≥245
Q235–A	冷弯型钢	375～500	≥235

（2）表面质量。表面处理环氧树脂粉静电喷塑，涂层厚度 60～80μm，硬度达到 GB/T 6739—2006 标准中 2H 要求，耐腐蚀性 GB/T 1771—2007 大于 500h。

（3）形状尺寸。货架全长尺寸的极限偏差小于 2mm，立柱全长调节孔距累计误差不大于±2mm，相临孔距误差小于 0.02mm 等。

6）技术说明

在技术说明中主要是对货架的规格尺寸进行说明。对货架的规格尺寸的设计要求是技术标准的重要内容，也是难点内容。货架的规格尺寸涉及产品系列化、尺寸模数化方面，应保持其维修维护性高、操作适应性好、质量可靠、安全环保、成本低廉、便于管理等方面。因此，必须考虑到企业产品结构、行业技术发展趋势、法律法规、运作模式、人机工程、资源利用率、单元化运输、货架尺寸链、建筑规范等一系列因素，确定具有符合行业规范、企业产品序列、可以充分提升社会资源综合利用率，可以提高工作效率、降低物流成本、利于形成通用化、系列化的规格尺寸体系，从而避免因技术标准的滞后带来的汽车制造企业和零部件配套企业在此方面的重复投资、独家使用和规格繁杂。以工业工程思想方法来考虑货架的尺寸链设计，可以保证工业化整体的设计水平。比如货架与包装容器的匹配，如货架货位的高度尺寸是几个容器的高度尺寸之和；货架与装卸搬运设备的匹配，如货架总层高是叉车门架举升高等。

技术说明部分应对货架规格、层载、各构件尺寸等进行说明。如表 7-2 所示。

表 7-2 货架规格尺寸表

货架规格	L 1500 mm（中）× W600 mm×H4600 mm 八层横梁八层货
货架层载	800 kg/层
立柱	M 型 80 mm× 60 mm× 2.0 mm 立柱，多折面，截面优化，承载力强
横梁	60 mm× 40 mm× 2.0 mm P 型梁

7）检验方法

检验方法包括一般检验、特殊检验和检验规则的规定，该部分内容针对外观、尺寸偏差、容积偏差、载荷偏差、物理机械性能等检验指标进行规定。对检验方法、流程和所用设备设施做出规定。一般检验指产品的交收检验，包括外观质量、喷涂表面、尺寸、装配适应性等进行规定；特殊检验是指一般检验以外的检验，其项目包括承载、表面喷涂特性等，一般在客户订单中有此要求或每生产一定数量的货架后进行。如外观质量采用手摸、目测等直观方法进行检验，产品应无明显毛刺、表面生锈、碰伤变形、焊接飞贱物等缺陷；尺寸采用通用量具或专用检具进行测量，其结果应符合图样及订单的相关要求等。

8）标识

为了方便管理和识别，货架及立柱和横梁都应配有标志。通常，应对标志的组成、设置位置、颜色等进行界定。比如标明产品规格、名称、批号、重量、制造日期，要求清晰明显，不易脱落，需方有特殊要求的按订单要求执行。

9）包装运输和使用要求

该部分对货架的内外包装的材料、形式、方法，对货架在运输过程中注意事项，对货架的使用中的环境要求和温度要求等分别做出具体明确的要求。如按需方要求进行捆扎包装，其余按 GB/T 9174—2008《一般货物运输包装通用技术条件》规定的要求；使用地坪地面平整度每 3m 为 10mm，不均匀沉降 1‰等。

7.3.2 汽车物流作业标准的编写

作业标准主要是指为规范员工操作规范而制定的，对各项工作制定的统一要求和规范化规定。在日本是指保证工作者在工作位置上完成用户所要求的合格产品质量的各种规定。在日本，进行作业标准化时的重要工作，不是把最终的质量特性规定成标准，而是规定了得到质量特性的作业主要因素。在 GB/T 15498—2003《企业标准体系 管理标准和工作标准体系》中，工作标准的定义为："对企业标准化领域中需要协调统一的工作事项所制定的标准。"这里所说的"工作事项"，主要指在执行相应管理标准和技术标准时，与工作岗位的职责、基本技能、工作内容及要求、方法、检查与考核等有关的重复性事物和概念。

通常，汽车物流各级作业标准应根据汽车物流的特点，从四个方面进行作业标准的编写，即作业目标、流程与规范、实施保证、评审及改进。作业标准的主要内容包括适用范围、术语与定义、原则与方针、作业流程及规范、作业规范的实施保证、评价及改进六个部分，其中的原则与方针、作业流程及规范是作业标准体系中的核心内容。各级作业标准具体内容如图 7-6 所示：

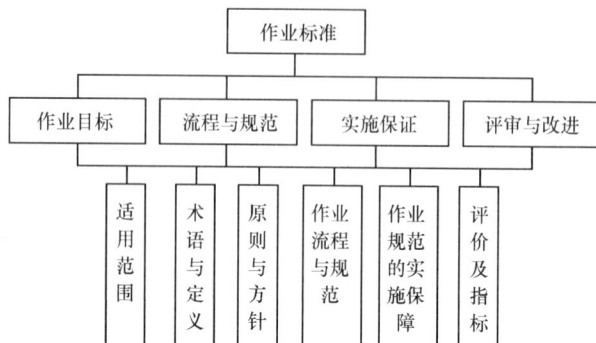

图 7-6　物流作业标准内容

1）适用范围

该部分内容针对此规范适用的范围进行界定。范围应明确表明标准的对象和所涉及的方面，指明标准的适用界限。比如，本规范适用于汽车物流企业，也适用于专业从事汽车物流各环节作业的企业以及与汽车物流相关的某类企业。

2）术语与定义

术语（terminology）是在特定学科领域用来表示概念的称谓的集合，在我国又称为名词或科技名词（不同于语法学中的名词）。各门学科中的专门用语。术语可以是词，也可以是词组，用来正确标记生产技术、科学、艺术、社会生活等各个专门领域中的事物、现象、特性、关系和过程。汽车物流作业标准的编写中，术语可理解为对本标准中所涉及的标准主体、专业名词、常用词汇等进行界定。比如：

（1）界定标准主体"物流企业"指至少从事运输（含运输代理、货物快递等）或仓储等其中一种经营业务，并能够按照客户的物流需求对运输、储存、装卸搬运、包装、流通加工、配送等基本业务活动进行组织和管理，具有与自身业务相适应的信息管理系统，实行独立核算、独立承担民事责任的经济组织，非法人物流经济组织可比照适用。

（2）界定专业名词"汽车物流"是指汽车供应链上原材料、零部件、整车以及售后配件在各个环节之间的实体流动过程。广义的汽车物流还包括废旧汽车的回收环节。汽车物流在汽车产业链中起到桥梁和纽带的作用。

（3）界定常用词汇"期限"指时限的最后界线。

3）原则与方针

原则与方针部分主要明确汽车物流企业建立符合国家和地方性法律法规、符合本企业经营战略的作业规范体系的宗旨、目标、政策以及上述内容的保障措施。

4）作业流程及规范

作业流程及规范部分是制定物流技术标准的核心内容，内容为主要明确规范作业环节的具体规范。在该部分内容中，对汽车物流企业内构成工作流程的所有作业活动均应进行具体规范。汽车物流主要涉及的工作与作业标准有：①岗位责任及权限规定；②岗位交换时间及程序；③工作执行程序（包括配运车辆每次出车由司机进行的车检程序）；④车辆等运输设备的定期检验时间及程序；⑤物流设施、建筑的定期检查验收规范；⑥司机工作时间，配送车辆的日配送次数或每次最大配送数量；⑦配送车辆运行时间表的设置，运行速度的限制等；⑧吊钩、索具等的使用及放置规定；⑨情报资料收集整理、使用更新的规定；⑩异常突发事件的处理方法等。

为保障作业流程及规范的编写与实施的质量，可以通过组织员工培训，让每个岗位的员工知道标准项目，让每名员工知道具体内容，让每名员工知道怎么做。在此基础上，对每个区域的每个岗位进行现场培训，进一步明确标准内容。

5）作业规范的实施保障

作业规范的实施保证部分主要明确各项规范在实施过程中所需要的硬件设施和软件配备，硬件设施包括运输、仓储、包装、配送、装卸搬运等设备，软件配备包括人力资源、信息系统等资源。

6）评价及指标

评价及指标部分主要明确质量、成本、期限、安全、环保和卫生等方面的评价指标，还要对改善途径与措施予以明确。

（1）指标设定。指标设定指对设定指标的原则、指标的含义、指标的体系架构等进行逐一确定。

（2）指标量化处理方法。满意度的指标量化有两类，第一类是感受类指标，这类指标的量化可以利用"量表"测量技术来实现。"量表"就是通过一套预先拟定的评述语句、标记符号和数字，来测定人们心理感受的度量工具，根据预想目标对感受度赋值和排序定位生成的表格，其主要作用是将定性的描述转化为量化数据。第二类是量化类指标，为了与感受类指标采用同样的评价体系，对这类指标需要进行转化，转化的原则是可以将两类指标用一种评价量表完成，比如，第一种，越大越优型定量指标的转化，如表7-3。第二种，越小越有优型定量指标的转化，如表7-4所列。

表7-3 准时送达率赋值

定量指标	赋 值				
	5	4	3	2	1
准时送达率/%	100	99～90	89～80	79～70	<70

表7-4 客户投诉率赋值

定量指标	赋 值				
	5	4	3	2	1
客户投诉率/%	≤1	1～2	2～6	6～10	>10

（3）评价指标的权重的设定。指标的权重是指该指标在整体评价中的相对重要程度，应该根据企业的经营目标和重要性对每一项指标的权重确定制定原则。按统计学原理，

将某事物所含各个指标权重之和视为 1（即 100%），而其中每个指标的权重则用小数表示，称为"权重系数"。权重原则的确定需要考虑客户满意度取向、企业经营战略、服务特性和社会心理学等。

7.3.3 汽车物流管理标准的编写

汽车制造企业的物流系统由四大子系统组成，即，原材料和零部件的采购供应物流、制造过程中的生产物流、商品车和服务备件的销售物流以及召回退货和工业废弃物的逆向物流。由于汽车产品开发周期越来越短，零件品种的更新速度也越来越快，定制化的产品开发必然要求零部件的定制化，而零部件和材料成本往往占整车成本的 70%，因此汽车生产厂的开发效率越来越依赖于零部件的供应水平。因此这里以"物资采购管理"标准为例，来介绍此类标准的编写框架和基本内容。

根据管理标准的编写要求，其要素一般由规范性一般要素（包括标准名称、适用范围、规范性引用文件）和规范性技术要素两部分组成（包括术语、定义和缩略语、职责、管理活动的内容与方法、报告和记录、检查与考核、资料性附录）。

1）标准名称

标准名称应简明、确切地反映管理活动的主题。标准名称可采用管理活动的主题与"流程""规则""规定""办法""细则""导则"等的组合，如汽车物资采购管理规定等，按标准性质和内容分为三个层次：①流程、规则（规范）；②办法、规定；③导则、指引。三个层次中每一个标准都具有同等效率。

2）适用范围

按 GB/T 1.1—2009 中 6.2.2 的规定编写，即，本标准规范了××××××，本标准适用于××××××工作，也可在此表明制定此标准的目的。比如对于采购管理标准来讲，此部分编写如："为确保采购的产品符合规定的采购要求，规定生产物料采购的职责权限和验证要求，制定本标准。本标准适用于本公司的采购及相关部门等。"

3）规范性引用文件

按 GB/T 1.1—2009 中 6.2.3 和 GB/T 20000.3—2003《标准化工作指南 第 3 部分：引用文件》的规定编写。即，国家、行业、企业的技术标准、法律法规和管理规定，并明确上述文件的编号或颁布时间。文件编号在前，文件名称在后。对于采购管理标准来讲，规范性引用文件如：

QG/KPJ—20   《检验和试验管理标准》
KPG 0403—01   《采购管理规定》
KPJ 0403—05   《资金管理规定》
KPJ 0403—09   《发票管理规定》
QG/KPJ—14   《仓库管理标准》
QG/KPJ—11   《新开点及合格供方管理标准》
QG/KPJ—21   《不合格品控制管理标准》

4）术语、定义和缩略语

术语、定义和缩略语为可选要素，它给出为理解标准中某些术语所必需的定义和缩略语。对标准涉及的设备、装置、机构等进行准确的定义，对专有技术名词、管理词汇等在术语中进行规范，还要对标准将反复出现的较长名词规定简称。比如对于采购管理标准来讲，此部分编写如："大宗原材料是指需求批量大、采购金额大的原材料，主要是钢板，由开料中心提需求计划，由集团采购中心负责组织定价并实施采购；小宗物料是指除大宗原材料之外的采购物料，包括外接业务特殊用料等材料及办公用品、劳保用品等生产辅料。"

5）职责

管理职责对管理过程中涉及的各个相关组织的各项职责进行界定。明确由哪些部门、单位实施此项管理活动及他们的职责、权限。该管理活动涉及几个单位时，应规定出主管部门、协作部门及其接口和相互关系，同时应明确该项标准贯彻实施检查考核的部门。如对采购管理标准来讲，其标准文本编写如下。

（1）制造部职责。负责公司小宗物料的采购；负责报批物料的最终价，执行系统或经营部对类物料的定价；负责采购新开点的选点工作；负责审核车间生产物料需求计划；负责五金仓生产辅料的管理；负责外购物料的仓库管理；负责组织物料盘点等。

（2）企管部职责。负责采购物料的进货检验；负责采购物料的质量统计和质量信息的分析处理；负责供方质量管理。

（3）经营部职责。负责确定采购的价格；负责组织有关部门做好招标、议价、竞价等定价工作；负责非生产物料需求计划的审核；负责采购的付款和发票入账；负责采购合同的管理；负责指导外购仓数据管理。

（4）技术部职责。负责提供采购物料的技术要求和技术支持；负责组织编制新产品准备的物料需求计划。

6）管理活动的内容与方法

管理活动的内容与方法编写是汽车物流管理标准的关键要素，其内容应根据管理事项与管理职能所涉及的内容，进行科学合理地划分其管理程序，由具体目标、目的（量、质、期、成本、效益、秩序等）入手阐述主体内容，在研究、分析、对比、优化的基础上寻求最佳方式、方法、程序、流程、途径。在制定管理标准时，首先确定管理内容和方法，包括如下五个方面：

（1）详细规定该管理活动所涉及的全部内容和应达到的要求，采取的措施和方法。

（2）逐步列出开展此项活动的细节，明确输入、转换的各环节和输出的内容。其中包括物资、人员、信息、环境和安全等方面应具备的条件，与其他活动接口处的协调措施。

（3）明确每个过程中各项工作由谁干、干什么、干到什么程度、何时干、何地干、怎么干以及为达到要求应如何进行控制，并注明需要注意的任何例外或特殊情况。必要时可辅以程序或流程图，比如对于采购管理标准来讲，流程图如图 7-7 所示。

（4）内容复杂的管理标准，当条的层次太多时，可根据管理活动的特点或类别分别列出若干章，分别表述。

（5）管理要求应量化，不能量化的要求应用可比较的特性表述。

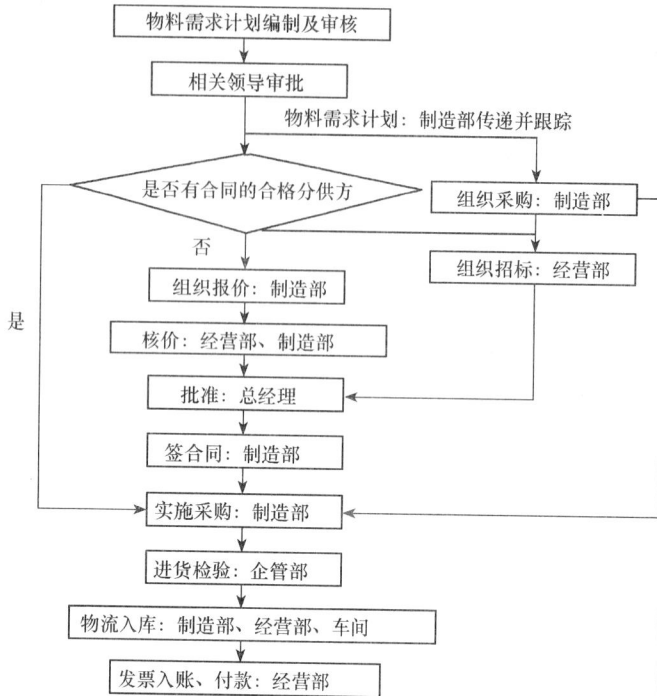

图 7-7　采购管理流程图

7）报告和记录

规定该项管理活动所形成的报告、记录格式、签发、传递路线和保存期限、地点。

8）检查与考核

在管理标准中应对标准中规定的管理活动的内容与方法的实施情况规定具体的检查方法、考核指标及奖惩办法，明确考核的部门、时间。

考核指标应量化，用数据或比率表示，对一些确实难以用数据和比率表示的定性考核要求，也可以转化为等级或分数的办法来表示。

9）资料性附录

附录包括：规范性附录和资料性附录。资料性附录为可选要素，它给出对理解或使用标准起辅助作用的附加信息。该要素不应包含要声明符合标准而遵守的条款，即资料性附录是供参考的附录。

本章小结

本章以《标准化基本术语》、《中华人民共和国标准化法》、《企业标准体系　要求》等法律、法规、国家标准为依据，在分析标准、标准化及汽车物流标准化定义的基础上，以编制汽车物流企业标准体系时主要考虑的基本原则为指导，构建汽车物流标准化体系，核心内容由技术标准体系、管理标准体系和工作标准体系三部分组成。分别构建了汽车技术标准体系、汽车管理标准体系和汽车工作标准体系结构框架，并结合案例介绍各标准化体系的编写方法。

思考题

1. 何谓物流标准化?它的具体含义是什么？

2. 汽车物流标准化有哪些具体内容？并举一例进行说明在汽车物流作业中的物流标准化。

3. 简述汽车物流标准化的基本原则。

4. 目前我国汽车物流标准化工作存在哪些问题？

5. 汽车物流标准是怎样分类的？

参考文献

路薇，宋秀丽，高深.2010.汽车企业物流与供应链管理及经典案例分析[M].北京：机械工业出版社.

齐明.2007.东北老工业基地物流标准体系构建研究[D].沈阳：沈阳工业大学.

姚洪华.2006.现代汽车物流企业标准体系的建立与价值评估模型的研究[D].上海：上海交通大学.

张铎.2011.物流标准化教程[M].北京：清华大学出版社.

第8章
汽车物流绩效评价

[本章提要]

简要介绍物流绩效评价的基本概念、指标体系建立,以及物流绩效评价方法和评价体系设计流程的基本内容。结合汽车物流绩效评价的特点,对汽车物流绩效评价指标体系建立、评价内容、评价方法和评价指标体系设计流程进行介绍,并通过简单案例分析使读者加深对汽车物流绩效评价指标体系设计和评价方法的理解。

8.1 物流绩效评价概述

8.1.1 物流绩效评价定义和作用

企业物流绩效评价是指为达到降低企业物流成本的目的,运用数理统计和运筹学方法,采用特定的企业物流绩效评价指标、比照统一的物流评价标准,按照一定程序,采取相应的评价模型和评价计算方法,通过定量和定性分析,对企业在一定经营期内对物流系统的投入和产效(产出和效益)所做出的客观、公正和准确的评判。对物流企业绩效评价进行研究,可以进一步丰富绩效评价理论,同时,绩效评价则是绩效管理的前提和基础。

8.1.2 物流绩效评价的意义和原则

1)物流绩效评价的意义

美国将绩效管理定义为:利用绩效信息协助设定统一的目标计划,进行资源配置与优先顺序的安排,以告知管理者维持或改变既定目标计划,并报告成功符合目标的管理过程。物流作为企业提高竞争力的重要因素,要想使其能够健康地发展,必须对物流企业的计划、顾客服务、运输、存货等物流活动进行绩效评价与分析。对物流绩效进行评价与分析,才能够正确判断企业的实际经营水平,提高企业的经营能力,进而增加企业的整体效益。目前,我国企业的物流处于起步和发展阶段,如果在建立物流系统的同时，实时进行绩效评价，对不断完善和提高物流管理水平，使其成为企业的"第三利润源泉"具有重要意义。

2）物流绩效评价的原则

（1）客观公正的原则。其要求是坚持定量与定性相结合，建立科学、适用、规范的评价指标体系及标准，避免主观臆断。以客观的立场评价优劣，公平的态度评价得失，合理的方法评价业绩，严密的计算评价效益。

（2）多层次、多渠道、全方位评价的原则。多方收集信息，实行多层次、多渠道、全方位评价。在实际工作中，综合运用上级考核、同级评价、下级评价、职员评价等多种形式。

（3）责、权、利相结合的原则。评价的目的主要是改进绩效，不能为评价而评价，为奖惩而评价，为晋升而评价。但是，物流企业绩效评价在产生出结果后，也应分析责任的归属，在确定责任时，要明确是否在当事人责权范围内，并且是否为当事人可控事项，只有这样，奖惩才能公平合理。

（4）经常化、制度化的评价原则。企业必须制定科学合理的绩效评价制度，并且明确评价的原则、程序、方法、内容及标准，将正式评价与非正式评价相结合，形成评价经常化、制度化。

（5）目标与激励原则。企业存在的目的就是要实现自己的目标，有效经营的企业是最有希望实现预定目标及战略目标的。目标的实现是很重要的激励机制。然而，以报酬作为激励也是现代化企业不可缺少的有效管理机制。企业绩效评价体系的设计目标和激励是必不可少的。

（6）时效与比较的原则。为了及时了解企业物流运营的效益与业绩，应该及时进行评价。评价绩效，数据是最佳的衡量工具，但是如果没有比较的基准数据，再及时的评价也是徒劳的。因此，企业的盈余或亏损，须同过去的记录、预算目标、同行业水准、国际水平等进行比较，才能鉴别其优劣。一定的基准数据同评价企业的经营结果进行比较及分析，企业绩效评价才具有实际意义。

8.1.3　物流绩效评价指标体系

物流绩效评价主要是从物流财务绩效、物流服务绩效以及物流综合绩效进行评价，并构建相应的指标体系。

1）物流财务绩效评价指标体系

绩效评价主流观点大多采用财务绩效来评价企业绩效。主要有四个指标：①与商流结合的物流绩效的财务评价指标，主要包括销售净利率、销售毛利率、应收账款周转率及应收账款周转天数；②与资金流相结合的物流绩效的财务评价指标，主要包括存货周转率、存货周转天数及营业周期；③反映物流投入效果的财务评价指标，主要包括总资产周转率、净资产周转率；④物流、商流与资金流综合的财务评价指标，用一个指标来衡量，即净值报酬率。

2）物流服务绩效评价指标体系

根据 Nevem working group 等的研究，在进行物流绩效评价时主要考虑四个指标：

①送货时间；②送货可靠性；③送货灵活性；④库存水平。

3）物流综合绩效评价指标体系

物流成本与服务水平的效益背反原理指出，物流服务的高水平必然带来企业业务量的增加，同时也带来企业物流成本的增加，使得效益下降，即高水平的物流服务必然伴随着高水平的物流成本，所以，物流绩效评价需要综合考虑各个方面因素。从物流服务绩效和物流财务绩效两个方面构建物流绩效综合评价指标体系更加科学合理。企业提供的物流服务水平，直接影响到它的市场份额、物流总成本，并且最终影响其整体利润，物流服务绩效衡量了物流活动的过程，而物流财务绩效衡量了物流活动的结果，两者结合才能很好地评价企业物流绩效。

物流财务绩效分为物流成本绩效和物流利润绩效。物流成本是物流绩效中重要的内容，也是物流绩效中最早开始研究的领域。根据国家标准 GB/T 20523—2006《企业物流成本构成与计算》将物流成本分为物流功能成本和存货相关成本，其中物流功能成本包括运输成本、仓储成本、包装成本、装卸搬运成本、流通加工成本、物流信息成本、物流管理成本。存货相关成本包括流动资金占用成本、存货风险成本、存货保险成本。

物流服务绩效从物流服务最基本的三个属性，即服务可得性、服务作业绩效和服务可靠性来评价。服务可得性用缺货频率、供应比率和订货完成率三个指标来衡量；服务作业绩效通过速度、一致性、灵活性和故障与恢复四个指标来衡量；服务可靠性用缺货通知、准时送货率、损失率这三个指标来衡量。

根据物流绩效评价的目的与其指标构成的特点，物流绩效评价指标体系的建立应遵循以下原则：

（1）目标导向性原则。评价指标体系必须与评价目的存在内在的有机联系，在建立评价指标体系时必须注意要使评价指标体系对物流的运作绩效有正确的目标导向作用。

（2）实用性原则。实用性原则一般要求评价指标体系要繁简适中，评价指标所需的数据要易于采集，评价方法中的计算要简便易行。

（3）系统性原则。一般情况下，在物流评价指标体系建立的过程中，不能仅仅选取成本和利润等传统指标，还应该选取能够反映出硬件水平以及客户满意度的一些指标。

（4）可比性原则。评价指标体系的建立一定要体现出可比性。在建立评价指标体系时，不但要考虑到所选数据在时间上的纵向可比性，也要考虑到与物流绩效评价体系的兼容和横向的可比性。在对指标的分析过程中，要求指标之间能够相互比较，也要求指标能够通过一定的处理进行量化，这样才能建立出具有高度对比性和可操作性，既能突出重点，又能体现总体性的评价指标体系。

8.2　汽车物流绩效评价体系

8.2.1　汽车物流绩效评价的概念

随着经济全球化的激烈竞争，制造型企业越来越关注自身的成本控制，企业物流管理能力的增强也越来越被社会各界和企业家所关注。汽车制造企业、零部件生产企业以及物流服务商不约而同地对建立物流领域成本管理和关键绩效评价体系予以高度关注，同时也更加迫切地希望寻找到能够衡量企业物流成本真实全貌的途径，期望借助物流技术、统计技术和现代信息系统工具，建立一整套企业物流绩效指标评价体系，对物流运行和管理过程中的质量、成本、期限和服务进行持续跟踪，并依据数据分析的结果建立系统化的持续改善计划，从而实现可度量的精准物流绩效目标。

从绩效的定义可以看出，绩效评价应该包括两个方面的内容：一方面，绩效可以通过效力与效率来进行适度衡量。对于效力，一般可以从其对客户的服务方面来衡量；对于效率，可以从在满足客户基本需求的情况下，企业所投入的资源的使用情况来衡量。另一方面，在对整个数据进行处理的过程中，无论缺少了哪一个环节，都会使整个绩效评价不完善、不合理，进而使预定的决策和行为不能如期发生，因而要求在处理数据的过程中，相关数据必须被采集、整理、分析、解释和传播。

为了有效配置汽车生产物流资源，对汽车物流效率与汽车物流目标进行对比，从而为更好地实施汽车物流提供数据基础。基于此，就需要对汽车物流绩效进行评价。

汽车物流绩效评价指的就是对汽车生产硬件水平、经营管理水平和客户满意度等特定的汽车物流软硬件条件和服务水平以及运作环节数据的采集、整理、分类、分析、解释和传播，采取相应的评价模型和评价计算方法，来对以往行为的效力或效率进行量化，做出的客观公正和准确的评判并据此做出相应决策采取相应行动的过程和结果。

8.2.2　汽车物流绩效评价的内容

绩效评价就是针对被管理对象，结合企业经营战略和运行模式的目标和特点，对企业生产在一定期间运作和管理过程中的质量、成本、期限和服务等方面的绩效状况进行量化跟踪，与既定目标进行比较并做出客观、公正和准确的综合评判，运用数量统计和运筹学方法，对偏差产生的成因和改善的可能进行定量和定性分析。因此，在物流绩效评价体系构建中，应基于物流管理的核心思想，从业务流程入手，以促进物的流动为宗旨，注重在流程中增值。

汽车物流系统主要涉及四个领域：供应组织、生产计划、物流管理和需求研究。

1）供应组织

供应组织领域中最重要的管理对象是采购活动，这是供应链管理中成本控制的首要单元，主要内容是选择所需产品和服务的供应商，与其共同建立合理的定价、配送和付款流程。对制造企业而言，采购管理就是要创建基于系统集成控制的流程和方法来监控和改善过程管理，实现采购成本受控、库存资金占用合理、质量稳定并规避和消除业务过程中的漏洞。

2）生产计划

生产计划领域中最重要的管理对象是库存控制，这是物流与供应链管理的策略性单元，需要运用适应企业经营目标的策略来管理所有资源，以满足客户对产品的需求。对制造企业而言，计划与控制就是建立一系列方法来指导和监控物流与供应链的运行，使其能够有效、低成本地为顾客递送高质量和高价值的产品或服务。

3）物流管理

物流管理领域中最重要的管理对象是配送，这是物流与供应链管理的关键单元，是调整用户的订单收据、建立仓库网络、派递送人员提货并送货到顾客手中、建立货品计价系统、接收付款的关键环节。对这个单元的管理效果体现在企业在战略和战术上对其整个作业流程的优化方面，从而提高物流与供应链上各个环节的效率，使商品以正确的数量、正确的品质，在正确的地点以正确的时间和最佳的成本送达用户手中。

4）需求研究

需求研究领域中最重要的管理对象是客户服务，这是物流与供应链管理的核心单元，管理对象针对企业内部制造过程中的所有生产活动，这是物流与供应链中需要评价内容最多的单元，它包括对产量、质量、成本、期限和服务等方面的量化和评价，为满足不断变化的客户需求，构筑灵活、高效的物流与供应链体系。

企业在对物流与供应链绩效进行评价的时候，通常以汽车工业精准供应链中的龙头企业——"主机厂"作为分界点，将具体被评价的内容分为三部分，即内部绩效衡量、外部绩效衡量和整体绩效衡量。这三个方面的绩效，在理论上比较系统地描述了物流与供应链绩效评价所涉及的主要内容。

在实施物流与供应链绩效评价时需要对上述三部分内容进行综合评价。随着现代物流理念的发展，物流与供应链整体绩效越来越为人所重视，但是由于对物流与供应链整体绩效进行综合评价，涉及的因素和方法非常庞杂，因此对此问题的研究进展明显落后于内部与外部绩效的评价。

8.2.3　汽车物流绩效评价的评价方法

国内外广泛应用的物流绩效评价方法主要有层次分析法、平衡计分法、关键业绩指标法、模糊综合评价法、数据包络分析法、杠杆管理法、主成分分析法、项目"金三角"评价方法等。在汽车物流及相关的物流领域应用比较多的是模糊综合评价法、层次分析法及其组合等。

1）模糊综合评判方法

一般认为，采用模糊综合评判方法是一种行之有效的方法。模糊综合评判法是综合各方面的考量，对一个因素的评价要分析到与这个因素与模糊相关要素进行系统分析，并作出总的评价的一种方法。通过这种方法综合各方面要素对某一因素进行综合决断或决策，这样就可以避免只对一个因素评价而可能得出片面或不真实的结果。一般的绩效评价，其评价过程中会存在许多定性指标，如对物流环境应变能力的评价、对客户服务能力的评价等，这些指标的样本值很难精确得到，具有一定的模糊性。该方法在进行评价时往往会带有一定的主观性，这样就会影响评价的结果，但可以通过专家问卷调查的形式，结合权重系数修正的办法来解决这一问题，这样所得到的评价结果就会更接近实际情况，评价结果就会比较可靠、合理。

模糊综合评判方法的优势在于不仅接近人们的思维习惯，也与人们描述事物的方法比较接近，该方法能将传统难以量化的定性指标进行模糊定量化，并通过各级指标的权重向量和相应评价矩阵的数学运算，从而最终得到各级指标的评价结果。但该方法缺乏确定指标权重的功能，也不能科学合理分析评价结果。

2）层次分析法

层次分析法是一种比较普遍应用的关于许多行业绩效评价的方法，该方法通过逐级梳理，可以把一些原本复杂、含糊不清的问题逐渐分解为多个比较清晰、简单的事项。通过把一些复杂问题分解后，将这些简单的因素按照一定的关系或关联性进行分类或分组，把其中相互联系的因素进行组合归入小类，再将小类归入大类，这样就形成了一种有序的阶梯层次结构。再经过两两对比来确定其重要性程度，按照重要性程度在阶梯层次结构中进行合成，来确定各要素对于总目标的重要性，并将其进行排序。

从以上分析可以看出，层次分析法可以使人们的决策思维活动系统化、定量化、清晰化。该方法体现了决策思维的三个基本特征：分解、判断和综合。层次分析法在确定指标权重的时候，该方法有点难度，但一般情况下可以与其他方法结合使用，取长补短，这样该方法就相对比较具有科学性，也具有一定的使用价值。但需要指出的是对于每项指标的权重是根据专家来评判的，不同的专家对同一指标给不同的权重，所以从某种角度说有一定的主观性。

利用层次分析法进行物流绩效分析的一般步骤如图 8-1 所示。

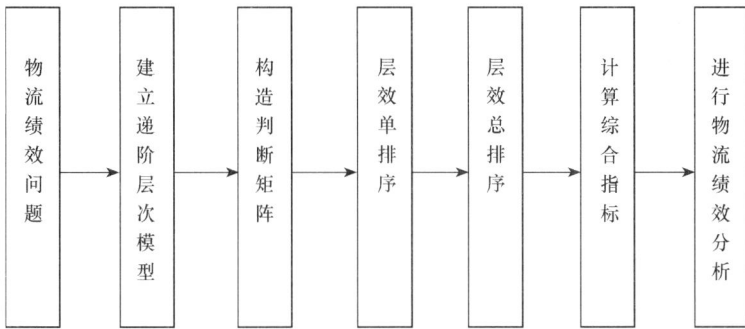

图 8-1 层次分析法的分析步骤示意图

3）模糊层次综合评价法

模糊层次综合评价法是将模糊数学与层次分析法相结合的一种系统评价方法。这种方法较好地解决了复杂系统的多指标问题，能较全面地吸收所有因素所提供的信息，便于区分各因素在总的评判中的地位和作用，是迄今为止较先进的评价方法。

多级模糊层次综合评价数学模型的建立步骤如下：

（1）建立评判因素集合。首先对多因素评判指标进行层次划分，即根据判断指标的性质及其相关性将各指标划分为 n 个大类。

（2）建立评判集合。设判断结果的等级个数为 m（m 可取为 3，5，7，9 等）。一般情况采用五级评语集，即将评判结果划分为很好、好、一般、差和极差五个等级。

（3）建立单因素判断矩阵。①确定判断指标的合理取值范围，判断指标取值范围的上下限一般取指标因素可能达到的最大值及最小值，如果所得因素多数覆盖面较广，则可取全体指标中的最大值、最小值；②确定判断指标的隶属度，判断指标的隶属度由专家评分确定，由每个判断指标对每个判断等级的隶属度，构成了单因素模糊判断矩阵。

（4）对各层次各评判指标进行权重分配。按照层次分析法的要求，将全部判断指标和分指标列成表格，请专家根据各指标对总体指标的影响程度，分别给其赋予不同的权重系数。

（5）模糊综合评判。单因素模糊判断矩阵与权重系数求出后，即可按照汽车零物流绩效评价体系的层次结构进行计算，得到综合判断结果。

4）平衡计分法

平衡计分法是近几年一种在美国许多公司中兴起的业绩评价方法。大量研究和应用发现这种方法的特点是基于企业重大的战略和发展方向，将战略的发展同具体目标联系起来，通过评价具体目标的实现情况来测量企业战略的落实情况。通常把员工的学习能力、创新能力、高层的满意度等指标与企业的财务目标指标结合起来进行测量，这就避免了只用传统财务指标评价的缺陷。

平衡计分法可以实现战略管理和经营管理的平衡、动因与结果指标的平衡、财务与非财务指标的平衡以及内部与外部人员的平衡等几方面的有机协调与平衡。由此可见，使用平衡计分法在进行绩效评价时，即要求对财务指标进行考量，也要求对相关非财务指标进行考量，这样就可以弥补一些评价体系只选择财务指标的弊端。

从以上分析可以得出：

（1）平衡计分法的主要优点在于平衡，平衡战略与战术、财务与非财务等方面，主要缺点是不能"计分"，即无法对指标进行定量评价。

（2）从对企业的贡献来看，平衡计分法的特点主要表现在以下两个方面：

① 它是企业战略管理系统的基石；

② 它是企业全面的业绩评价系统。可见，构建平衡计分卡体系能对企业的业绩进行评价，甚至能给整个企业管理带来革命性的变化，从而实现企业更全面的发展。

5）关键业绩指标法

在公司众多衡量绩效的标准中，一些数量相对少，但对市场成功具有举足轻重的指标就是绩效关键指标。关键业绩指标法中竞争性绩效评判体系对企业把握市场是很重要的。但该方法一个致命的缺陷是扭曲了真实的绩效，即使是可以通过人工进行修正，但整体评价不能让人信服，所以该方法的应用也必须和其他手段结合起来，才有实际价值。

6）数据包络分析

数据包络分析是由美国著名运筹学家 A.Charnes 和 W.W.Cooper 等学者在"相对效率评价"基础上发展起来的一种系统分析方法。目前，数据包络分析方法已经被成功地应用于各领域的效率评价和效益评价。该方法特别适用于对多指标输入和多指标输出决策单元的相对有效性评价。

由于数据包络分析方法不需要预先估计参数，这就使得该方法避免了主观评判的不足，有一定的应用价值。

其一，数据包络分析模型以最优化为工具，以多指标投入和产出的权系数为决策变量，其评价是基于最优化意义，这就避免了在确定权系数时的统计平均性，可见，该方法具有内在的客观性。

其二，输入和输出之间的相互关联和相互制约，在数据包络分析方法中不需要确定他们之间关系的任何形式的表达式，可见，该方法具有黑箱类型研究方法的特色，减少了人为的干扰。

7）项目金三角评价方法

由于物流系统是由若干单项所组成，各个单项独立，这样就可以利用该方法对每个单项进行评价，然后进行综合，从而得出最终评价结果。由此可见，项目金三角评价方法是将涉及项目的时间、成本和质量各因素进行综合分析、评价的一种评价方法。

一般情况下，在评价一个项目的时候，将时间、成本以及质量综合考虑进去，在保证这个项目绩效水平的前提下，所投入的时间最少、成本最小，而生成的质量最大的结果就可以作为绩效评价的度量标准，通过这样评估就可以得出评价标准及评价结果。

8）标杆管理

该方法是一个明确努力方向的过程，是发现目标以及寻求如何实现这一目标的一种手段和工具。在应用标杆方法的时候，应该建立一个可行、可信、可操作的指标体系，进行绩效衡量，这样才能得出真实结果，才有助于企业绩效的改良，可见，实现目标的意义在于获得绩效改良的最终结果。

9）主成分分析法

该方法是将各个原始变量经过必要的处理，使其成为一个个独立的事项，然后对这些独立事项进行综合评判的一种系统分析方法。该方法的具体优点表现在：

（1）该方法基于原始数据本身，以较少的主成分来综合替换原来较多的指标，采用信息权数有助于客观地反映样本间的现实关系，这样就使得这些主成分能尽可能地反映出原来指标的信息；

（2）对原指标变量进行变换后可以形成彼此相互独立的主成分，这就消除评价指标间的相关影响；

（3）将多指标进行降阶处理后，可以降低评价的复杂度，削弱了指标间的多重相关性，大大减少了指标选择的工作量。

8.3　汽车物流绩效评价指标体系设计

汽车物流绩效评价指标体系设计的宗旨是必须基于企业的经营战略，从业务流程再造入手，以实用和可操作为原则，在物流成本显性化的基础上，再行构建能够反映物流系统运行和管理领域绩效状况的、用于帮助企业进行科学决策的、促进企业开展持续改善的评价指标体系。同时，还用在研究和实践的积累过程中，创建科学的方法论用以指导更多的企业实施和促进行业推广，使研究成果迅速转化为生产力，从而获得更广泛的经济效益和社会效益。

8.3.1　汽车物流绩效评价指标体系的设计流程

开展汽车物流绩效评价的目的是巩固汽车物流系统的优势环节，更有针对性地与同质企业之间进行良性竞争；在流程再造的基础上，拓展具有持续发展潜力的物流系统与供应链环节，以价值流的理念整合物流与供应链中无效或不增值的环节。因此，系统性、可见性、整体性、动态性和改善性是整个体系设计的重要特点。

汽车物流与供应链绩效评价在整个供应链系统中起着驱动作用，它能以客观、量化、发展的分析结果约束和激励物流链上的各个部门，并产生积极的作用。

建立和实施一个系统、科学的汽车物流绩效评价指标体系，应该按照以下五个主要过程进行，如图 8-2 所示。

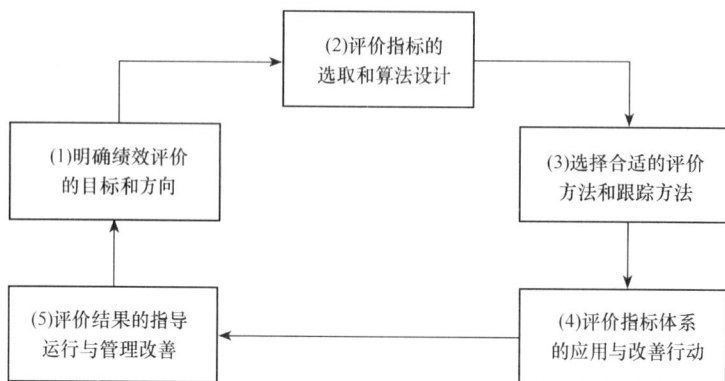

图 8-2　绩效评价指标体系的设计流程图

对图 8-2 的说明如下：

1）明确绩效评价的目标和方向

汽车物流绩效评价者必须对期望评价的具体内容具有充分的认识和现状把握，只有这样，才能明确被评价领域的绩效目标。更为重要的是，要以系统的观点将汽车物流各个部门的绩效目标与物流系统的总体绩效标准联系起来，这是保证某个物流节点的个体活动能够与物流系统整体战略目标保持一致的最佳方式。

2）评价指标的选取和算法设计

汽车物流绩效评价指标主要反映了汽车物流系统整体运营状况以及物流系统节点部门之间的运营关系。理想的汽车物流绩效评价指标体系能够反映汽车产品的最终客户、节点企业和汽车供应链自身的综合性需求，易于理解和操作，应用简单方便并且成本较低，更重要的是能够为操作者和管理者提供快速的信息反馈和趋势判断，激励物流系统中各个成员对绩效改善的积极性和主动性。

3）选择合适的评价方法和跟踪方法

在选择合适的汽车物流绩效评价方法时，不仅要考虑所采用的方法是否易于对绩效的表现做出科学评价、能否可靠地对未来绩效提出改善方向，还要考虑是否真正评价了事物本质的原因、是否有助于开展持续改善物流系统绩效。

4）评价指标体系的应用与改善行动

这个过程包括了评价、反馈和纠偏等工作。在单一绩效评价指标的基础上还应该采用恰当的、具有一定前瞻性的评价方法对物流系统整体进行综合评价。这是由于汽车物流绩效评价的工具和方法必须随环境的变化而变化，才能与时俱进，才能实现指标评价的预定目标。因而在评价的过程中要进行及时反馈和总结，并根据需要对绩效目标进行相应调整，为持续改善建立分析基础。

5）评价结果的指导运行与管理改善

汽车物流绩效评价的目的不仅仅是为了把握物流系统各个部门和物流系统整体的运营状况，更重要的是为了优化物流系统各个部门和物流系统的业务流程，实现缩短周期、提高效率、降低成本的目的。绩效评价活动也不应该止于获得了绩效评价的结果，更应该用这个结果来系统地管控汽车物流与供应链的相关活动，以此来改善汽车物流系统功能、推动汽车物流系统向价值链过渡。

构建汽车物流绩效评价指标体系的主要工作有两个方面：

（1）是设计确定能够准确反映物流系统绩效的指标；

（2）是建立与企业经营目标及运作模式相适应的评价方法，前者是基础、后者是工具。

企业经营的某一个绩效涉及多种因素和多个领域，具有复合性的横向特征，一般情况下，单一或较少的几个指标难以全面反映物流系统的综合运行状况。所以，评价物流系统某一绩效需要构建一个能够反映经营绩效各个侧面的、由一系列相关指标组成的评价指标集。

需要强调的是，在构建汽车物流绩效指标体系的过程中，要关注业务流程，重视效率、效益和效果，强调同步应用；在实践的过程中，要注重及时总结和不断提升。逐步地满足企业物流与供应链领域实现精益管理和持续改善的需求；在体系设计中一定要遵循以下几项基本原则：

（1）符合绩效评价目的和评价内容的要求。从若干能够反映物流系统某一类绩效特征的侧面入手，建立能够涵盖被评价绩效所有关键的内容指标集，保证绩效评价的整体性和科学性。

（2）各项指标之间具有一定的专属性。避免造成评价内容相互重叠和评价结构相互矛盾。

（3）用关键指标系统地权衡成本与收益。绩效评价的目的是获得一定的收益，但也要投入必要的时间成本和资源成本。片面追求绩效评价的全面性和准确性，必然导致成本的急剧上升；而单纯追求降低成本，评价体系的科学性和权威性就会削弱，绩效评价的目的就无法实现。所以，权衡绩效评价的投入成本与收益预期，首先要解决好关键指标的选取问题。

（4）系统考虑评级体系要素的权重。不同战略导向的汽车物流系统，其绩效所对应的指标必然不尽相同，但是一些关键指标应该具有一致性。具体评价时，可以通过对关键指标设置不同权重来体现物流系统的战略导向。

（5）体系架构的分类分层。类别和层次的科学划分可以保证评价体系的系统性和兼顾性，既要关注对现时状态的管理控制效果，还要关注汽车物流的发展趋势，绩效评价体系的分类分层架构可以保证可持续性发展的要求。

（6）绩效评价体系的针对性和关联性。物流系统中存在多个主体，评价将针对多个主体的各个对象，不同主体关注的对象将存在差异。因此，建立以顾客为中心的、以改善整个物流系统绩效为目标的评价体系必须综合考虑主体局部目标的针对性、物流系统整体目标之间的关联性。

（7）关注流程。传统的基于职能的评价仅仅关注对事后结果的评价，这就无法实现建立绩效评价体系的预定目标，对实际工作的指导意义不大。新型的基于流程的评价将视角拓展到了事中和未来的评价和预测，进而实现从根本上改善绩效的目的。

8.3.2   汽车物流绩效评价指标体系的设计作用

根据行业通行的评价目标和方法设立国内外物流行业普遍使用的评价指标，结合本企业运作特点和业务流程设立本企业决策层关注的评价指标；按照持续改善的进程设立对物流和供应链成本绩效敏感的或能够反映改善效果的指标，建立分类和分层的实用性指标体系框架，如图 8-3 所示。根据企业经营战略的需要，考虑不同时期、不同领域的特点，对评价指标进行分类并赋予不同的关注优先级用于企业进行战略调整、投资决策和持续改善。

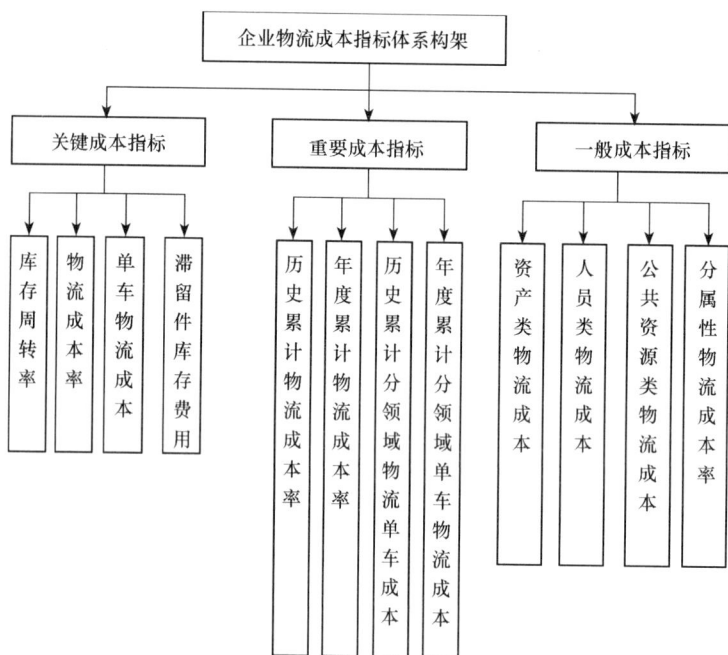

图 8-3   企业物流成本指标体系构架图

特别需要重视的是在设计指标体系的过程中，要对企业经营战略、产品战略、生产领域、物流与供应链管理改善等方面的重大事件进行跟踪，特别是那些与物流成本具有因果关系的事件，建立指标与企业大事件之间的关联关系，并对这些指标进行分层和分类。

图 8-4 所示的是某汽车企业物流绩效评价指标体系框架图。这个体系符合该企业物流的战略定位，反映了该企业对其物流管理领域的关注点，体现了该企业的改善目标。

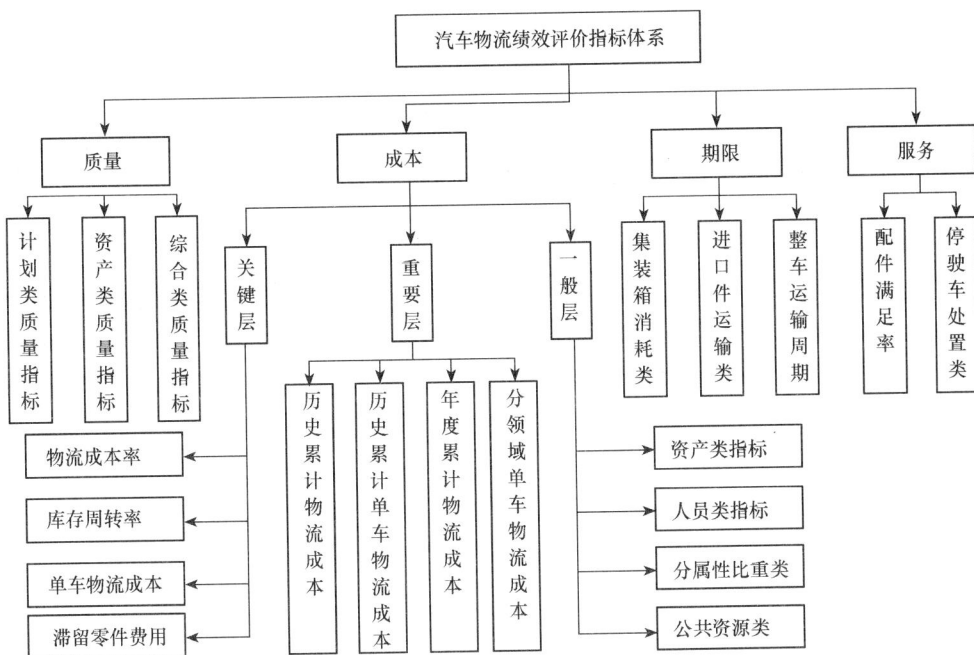

图 8-4 汽车物流绩效评价指标体系框架图

8.3.3 汽车物流绩效的指标体系的内容

8.3.3.1 汽车物流成本绩效评价指标体系的设计

1）物流成本模型

要建立成本绩效评价指标体系，首先需要建立成本模型。

汽车制造企业物流与供应链管理精益化的课题一直被广泛关注，由于经营战略、生产模式的不确定因素较多，信息系统覆盖领域的限制以及物流业务流程的横向性，使企业物流成本的构成一直难以确定。而在企业物流成本模糊背景下的物流与供应链绩效评价体系难以实现期望的目的。

有关企业物流成本的研究文章比较多，但从实用性和可操作性的角度来看，可以说几乎没有。因此，以企业实际运行的可操作性为基础，以准确的控制、精确的设计，来实现整体的最优应该予以高度重视。否则，理论与实际长期脱节或过于脱节，就会造成企业界对理论界的不认同、就会阻碍产学研的结合、就会让研究成果束之高阁无法转化为生产力。

建立企业物流成本模型的目的就是要研究这个领域的价值优化，形成物流业务活动的成本函数，然后再综合生成整体的成本函数，这个成本函数需要与供应链的顾客满足水平相权衡，从而得到平衡的顾客需求满足率与成本之间的最优解。建立物流成本财务科目集合和形成物流成本统计模型正是建立实用性企业物流与供应链绩效评价体系的难点。

尽管可以查阅的理论书籍不少，来自不同领域的呼声不低，但没有可供实践的方法论却让很多已经充分认识到建立物流成本模型重要性的企业止步不前。当前国内和国外同行业的相关情况如下：

（1）国内的情况。关于汽车制造企业物流与供应链管理领域总成本的显性化是当前企业界、学术界和政府高度关注的焦点和难点。到目前为止，国内同行尚未建立起符合企业自身经营战略与运作模式的企业物流与供应链领域的成本框架，还无法对所有企业物流与供应链领域中所有活动所发生的成本进行精细地数据跟踪，难以开展系统、科学的物流成本管理工作。同时，由于企业缺乏可参考的物流成本水平，无法做出科学有效的物流运作和管理的决策。大多数汽车制造企业对其物流与供应链降成本的目标与数据统计仅仅来自于总体的统计费用。

（2）国外的情况。国外的汽车制造企业在物流领域成本管理方面已经非常精细，这个精细的保证来自于制造企业对上游的零部件供应商和物流服务商的专业化管理，涉及零部件开发、采购、物流等诸多环节，也来自于企业内部运作的精密分工，还来自于对下游销售物流的成本管理精准定位，对成本与质量和期限的内在规律采用了具体赋值的方法。

从方法流程的角度而言，针对建立物流成本模型的研究与实践需要经历五个主要阶段：

（1）前期准备。前期准备阶段中，要充分审视包括企业内外部环境背景是否具备了建立物流成本模型的理念条件、技术条件和模式条件；明确企业在物流与供应链领域中的管理目标；充分了解现状、识别研究的难点；成立由企业最高领导人参加的项目指导小组和由物流、采购、财务和信息等领域专家负责的行动小组；建立行动计划和阶段目标。

（2）梳理业务流程。该阶段中，主要确立研究原则和技术路线，结合企业运作模式、周密地梳理业务流程、识别物流运作和管理过程中的物流成本。汽车制造企业的物流成本与供应链的综合成本由采购供应物流（包含进口件物流和国产外协件物流）、生产物流（包括车身物流和零部物流）、服务物流（包含商品车物流和备件物流）和逆向物流（包含废弃物物流和回收物流）等领域中的显性成本和隐形成本构成。显性成本存在于运输、仓储、装卸、搬运、配送、流通加工和信息传递等实体的基础设施、设备资源和运作过程中。隐形成本存在于由于物流运作不畅导致的库存费用增加所形成的资金利息成本、库存资金占用的机会成本和市场反应迟缓的损失及其管理不善造成的货物损失和损坏的成本等。因此，通过对各个物流子领域物流业务的梳理，可以对现行物流业务流程所涉及的各项物流要素进行归纳；此外，通过访谈、调研、研讨和行业交流等活动，识别汽车制造企业物流与供应链的所有业务活动。

（3）定物流成本模型框架。在该阶段中，主要考虑基于物流业务流程，结合企业财务科目和结算方式，综合考虑数据源通道，构筑能够用于实践操作的物流成本模型的技术框架。企业物流成本模型框架由三个纬度（企业物流成本项目、企业物流业务范围和物流费用支付形态）和四个经度（统计适用范围、物流成本构成、物流成本计算方法和物流成本内涵与对象）构成，如图 8-5 所示。

（4）理财务科目和信息系统覆盖范围。在该阶段中，为了企业实施的便利性和效率性，在不改变现行会计核算体系和财务制度的前提下，全面梳理各项财务科目；全面校核现有信息系统对各项物流活动的管理和指导作用，尽可能使构成成本的数据均取自于现有的财务科目并集合成新的专项输出科目；对于尚未从零件采购价格中分离出来的物流成本，采用经验比例的方法进行预先赋值，再通过持续跟踪，对经验数值进行修正。在数据途径、算法逻辑和比较基准统一的前提下，建立物流成本结构表（见表8-1）和数据详表。

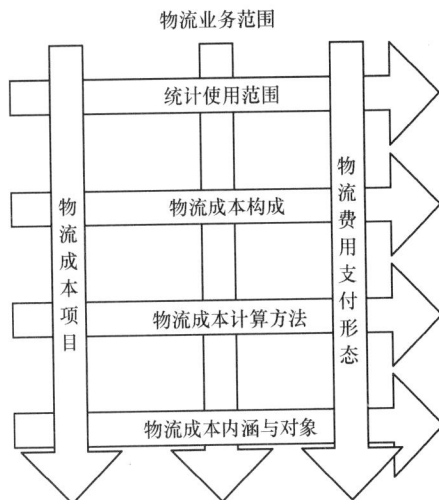

图 8-5 企业物流成本模型技术框图

表 8-1 企业物流成本结构表

序号	运输包装成本	行政管理费用	资金占用	跌价准备	其 他
1	国内原材料	员工薪酬	原材料	原材料	物流信息系统摊销
2	进口零件	日常费用	国内零部件	商品车	公共保险分摊
3	厂际运输	材料废损	进口零部件	服务备件	—
4	—	外委服务	商品车	—	—
5	—	设备设施折旧	服务备件	—	—

物流成本数据详表中包括了运输包装成本、仓储成本、存货持有成本、物流行政管理成本和物流信息系统管理成本。实践中的数据汇集途径如下：

① 运输包装成本（国内外采购运输、厂际运输和销售运输）采用企业 SAP 系统的账面数据。对于国产零件，包含在原材料采购价格和国产件采购价格中的采购运输成本按经验比例设置提取。对于进口零件，运输成本从采购部门专用的计算机系统数据中抽取出集装箱的数量，然后与运输合同中确定的单箱价格（单价）相乘，就得到了运输成本值；包装成本取采购合同中的确定值。

② 仓储成本包含了服务费，运输费，仓储租赁费，折旧保险，外部物流商的服务费（仓库管理服务和运输费用），自有仓库、场地的折旧保险，自有物流容器、设备等的折旧等。这些数据全部取自 SAP（systems applications and products in data processing）的入账数据，根据企业账务系统中记录的数据与手工跟踪的数据相结合采集核算。具体方法是：在 SAP 系统中建立相应的报表，按照不同的成本中心，实时归集和剥离记录在不同会计科目中的物流数据。例如，在行政管理费用中占比较大的固定资产折旧，通过运用 SAP 系统中的固定资产报表，将挂在物流资产管理部门成本中项下的所有资产诸如容器、叉车、计算机、仓库等的折旧统计出来。

③ 存货持有成本包括库存资金占用成本和其他存货持有成本。库存资金占用成本按照年初银行一年期贷款月利率与当期平均标准库存价值的乘积计算。其中的期末库存价值，取 SAP 账面资金；其他存货持有成本按当期实际 SAP 系统账面数据归集。

④ 物流行政管理成本包括企业全部参与物流与供应链管理活动所涉及部门的当期日常性管理费用和人员费用。日常性管理费用取当期实际 SAP 系统账面数据，人员费用取人事统计数据。为取得物流的行政管理成本，在 SAP 中设计了专门的物流管理费用报表，按照物流管理部门的成本中心，系统报表自动统计和归集当期发生的行政费用，包括差旅费、交际费、生产辅助材料费、外委服务费、物流管理人员的薪酬、福利等。

⑤ 物流信息系统管理成本为与生产物流与供应链管理活动相关的信息系统当期的无形资产摊销金额。

（5）确定物流财务科目集合方法与数据归集途径，形成物流成本数据库。从物流运作的七个要素（包装、运输、仓储、装卸搬运、配送、流通加工和信息服务）入手，确定物流成本要素的构成，建立物流领域财务科目和物流成本统计模型；确定分项物流成本的统计口径和数据来源，所有分项物流成本采用统一的数据源和统一的数据详表；从现有的财务信息系统 SAP 中分离获取基础数据，从各个物流部门在用的信息系统中归集日常跟踪数据，利用 EXCEL 软件的小工具对尚未使用信息系统跟踪的物流活动内容进行数据统计，为建立物流成本指标建立基础。持续跟踪依据绩效跟踪指标信息，建立物流持续改善行动计划，以逐月跟踪指标数据的形式，检验改善效果，调整改善计划，循环往复，持续不断。

通过上述五个阶段的研究，建立企业物流成本模型、数据结构表和数据详表。确定的成本模型需涵盖企业物流与供应链运行模式的所有成本活动，数据结构表便于操作，数据详表的输出数据真实可靠且数据源统一。

2）成本指标体系的设计

从企业实践的角度出发，物流成本指标应该包含一系列绝对指标和相对指标。在这些指标中，有的可以发现企业物流管理过程中的瓶颈，为确定物流改善方向提出数据支持；有的可以为行业间对比建立标杆、为政府统计部门提供数据；有的可以为企业内进行物流与供应链中期规划提供参考信息；有的可以掌握企业物流领域资产状况等。这些指标的数据基本上均应该来自于物流财务科目集合的报表数据，比如，物流固定资产、物流流动资产、资金占用（零部件、整车、备件）、物流各项费用（外委服务、休眠滞留件费用、短期租赁费用等），还有一些来自于生产计划跟踪数据（产品配比、产销量、零部件与整车库存状态等），还有一些来自于手动工具的跟踪结果。

识别企业物流的各项成本是长期以来困扰企业开展成本控制、绩效改善和行业对标的难题。在解决了物流成本模型、财务科目集合和数据归集途径的难题之后，也就实现了汽车企业物流成本的显性化，也就为设计成本绩效指标构筑了基础。

由图 8-3 可知，企业的物流成本绩效评价指标分为三类，每一类适用于企业不同层面和不同业务领域的关注对象，在成本绩效指标群中，常用的成本指标有 16 项，关键成本指标有 4 项。为了节省篇幅，下面仅以两项关键成本绩效为例进行分析。

（1）物流成本率

① 设置目的：该指标旨在掌握各个分项成本指标的状况，估量物流成本在各个相关领域中的比重，为物流领域持续改善提供量化分析依据，并积累行业对标数据。

② 指标设计："物流成本率"反映了物流成本占销售额的比重，该值越低则说明物流成本控制得越好。该指标由 4 个单项指标构成指标群，用一张图表进行逐月跟踪。第一个指标是年度累计物流综合成本，以柱形图的图表形式表示，单位为百万人民币元；第二个指标是年度累计物流综合成本与年度累计销售收入的比率，以折线图的图表形式表示，以％为单位表达；第三个指标是年度累计生产物流成本与年度累计生产成本的比率，以折线图的图表形式表示，以％为单位表达；第四个指标是年度累计销售物流成本与年度累计销售成本的比率，以折线图的图表形式表示，以％为单位表达。其计算式分别为：

$$C = \sum_{i=1}^{12}(Y_i + B_i + Z_i + G_i + F_i + \cdots) \tag{8-1}$$

式中：C 为当年 12 个月的各项物流成本之和；Y 为各项运输成本；B 为各项包装成本；Z 为库存资金占用；G 为人员工资成本；F 为各项外委服务费用。

$$K = \sum_{i=1}^{12}\frac{C}{S_i} \times 100\% \tag{8-2}$$

式中：K 为流成本率；S 为与当年 12 个月的商品车销售收入。

$$K_p = \sum_{i=1}^{12}\frac{C_{pi}}{F_i} \times 100\% \tag{8-3}$$

式中：K_p 为生产物流成本率；C_{pi} 为当年 12 个月生产物流成本之和；F 为当年 12 个月制造成本之和。

$$K_v = \sum_{i=1}^{12}\frac{C_{si}}{V_i} \times 100\% \tag{8-4}$$

式中：K_v 为销售物流成本率；C_{si} 为当年 12 个月销售物流成本之和；V_i 为当年 12 个月销售成本之和。

（2）单车物流成本

① 设置目的：旨在掌握各项单车物流成本的状况，对外用于开展行业间对标、寻找与竞争对手的差距；对内用于制订物流持续改善目标和检查改善效果。

② 指标设计："单车物流成本"反映了单车各项物流成本，该值越低则说明物流成本控制得越好。该指标由三个单项指标构成指标群，用一张图表进行跟踪。

第一个指标是年度月单车物流综合成本，第二个指标是年度单车运输成本，第三个指标是年度单车包装成本。

$$C_{dt} = \sum_{i=1}^{12}\frac{C}{L_i} \times 100\% \tag{8-5}$$

式中：C_{dt} 为年度月单车物流综合成本；C 为年度物流总成本；L_i 为年度总产量。

$$C_{dy} = \sum_{i=1}^{12} \frac{Y}{L_i} \times 100\% \qquad\qquad (8\text{-}6)$$

式中：C_{dy} 为年度单车运输成本；Y 为年度运输成本；L_i 为年度总产量。

$$C_{db} = \sum_{i=1}^{12} \frac{B}{L_i} \times 100\% \qquad\qquad (8\text{-}7)$$

式中：C_{db} 为年度单车包装成本；B 为年度物流总成本；L_i 为年度总产量。

上述两个关键成本绩效在该企业的实践中发挥了非常重要的作用。企业物流成本从模糊隐性向量化显性的转变，使企业在进行战略规划和战术设计时，可以客观地审视过去、科学地把握现在，前瞻地预测未来。更为重要的是，企业在供应链管理理论的指导下，开展了有建设意义的实践。在实践中检验和提升了理论，建立了让"隐藏在冰山下"的成本"浮出水面"的方法论，遵循这个方法论，使得企业物流领域的成本控制工作更为深入，为创建可操作的汽车物流与供应链绩效评价指标体系建立必要和可靠的基础。

8.3.3.2　汽车物流质量评价指标体系的设计

衡量汽车物流系统的运作效果，最重要的评价标准应该是基于对整体绩效的改善和保持。从供应链的视角观察，衡量物流质量的范围包括生产计划的质量、物流运作的质量和物流服务的质量等几个方面。众多企业的实践证明：决定物流系统整体绩效的有两个重要环节：一是作为推动供应链整体正常运转的、处于供应链前端的汽车制造企业的生产计划领域；二是作为保障供应链整体效果的、出于内部供应链的总装供应组织领域。生产计划是物流系统的核心环节，它的决策结果是物流系统其他环节的决策依据，它的局部决策优化是物流系统整体决策优化的基础。总装供应组织是供应链的价值关节，它的运作质量是供应链其他环节的追求目标，它的局部改善是整个供应链整体改善的保障。

1）封闭期生产计划柔性

（1）重要性分析。生产计划的决策输入要素包括市场预测信息、工业化能力、资源可用水平、库存规模、商品车出货信息和临时需求变化等。通过协调这些要素之间的效用分配，平衡子领域的局部目标，以建立整体绩效共同目标为目的生成以主生产计划（长期事业规划、中期生产计划、短期作业计划和超短期排产顺序）为表现形式的决策输出。生产计划的柔性程度决定了物流系统的整体柔性程度，生产计划的质量决定了物流系统的整体质量。因此，生产计划柔性的质量指标是汽车物绩效评价体系中的关键质量绩效指标。

（2）设置目的。旨在通过对生产计划实际执行与既定目标之间的差异跟踪，识别变化原因和变化趋势，发现差异变化对生产系统和物流系统的影响。通过对差异的持续跟踪，考量改善效果；通过对市场预测准确性的波动调整，来统筹安排工业资源；通过对工业系统运行状态的概率分析，来科学调度生产组织，实现均衡生产；通过对库存控制的前瞻性规划，来渐进实现均衡物流；从而实现整体库存的合理化，降低物流与供应链成本，提高供应链的竞争力。

具体来说，就是通过对生产计划柔性状况的持续跟踪，寻找因商务需求变化引起的物流领域成本变化的规律，为改善产销接口模式、市场预测水平、KD（knock down）件和国产件的供应组织模式提出改善方向，为产能规划建立数据和作为趋势判断的基础。

（3）指标设计。企业的采购供应链主要由国产零部件和进口零部件2个物流子领域构成。根据这个特点，生产计划柔性指标应根据这2个物流子领域的交货周期来设计选取，以期这个指标能够反映生产计划体系中的短期作业计划柔性水平状况。衡量生产计划柔性状况的指标由2个具有不同侧重的单项指标构成指标群。

第一个指标根据进口零部件供应组织周期的特点，侧重于跟踪市场预测准确性对KD件生产计划柔性及其库存水平的影响。在生产作业计划的准备期间，于$M-2$月召开CPm次计划委员会，确定"$M-1\sim M+2$"区间各月各种车型及其配置的预计产量，用于指导长物流周期的零部件准备，即进口零部件。当时间进入$M+2$月、生产计划滚动到CPm+4时，"$M-1\sim M-2$"区间各月各车型的产量为实际值。该指标设计为逐月考量预定区间"$M-1\sim M-2$"内，各车型各月的产量和组合结构与既定计划的偏差量，其加权计算式为：

fj=[（CPm计划中的"$M-1\sim M+2$"区间各月的实际产量之和）−（CPm+4计划中的"$M-1\sim M+2$"区间各月的既定产量之和)]/CPm+4计划中的"$M-1\sim M+2$"区间各月的预计产量之和×100%

第二个指标根据国产零部件供应组织周期的特点，侧重于跟踪市场预测准确性对国产件库存水平的影响，于计划的执行期$M-2$月，召开CPm次计划委员会，确定"$M-1\sim M$"区间的产量，用于指导各执行阶段的生产、物料和人员的准备。当时间进入M月时，生产计划滚动到CPm+2时，"$M-1\sim M$"区间的产量和各车型组合结构为实际值。该指标设计为逐月考量预定期间"$M-1\sim M$"内，各车型各月的产量和组合结构与既定计划的偏差量，其加权计算式为：

fg=[（CPm计划中的"$M-1\sim M$"区间各月的实际产量之和）−（CPm+2计划中的"$M-1\sim M$"区间各月的预计产量之和)]/CPm+2计划中"$M-1\sim M$"区间各月的预计产量之和×100%

这个指标在企业物流与供应链管理改善中发挥了重要作用，实现的指标设立时的预期。该企业基于该指标的分析报告启动了生产计划领域的组织变革和运行模式演变改善行动，建立了作业计划与终端客户订单以及在制品相对应的供应链良性循环机制，有效地改善了供应链整体绩效。

2）产需率控制指标

（1）指标设置。工业资源管理是汽车物流与供应链管理的重要组成部分，它的管理思想来源于制造业的成组技术，它的应用是成组技术在物流与供应链管理领域中的升华。具体来说，工业资源管理就是将构成同一功能模块的所有散件的供应商集合在一起，对其进行集成的投资、集成的能力评估、集成的物流配送，从而达到规模效应，实现物流与供应链降低成本的目的。

（2）指标作用。产需率控制指标用于衡量物流与供应链生产能力的保障质量和柔性程度。它能够"凸显"工业资源管理中的瓶颈问题，识别物流与供应链中的生产能力"短板"，指导核心企业进行物流与供应链能力规划，保证汽车物流与供应链内外部的生产能力能够协调发展。

（3）指标设计。该指标定义为："在一定计划周期内，构成某一功能模块的相关企业已生产的产品数量与整车制造企业生产组织中对该产品需求量的百分比。"

3）总装物流配送缺件控制指标

（1）指标作用。用于衡量物流服务商总装零部件配送质量，检验生产计划波动性对物流配送质量带来的影响和供应链上游与中游接口环节的工作质量，分析物流配送质量对生产质量的影响，为提高总装一次下线合格率和生产物流领域的改善提供量化依据。

（2）指标设计。来源于由于总装零件未能及时交付造成总装装车缺件下线的分车型数量的统计结果。其有四个相关的绝对值，即缺件涉及车辆数量、缺件零部件品种数量、总装缺件下线车辆和总装下线车数量。

8.3.3.3　汽车物流期限评价指标体系的设计

物流领域期限状况与物流领域各项成本的关联度很大。经过对当前物流各子领域业务流程的梳理，从降低物流领域综合成本的角度出发，在充分分析现有众多期限指标的定义及其目的之后，以有限指标为原则，建立车身流按序生产为原则的若干项关键期限控制指标，主要由若干个互为因果的单项期限指标构成指标群。

1）订单生产期限日遵守率

（1）设置目的。旨在通过观察商务订单能够按照预定期限完成交付的比率，寻找提高市场响应速度的突破口，为生产组织方式向"订单制"过度积累数据基础。

（2）指标定义。计算遵守进入总装日期车辆的百分比，以及相对于预计进入总装日期延误（从 1～20 天）车辆或提前（–10～–1 天）车辆的百分比。

2）重要申报点提前/延误指标

（1）设置目的。旨在观察订单通过总装点的日期与预定日期的偏差状况，为控制提前指定改善行动，从而保证零件流的有序，降低零件流库存。

（2）指标定义。显示在指定目标百分比下，通过不同逻辑点的订单实际顺序号与预定排序号相比，提前或延误的天数，即提前/延误=订单的技术号–实际顺序号。

3）按预定顺序关键生产点的小时遵守率

（1）重要性分析。按预定顺序管控的理念贯穿于整个物流系统"先进先出"的生产组织模式中。它是物流系统其他环节必须遵守的法律准则，它的执行程度是物流与供应链整体绩效的保证、是物流领域各项成本控制的关键、是提高客户满意度的制度保证、是生产组织水平的体现、是零件流精准化的前提，与整个物流与供应链的综合成本相关。

（2）指标作用。旨在更精细地观察在制品车身进入总装配车间的时刻，为各个关键点的缓冲库存规模和排产逻辑提供数据信息，进而建立按序生产的观念，促进精益生产。这个指标具有长期指导性和先进性。

（3）指标定义。通过某一逻辑点的订单实际顺序，在某一天与规定的计划顺序相差在±1h之内的订单所占订单总数的百分比。该指标基于按序生产的理念设定，用于衡量整车生产流按序执行的精准程度。按序执行率高，则零件流配送准确率就高，缺件下线、缓冲库存、零部件库存就会降低，物流成本就会降低。

（4）指标设计。总装配车间入口为参考基准点，首台经过基准点的车身被赋予的预定顺序号为"1"以作为标准号，按照增量法的规则，为每一辆后续通过基准点的车身赋予的编号为"前一个顺序号+1"。

当在制车身经过关键点时，对参考预定顺序号和实际顺序号进行比较。如果生产节拍为36辆/h，则所有实际顺序号与参考预定顺序号之差超过±36的车身差异时间就是提前或延迟>1h。

例如，若参考预定顺序号是"100"，而出现的实际顺序号为"40"，则差异就是100-40=60>36。因此，该车身迟到时间>1h，没有遵守预定顺序的小时遵守率。该指标可以有效地观察某一天在制车身通过各个关键生产点时，遵守预定顺序的比例。

第三个指标是第二个指标的深化，当第二个指标的完成率已经达到目标之后，需要更准确地预定顺序遵守率指标，企业可适时导入第三个指标作为追求目标，促进管理逐步走向精益。

8.4　案例分析

已知某汽车制造厂在全国各地及国外有300多家一级供应商和2000多家二级供应商，形成了一条以整车制造厂为核心，逐渐实现零部件供应商集成供应和生产物流，整车制造厂和零部件供应中心集成采购的汽车零部件集成供应链，表8-2为供应链物流绩效评价体系表。

表8-2　物流绩效评价体系表

目标层	一级指标	二级指标	三级指标	四级指标
汽车物流绩效评价	汽车物流价值	运营能力	运营总成本	
			资金周转率	
			存货周转率	
		盈利能力	资产收益率	
			成本利润率	
			市场占有率	
		合作能力	产需率	核心部门产需率
				节点部门产需率
			产销率	核心部门产销率
				节点部门产销率

（续）

目标层	一级指标	二级指标	三级指标	四级指标
汽车物流绩效评价	汽车物流价值	合作能力	供应商准时交货率	
			供应商产品合格率	
			供应商对整车厂订单满足率	
			整车厂占供应商的业务率	
			信息沟通水平	
	用户价值	质量	保修退货率	
			用户抱怨解决时间	
		价格	同比平均价格优势	
			平均单品促销频率	
		柔性	产品柔性	
			时间柔性	
			数量柔性	
		可靠性	失去销售率	
			准时交货率	
			顾客抱怨率	

　　表 8-3 所列是根据表 8-2 所列的汽车零部件集成供应链物流绩效评价体系以及评价指标的量化公式统计出来的某年该汽车零部件集成供应链物流各评价指标值。

表 8-3　运营指标值

一级指标	二级指标	三级指标		年运营指标
汽车物流价值	运营能力	运营总成本/亿元		10
		资金周转率/%		15.13
		存货周转率/%		12.86
	盈利能力	资产收益率/%		6.48
		成本利润率/%		40
		市场占有率/%		12
	合作能力	产需率/%	核心部门产需率	98
			节点部门产需率	100
		产销率/%	核心部门产销率	98.38
			节点部门产销率	97.5
		供应商准时交货率/%		98
		供应商产品合格率/%		98.60
		供应商对整车厂订单满足率/%		99
		整车厂占供应商的业务率/%		60
		信息沟通水平		0.8

（续）

一级指标	二级指标	三级指标	年运营指标
用户价值	质量	保修退货率/%	0.3
		用户抱怨解决时间/h	12
	价格	同比平均价格优势/%	15
		平均单品促销频率	1
	柔性	产品柔性/%	0.4
		时间柔性/%	1
		数量柔性/%	98
	可靠性	失去销售率/%	0.2
		准时交货率/%	99
		顾客抱怨率/%	0.1

下面利用模糊层次综合评价法对该供应链物流某年的运作绩效进行评价。

将绩效评价指标划分成五级评价体系（参考表 8-2），并采用很好、好、一般、较差、差五个等级评价集，即评价集为 $V=\{V_1, V_2, V_3, V_4, V_5\}$，其中 $V_1 \sim V_5$ 分别为很好、好、一般、较差、差。由专家、供应商、客户、质量检查员、财务人员等方面的资深专家组成评判小组，根据某年的运营指标值，首先对第四级指标按等级打分，并做隶属度计算得到评判向量 P_1，P_2，P_3，P_4，又由层次分析法可知权重 W_1，W_2，W_3，W_4，然后根据模糊运算 $P=WP$ 可得到第三级指标（资产收益率、成本利润率、市场占有率、产需率、产销率等）的评判矩阵。以此类推最终得到一级指标的判断矩阵 P_{B1}，P_{B2}，并得到权重矩阵 W_{B1}，W_{B2}，从而得到评判结果 B。

$$B=(W_{B1}, W_{B2})(P_{B1}, P_{B2})=(b_1, b_2, b_3, b_4, b_5)$$

根据综合判断结果，按最大隶属度原则，取 $b_j=\max\{b_1, b_2, b_3, b_4, b_5\}$，则该方案的评价等级为 b_j。计算过程如下：

（1）根据层次分析法计算出各层指标的权重（对层次分析法的基本原理及应用步骤的详细介绍，参阅相关参考文献）：

$W_{E1}=0.857$，$W_{E2}=0.143$，$W_{E3}=0.857$，$W_{E4}=0.143$；

$W_{D1}=0.648$，$W_{D2}=0.23$，$W_{D3}=0.122$，$W_{D4}=0.582$，$W_{D5}=0.309$，$W_{D6}=0.109$，$W_{D7}=0.083$，$W_{D8}=0.083$，$W_{D9}=0.25$，$W_{D10}=0.25$，$W_{D11}=0.042$，$W_{D12}=0.042$，$W_{D13}=0.25$，$W_{D14}=0.75$，$W_{D15}=0.25$，$W_{D16}=0.833$，$W_{D17}=0.167$，$W_{D18}=0.54$，$W_{D19}=0.297$，$W_{D20}=0.163$，$W_{D21}=0.54$，$W_{D22}=0.297$，$W_{D23}=0.163$；

$W_{C1}=0.54$，$W_{C2}=0.297$，$W_{C3}=0.163$，$W_{C4}=0.455$，$W_{C5}=0.263$，$W_{C6}=0.14$，$W_{C7}=0.141$；

$W_{B1}=0.6$，$W_{B2}=0.4$。

（2）从第四级指标开始往第一级指标逐层次计算出每一级指标的判断矩阵，第一级至第四级指标为单因素评判矩阵。

第四级指标单因素评判矩阵：

P_{E1}=[0.5, 0.2, 0.2, 0.1, 0]，P_{E2}=[0.4, 0.3, 0.2, 0.1, 0]，P_{E3}=[0.6, 0.1, 0.2, 0.1, 0]，
P_{E4}=[0.5, 0.2, 0.1, 0.1, 0.1]。

第三级指标单因素判断矩阵：

P_{D1}=[0.5, 0.1, 0.2, 0.1, 0.1]，P_{D2}=[0.4, 0.3, 0.1, 0.2, 0]，P_{D3}=[0.6, 0.1, 0.2, 0.1, 0]，
P_{D4}=[0.6, 0.1, 0.2, 0.1, 0]，P_{D5}=[0.6, 0.2, 0.1, 0.1, 0]，P_{D6}=[0.5, 0.1, 0.2, 0.1, 0.1]，
P_{D9}=[0.7, 0.2, 0.1, 0, 0]，P_{D10}=[0.7, 0.1, 0.2, 0, 0]，P_{D11}=[0.6, 0.2, 0.1, 0.1, 0]，
P_{D12}=[0.6, 0.1, 0.3, 0, 0]，P_{D13}=[0.5, 0.2, 0.2, 0.1, 0]。

$$P_{D7} = (W_{E1}, W_{E2})\begin{bmatrix} P_{E1} \\ P_{E2} \end{bmatrix} = [0.5, 0.2, 0.2, 0.1, 0]$$

$$P_{D8} = (W_{E3}, W_{E4})\begin{bmatrix} P_{E3} \\ P_{E4} \end{bmatrix} = [0.6, 0.143, 0.2, 0.1, 0.1]$$

第二级指标单因素判断矩阵：

$$P_{C1} = (W_{D1}, W_{D2}, W_{D3})\begin{bmatrix} P_{D1} \\ P_{D2} \\ P_{D3} \end{bmatrix} = [0.5, 0.23, 0.2, 0.2, 0.1]$$

$$P_{C2} = (W_{D4}, W_{D5}, W_{D6})\begin{bmatrix} P_{D4} \\ P_{D5} \\ P_{D6} \end{bmatrix} = [0.4, 0.2, 0.2, 0.1, 0.067]$$

$$P_{C3} = (W_{D7}, W_{D8}, W_{D9}, W_{D10}, W_{D11}, W_{D12}, W_{D13})[P_{D7}, P_{D8}, P_{D9}, P_{D10}, P_{D11}, P_{D12}, P_{D13}]^{\mathrm{T}}$$
$$= [0.25, 0.2, 0.2, 0.1, 0]$$

第一级指标单因素判断矩阵：

$$P_{B1} = (W_{C1}, W_{C2}, W_{C3})\begin{bmatrix} P_{C1} \\ P_{C2} \\ P_{C3} \end{bmatrix} = [0.5, 0.23, 0.2, 0.2, 0.1]$$

$$P_{B2} = (W_{C4}, W_{C5}, W_{C6}, W_{C7})\begin{bmatrix} P_{C4} \\ P_{C5} \\ P_{C6} \\ P_{C7} \end{bmatrix} = [0.455, 0.2, 0.2, 0.1, 0]$$

（3）综合评判：根据第一级指标单因素判断矩阵及其权重可得到该汽车物流绩效评价的结果。根据最大隶属度原则，可以知道某年的绩效很好。

$$B = (W_{B1}, W_{B2}) \begin{bmatrix} P_{B1} \\ P_{B2} \end{bmatrix} = (0.6, 0.4) \begin{bmatrix} 0.5 & 0.23 & 0.2 & 0.2 & 0.1 \\ 0.455 & 0.2 & 0.2 & 0.1 & 0 \end{bmatrix} = (0.5,\ 0.23,\ 0.2,\ 0.1,\ 0)$$

本章小结

本章通过对物流绩效评价的基本概念、指标体系建立以及物流绩效评价方法和评价体系设计流程等基本内容，结合汽车物流的特点，对汽车物流绩效评价指标体系建立、评价内容、评价方法和评价指标体系设计流程进行了介绍，并通过简单案例分析使读者加深了对汽车物流绩效评价的指标体系设计和评价方法的理解。

思考题

1. 物流绩效评价的定义、意义和作用？
2. 物流绩效评价原则和指标体系？
3. 物流绩效评价方法？
4. 物流绩效评价成本模型建立方法？
5. 物流绩效评价指标体系设计流程和方法？

参考文献

蔡丹. 2006. 汽车零部件集成供应链构建与绩效评价[D]. 武汉：武汉理工大学.

陆薇，宋秀丽，高深. 2010. 汽车企业物流与供应链管理及经典案例分析[M]. 北京：机械工业出版社.

彭俊松. 2009. 汽车行业整车订单交付系统——建立需求驱动的汽车供应网络[M]. 北京：电子工业出版社.

第 9 章
汽车物流信息技术

[本章提要]

信息化是物流系统的基础,没有网络技术支持的信息化,任何先进的技术设备都不可能很好地应用于物流领域。汽车物流企业要充分利用信息网络技术来发展现代物流,改变过去有点无网、有网无流的状况,为用户提供快速、准确、高效的服务。供应链管理中的物流信息技术有很多种,其中核心的技术主要包括条形码技术、射频识别技术、GPS 技术、产品数据交换技术、电子商务和物联网技术等。

9.1 条形码技术在汽车物流中的应用

在供应链管理中,企业为了能迅速、准确地识别商品,自动读取有关商品的信息,广泛地应用条形码技术。条形码技术提供了一种对物流中的物品进行标识和描述的方法,借助自动识别技术、POS（收款机）系统、EDI（电子数据交换）等现代技术手段。企业可以随时了解有关产品在供应链上的位置,并及时做出反应。

9.1.1 条形码技术概述

1）条形码的概念

条形码是由一组粗细不同、相间条列的条、空及其对应的字符组成的表示一定信息的符号。其中"条"指对光线反射率较低的部分,"空"指对光线反射率较高的部分。这些条和空组成的数据表达一定的信息,并能够用特定的设备识别读取,转换成与计算机兼容的二进制和十进制信息。

条形码技术是研究如何把计算机所需要的数据用一种条码来表示以及如何将条码表示的数据转变为计算机可以自动采集的数据。因此,条形码技术主要包括:条形码编码原理及规则标准、条码译码技术、光电技术、印刷技术、扫描技术、通信技术、计算机技术等。

2）条形码的基本组成

一个完整的条形码的组成次序为:静区（前）、起始符、数据符、中间分隔符（主要用于 EAN 码）、校验符、终止符、静区（后），如图 9-1 所示。

图 9-1 条形码基本构成

（1）静区。静区是指条形码左右两端外侧与空的反射率相同的限定区域，没有任何印刷符或条形码信息，通常是白的，它能使阅读器进入准备阅读的状态。

（2）起始符。条形码符号的第一位字符，标志一个条形码符号的开始。阅读器确认此字符存在后开始处理并进行扫描脉冲。

（3）数据符。位于起始符后面的字符，它由许多"条空"组成，其结构异于起始符，包含条形码所表达的特定信息，可允许进行双向扫描。

（4）校验符。校验符代表一种算术运算的结果。阅读器在对条形码进行解码时，对读入的各字符进行规定的运算，如运算结果与校验字符相同，则判定此次阅读有效，否则不予读入。

（5）终止符。表形码符号的最后一位字符，标志一个条形码符号的结束，阅读器确认此符号后停止处理。

3）条形码的特点

条形码技术是当前应用得最广的一种自动识别技术，具有以下特点：

（1）数据采集快，信息量大。

（2）经济便宜，制作简单。

（3）灵活实用。

（4）应用领域比较广，但仍有限制。

4）条形码的分类

按照条形码的维数可以将条形码分为一维条形码、二维条形码和多维条形码。

（1）一维条形码。常见的一维条形码主要有 EAN 码、UPC 码、39 码、Code93 码、库德巴码、Code128 码、ITF25 条码、Industrial125 条码、Matrix25 条码、ITF14 条码等。

（2）二维条形码。常见的二维条形码主要有 PDF417 码、Code49 码、Code16K 码、DataMatrix 码、MaxiCode 码等。

（3）多维条形码。人们围绕如何提高条形码符号的信息密度进行了研究工作。多维条形码和集装箱条形码成为研究、发展与应用的方向。信息密度是描述条形码符号的一个重要参数，即单位长度中可能编写的字母个数，通常记作：字母个数/cm。

9.1.2 条形码技术在汽车物流中的应用

条形码技术贯穿物流供应链。在汽车物流供应链管理方面，从产品的生产到成品下线、销售、运输、仓储、零售等各个环节，都可以应用条形码技术，进行方便、快捷的管理。条形码技术像一条纽带，把汽车及相关产品生命期中各阶段发生的信息连接在一起，使企业在激烈的市场竞争中处于有利地位。条码化可以保证数据的准确性，条码设备使用既方便又快捷。

以某汽车生产企业为例，详细介绍应用数据采集器如何与用户的计算机系统相结合，解决汽车零部件入库、生产线管理（人员、生产管理）、成品下线入库、销售、出入配送售后服务等各个环节的流程。

1）生产线人员管理

每个班次开始时，工作小组的每个成员都要用数据采集器扫描他们员工卡上的条码，把考勤数据和小组成员记录到数据采集器，然后输入到计算机系统。小组的所有成员都能根据当天的产量和质量得到相应的报酬或处罚。

开始加工操作时，先扫描当天的工作单或等待加工工件上的条码，表明某项任务的开始，加工结束后再扫描一次。安装在工作区的条码数据终端接受这些数据，自动加上小组号和时间信息，每天工作结束后，将每个员工的信息上传到 PC。系统计算出该小组劳动者生产率，激励生产小组的成员提高劳动生产率。

2）流水线的生产管理

采用条码技术首先将订单号、零件种类、产品数量编号形成条码，在产品零件和装配的生产线上打印并粘贴条码。这样就可以很方便的获取产品订单在某条生产线上的生产工艺及所需的物料和零件。产品在生产线上完成后，由生产线质检员检验合格后扫入产品条码、生产线条码号，并按工序顺序扫入工人的条码（可一次确定后不变）。对于不合格的产品送维修，由维修确定故障的原因（工序位置），整个过程无须手工记录。

3）汽车零部件仓储配送管理

在已经安装了计算机通信网络的工厂，只需在数据录入增加一些条码数据采集器设备，就可以用很小的投资收到可观的效益。

（1）进货。为了开出一张收据或进行任何其他操作，材料管理员首先要从它的条码数据采集器上选择材料收据处理菜单，然后开始扫描物料包装上通常由供应商预先贴好的条码标签，标签上的条码表示了接受这一产品所需的全部信息，材料管理员通过扫描，就能快速准确地录入这些信息。如果卖主没有以条码的形式提供这些信息，材料管理员就要通过采集器的键盘将这些信息键入系统中，系统立即生成用于这些材料的条码标签。

进货时需要进行产品品种、数量的核对。这部分工作是由数据采集器来完成的。首先将所有本次进货的单据、产品信息下载到数据采集器中，数据采集器将提示材料管理员输入购货单的号码。材料管理员首先扫描这个号码的条码，然后采集器应用系统判断这个条码是否正确，如果不正确，系统会立刻向材料管理员做出警示；如果正确，材料管理员再扫描所购材料单上的项目号，系统随后检查购货单上的项目是否与实际进货相符。接着，材料管理员扫描物料规格信息（体积、重量和成分等）和标识号的条码。这个标识号唯一标识购入的这件物料，作为一个最基本的信息用于以后所有的库存管理环节中。如果有不符合订货要求的物料，系统将给出相应的信息。

（2）入库管理。搬运工（或叉车司机）只需扫描准备入库的物料箱上的标签和准备存放此箱的货架的标签即可。入库可分间接和直接两种：间接入库指物料堆放在任意空位上后，通过条码扫描记录其地址；直接入库指将某一类货物存放在指定货架。通过入库管理，为每一个物料箱及其存放位置建立一个记录。

（3）提料管理：提料指从库房中根据配料任务提取原料和半成品的操作。过程如下：工作人员首先在便携式条码数据终端上扫描输入配料任务条码号，数据采集器的屏幕上显示哪些原料和半成品被分配给这一任务，他们存放在何地。提料员领取物料，并扫描其标识号进行验证。系统记录被提出的物料，并建立一份跟踪档案。

（4）销售出库管理。提货作业要与同一顾客的各项货物订单结合。先将订单分解为按货箱为单位，或者按批、货盘的满载能力为单位，还可按特殊情况或容器来确定装货作业。

操作工从其条码数据终端上选择了销售出库模式后，扫描提货箱上的条码，系统便确认货箱里是否含有提货单上的物品，其数量和品种是否正确等。在应发货数量与实际提货数量之间出现不一致时，系统均要求操作工输入一个原代码，对此差异作出解释，再由系统重置代码和报告。这样系统就具有一定的柔性，可让操作工在货盘不满的时候能装载更多的货物，或在货盘已满时撤走一些货物。最后，系统把出库存的货物从数据库清除，并表明此订单已完成提货。

4）市场供应链管理

这是目前使用最多、见效最快的应用，在销售管理中有两种方式可以采集数据：一种是每一环节从产品上撕下一个条码，拿回来后进行扫描，另一种是采用数据采集器即时扫描、记录。不论用哪一种方式，都可记录哪一种产品在什么时间，哪一个部门，卖给了什么人，是谁卖的，完成哪一份订单或合同。有了这些基本信息，可以很方便地进行分析和统计。

5）售后服务的管理

售后服务直接影响到一个企业的形象和销售，而且要很大的投入，即要好的服务，又节约投资，这是一个矛盾，要想很好地解决，要有正确及时的数据作为保证。

如果用户来投诉或保修，厂家如何才能知道产品是否在保修期内，是否是正式销售产品，是否是本厂原装，以前是否进行过维修等。在产品上、包装上、保修单和产品档案上贴上的条码，这些条码可以相同，也可不同但有对应关系。

当用户保修或发生质量投诉时，可以立即查到这一产品是何时在何地由何人售出的，价格是多少，销售合同内容，保修记录，发生问题的零部件是哪一个供应商提供的，什么人安装的。可以追究供应商或分销商的责任。通过售后服务体系，我们不但可以统计出产品的质量规律，还可提高服务质量，降低服务投资。

条形码技术、产品与用户的应用系统相结合，在用户的各个应用环节都发挥着巨大的作用。随着信息科技的快速发展及企业信息化的日益普及，在物流仓储、物流配送、制造业、邮政、图书管理等行业的人工单品管理已经不能适用于市场经济的发展，从而出现对移动数据采集信息系统的迫切需求，便携式数据采集器便成为不可或缺的必备关键设备。条形码扫描型掌上计算机作为一种快速、高效的移动信息采集、处理终端，在汽车物流中有极为广泛的应用前景。

9.2　射频识别技术在汽车物流中的应用

20世纪90年代初的金卡工程推动了国内IC卡的应用和发展，也为射频识别（radio frequency identification，RFID）技术产业打下了应用和技术的基础。进入21世纪，RFID产业受到了政府部门和研究机构的重视，各项支持政策逐步出台，支持力度逐步加大；同时政府也大力推动了RFID在行业的应用。目前RFID，尤其是13.56MHz的RFID，已在国内得到广泛的应用，主要集中于身份识别、公共交通管理、物流管理等领域。

9.2.1 射频技术概述

1）射频识别技术的概念

射频识别技术，其基本原理是电磁理论，是利用无线电波对带有信息数据的媒体进行读写，并自动输入计算机的一种当今最先进的非接触式的自动识别技术。射频识别系统不局限于视线，识别距离比光学系统更远，可达几十厘米至几米。而且射频识别卡具有读写能力，可携带大量数据，难以伪造。

2）射频识别系统的组成

最基本的 RFID 系统由标签、阅读器和天线三部分组成。

（1）标签（tag）。射频系统的标签，也称为射频标签、电子标签或 RFID 标签。电子标签保存有约定格式的电子数据，是射频识别系统的真正的数据载体。

（2）阅读器（reader）。读取或者写入标签信息的设备称为阅读器，可设为手持式或者固定式。阅读器可以无接触地读取并识别电子标签中所保存的电子数据，从而达到识别物体的目的。

（3）天线（antenna）。天线为标签和阅读器提供射频信号空间传递的设备。其工作原理是，当标签进入磁场后，通过天线接收读写器发出的信号，凭借感应电流的能量将储存在芯片中的信息发送出去，或是以自身能量源主动发送某频率的信号，读写器接收标签信息并译码后，送至中央信息系统进行相关处理。其工作原理如图 9-2 所示。

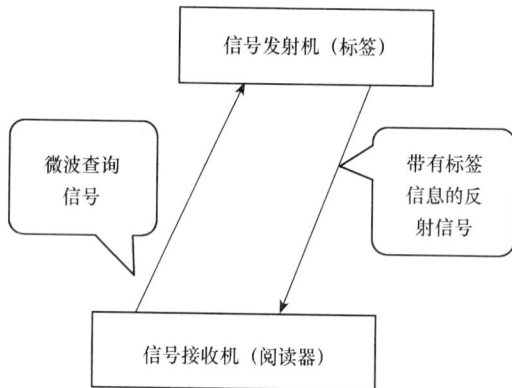

图 9-2 RFID 工作原理示意图

3）射频识别技术的特点

（1）非接触性。RFID 在读写时是处于非接触状态，避免了由于接触不良所造成的读写错误等操作，即使卡上有灰尘、油污或黑暗等外部恶劣环境下也不影响对卡的读写。

（2）应用范围广。RFID 在读取上并不受尺寸大小与形状的限制，可以轻易地嵌入或附着在不同形状、类型的产品上。

（3）操作方便。由于 RFID 识别距离远，可在远处便进行识别，不必像 IC 卡一样进行插拔，以此节省时间。

（4）可重复使用。RFID 为电子数据，可以重复增加、修改、删除电子标签中的数据，不必像条形码一样是一次性的、不可改变的。

（5）信息容量大。RFID 信息容量可达到 2^{96} 个码，即 268 亿个码。而现行的一维条形码，容量才几十个字符，二维条形码最多也才 2725 个字符，所以 RFID 的信息量是很大的。

4）射频识别系统的分类

根据 RFID 系统完成功能的不同，可把其分为四种类型：EAS 系统、便携式数据采集系统、网络系统和定位系统。

（1）EAS 系统。商品电子防盗系统 EAS（electronic article surveillance），是一种设置在需要控制物品出入的门口的 RFID 技术。这种技术应用的典型场合是商场、便利店等，当未被授权的人从这些地点非法取走物品时，EAS 系统就会发出警告。

（2）便携式数据采集系统。便携式数据采集系统使用带有手持式数据采集器采集 RFID 标签上的数据，并适用于不宜安装固定式 RFID 系统的应用环境。

（3）网络系统。固定式 RFID 阅读器分散布置在给定的区域，并且阅读器直接与物流管理信息系统相连。信号发射机是移动的，一般安装或配置在移动的物体和人上面。经常用于贵重物品的监控跟踪。如医院利用网络系统监控贵重设备或稀缺资源的位置与使用情况。

（4）定位系统。定位系统用于自动化加工系统中的定位以及对车辆、轮船等定位支持中。

9.2.2 射频技术在汽车物流中的应用

第三方汽车物流要运用 RFID 来提高物流效率，必须将 RFID 技术与信息技术、计算机网络和其他技术集成。将 RFID 与信息技术、计算机网络技术和 GIS（地理信息系统）、GPS（全球定位系统）技术集成，构建现代化物流信息管理系统，才能实现对物流全过程的信息管理，提高物流管理的自动化和信息化水平。

RFID 在汽车物流中的应用，主要涉及到零部件的采购、生产装配、整车销售以及售后备件储运与维修等。根据供应链上下游的顺序，将汽车物流系统划分为入厂物流、生产物流、销售物流和售后物流。图 9-3 描述了基于 RFID 的汽车物流管理系统。

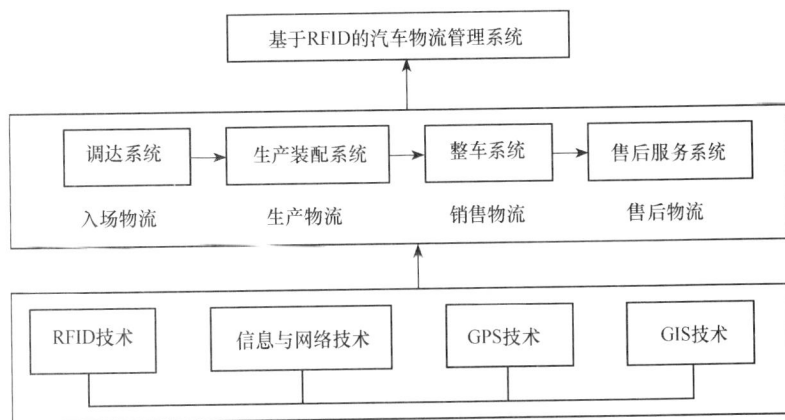

图 9-3 基于 RFID 的汽车物流管理系统

1）入厂物流

入厂物流是指从供应商处取货，经过运输、存储（可能还存在换包装的情况）再送到汽车生产线的过程。在入厂物流中，RFID 的应用主要涉及这几个过程：供应商出库、在途跟踪、货物入库、在库盘点、拣货出库和准备上线。

（1）供应商出库。供应商根据整车生产企业在网上发布的订单准备好货物，并将每一单位货物的相关信息写入电子标签中，这些电子标签将附着在货物上，直到准备上线。货物信息的内容、编码、格式等由整车制造企业统一规范，包括：零件编码、零件名称、零件颜色、生产日期、最小包装数、供应商编码、供应商名称、收货日期等。这一过程极其需要供应商的配合，整车制造企业应制定一些优惠政策和一些限制性的规范，例如读写器的购买和应用软件升级等必须有整车制造企业的介入，而对于整套 RFID 系统的使用包括电子标签在内需要制定使用标准，有了标准若出现设备丢失或损坏就更容易划分责任的界限。

（2）在途跟踪。RFID 系统中，读写器是以一定的频率自动无线扫描附近区域的电子标签的。可将 GPS 模块和 RFID 读写器合为一体，运输车辆的车载读写器全部配备 GPS 模块，读写器从附着在零部件上的电子标签实时采集到信息后，将信息通过 GPS 模块以短消息或无线的形式发送到跟踪服务器通讯网关的 GPS 等模块，再由 GPS 模块将信息传到系统应用服务器，最后存到数据库，这样就能够清楚知道某批零件目前在哪辆车上，在哪个地方，大大方便了管理。这样的应用在因为天灾而交通不便的时候就显得尤为重要。

（3）货物入库。在仓库大门安装读写器天线，当有附有电子标签的货物通过门禁时，读写器会自动识别标签，不需要打开货物便能知道里面货物的情况。货物信息通过读写器最终传到应用系统中，应用系统中的相关数据将被修改，完成零部件入库的操作，达到物流和信息流的一致性。入库过程中，RFID 数据管理程序会根据设置好的条件如零件种类、零件体积等选定库位。这些信息传递给货位管理后，由货位管理向仓库人员发出入库存放指令。

（4）在库盘点。采用 RFID 手持读写器，在仓库中进行包装上标签的读取，与应用系统中的数据进行核对，来完成日常盘点，不仅可以节约人力成本还可以提高准确率和盘点效率。

（5）拣货出库。信息系统根据生产计划分解成装车计划，装车计划的内容包括了某个时刻某辆车要装上哪些零部件。拣货人员根据装车计划，采用 RFID 手持读写器核对将要装车的货物信息，这样可以提高拣货的准确率，避免将错误的零件送上线。当货物经过出库门禁时，读写器天线会读到这批货物的信息，货物信息传到应用系统后，应用系统将这些信息与装车计划核对，看该车货物是否已备齐，是否备错，并记录异常。

（6）准备上线。零部件到达生产线边时，首先经过一个门禁，应用系统获得零部件信息后修改其状态为已上线，这也可作为整车生产厂与供应商结算的依据。经过门禁后既可取下附着在零部件上的电子标签，取下的标签可以再次利用。

2）生产物流

整车制造厂的内部生产物流应用 RFID 技术的主要方法是根据应用系统中产生的生

产任务单设计写入电子标签的数据，如商品车的用料情况、完成工位、成品时间、规格型号、检验结果、操作员等生产过程信息和产品信息，在关键的工位安装读写器以读取标签信息，指导整个生产过程。在涂装合格的车身上粘贴电子标签，此标签作为每辆车的唯一标识。当牵引车拖着车身经过总装车间大门时，安装在大门旁的 RFID 读写器读出该标签的信息，此时在总装线上的显示屏会显示车型信息、装备信息以及一些操作要求，以便安装工人提前做好准备。在车上线后，由安装在相应工位上的读写器进行在线读写操作，当一个工位装备完后，装备工人通过按键输入相关信息，标签就会自动存储这些信息。这样，不但提高了工作效率、有效避免了手工记录带来的误差，而且管理人员能够及时了解整个工作的进展状况，以便为解决生产中的问题做好准备；在商品车下线时，可以把标签进行回收处理，减少使用成本；也可以保持在商品车中，改写其中的数据，为下一步的销售和售后进行服务。

3）销售物流

在销售物流中应用 RFID 技术，主要涉及到商品车的出库和在途跟踪。应用方式和入厂物流类似，只是存储在电子标签中的数据不一样。商品车出库时读写器读出该车的信息，信息传到后台后，系统记录并修改相关数据。运输过程同样要在运输车中配置含有 GPS 模块的车载读写器，以便跟踪查询商品车当前状态。

4）售后物流

售后物流主要涉及将备件送至 4S 店以及维修。

RFID 在备件配送中的应用与销售物流类似，在此不再赘述。在维修环节中，当带有电子标签的汽车进入维修部门时，门口的读写器读取其中电子标签的数据信息，并调用数据库中的资料，查询该客户的信息，使维修部门及时地了解该车的情况，以便提供个性化服务。维修结束后，将维修记录记入维修数据库中，为下次维修提供方便。这样不仅提高了客户的满意度，提升维修效率，而且建立了企业良好的信誉。

9.3　GPS 技术在汽车物流中的应用

全球定位系统是美国国防部研制，1994 年全面建成，具有在海、陆、空进行全方位实时三维导航与定位能力的新一代导航与定位系统。将 GPS 技术引入到汽车物流行业中，对车辆及货物实时定位跟踪，将运输行业中的货主、第三方物流及司机等各环节的信息有效、充分地结合起来，达到充分调度货物及车辆的目的，保障货物及司机的安全，提高运输效率，具有十分重要的现实意义。

9.3.1　GPS 技术概述

1）GPS 技术的概念

全球定位系统 GPS（global positioning system）技术，是利用通信卫星、地面控制部分和信号接收机对对象进行动态定位的系统。GPS 能对静态、动态对象进行动态空间信息的获取，可以快速、精度均匀、不受天气和时间的限制反馈空间信息。

2）GPS 技术的基本组成

GPS 系统有三大组成部分，即 GPS 卫星组成的空间部分、由若干地面站组成的地面监控部分和以接收机为主体的用户部分。GPS 定位原理如图 9-4 所示。

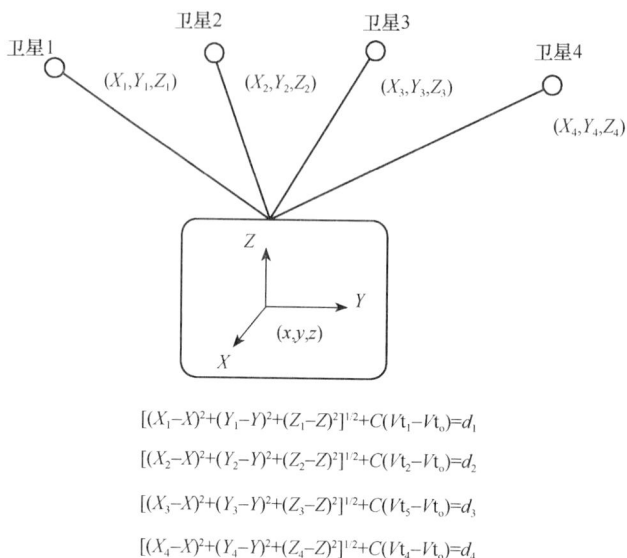

$$[(X_1-X)^2+(Y_1-Y)^2+(Z_1-Z)^2]^{1/2}+C(Vt_1-Vt_0)=d_1$$

$$[(X_2-X)^2+(Y_2-Y)^2+(Z_2-Z)^2]^{1/2}+C(Vt_2-Vt_0)=d_2$$

$$[(X_3-X)^2+(Y_3-Y)^2+(Z_3-Z)^2]^{1/2}+C(Vt_3-Vt_0)=d_3$$

$$[(X_4-X)^2+(Y_4-Y)^2+(Z_4-Z)^2]^{1/2}+C(Vt_4-Vt_0)=d_4$$

图 9-4　GPS 定位原理图

（1）空间部分。GPS 的空间部分是由 24 颗卫星组成（21 颗工作卫星、3 颗备用卫星），它位于距地表 20 200 km 的上空，均匀分布在 6 个轨道面上（每个轨道面 4 颗），轨道倾角为 55°。卫星的分布使得在全球任何地方、任何时间都可观测到 4 颗以上的卫星，并能在卫星中预存导航信息，GPS 的卫星因为大气摩擦等问题，随着时间的推移导航精度会逐渐降低。

（2）地面监控部分。地面监控部分由监测站、主控制站、地面天线所组成，主控制站位于美国科罗拉多州春田市。地面控制站负责收集由卫星传回之讯息，并计算卫星星历、相对距离、大气校正等数据。

（3）用户部分。用户设备部分即 GPS 信号接收机。其主要功能是能够捕获到按一定卫星截止角所选择的待测卫星，并跟踪这些卫星的运行。当接收机捕获到跟踪的卫星信号后，就可测量出接收天线至卫星的伪距离和距离的变化率，解调出卫星轨道参数等数据。根据这些数据，接收机中的微处理计算机就可按定位解算方法进行定位计算，计算出用户所在地理位置的经纬度、高度、速度、时间等信息。

3）GPS 技术的特点

GPS 与其他导航系统相比，具有精度高、全天候、高效率、多功能、应用广泛等特点。

（1）定位精度高、观测时间短。GPS 卫星发送的导航定位信号能够进行厘米级至毫米级精度的静态定位，米级至亚米级精度的动态定位，亚米级至厘米级精度的速度测量和毫微秒级精度的时间测量。

（2）全天候作业。全球、全天候连续导航定位，为用户提供位置、速度和时间。GPS 观测可在 1 天 24 小时内的任何时间进行，不受阴天黑夜、起雾刮风、下雨下雪等气候的影响。

（3）抗干扰性能好、保密性强。GPS 采用扩频技术和伪码技术，用户不发射信号，因而 GPS 卫星所发送的信号具有良好的抗干扰性和保密性，在战时不易受到电子战的影响。

（4）操作简便。随着 GPS 接收机的不断改进，自动化程度越来越高，有的已达"傻瓜化"的程度；接收机的体积越来越小，体重越来越轻，极大地减轻了测量工作者的工作紧张程度和劳动强度，使野外工作变得轻松愉快。

（5）功能多、应用广。随着人们对 GPS 认识的加深，GPS 不仅在测量、导航、测速、测时等方面得到更广泛的应用，而且其应用领域也不断地扩大，尤其是在物流领域中的应用。例如，汽车自定位、跟踪调度、内河及远洋船对最佳航程和安全航线的实时调度等。

9.3.2 GPS 技术在汽车物流中的应用

目前，我国 GPS 技术主要应用于运输企业车队的监控与调度管理，装车规模约 10 万辆，用于车辆导航的产品市场规模还不大。GPS 车辆监控调度系统的主要功能包括车辆跟踪、指挥调度、行驶监控、安全防护、车辆管理等。

1）车辆跟踪

利用 GPS 和电子地图可以实时显示出车辆的实际位置，并任意放大、缩小、还原、换图；可以随目标移动，使目标始终保持在屏幕上；还可实现多窗口、多车辆、多屏幕同时跟踪。利用该功能可对重要车辆和货物进行跟踪运输。

2）指挥调度

监控中心的调度员，可以在监控中心显示屏的电子地图上，找到被控车辆的具体位置。例如，货运公司的车队建设了 GPS 车载定位系统。调度员除了指导每一辆车行驶在什么位置外，还可根据货运情况，用话音或短信方式对司机进行调度，让他们就近运送货物，减少车辆的空载率，提高运货率，降低货运成本。

3）行驶监控

出于安全和监管的需要，车辆在行驶途中也要受到严密的监控和指挥。如客运车辆、危险品运输车辆和海关监管车辆都会在行驶速度、行驶路线、行驶区域、停靠地点、停靠时间等方面有较为严格的要求。监控中心只需向车辆下发相关参数，GPS 监控系统便会实时跟踪车辆行驶状态，如车辆行驶过快，或脱离指定路线、区域行驶，则系统会自动向监控中心和驾驶员报警，及时发现并纠正驾驶员的违规行为，实现运输过程的安全、有序。

4）安全防护

当车辆遇到抢劫、交通事故、急需修理等紧急情况时，司机可通过求助按钮向监控中心发出求救信号，并上传车辆定位信息。监控中心可根据实际情况，对车辆采取监听、锁闭车门、遥控熄火等操作，确保人员、车辆、货物的安全。

　　不同运输企业的特点不同，GPS 技术的应用重点也有所不同。物流运输企业强调利用 GPS 技术，实现车辆、货物在运输过程的可靠控制，实现精准化运输，通过系统实现运能、运力的合理调配，降低运营成本，提高客户满意度等；客运企业和从事危险品运输的企业则更为关注运输过程中安全控制，对车辆行驶速度、行驶区域、行驶路线、停靠地点、停靠时间均有较高的要求；出租车企业在应用 GPS 技术时，将重点主要放在方便市民电话招车和对驾驶员的安全保护上。以上三类企业的出发点不同，应用需求不同，可结合相关的电子设备，将 GPS 应用不断地深化、拓展。

9.4　产品电子数据交换技术

　　由于实施产品电子数据交换技术的最基本目的就是通过第三方服务方的增值服务，用电子数据交换代替商业纸单证的交换，而纸面单证的电子交换是建立在标准化信息基础上的，因此 EDI 的历史实际上就是商业数据的标准化和增值网络服务商的发展过程。在 EDI 的发展历史中，真正推进 EDI 发展的是那些独立的 EDI 网络增值服务商。特别是 20 世纪 80 年代以来，西方各国电信政策逐步放宽，私营网络增值服务商的出现，使 EDI 走向了商业化发展的前沿。

9.4.1　产品电子数据交换概论

　　1）产品电子数据交换标准概述

　　产品电子数据交换技术（electronic data interchange，EDI）是实现机械 CAD/CAPP/CAM 系统集成的关键技术之一，也是实现制造业信息化的重要基础。产品电子数据交换技术是将贸易、运输、保险、银行和海关等行业的信息，用一种国际公认的标准格式，形成结构化的事务处理的报文数据格式，通过计算机通信网络，使各有关部门、公司与企业之间进行数据交换与处理，并完成以贸易为中心的全部业务过程。EDI 包括买卖双方数据交换、企业内部数据交换等。近 20 年来世界各国相继推出了众多有关产品电子数据交换的标准。

　　（1）CAD*I 标准接口（CAD Interface）。该标准源于欧洲 ESPRIT 计划，是在 CIMS 环境下进行 CAD/CAM 系统集成，它采用人工智能的方法实现数据的共享与交换。

　　（2）产品定义数据接口（product data definition interface，PDDI）。它是在 IGES1.0 的基础上开发的，目的是用于传递设计和制造的产品定义数据，着重建立完整的产品定义数据，设计产品模型与工艺、数控、质量控制、工具设计等生产过程之间的接口。该标准在机械 CAD/CAM 集成系统的应用过程中取得了较好的效果。

　　（3）产品数据交换规范（product data exchange specification，PDES）。它源于美国国家标准和技术局（NIST）所属的 IES/PDES 组织领导的 PDES 计划。NIST 于 1989 年 4 月公布了 PDES 1.0 标准。

　　（4）数据交换规范（standard exchange transfer，SET）。这是法国宇航局开发的与 IGES 对应的规范，它作为法国的国家标准，其特点是文件结构紧凑，数据交换效率高。

（5）产品模型数据交换标准（standard for the exchange of product model data，STEP）。国际标准化组织（ISO）以 PDES 为基础，开发了产品模型数据交换标准，它是研究完整的产品模型数据的交换技术，最终实现在产品生命周期内对产品数据进行完整一致的描述与数据交换，以便无须人工解释就能使各系统直接共享这些信息。STEP 规定了与 IGES 类似的中性文件形式，以实现数据的共享。

2）产品电子数据交换的特点

（1）EDI 的使用对象是不同的组织之间，EDI 传输的企业间的报文，是企业间信息交流的一种方式。

（2）EDI 所传送的资料是一般业务资料，如发票、订单等，而不是指一般性的通知。

（3）EDI 传输的报文是格式化的，是符合国际标准的，这是计算机能够自动处理报文的基本前提。

（4）EDI 使用的数据通信网络一般是增值网、专用网。

（5）数据传输由收送双方的计算机系统直接传送、交换资料，不需要人工介入操作。

（6）EDI 与传真或电子邮件的区别是：传真与电子邮件，需要人工的阅读判断处理才能进入计算机系统。人工将资料重复输入计算机系统中，既浪费人力资源，也容易发生错误，而 EDI 不需要再将有关资料人工重复输入系统。

3）产品电子数据交换的构成要素

构成 EDI 系统的三个要素是：EDI 软件和硬件、通信网络、数据标准化。

一个部门或企业要实现 EDI，首先必须有一套计算机数据处理系统；其次，为使本企业内部数据比较容易地转换为 EDI 标准格式，须采用 EDI 标准；另外，通信环境的优劣也是关系到 EDI 成败的重要因素之一。

EDI 标准是整个 EDI 最关键的部分，由于 EDI 是以实现商定的报文格式形式进行数据传输和信息交换，一次制定统一的 EDI 标准至关重要。EDI 标准主要分为以下几个方面：基础标准、代码标准、报文标准、单证标准、管理标准、应用标准、通信标准、安全保密标准等。

9.4.2　产品电子数据交换技术在汽车物流中的应用

1996 年 5 月，美国通用汽车（GM）公司宣布新成立的 STEP 数据转换中心（STC）正式投入使用，用 STEP 技术取代原来效率不高的数据交换手段。美国的 AutoSTEP 项目是美国汽车工业中的 CAD 数据交换项目，该项目的参加单位有主导美国汽车工业的 15 家美国汽车公司和零配件供应商，包括著名的 GM 公司、福特公司、克莱斯勒公司等。

近年来，汽车物流已成为国内外汽车产业发展的热点，对我国而言，汽车作为应用最广泛的运输载体之一，在现代物流发展中极具潜力。同时，实现汽车物流信息化则成为汽车物流业发展的主要方向。

纵观我国汽车物流行业信息化发展现状，不难发现，除了少数企业已经使用信息系统外，中国汽车物流信息化应用水平总体还处于基础阶段。企业间的数据交换、交流，除了极少数应用了 EDI 系统，更多的还是用传真加电话的传统方式进行。数据交换、商业合同等多以纸面介质为主，辅以 Email 进行。个体企业如果单独推进行业信息化及电子商务，则需要政府部门更多的政策支持、研究机构更专业的导向支持和信息人才更过硬的技术支持等。如果强行发展行业信息化，将面临转型太快带来的诸多风险。应遵循其客观发展规律，逐步扶持积极因素，给予内因、外因成熟的生长空间。

建立商业流通和仓储运输企业的统一信息平台，实现信息资源的充分共享和交换，是当前汽车物流实现信息化的核心与关键。物流信息平台的建立，可以推动现代化物流配送中心的建立，进一步完善汽车物流产业的管理模式。物流信息平台建设的关键性问题是采用何种技术或标准，以进行不同系统数据信息的交流与整合。

信息化对于汽车物流的发展有着深远意义。发展行业信息化可以有效实现电子商务的基本过程，运用行业信息化来提高汽车物流标准化程度，促进物流发展进程，缩短与信息流、商流和资金流的操控差距从而全面实现电子商务。因此尽快发展行业信息化将具有非同寻常的意义。只要能很好的运用电子商务这个汽车物流的制高点，就充分说明企业管理模式的先进性、交易便捷性、效率高效性、成本最优性、竞争力性、效益显著性。电子商务的竞争从发展行业信息化时就已经开始，对于发展过程中的不断创新与优化成为企业面对电子商务的最大优势。

阅读资料

安吉物流的信息化应用

以第三方汽车物流供应商安吉天地为例，仓储与运输网络资源优势是现代物流企业盈利能力的重要手段之一，安吉天地整车物流收入占总物流收入的 80% 左右，其核心客户是上海通用、上海大众、上汽通用五菱、一汽、德国宝马等。目前，公司整车年吞吐量 80 万辆，仓储资源有 30 个大型轿车专用仓库，200 万平方米仓储面积，从上海的中心库将车辆经 23 个地区分中心分拨至经销商，公路网络资源拥有 1700 多辆驳运车，铁路网络资源 438 节火车皮一次可装载 2010 辆轿车，船运网络资源一次可装载 1745 辆轿车。为 200 多个城市约 1200 名经销商提供服务。

"结合实际需求，安吉汽车物流上线了整车物流信息化系统，一期工程先上 3 个模块：调度管理系统、仓储管理系统、数据分析系统。"袁思立说道，"尽管在企业转型前，已经有一套信息系统，但存在不少问题，主要体现在：报表管理系统分立，大部分信息汇总都是手工采集，差错、失误难免；运输车辆的全程状态管理失控；仓库内部的管理仍停留在人工控制；现有操作权限的划分不明确，容易造成数据库信息混乱、丢失；缺乏对仓库内部作业、运输车辆的实时监控功能；仓库费用结算、二次运输等尚未纳入电脑系统；也不支持多客户处理。"

另外，安吉汽车物流也意识到，要实现公司"创国际一流，国内领先的物流行业龙头"的目标，使公司的业务能够做到一体化、技术化、网络化，必须实现和强化计算机管理。同时也要加强商品车（下线车、移库车）的入/出库管理和实时监控；增加对运输工具的管理；把多个分散的仓库，实行统一管理。安吉物流在全国有 25 个地区总库，总库之外还有地区分库，总库外面还有很多附属库。附属仓库是租借的，属于总库的管理范围，但在物理上和总库是分离的，而且这些附属仓库没有自己的信息系统，也没有专线和总库相连，如果附属仓库不和信息系统连接起来的话，总库的汽车就无法进入附属仓库，附属仓库的汽车也进不了总库。

经过论证及需求分析，安吉汽车物流选择了易宝公司提供的仓储管理系统解决方案，该方案是以易宝仓储管理软件为基础搭建起系统的框架结构；针对整车物流的特点，进行必要的客户化定制；与调度系统、数据分析系统有数据接口，特别是易宝承担了把安吉物流原有系统数据整合到新系统，并完成新老系统切换的实施任务。

9.5 汽车物流电子商务

由于商务活动时刻运作在我们每个人的生存空间，因此，电子商务的范围波及人们的生活、工作、学习及消费等广泛领域，其服务和管理也涉及政府、工商、金融及用户等诸多方面。Internet 逐渐渗透到每个人的生活中，而各种业务在网络上的相继展开也在不断推动电子商务这一新兴领域的昌盛和繁荣。电子商务可应用于小到家庭理财、个人购物，大至企业经营、国际贸易等诸方面。汽车物流电子商务主要用于企业间的商务活动、汽车企业内的业务运作以及客户个人网上服务等。

9.5.1 电子商务概述

1）电子商务的定义

随着互联网的迅猛发展，电子商务也因此成为近年来最热门的话题之一。什么是电子商务呢？简单地说，电子商务是一套运用电子计算机及网络技术等现代科学手段进行的商务活动。它能高效利用有限的资源，加快商业周期循环、节省时间、降低成本、提高利润和增强企业的竞争力。

电子商务的概念，目前没有一个比较统一的定义，只是在实践应用的基础上加以总结而成的。

（1）1997 年世界电子商务会议。电子商务是指对整个贸易活动实现电子化。

（2）联合国国际贸易简化工作组。采用电子形式开展商务活动，它包括在供应商、客户、政府及其他参与方之间通过任何电子工具，如：EDI、Web 技术、电子邮件等共享非结构化或结构化商务信息，并管理和完成在商务活动、管理活动和消费活动中的各种交易。

（3）行业内比较常见的表述。电子商务就是在互联网开放的网络环境下，基于浏览器/服务器应用方式，实现消费者的网上购物、商户之间的网上交易、在线电子支付以及有关方的网络服务的一种新型的商业运营模式。

（4）从商业的角度定义。电子商务（electronic commerce）是指实现整个贸易活动的电子化。

（5）从涵盖范围有角度定义。交易各方以电子交易方式进行的任何形式的商业交易。

（6）从技术方面可以定义。电子商务是一种多技术的集合体包括交换数据、获得数据以及自动捕获数据等。

（7）从电子商务的范围来定义。可以分为广义和狭义，从狭义上来看，电子商务

EC（electronic commerce）也就是电子交易，主要是指利用网络进行交易活动，包括通过互联网买卖产品和提供服务。从广义上来看，电子商务 EB（electronic business）还包括企业内部商务活动，如生产、管理、财务等以及企业间的商务活动，它不仅仅是硬件和软件的结合，更是把买家、卖家、厂家和合作伙伴在 Internet、Intranet 和 Extranet 上利用互联网技术与现有的系统结合起来进行业务。

2）电子商务的分类

（1）按照商业活动的运行方式分类。电子商务可分为完全电子商务和非完全电子商务。

（2）按照开展电子交易的范围分类。本地电子商务、远程国内电子商务和全球电子商务。

（3）按照使用网络的类型分类。基于专门增值网络的电子商务；基于因特网网络的电子商务；基于企业内部网网络的电子商务。

（4）按照交易对象分类。企业对企业的电子商务（business to business，B to B）；企业对消费者的电子商务（business to consumer，B to C）；企业对政府的电子商务（business to government，B to G）；消费者对政府的电子商务（consumer to government，C to G）；消费者对消费者的电子商务（consumer to consumer，C to C）。

3）电子商务的产生和发展

事实上，电子商务并非一种刚刚出现的事物，总结电子商务发展的历史，其产生和发展主要经历了 2 个阶段：

（1）20 世纪 60～90 年代基于 EDI 的电子商务。EDI 是将业务文件按一个公认的标准从一台计算机传输到另一台计算机上去的电子传输方法。由于 EDI 大大减少了纸张票据，因此人们也形象地称之为"无纸贸易"或"无纸交易"。它在 20 世纪 60 年代末期产生于美国，当时的贸易商们在使用计算机处理各类商务文件的时候发现，由人工输入到一台计算机中的数据 70%是来源于另一台计算机输出的文件，由于过多的人为因素，影响了数据的准确性和工作的效率的提高，人们开始尝试在贸易伙伴之间的计算机上使数据能够自动交换，EDI 于是应运而生。为企业增加效率和减少成本提供了更大的可能性。图 9-5 和图 9-6 分别描述了手工条件下和 EDI 条件下，贸易单证的传递方式。

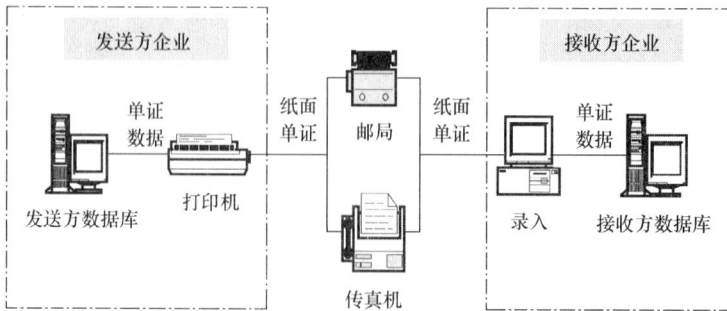

图 9-5　手工条件下，贸易单证的传递方式

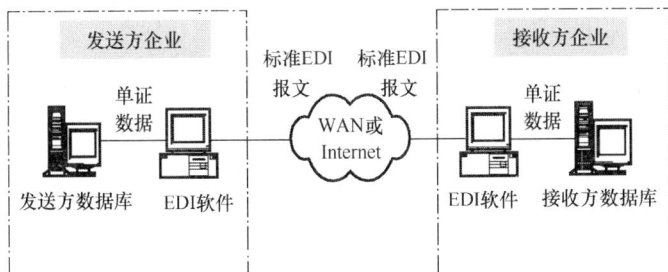

图 9-6　EDI 条件下，贸易单证的传递方式

（2）20 世纪 90 年代以来基于国际互联网的电子商务。由于使用增值网络（Value added network，VAN）的费用很高，仅大型企业才会使用，因此限定了基于 EDI 的电子商务应用范围的扩大。20 世纪 90 年代中后期，因特网（Internet）迅速走向普及化，逐步地从大学、科研机构走向企业和百姓家庭，其功能也已从信息共享演变为一种大众话得信息传播工具。从 1991 年起，一直排斥在互联网之外的商业贸易活动正式进入到这个王国，因此使电子商务成为互联网应用的最大热点。

基于互联网的电子商务对企业具有更大的吸引力，这是因为它比基于 EDI 的电子商务具有以下一些明显的优势：

①　费用低廉：由于互联网是国际的开放性网络，使用费用很便宜，一般来说，其费用不到 VAN 的 1/4，这一优势使得很多企业尤其是小企业对其非常感兴趣。

②　覆盖面广：互联网几乎遍及全球的各个角落，用户通过普通点击就可以方便地与贸易伙伴传递商业信息和文件。

③　功能更全面：互联网可以全面支持不同类型的用户实现不同层次的商务报表，如发布电子商情、在线洽谈、建立虚拟商场或网上银行等。

④　使用更灵活：基于互联网的电子商务可以不受特殊数据交换协议的影响。任何商业文件或单证可以直接通过填写与现行的纸面单证格式一致的屏幕单证来完成，不需要再进行翻译，任何人都可以看懂和直接使用。

9.5.2　电子商务在汽车物流中的应用

1）汽车物流的电子商务系统平台

现代物流理论认为，物流服务的核心目标是在物流全过程中以最小的综合成本来满足顾客的需要，他具有及时化、信息化、自动化、智能化、服务化和网络化等特征。与传统的储运业务相比，其最主要的优势体现在依靠对物流信息的科学运筹和管理，通过系列化的现金的物流技术支撑，实现及时化、信息化和智能化的物流服务等操作与管理，集储存保管、集散转运、流通加工、商品配送、信息传递、代购代销、连带服务等多功能于一体。因此，包括汽车企业在内的企业物流信息流程及信息系统，必须与现代物流服务工作的要求相匹配。

信息网络技术是构成现代汽车物流体系的重要组成部分，也是提高汽车物流服务效率的重要技术保障。汽车制造业应积极利用 EDI、互联网等技术，通过网络平台和信息技术平台将企业经验网点连接起来，这样既可以优化企业内部资源配置，又可以通过网络与用户、制造商及相关单位连接，实现资源共享、信息共用，对汽车物流各环节进行实时跟踪、有效控制与全程管理，以此来降低整个供应链上的库存浪费，以信息来取代库存。同时也要加快汽车物流与电子商务的融合，一方面汽车物流要成为电子商务的一部分；另一方面，汽车物流要积极运用电子商务，实现电子化的汽车物流。

通过物流信息平台，汽车生产销售企业可以实现动态实时和可视化功能：实时掌握商品和零部件销售动态图，实时掌握各中转库仓储品种、数量、质量和存储时间；查询特定路线运力资源动态情况，选择合适的运输工具和运载工具；与第三方物流企业监控系统连接，对运载工具运营状况实时监控；选择联盟企业的冗余存储能力，自动与仓储商仓储管理系统接口，实现对库存商品车的动态管理。

同时，第三方物流企业也可以通过平台实现以下的功能：查询汽车物流的流向及流量，设计运输路线，调配运输资源；实现与汽车生产销售企业物流数据共享；实时掌握汽车物流的流向和流量，实现联盟第三方物流企业之间的数据共享；实现共同物流，提高运输车辆运载运输效率；向生产销售企业提供冗余资源情况和运力、仓储信息。

2）汽车物流的电子商务功能

为了适应汽车企业对物流信息管理的要求，实现对于物流业务的及时化、信息化、智能化和网络化操作，汽车企业的电子商务系统必须对以下几个功能进行有效的整合与集成，建立相互之间的信息交换与传递，建立相应的功能连接，从而实现对于整个汽车物流业务的统筹运作与科学管理。

（1）需求管理功能。也可以称为客户管理系统，其职能是手机客户需求信息，记录客户购买信息、进行销售分析和预测、管理销售价格、处理应收货款及退款等。

（2）采购管理功能。主要是面对供货商的作业，包括向汽车零配件厂商发出订购信息和进货验收、供货商管理、采购决策、存货控制、采购价格管理、应付装款管理等信息管理系统，同时将之与客户管理系统建立功能连接。

（3）仓库管理功能。该系统包括存储系统管理、进出货管理、机械设备管理、分拣管理、流通加工、出货配送管理、货物追踪管理、运输调度计划和分配计划等内容信息的处理，同时与客户管理系统建立连接。

（4）财务管理和结算功能。财务管系统主要是对销售管理系统和采购管理系统所传送过来的应付、应收账款进行会计操作，同时对配送中心的整个业务与资金进行平衡，测算和分析，编制各业务经营财务表，并与银行金融系统联网进行转账。

（5）配送管理功能。以最大限度地降低物流成本、提高运作效率为目标，按照实施配送原则，在多购买商并存的环境中，通过在购买商和各自的供应商之间建立实时的双向连接，构筑一条畅通、高效的物流通道，为购买、供应双方提供高度集中的、功能完善的和不同模式的配送信息服务。

（6）物流分析功能。通过应用 GIS 技术与运筹决策技术模型，完善物流分析技术。它通过建立各类物流运筹分析模型来实现物流业务的互动分析，提供物流一体化运作的合理解决方案，以实现与网络伙伴的协同资源规划。

（7）决策支持功能。除了获取内部各系统的业务信息外，关键在于取得外部信息，并结合内部信息编制各种分析报告和建议报告，提供分析图表与仿真结果报告，供配送中心的高层管理人员作为决策的依据。

9.6 物联网技术在汽车物流中的应用

物联网是新一代信息技术的重要组成部分，其英文名称是"the internet of things"。由此，顾名思义，"物联网就是物物相连的互联网"。物流行业不仅是国家十大产业振兴规划的其中一个，也是信息化及物联网应用的重要领域。它的信息化和综合化的物流管理、流程监控不仅能为企业带来物流效率提升、物流成本控制等效益，也从整体上提高了企业以及相关领域的信息化水平，从而达到带动整个产业发展的目的。

9.6.1 物联网技术概述

1）物联网的定义

（1）Auto-ID。最早关于物联网的定义是 1999 年由麻省理工学院 Auto-ID 研究中心提出，对物联网的定义为："物联网就是把所有物品通过射频识别和条码等信息传感设备与互联网连接起来，实现智能化识别和管理。其实质就是 RFID 技术与互联网相结合加以应用。"

（2）国际电信联盟（ITU）对于物联网的定义。"物联网主要解决物品到物品（thing to thing，T to T），人到物品（human to thing，H to T），人到人（human to human，H to H）之间的互联。"这里与传统互联网不同的是，H to T 是指人利用通过装置与物品之间的连接，H to H 是指人之间不依赖于个人计算机而进行的互联。

（3）欧洲智能系统集成技术平台（EPoSS）。2008 年 5 月 27 日，欧洲智能系统集成技术平台（EPoSS）在发布的《Internet of Thing in 2020》报告中对物联网的定义："物联网是由具有标识、虚拟个体的物体或对象所组成的网络，这些标识和个性等信息在智能空间使用智慧的借口与用户、社会和环境进行通信。"

（4）欧盟第七框架下的 RFID 和物联网研究项目组。2009 年 9 月，欧盟第七框架下的 RFID 和物联网研究项目组在其发布的研究报告中提出的物联网定义："物联网是未来互联网的一个组成部分，可以被定义为基于标准的和可操作的通信协议，且是具有自配置能力的、动态的全球网络基础构架。物流网中的'物'都具有标识、物理属性和实质上的个性，使用智能借口实现与信息网络的无缝整合。"

（5）中国政府工作报告。2010 年，我国的政府工作报告所附的注释中对于物联网有如下说明："物联网是通过传感设备按照协议把各种网络连接起来，进行信息交换和通信，以实现智能化识别、定位、跟踪、监控和管理的一种网络。"

2）物联网的发展

（1）1999 年，MIT Auto-ID Center 提出物联网概念，即把所有物品通过射频识别等信息传感设备与互联网连接起来，实现智能化识别和管理。

（2）2004 年，日本总务省提出 u-Japan 构想，希望在 2010 年将日本建设成一个"Anytime，Anywhere，Anything，Anyone"都可以上网的环境。

（3）同年，韩国政府制定了 u-Korea 战略，韩国信通部发布的《数字时代的人本主义：IT839 战略》以具体呼应 u-Korea。

（4）2005 年 11 月，在突尼斯举行的信息社会世界峰会（WSIS）上，国际电信联盟发布了《ITU 互联网报告 2005：物联网》，报告指出，无所不在的"物联网"通信时代即将来临，世界上所有的物体从轮胎到牙刷、从房屋到纸巾都可以通过因特网主动进行交换。射频识别技术、传感器技术、纳米技术、智能嵌入技术将得到更加广泛的应用。

（5）2008 年 11 月 IBM 提出"智慧的地球"概念，即"互联网+物联网=智慧地球"，以此作为经济振兴战略。如果在基础建设的执行中，植入"智慧"的理念，不仅仅能够在短期内有力的刺激经济、促进就业，而且能够在短时间内打造一个成熟的智慧基础设施平台。

（6）2009 年 6 月，欧盟委员会提出针对物联网行动方案，方案明确表示在技术层面将给予大量资金支持，在政府管理层面将提出与现有法规相适应的网络监管方案。

（7）2009 年 8 月，温家宝总理在无锡考察传感网产业发展时明确指示要早一点谋划未来，早一点攻破核心技术，并且明确要求尽快建立中国的传感信息中心，或者叫"感知中国"中心。

（8）目前，经国家标准化管理委员会批准，全国信息技术标准化技术委员会组建了传感器网络标准工作组，标准工作组现聚集了中国科学院、中国移动通信集团公司等国内传感网主要的技术研究和应用单位。

3）物联网的基本框架

物联网作为一个系统网络，与其他网络一样，也有其内部特有的架构。物联网系统有三个层次：一是感知层，即利用 RFID、传感器、二维码等随时随地获取物体的信息；二是网络层，通过各种电信网络与互联网的融合，将物体的信息实时准确地传递出去；三是应用层，把感知层得到的信息进行处理，实现智能化识别、定位、跟踪、监控和管理等实际应用。

如果把物联网系统和人体做比较，感知层好比人体的四肢，传输层好比人的身体和内脏，那么应用层就好比人的大脑，软件和中间件的物联网系统好比人的灵魂和中枢神经。

（1）感知层。数据采集与感知，主要用于采集物理世界中发生的物理事件和数据，包括各类物理量、标识、音频、视频数据。物联网的数据采集涉及传感器、RFID、多媒体信息采集、二维码和实时定位等技术。传感器网络组网和协同信息处理技术实现传感器、RFID 等数据采集技术所获取数据的短距离传输、自组织组网以及多个传感器对数据的协同信息处理过程。

（2）网络层。实现更加广泛的互联功能，能够把感知到的信息无障碍、高可靠性、高安全性地进行传送，需要传感器网络与移动通信技术、互联网技术相融合。经过十余年的快速发展，移动通信、互联网等技术已比较成熟，基本能够满足物联网数据传输的需要。

（3）应用层。包含应用支撑平台和应用服务，应用支撑平台子层用于支撑跨行业、跨应用、跨系统之间的信息协同、共享、互通的功能。应用服务子层包括智能交通、智能医疗、智能家居、智能物流、智能电力等行业应用。

物联网实现了物理空间与数字空间的无缝连接。物联网的技术层次如图 9-7 所示。

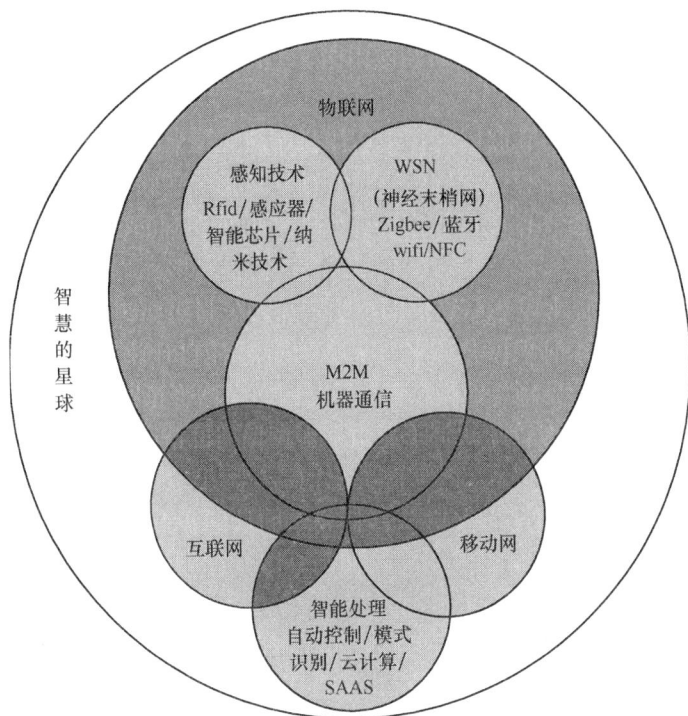

图 9-7 物联网的技术层次

4）物联网的公共技术

在物联网的技术架构中，其涉及到的公共技术包括：编码技术、标识技术、解析技术、信息服务技术、安全技术以及中间件技术等。

（1）编码技术。编码技术是为了一段描述数据特性的信息技术，规定信息段的含义，为标识物品提供技术保障，标识技术是根据物品的特性来描述设备，它是编码的物理实现，如设备的编码和标识，信息的编码和标识等。

编码的目的就是为了要识别物品的特性，也就是说人们为了能够分清不同的物品及其特性，需要赋予物品唯一的编号，但是在编号的同时也要求各部门采用同样的编码规则，这样做的目的就是为了使大多数物品有统一的编码规则，从而使物品的编码有唯一性。为了能够识别出物品，编码的唯一性是非常重要的。

① 物品编码：物品编码是物联网的基础，是物品在信息网络中的身份标识。没有物品编码，网络中就没有物品，因此，物品编码是物联网的基础。物品编码体系的建立必须以物品编码标准化为前提。

② GS1 编码：国际物品编码协会（GS1），致力于推广全球通用的、开放的、跨行业的供应链管理标准——GS1 全球统一标识系统。中国物品编码中心（ANCC）成立于 1988 年，由国务院授权统一组织、协调、管理全国的条码工作。编码中心经过 20 多年的工作摸索与探索，研究制定了一套适合我国国情的、技术上与国际接轨的产品与服务

标识系统——ANCC 全球统一标识系统，简称"ANCC 系统"。

③ EPC 编码：EPC 编码是由一个标头加上另外三段数据（依次为域名管理者、对象分类、序列号）组成的一组数字。其中标头标识 EPC 的类型，它使得 EPC 随后的码段可以有不同的长度；域名管理是描述与此 EPC 相关的生产厂商的信息。

（2）标识技术。标识存在于人们的生活中，当然在物联网中也存在标识，通过对物品的标识能够使我们清楚物品的各种信息。这一点对于信息的采集是非常重要的，如果没有对物品的标识，就没有办法对物品信息进行采集，这样使得在物联网末端的信息采集没有办法进行，那物联网"物物相连"最终目标就没有办法达成。

标识技术是为了能够达到标识目的的技术，是指通过不同的载体去表现条码信息，就是说用什么方式去将信息写入设备。我们通常所说的对物品信息的载体主要有一维或二维条码、射频识别技术等。

（3）解析技术。对于一个开放式的，全球性的追踪物品的网络需要一些特殊的网络架构。由于 RFID 标签中只存储了产品电子代码，计算机需要一些将产品电子代码匹配到相应产品信息的方法。物联网名称解析服务（IOT-name service，IOT-NS）就起到了这么一个作用，它是一个自动的网络服务系统，类似于域名解析（domain name service，DNS），DNS 是将一台计算机定位到互联网上的某一具体地点的服务。在 EPC 系统中这部分功能称为"对象名称解析（object name service，ONS）"。

（4）信息服务。物联网信息服务（IOT-information service，IOT-IS）是物联网中信息处理和发布的信息服务系统。典型的物联网信息服务系统是 EPC 系统中的信息服务系统 EPCIS（EPC-information service）。EPCIS 是 EPC 网络中重要的一部分，利用单一标准的采集和分享信息的方式，为 EPC 数据提供一套标准的接口，各个行业和组织可以灵活应用。EPCIS 标准架构在全球互联网的基础上，支持强大的商业用例和客户利益，例如包装箱追踪、产品鉴定、促销管理、行李追踪等。

（5）安全技术。物联网系统越来越广泛地应用于生产和生活的各个方面，特别是在军事、医疗和交通运输等方面的应用关系到人民的生命和国家的稳定。由于物联网连接和处理的对象主要是机器或物以及相关的数据，其"所有权"特性导致物联网信息安全要求比以处理"文本"为主的互联网要高，对"隐私权"保护的要求也更高，此外还有可信度问题，由此针对物联网系统的安全需求，应当采用成熟的网络安全技术对不同的网络层实施保护。

（6）中间件技术。中间件（middleware）是位于平台（硬件和操作系统）和应用之间的通用服务，这些服务具有标准的程序接口和协议。针对不同的操作系统和硬件平台，中间件中必须要有一个通信中间件，即中间件=平台+通信。

9.6.2 物联网与车联网、云技术的关系

9.6.2.1 物联网与车联网的关系

1）车联网的概念

车联网，是指装载在车辆上的电子标签通过无线射频等识别技术，实现在信息网络

平台上对所有车辆的属性信息和静、动态信息进行提取和有效利用，并根据不同的功能需求对所有车辆的运行状态进行有效的监管和提供综合服务。

2）车联网的整体架构

车联网整体架构如图 9-8 所示，车联网将汽车、移动通讯、互联网三大当前最热门的行业有机地、自然地整合到了一起。

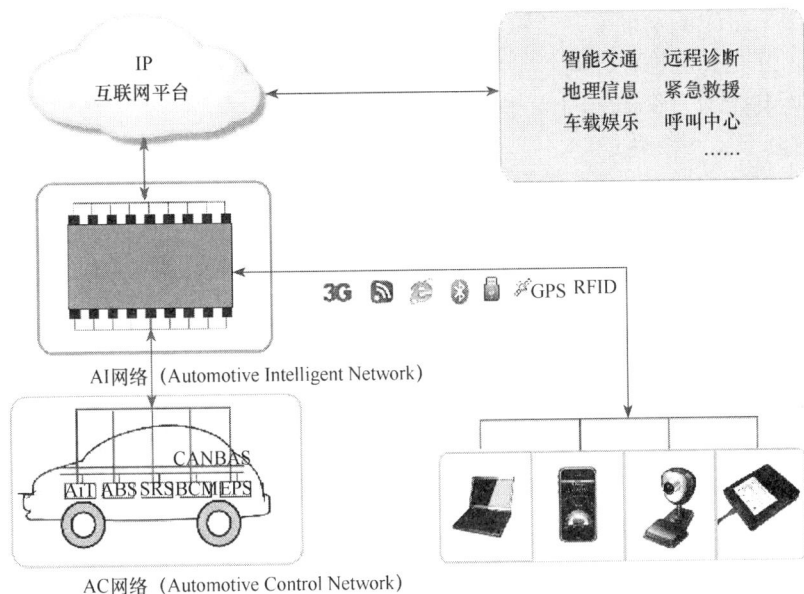

图 9-8 车联网整体架构图

3）车联网的特性

（1）技术整合。作为物联网的重要分支，在汽车行业的应用是将多种先进技术有机地运用于整个交通运输管理体系而建立起的一种实时的、准确的、高效的交通运输综合管理和控制系统及由此衍生的诸多增值服务，如图 9-9 所示。

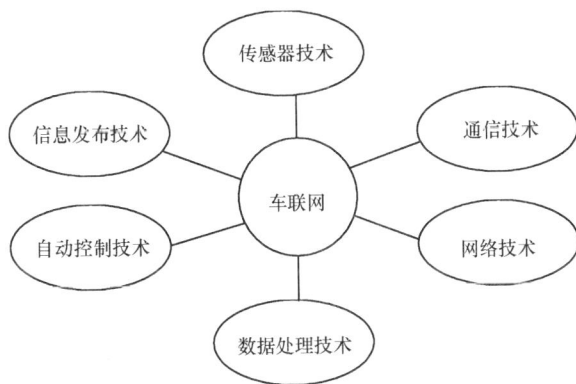

图 9-9 车联网的技术整合

（2）信息共享。车联网是通过汽车收集、处理并共享大量信息，车与人、车与路、车与车、车与城市网络实现互相连接。

（3）产业融合。车联网涵盖了汽车零部件生产厂家及分销商（渠道商）、汽修汽保商、芯片厂商、软件提供商、方案提供商、内容提供商、网络供应商等多个领域。

（4）可持续发展。车联网引领三大产业（汽车、移动通信、互联网）纵深发展互联网发展到今天，与传统产业的融合才刚刚开始，车联网作为互联网发展中的新产业尤其如此，极具发展空间，也符合低碳、环保等概念。车联网企业资产的积累其实就是内容的累积，这才是真正为社会创造价值，丰富的专家后台数据库支持将是一个可持续的累积。车联网将致力于价值链的培育，由此可见开放性、合作和产业联盟的重要作用。

4）车联网的应用领域

车联网的应用领域可以体现在车主可通过手机等终端实时地了解自己车的运行状况；通过信息共享，4S店可将服务由被动变主动；良好、方便、高效的沟通平台，实现自助化的维修保养模式，使得各方利益最大化；借助卫星定位，与紧急救援实现高效对接；实时的故障信息，可保障及时的各种服务请求，如爆胎、加油等；服务中心的个性化服务将给车主带来全方位的汽车生活体验；远程服务及控制系统（远程诊断、汽车救援、分期付款、汽车防盗、送车跟踪、车队管理、报警提醒、检测分析、全球定位、远程通讯）；实时及全面的行车数据使事故现场轻松地在电脑上得以重现。同时，这些还将对交通管理、保险等传统行业带来革命性的创新模式。

5）车联网面临的问题

目前车联网发展瓶颈有以下几个方面：

（1）网络及资费问题。各大运营商需要不断完善3G和WIFI网络，保证各地市、县区以及郊区地带能够接收到信息。

（2）商业模式。商业模式的建立需要有一定的用户规模，而没有好的商业模式就无法吸引客户。

（3）支付方式。目前服务商所采取的方式都是一年免费，那么免费期过了之后如何解决收费问题？另外当前车联网服务商提供的服务内容不足留住用户，即便用户愿意交钱，那么这个钱如何交，交给谁也是个问题。

（4）本地化服务。目前，汽车远程服务提供商所提供的主要服务内容是一键通导航、实时路况、紧急救援、防盗报警等。一键通存在本地化瓶颈，而动态导航需要实时交通信息做支撑，但目前全国开通的城市数量有限，并且没有高速公路、国道、省道的路况，所以暂时无法实现商用。

6）物联网与车联网的关系

随着通用、丰田、日产等厂商的智能网络行车系统纷纷试水，"车联网"已经越来越贴近普通消费者。专家指出，互联的汽车具备感应周遭事物的能力，并且能与汽车和道路系统保持实时通讯。这些功能优化了交通路线，缩短了旅途的时间，让旅途更具可预测性。此外，联网后的交通工具不仅能够接入庞大的互联网世界，共享其丰富的资源和服务，而且车内的传感系统还能将外界信息及时反馈到互联网上。最简单的例子，车联网的自动驾驶功能使盲人都能够驾驶汽车，它给人们的安全出行提供了更加可靠的保障。

车联网的愿景非常好，但在车联网的背后，政策和标准缺席，链条上的相关企业各自为政，仅不足两成服务供应商赢利，这些令车联网前行举步维艰。其次，车联网还存在很多的制约因素，首先是费用问题，目前已经试水的厂家都是在提供一定免费时间后就会收费，愿意继续缴费的车主好像不是很多，此外，现在这些车载产品更多是解决了车与人的关系，还远远没有解决车与车、车与道路等周边环境的问题，这个时期的车联网技术应用更多是个诱人的卖点。在车联网的大系统中，车载产品仅仅走出了第一步。而整个车联网的搭建，则要依托城市智能交通系统的建立及信息共享。

当然，车联网还需要解决一系列技术问题，比如有些传感器还不太理想，只要是汽车行驶所涉及的任何一个因素，比如交通灯、摄像头、拥堵分析仪甚至天气状况都要全部连接到一起，缺了任何一个因素都不行。更大难题是，车联网所涉及的部门、行业较多，由谁来负责，如何运行，还有一系列管理问题需要磨合解决。

总而言之，车联网其实就是物联网的一个分支，物联网完善了，车联网自然会羽翼丰满。

9.6.2.2 物联网与云技术的关系

1）云计算及云技术概述

云计算（cloud computing）是基于互联网的相关服务的增加、使用和交付模式，通常涉及通过互联网来提供动态易扩展且经常是虚拟化的资源。云是网络、互联网的一种比喻说法。过去在图中往往用云来表示电信网，后来也用来表示互联网和底层基础设施的抽象。狭义云计算指 IT 基础设施的交付和使用模式，指通过网络以按需、易扩展的方式获得所需资源；广义云计算指服务的交付和使用模式，指通过网络以按需、易扩展的方式获得所需服务。这种服务可以是 IT 和软件、互联网相关，也可是其他服务。它意味着计算能力也可作为一种商品通过互联网进行流通。

云技术（cloud technology），《著云台》的分析师团队结合云发展的理论总结认为，基于云计算商业模式应用的网络技术、信息技术、整合技术、管理平台技术、应用技术等的总称，可以组成资源池，按需所用，灵活便利。

2）云计算——物联网支撑平台

（1）云计算模式数据中心。当前科技水平下，云计算数据中心是一种基于云计算架构的，计算、存储及网络资源松耦合，完全虚拟化各种 IT 设备、模块化程度较高、自动化程度较高、具备较高绿色节能程度的新型数据中心。其层次如图 9-10 所示。

从上面的定义当中，我们可以得出云计算数据中心的要素有以下几点：

① 虚拟化程度：包含服务器、网络、存储等虚拟化。

② 计算、存储及网络资源的松耦合程度：用户可以单独使用其中任意一、二项资源而不拘泥于运营商的类似套餐打包服务等。

③ 模块化程度：数据中心内的软硬件分离程度，机房区域模块化程度。

④ 自动化管理程度：机房内对物理服务器、虚拟服务器的管理，对相关业务的自动化流程管理、对客户服务的收费等服务自动化管理等。

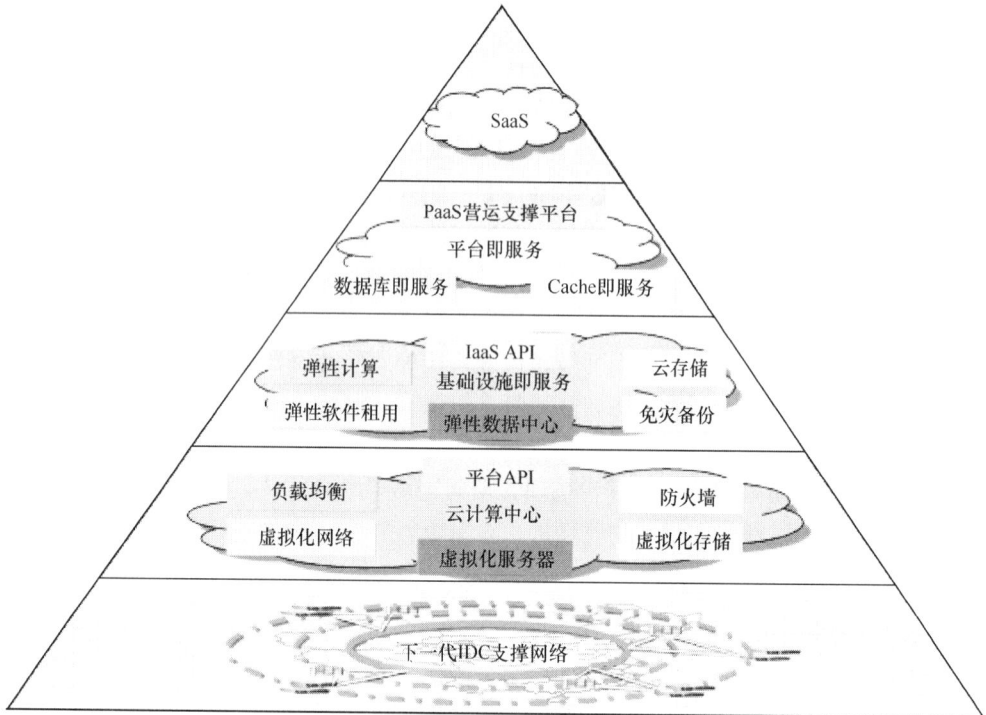

图 9-10　云计算模式数据中心层次图

（2）云计算的应用领域

① SaaS：2008 年中国 SAAS 市场规模 198.4 亿元。其中工具型软件 190.5 亿元。管理型软件 7.9 亿元。Zoho 与数字星空战略合作联手推出 baihui.com（百会）在线应用平台。

② 中小企业信息化：八百客 800APP、阿里软件、用友伟库网、金蝶友商网。金蝶友商网有 15 万注册用户。定位于在线管理服务专家，提供的"在线会计"，免费记账工具"储钱罐"。争取两年盈亏平衡。目前企业用户对 SaaS 认知度只有 4.8%。

③ 政府/地方信息化：电信运营商与地方政府的合作，三大运营商与各省政府签署战略合作协议，承诺在五年内投资总额将超过一万亿。

④ IBM"智慧地球"云计算提供动态基础设施。

⑤ 新媒体的支撑环境。

（3）物联网与云计算的关系。物联网有着广阔的发展前景，但目前还仅仅是开始，可以说是方兴未艾。发展物联网一方面要高屋建瓴积极促进，另一方面要保持平和的心态，稳健地发展，且不可急功近利一哄而上。关键是要应用驱动，重在效益。只要有应用效益就有需求，才能带动物联网的发展。云计算为物联网提供支撑平台，其技术支撑如图 9-11 所示。

物联网是互联网向物理世界的延伸，云计算是基于物联网的 IT 资源的使用和交互的模式。物联网和云计算是一个优势互补的关系，物联网所面临的问题正好是云计算的特点，如低成本、大规模、海量实时数据，而大数据的交互处理等问题都是云计算要解决的问题。

- 海量业务数据的巨大压力
  - 终端增长迅速，终端关联数据增加
  - 应用自定义数据迅速增加
  - 传统的硬件环境难以支撑

- 运营商大量闲置的计算和存储能力
  - 运营商长期积累了大量闲置的计算能力和存储能力，有必要加以利用
  - 绿色环保需求。典型数据中心的开销中，电力占23%——intel内部研究数据2008
  - 2006年全美服务器和数据中心消耗的电能是全美用电量的1.5%——美国环保署报告

云计算技术

- 创新与协作
  - Web 2.0
  - SaaS
  - PaaS
  - Mashup

- 大规模业务驻留突显性能瓶颈
  - 随着业务发展，大量自定义业务同时运行，对平台造成性能压力，服务器CPU处理能力以及内存容量，均难以满足不断增长的自定义业务的运行。

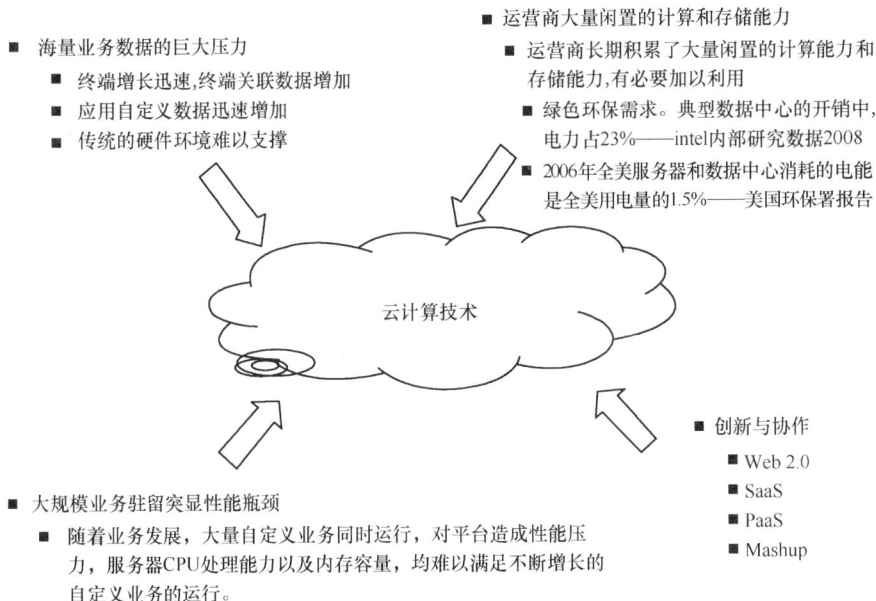

图 9-11　云计算为物联网提供支撑平台

9.6.3　物联网在汽车物流中的应用

物流业是物联网很早就实实在在落地的行业之一，很多先进的现代物流系统已经具备了信息化、数字化、网络化、集成化、智能化、柔性化、敏捷化、可视化、自动化等先进技术特征。目前在汽车物流领域相对成熟的应用是汽车物流过程的可视化智能管理网络系统：这是基于 GPS 卫星导航定位技术、RFID 技术、传感技术等多种技术，在汽车物流过程中可实时实现车辆定位、运输物品监控、在线调度与配送的可视化智能管理系统。

安吉物流致力于物联网技术的应用。虽然安吉在信息化及物联网方面建树颇多，尤其是安吉创新的商品车交接电子签收系统。

在商品车的物流过程中，汽车从主机厂到用户手中有很多交接环节，采用纸质交接方式往往存在很多问题：

（1）交接过程不可控。在交接完成后，交接单是留在驾驶员手中的，要回到运输公司后进行结算时才提供交接单，交接单的回收周期非常长，在此过程中还存在交接单遗失的可能。

（2）交接的系统要求经销商在交接以后把信息填入系统，这种被动方式往往造成反馈不及时。

（3）在交接时会产生大量的数据，这些数据回收以后还要录入我们的系统，同时对这些交接单需要大量的人工处理。针对这些问题，安吉探索物联网技术应用，2009 年开始实施商品车交接电子签收系统。

安吉考虑到通过把所有商品车交接过程的信息，通过用物联网技术，实现信息及时的传递。主要把各个交接点的交接信息通过手持终端设备，采用了 RFID、GPS、条形

码的扫描进行信息采集，经过 GPRS 的通信网络，传输到安吉管理中心，管理中心的信息和安吉业务系统对接，及时更新订单交接完成的状态。同时，安吉把信息及时通过系统对接，传输给主机厂，使客户第一时间了解商品车交接信息。这些数据同时会进入数据中心，数据中心会做一些相应的数据的分析，来发现一些问题，采取一些整改的措施。

这个系统主要是通过三个主要的功能模块来实现：

（1）车辆订单的监控和进度的实时监控和状态预警，通过整合车载 GPS、GIS、运输车辆数据和订单数据，对每一运输车辆及其所属订单的时间、路程进度进行实时监控，通过既定的算法规则判断车辆和订单的运输进度实时状态，对处于落后进度的车辆或订单进行预警提示。

（2）在每次交接货时都形成一个唯一的数字签名，涵盖了收/发货方和运输方信息、货物信息、交接时间、地点等信息，并通过无线通讯实时发送给汽车物流企业。为了保证数字签名信息的准确性，通过运输车辆的 GPS 定位数据对数字签名进行双重验证。

（3）集成条形码扫描功能、RFID 感应接收功能、GPS 信息接收功能、GPRS 通信功能为一体的手持移动电子设备。通过 RFID 识别运输货物与目的地是否一致，扫描商品车条形码信息确认收车，通过 GPRS 将上述信息连同电子签名发送至汽车物流公司的服务器进行数据校验和状态更新。

该项目的实施，对经济效益和社会效益上带来了一定的好处。

（1）从企业经济效益上看

① 人力成本减少。采用电子报交，运输后台数据整合系统进行数据的自动收集、整合和更新。工作人员只需按照所需利用系统进行查询即可，替代了原来人工订单手工录入等。

② 纸质单据支出费用减少，每年可减少 300 多万元的纸质单据费用。新系统完全采用软件系统自动进行整合分析判断，所有信息一目了然，保证了信息传递的及时性与准确性。由此形成的动态报表，彻底解决了由于数据滞后而带来的管理漏洞，有效解决了查询困难等问题。

③ 实现及时纠错。原来采用人工操作时，不乏由于人为因素而造成的工作失误，新系统采用电子设备和系统自动判断来确认交接数据，最大限度地避免了人为失误的风险，一旦发现与指令不符的问题可以及时通知相关人员，尽可能在最短的时间内纠正错误，避免经济损失。

④ 提高了用户的满意度。系统运用自动识别技术以后，最大限度地克服了物流作业移动特性造成的数据问题，使数据能够及时准确。系统能将报交信息同现有的运输管理系统、仓库管理系统、经销商的管理系统相连接，形成数据链路，大大缩短响应时间，从而满足公司管理需要并为客户提供个性化的服务。

（2）从社会效益上看，项目的实施将提高汽车物流效率和服务水平，降低物流空载率和运营成本，减少纸张耗用，提高社会总资源的利用率。

① 促进相关法规的实施，国家已颁布实施《电子签名法》，推行商品车交接电子签收系统有助于促进法规实施。

② 利于物联网技术应用的推广。该系统运用移动信息实时收集货物信息，通过无线网络连接物联网，通过后台系统自动处理数据，使信息能快速准确地得到运用。

③ 有利于对物流业资源利用率的改进。

④ 具有一定的示范效应并促进物联网技术的应用，进一步提升汽车物流行业的服务能力。

9.7 案例分析

安吉物流整车物流信息化解决方案

1）安吉物流简介

2000 年 8 月，上海汽车工业销售总公司转型成功，成立安吉汽车物流有限公司，定位为第三方汽车物流公司，从单一的汽车销售企业转变为汽车综合服务企业，把只为"上海大众"提供服务转变为多客户服务。

安吉汽车物流有限公司是国内目前最大的汽车物流服务供应商，在国内拥有船务、铁路、公路等 6 家专业化的轿车运输公司以及 25 家仓库配送中心，仓库面积近 80 万 m^2，年运输和吞吐量超过 50 万辆，并且全部实现联网运营。公司共有雇员 2 500 人，目前主要服务于上汽大众（SVWSC）、上海通用（SGM）、华晨金杯等汽车厂商。

安吉汽车物流有限公司由安吉天地汽车物流有限公司控股。安吉天地汽车物流有限公司是由上海汽车工业销售总公司（SAISC）和国际著名跨国集团 TPG 集团下属的荷兰天地物流控股有限公司（TNT Logistics Holdings B.V）各出资 50%组建而成的国内首家汽车物流合资企业，注册资本为 3000 万美元。合资双方上海汽车工业销售总公司是国内知名的汽车服务企业，公司业务覆盖物流、汽车租赁、汽车贸易、汽车俱乐部等领域。

2）项目需求

2000 年 8 月，上海汽车工业销售总公司转型成立安吉汽车物流有限公司的转型刚刚结束，就决定以最快的速度重新上一套符合客户业务需求的物流信息技术系统，以适应由单一客户服务转向多客户服务；克服原有系统存在的不足和问题，提高服务水平；能快速满足客户不断变化的需求。

原有系统存在问题企业转型前，已经有一套信息系统，但存在不少问题。报表管理系统分立，大部分信息汇总都是手工采集，差错、失误难免；运输车辆的全程状态管理失控；仓库内部的管理仍停留在人工控制，现有操作权限的划分不明确，容易造成数据库信息混乱、丢失；缺乏对仓库内部作业、运输车辆的实时监控功能；仓库费用结算、二次运输等尚未纳入电脑系统，也不支持多客户处理。

希望改进，要实现公司"创国际一流，国内领先的物流行业龙头"的目标，使公司的业务能够做到一体化、技术化、网络化，必须实现和强化计算机管理。如：加强商品车（下线车、移库车）的入/出库管理和实时监控；增加对运输工具的管理；把多个分散的仓库，实行统一管理。

安吉物流在全国有 25 个地区总库，总库之外还有地区分库，总库外面还有很多附属库。附属仓库是租借的，属于总库的管理范围，但在物理上和总库是分离的，而且这些附属仓库没有自己的信息系统，也没有专线和总库相连，如果附属仓库不和信息系统连接起来的话，总库的汽车就无法进入附属仓库，附属仓库的汽车也进不了总库。

3）解决方案描述

经过论证，安吉汽车物流决定一期工程先上三个模块：调度管理系统、仓储管理系统和数据分析系统。易宝公司荣幸地被选中承担"仓储管理系统"的设计、实施、服务合作伙伴。

提供的解决方案是以"易宝仓储管理软件"为基础搭建起系统的框架结构；针对整车物流的特点，进行必要的客户化定制；与调度系统、数据分析系统有数据接口，特别是易宝承担了把安吉物流原有系统数据整合到新系统，并完成新老系统切换的实施任务。

因为"易宝仓储管理软件"是一个"普适"软件，客户化开发是免不了的作业。但在一个成熟、稳定的商品化软件上做客户化开发，首先就保证了整个系统的稳定性。这是成功开发一个业务应用软件所必不可少的前提。而且，易宝能在安吉物流要求得比较苛刻的时间内圆满完成，也是与这一点分不开的。

（1）业务方面。安吉物流与易宝一起对安吉整车物流的流程进行梳理，并反复讨论，对流程中涉及仓库的部分达成一致意见。仓储管理的主要功能是对所有入库、出库的车辆进行可视化、精确管理，使库位与车辆一一对应，便于查询、便于管理；采用条码技术，车码对应，数据采集脱离手工操作；所有安吉物流的各种仓库，都纳入管理范围，数据集中，达成管理一体化；提供各种报表，以利于分析、统计和决策的数据化支持。

（2）易宝仓储管理软件的基本架构。提供仓储管理的基本功能；支持条码/无线网技术；采用局域网连接与数据集中式结构，便于管理、维护与服务的一体化；提供与调度系统和数据分析系统的数据接口；提供多报表；为适应系统功能增长的需求，把许多应用功能设计、开发成"用户可设置方式"，在应用功能有扩展、变化时，不需每次都重新开发，只要由用户重新设置一下就可以了。这样就能在很大程度上避免因为采用了C/S结构而带来的缺点。

4）方案的主要功能描述

（1）仓库场地管理功能。设置仓库场地的规范、整理场地车位、实时监控仓库商品车的进出、分类统计仓库中的商品车的状态（如仓库各区域的可存放量、仓库存放总量、仓库各区域的利用率）。仓库场地管理应用是采用图形化的操作界面实现的。

（2）入库管理。入库管理按照车的"来源"不同，如"下线车""商品车"等，须加以区分，而且入库车都要经过 PDI（交车前检验）检验；对入库车规定了严格的入库流程；在入库流程中，增加了"二次确认"，以保证在库车辆都与库位一一对应。

（3）在库车辆管理。本功能的目标是保证在库车辆状态都是清楚、准确的，若有缺损或变动，都会记录在案，并给以"提醒"处理；车辆在库内因为需要保养、维护或其他原因，需从现在的车位发生移动，系统也进行准确记录。

（4）出库管理。在库车辆在离开仓库时，都要经过流程管理，不管是客户自提，调拨，还是因为维护、维修而需要出库，没有例外。

出库管理包括 6 项业务：客户持提货单要求提车、单证受理（办理商品车出库手续）、收费处理、挑选出库商品车功能、发车作业、出库确认。每个客户要求提取车辆，必须经过单证受理、收费确认、挑选车辆、发车作业、出库确认五个步骤。

（5）报表处理功能。报表处理的主要功能是提供各种报表。如仓库车辆收、发、存日报、月报、季报、年报或某一时间段的车辆进库数据汇总；仓库收发商品车清单；归档汇总表；移库单、提货单、交接单；出库维修车辆信息表等，系统可以根据用户需求，产生新的报表。

（6）系统管理模块功能。登记仓库设施（包括登记检查口、登记仓库存放区域）；系统安全管理（包括登记操作用户、更改用户密码、设置岗位权限）；数据传输管理（包括接收和发送相关数据，核对数据）。

（7）系统的特点。系统稳定、可靠；操作流程更易于管理和监控；实现了对复杂的多仓库环境的管理，对仓库工具的管理；准确性保证；与销售管理系统、调度管理系统集成；基于组件技术、灵活的软件架构；支持先进的条码/无线技术，也可手工操作，方便、灵活；丰富的报表；灵活的权限管理。

（8）"易宝仓储管理"的特点。多仓库管理；支持多货主；经验丰富的 SKU 管理；多语种用户界面；支持无线数据传输系统；实时、可视的物流信息和自动预警系统。

（9）给客户带来的好处。完成了原有系统数据向新系统的转换，和新旧系统的工作切换；采用条码和无线网技术，解除了数据采集的手工操作，降低了劳动强度，降低了出错率；通过增设"二次确认"，提高了车位一一对应的准确率，容易掌握车辆在库内的流向，实现对整车库管的实时监控；提供丰富的报表；解决了原有系统存在的诸多问题和困难，提高了整车库管的效率；系统的成功实施，主要在于实施前，客户与服务商一起对业务流程反复进行了细致的梳理、讨论、确认，务使无一遗漏和错失；对安吉的业务模式的正确理解和正确实现。

本章小结

近年来，汽车物流已成为国内外汽车产业发展的热点，对我国而言，汽车作为应用最广泛的运输载体之一，在现代物流发展中极具潜力。同时，实现汽车物流信息化则成为汽车物流业发展的主要方向。汽车物流企业要充分利用信息网络技术来发展现代物流，保证物流活动一系列环节的准确对接，为用户提供快速、准确、高效的服务。其核心目标就是：最大限度地提高物流速度，整合物流资源，降低物流成本，形成国际竞争力。此外，做好政府及有关部门的信息服务，不仅有利于阳光政策出台，带动信息化发展，而且会造就更多的强势的专业信息服务公司和地方行业协会，为物流业提供服务。

思考题

1．什么是条形码技术？条形码技术的特点是什么？

2．简述射频识别技术的概念及其系统组成。

3．简述 GPS 技术的特点。

4．试述产品数据交换技术在物流中的应用。

5．举例说明你所知道的电子商务的应用。

6．什么是物联网？你认为物联网的发展前景如何？

参考文献

陈猛．2008．长安整车第三方物流服务方案研究[D]．重庆：重庆大学．

冯益增．2006．中国整车物流的对策研究[D]．大连：大连海事大学．

江长斌，王虎，陈莉．2009．基于AHP的汽车产业物流信息化评价研究[J]．武汉理工大学学报（信息与管理工程版）（05）：792-795．

雷兆虹，刘子建．2007．浅议国内汽车物流业发展[J]．中国水运（理论版）（01）：192-193．

李爱红．2006．现代信息技术在物流领域的应用[J]．当代经理人（中旬刊）（21）：787-788．

李日保，李晶晶，李沁醇．2010．信息化时代背景下物流信息化内涵阐述[J]．现代商业（35）：187．

彭亮，姜大立，王丰，等．2003．我国现代物流信息化发展思路探讨[J]．物流技术（03）：59-61．

邵素宏．2007．我国物流信息化发展现状与趋势调查[J]．市场周刊（新物流）（06）：42-43．

唐蕾蕾．2008．我国汽车物流的发展研究[J]．硅谷（20）：113．

王立东．2009．东风股份轻型商用车公司物流管理研究[D]．长沙：湖南大学．

谢善龙．2008．第三方汽车物流企业绩效评价指标体系研究[D]．北京：首都经济贸易大学．

杨光伟，曲晓芳．2005．我国物流信息化的现状研究[J]．内蒙古科技与经济（24）：34．

张彦敏．2010．中国汽车物流的现状与发展前景[J]．企业导报（07）：131．

第 10 章
汽车物流与供应链管理

[本章提要]

供应链管理是现代企业的一种新型战略方式。本章将介绍供应链和供应链管理的产生背景、演变发展过程及其概念内涵，分析传统管理和供应链管理的联系和区别，并进一步阐述汽车物流供应链的构成、特点和流程，最后，深入探讨我国汽车供应链的现状和发展趋势。

10.1 供应链管理概述

供应链管理（supply chain mangment，SCM）是目前国际上最引人注目的企业管理新思想之一，是一种系统化、集成化、敏捷化的先进的管理模式。英国供应链管理专家马丁·克里斯托弗（Martin Christopher）认为，21 世纪企业间的竞争将转变为供应链价值之间的竞争，竞争的目的就是供应链整体利润最大化。目前，美国、欧洲、日本等发达国家和地区对供应链的研究越来越深入，应用也越来越广泛，最著名的是美国生产与库存管理协会（American production and inventory society，APLCS），现在更名为"The Educational Society for Resourec Mangement"，在 SCM 纵深研究上被认为是 SCM 技术领域发展的原动力。许多国际著名的大企业如宝洁、惠普、通用、沃尔玛等都已在 SCM 的实践中获得巨大收益。

10.1.1 供应链的起源

供应链的概念是先从制造业发展出来的，理论界一般都认同其源自于美国哈佛商学院教授迈克·波特（Michael E. Porter）1980 年出版的《竞争优势》一书中提出的"价值链（value chain）"的概念。基于制造业的观点，波特认为供应链为一系列连续完成的活动，是原材料转换成一系列最终产品并不断实现价值增值的过程。从概念范围逐渐扩展历程来看，供应链概念大致经历了内部供应链、外部供应链和网络供应链三个阶段。分述如下：

1）内部供应链

内部供应链是从制造企业内部运作过程中提出的，局限在单个企业内部，主要是指将采购的原材料和收到的零部件，通过生产转换和销售等活动传递到用户的一个过程。

2）外部供应链

随着市场竞争的激烈化，供应链的概念被融入了更多外部环境因素的影响，从而供应链发展成为一个更系统的概念。最具有代表性的外部供应链是美国的斯蒂文斯提出的集成供应链概念，即"供应链是通过前馈的信息流和反馈的物料流及信息流，将供应商、制造商、分销商、零售商，直到最终用户连成一个整体的结构模式"，强调企业与其他企业之间的供需关系。

3）网络供应链

网络供应链是以核心企业为根节点的双向树状结构所组成的网络系统，在原材料加工、制造、组装、零售商、客户等组成的串行系统的基础上，更加注重围绕核心企业的网链关系。发展至今，供应链的内涵仍在不断丰富。

10.1.2　供应链的概念和定义

1）供应链的概念

供应链一经提出，经过几十年的研究和发展，国内外学者围绕其内涵概括作出了不同的定义模式。

经营学家迈克尔·波特对供应链的定义是附加价值链，是指商品最终到达消费者之前的行业与行业之间的联系方式。原材料经过制造成商品后，经过流通渠道、销售等环节是商品送达消费者的过程，各相关企业通过附加某种价值实行连锁运作的组织或机构。

美国生产和库存控制协会字典第九版中的中定义：供应链是包含了由企业内部和外部为顾客制造产品和提供产品的各职能部门所形成的价值链。

2001 年发布实施的国家标准 GB/T 18354—2001《物流术语》把供应链定义为"生产及流通过程中，涉及将产品或服务提供给最终用户活动的上、下游企业所形成的网链结构"。

华中科技大学马士华教授编著的《供应链管理》一书中，定义："供应链是围绕核心企业，通过对信息流、物流、资金流的控制，从采购原材料开始，制成中间产品以及最终产品，最后由销售网络把产品送到消费者手中的将供应商、制造商、分销商、零售商、直到最终用户连成一个整体的功能网链结构模式。"

清华大学蓝伯雄教授认为：所谓供应链就是原材料供应商、生产商、分销商、运输商等一系列企业组成的价值增值链。原材料零部件依次通过"链"中的每个企业，逐步变成产品，交到最终用户手中，这一系列的活动就构成了一个完整的供应链（从供应商的供应商到客户的客户）的全部活动。

美国的史蒂文斯认为："供应链是通过增值过程和分销渠道控制从供应商的供应商到用户的用户的流就是供应链，它开始于供应的源点，结束于消费的终点。"

2）供应链的内涵

从众多的对供应链的界定和论述中，可以看出供应链的内涵：

（1）供应链是一条增值链，强调其价值增值的内涵。

（2）供应链是从简单链条发展到上下游企业无限扩大的复杂功能性链条，再发展到网络系统，突破了链条的概念，从拓扑结构来看，它是一个网络，且其中心是供应链的核心企业，它的服务对象是产品或服务的最终用户。它有五个评价指标：速度、柔性、质量、成本和服务。

（3）供应链分析企业内部各部门，以及企业之间的关系，停留在微观经济管理的角度，强调的是企业层面的内涵，供应链实质上是围绕核心企业而进行的业务联合，是一个范围扩展的企业模式。具体地说，SC 就是围绕核心企业，通过对信息流、物流、资金流的控制，将产品生产和流通中涉及的原材料供应商、生产商、分销商、零售商以及最终用户连成一体的功能网链结构，如图 10-1 所示。

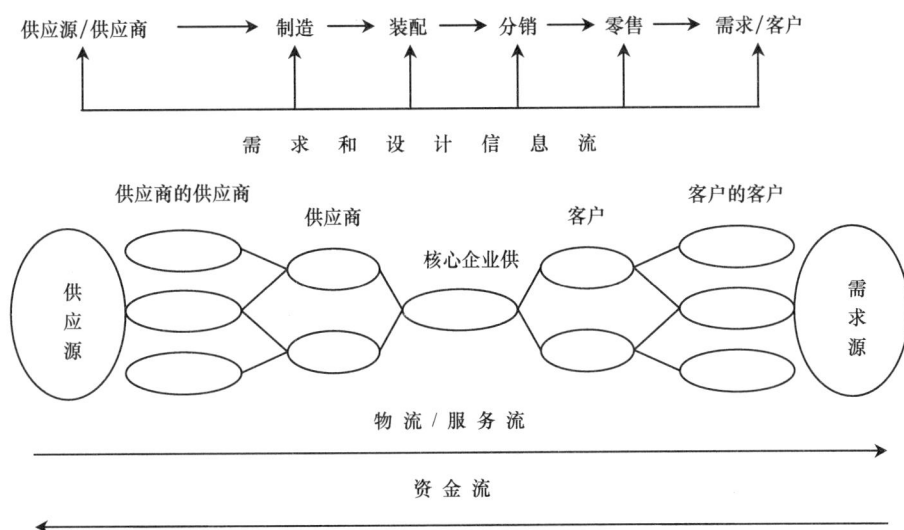

图 10-1 供应链的网络结构模型

图 10-1 所示是 SC 的一般结构，它由所有加盟企业组成，其中核心企业可以是制造商，也可以是零售商，节点企业在需求信息的驱动下，通过 SC 的职能分工与合作，以资金流、物流和服务流为媒介实现整个 SC 的不断增值，由供应链的结构模型也可看出，供应链是一种开放的动态系统，它与外部环境有密切的联系，同时，它又是竞争与合作的统一体。

10.1.3　供应链管理的概念和定义

供应链管理起源于二战后期同盟国军队对后勤保障系统的研究。后来，商业企业和运输企业于 20 世纪 60 年代开始运用军队后勤的部分原理来进行物流管理。

20 世纪 70 年代末，随着信息时代的到来，技术的不断创新，国际间的分工日益细化，合作与协作向纵深发展，同时也导致了市场竞争全球化的加剧。企业要想在这种严峻的竞争环境下生存下去，单靠自身的力量是远远不够的，必须以协同的方式，将企业内外部的资源进行有效地整合，从而促使人们不断地探索新的经营与运作模式。供应链管理理念正是基于不断发展的经济大背景，在长期生产实践的积淀中孕育雏形；经济的全球化，进一步加速了供应链管理思想的形成；第二次世界大战后快速发展的物流使得供应链管理思想得到充分应用，从而促进了供应链管理概念的产生和发展。供应链管理理念的产生和发展如图 10-2 所示。

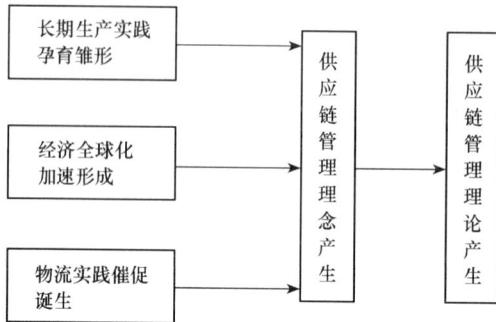

图 10-2　供应链管理理念的产生和发展

供应链管理作为管理学的一个新概念，已经成为管理哲学的一个新元素，对供应链管理没有统一的定义，经典描述有以下几种：

（1）美国经济学家伊文思（Evens）认为，供应链管理通过前馈的信息流和反馈的物料流及信息流，将供应商、制造商、分销商，直到最终用户连成一个整体的管理模式。

（2）英国经济学家哈兰德（Harland）将供应链管理描述成对商业活动和组织内部关系、与直接采购者的关系、与第一级或第二级供应商的关系、与客户关系等整个供应链关系的管理。

（3）供应链管理学会定义：供应链管理是为满足终端客户的真实需求，设计和管理跨域公司界限的无缝、增值流程。

（4）美国经济学家 Fred A. Kuglin 在其《以顾客为中心的供应链管理》一书中，把供应链管理定义为："制造商与它的供应商、分销商及用户，即整个'外延企业'中的所有环节协同合作，为顾客所希望并愿意为之付出的市场提供一个共同的产品和服务。这样一个多企业的组织，作为一个外延的企业，最大限度地利用共享资源（人员、流程、技术和性能评测）来取得协作运营，其结果是高质量，低成本，迅速投放市场并获得顾客满意的产品和服务。"

（5）俄亥俄州立大学的兰伯特（Lambert）教授认为，供应链管理是对从最终用户直到原始供应商的关键流程的集成，它为客户和其他有关者提供价值增值的产品、服务和信息。在全球供应链论坛上，他对这个概念作了更详细的阐述，供应链是为从最终用户到最初供应商的所有客户及其他投资人提供价值增值的业务流程。包括了两个相向的流程结合：一是从最终用户到初始供应商的市场需求信息的逆流而上的传导过程；二是从初始供应商向最终用户的顺流而下不断增值的产品和服务的传递过程。供应链管理就是对这两个核心业务流程实施一体化运作，包括统筹安排、协同运作和统一的协调。

对这些不同的定义，美国学者乔·D. 威斯纳（Joel D.Wisner）对其进行了归纳综合，他认为："一系列的为消费者提供最终产品和服务的公司，以及使生产、运送、服务和原材料、零部件、成品循环成为可能的各种职能，称为一个链。供应链管理的不同定义中，"贯穿始终的思想就是在供应链参与者之间协作或整合与产品相关的行为，来提高运营效率、质量与客户服务，为所有协作的公司获得持续的竞争优势"。

供应链管理是一种集成的管理思想和方法，它执行供应链中从供应商到最终用户的物流的计划和控制等职能，是对供应链中的物流、资金流、信息流、业务流等进行的计划、组织、协调、控制的一体化管理过程。供应链管理的基本概念是建立在合作竞争信念之上的，它能够通过共享信息和共同计划提高整个物流系统的效率，使物流渠道从一个松散连接着的独立企业的群体，变为一种致力于提高效率和增加竞争力的合作联盟。供应链管理主要通过控制和协调供应链节点企业的行为方式，达到降低系统成本、提高产品质量、改善服务水平等目的，从而全面提高整个供应链系统的综合竞争力。

10.1.4　供应链管理研究现状和发展趋势

10.1.4.1　供应链管理发展历程

供应链管理发展主要经历了三个阶段：第一阶段为 20 世纪 60—70 年代以独立的物流配送和物流成本为主的管理阶段，主要研究实体分销和对下游厂商的配送系统；第二阶段为 20 世纪 70—80 年代的整合物流管理阶段，注重企业内部物流和外部物流的整合，并研究企业间采购和供应战略，强调合作关系的加强；第三阶段为 20 世纪 90 年代及以后的整合供应链的管理阶段，主要研究从供应商的供应商到客户的客户的整体供应链研究，注重整体价值链效率的提高和价值增值。

10.1.4.2　供应链管理研究现状

20 世纪 80 年代末，供应链管理已引起国内外学者的广泛关注，开始对其进行专门的研究，国际上对供应链管理的研究早期主要集中在供应链的组成、多级库存、供应链的财务等方面，主要解决供应链的操作效率问题。发展至今，其内涵在不断变化，企业对供应链管理思想的认知也在变化，近年的研究主要把供应链管理看作一种战略性管理体系，研究扩展到所有参加企业的长期合作关系，特别是集中在合作制造和建立战略伙伴关系方面，而不仅仅是供应链的连接问题，其范围已经超越了供应链初期的那种以短期的、基于某些业务活动的经济关系，而更偏重于长期计划的研究。

目前对供应链管理的研究主要集中在对供应链管理系统的开发模型、基本功能和关键技术的研究上。如国际供应链委员会提出了供应链参考模型，它是目前公认的比较成熟的建模方法体系；美国德克萨斯等人从组织信息的实时性出发，提出了基于多代理供应链实时决策支持系统；卡内基梅隆大学智能协调和物理研究所提出了 MASCOT 的供应链协调结构；宾夕法尼亚州立大学开发了供应链仿真器。比较有代表性的研究机构还有：美国斯坦福大学全球供应链管理协会、美国标准与技术研究院制造系统集成分部、美国亚利桑那大学人工智能研究小组、挪威科技大学计算机系、加拿大多伦多大学工业工程系、法国波尔多第一大学 LAP/GRAl 实验室、爱尔兰戈尔韦大学 CIMRU 研究中心等。欧洲在供应链管理技术方面的研究与开发也非常发达，其研究热点之一是供应链及其管理技术，它作为跨企业中多个职能部门活动的集合，包括从订单获取、原材料采购、产品制造到产品分发给用户整个过程。另外，集成供应链、敏捷供应链、供应链的物流管理问题、供应链的财务、成本问题、供应链战略合作关系、供应链的信息支持等也是目前研究较多的项目之一。

与国外相比，国内对供应链管理问题的研究起步较晚，与发达国家相比，我国供应链所要求的硬件设施及其管理理念还存在非常大的差距，产品生产市场主体比较分散，市场意识薄弱，缺乏有效的供求信息，供应链组织困难；物流业发展滞后，其研究仅局限于对整个或部分供应链进行初步分析、提出问题、给出政策阶段，缺少模型分析工具和建立供应链的方法论，一体化程度低。目前国内关于供应链的研究主要集中在其形成原因、发展过程、现存组织模式、合作机理模型及各环节上的利益分配机制和相关理论分析等方面。高层对供应链管理思想和重视度不够，大多数国内企业采取的仍然使传统的推式供应链管理，而不是现代的拉式的供应链管理，研究的主要内容仍局限于供应商的选择和定位、降低成本和控制质量等等，而没有考虑整个供应商、分销商、零售商到最终用户的完整供应链。

10.1.4.3　供应链管理发展趋势

全球一体化步伐的日渐加快，环境、可持续发展理论、网络通信技术以及全球的动态联盟的发展，使得未来供应链管理朝着全球化、绿色化、网络化和需求链的方向发展。

1）供应链管理的全球化

随着供应生产和销售关系的复杂化，供应链管理过程中涉及的不同地域的厂家越来越多，最终呈现全球性。全球供应链的形成，使得物流、信息流和资金链变得更加通畅，它不仅将增大整个供应链的总体效益，还能使单个企业借助庞大供应链的整合优势，在竞争中更主动。但是全球供应链的形成也将导致更长的采购和运输时间，供应链中参与的经济实体越多，供应链的集中和协调的难度也将越来越大。

2）精细供应链

精细供应链的概念是精细原理与供应链结合，是对精细物流的进一步发展。精细管理为减少浪费、降低成本、缩短操作周期、提供强化的客户价值从而增强企业的竞争优势，提供了一种方法，在生产过程中已经取得了巨大的成功，精细供应链的基本计划方法是设定企业目标、部门目标、操作目标，明确现有绩效与目标值的差别认定，制定达到预期目标的时间框架和要求。

3）供应链绿色化

绿色供应链管理是在 1996 年美国国家科学基金会资助密歇根州立大学的制造研究协会进行的一项"环境负责制造"研究时提出来的。即依照产品的生命周期过程来构建从产品设计、采购、生产、销售到产品使用、回收利用的全过程供应链管理体系，把环境保护意识贯穿于整个供应链中，目的是使整个供应链系统对环境的负面影响最小，资源效率最高。

4）需求链管理的发展

在传统的供应链中，供应链企业关注的焦点是产品渠道的流动，如信息共享、存货周转时间，节点企业的产销率、晨报、库存、配送等。管理方式是推动式的，即以制造商、批发商、零售商为核心，产品生产出来后从分销商逐级推向消费者，消费者处于被动接受的末端。然而，随着市场竞争日趋激烈、信息技术的发展和消费者在供应链中的主导地位增强，消费者需求将左右供应链的发展，导致供应链向需求链的转变。需求链管理变推动为拉动，启动供应链流程的不再是制造商，而是最终消费者，从而使整个供应链的集成化提高，信息交换迅速，可以根据最终用户的需求实现定制化服务，最大地满足消费者的需求。在戴尔的《Direct from Dell》一书中，戴尔得出最终结论：消费者才是供应链的真正指挥者。因此，需求链能给企业带来较大的收益，降低库存成本、增强市场占有率、提升企业竞争力。

5）供应链网络化

企业内部通过因特网自动处理商务操作及工作流，增加对重要系统和关键数据的存取，共享经验并保持组织之间的联系，对市场变化做出更快的反应。同时企业将注重充分利用互联网的优势，创建私人合作型供应链共同体，以使供应链的渠道合作伙伴形成全球化的供应链网络。未来的全球化供应链网络可以通过"供应链接"实现电子运输，通过第三方物流公司的实时在线服务实现电子物流，通过万维网的技术，在供应商、产品和服务的最优组合中实现电子货源搜索、电子采购，通过射频电磁波实现即时库存盘点等。全球化供应链网络将成为供应链发展的一个前沿。

10.2 汽车物流供应链管理

汽车物流是指汽车供应链上原材料、零部件、整车以及售后配件在各个环节之间的实体流动过程，对汽车企业来说，还包括生产计划制定、采购订单下放及跟踪、物流清单维护、供应商的管理、运输管理、进出口、货物的接受、仓储管理、发料及在制品管理和生产线的物料管理、整车的发运等。汽车物流在汽车产业链中起到桥梁和纽带的作用。汽车物流供应链管理要求汽车企业对其供应链流程进行整合，通过汽车物流的功能整合、过程整合和资源整合来全面整合汽车供应链。供应链管理是成为汽车企业提高效率、降低成本、实现大规模定制的有效切入点。

10.2.1 汽车物流供应链的构成及关键点

汽车工业发展到现在，已经没有哪家汽车制造商能够独立完成从零件生产、整车装配到最终把汽车卖到客户手中的全过程，如美国汽车工业的鼻祖——福特汽车公司，已成为全球第二大贸易商，每天要从世界各地大约 4000 家供应商处购买零部件，而且还要和成千上万的零售商和批发商做交易。

从供应链的运作特征来看，汽车物流主要包括如下几方面：

（1）汽车供应物流。包括采购部门完成原材料、零件的向外采购活动，然后供应部门将生产所需的零配件及原材料从内部仓库取出，搬运到各车间的物流活动，实际上，往往将这段位于生产物流前的物流活动称为供应物流。

（2）汽车生产物流。汽车生产物流是指汽车企业在原材料和零部件进入车间后，由生产流程和工艺所决定的物流活动。生产物流起源于原材料、零部件等，从生产车间的"入口"开始进入生产线开始段，直到产品离开产品库，贯穿了生产的全过程，并与生产过程同步。

（3）汽车销售物流。汽车销售物流是指整车从汽车生产企业到用户或分销商之间的物流。它与汽车企业的销售部门配合共同完成商品车的销售任务，是企业物流的最后一个环节。

（4）汽车回收物流。汽车回收物流中的废旧物资主要有报废的成品、半成品、零部件，加工钢材产生的边角余料以及各种包装废弃物等，汽车回收物流是指通过一定的手段回收、加工、重新投入使用所需要经过的一系列的流动过程。

按其在供应链中节点的位置和特点，可将其归纳为以下三个方面。

1）汽车物流供应链的上游

汽车供应链的上游是汽车原材料生产、零部件配套行业。据资料计算，汽车产业附加值的 70% 是通过零部件创造的，零部件业对汽车工业起到了举足轻重的作用，其质量高低直接影响着汽车产业的效益水平。同时，随着汽车工业中整车行业之间的相互独立和剥离，整车生产企业将对其所需的零部件实行全球采购，它以较少的资金采购质量最好、技术最先进、交货期最短的零部件作为"最佳采购原则"。为适应全球采购的需要，西方国家汽车企业集团已形成一级供应商与二级以下供应商相结合的梯形供应网络体系。而零件生产企业也可以将自己的产品自由地向全球的整车厂销售。这一变革为全球的汽车零部件商提供了前所未有的销售空间和商机。在汽车零部件企业日益专业化的今天，越来越多的汽车零配件生产商已加入到全球化汽车供应链当中去。

汽车行业上游供应链的管理，有助于提高上游业务运行的生产率，增加供应链上的可预见性和持续改进能力，降低库存和成本，通过供应商合理化和物料合理化过程来优化供应分配，利用供应商绩效和质量数据来降低欺骗风险，利用可靠的供应保障来降低缺货风险、最大化购买能力，同时提高了通用部件的利用率，最终降低企业总成本。

2）汽车物流供应链的中游

汽车物流供应链的中游是整车生产企业，是整个供应链的核心企业所在。随着时代的不断变迁，汽车的生产方式经历了从大规模生产、精益生产到模块化生产的演变。分述如下：

（1）大规模生产。20 世纪初，福特公司在制造 T 型车时创造出影响整个世界工业的生产流水线生产工艺，大幅度降低了生产周期和成本，同时也降低了售价，造就了世界汽车生产巨头——福特汽车公司。在那个时代，采用流水线这种大规模生产方式已经成为现代汽车生产方式的主流，这种方式一直延续到 20 世纪 80 年代。当时的汽车生产都是以"大而全"的汽车生产厂商为中心，围绕少数几种车型来进行，零部件生产依附或从属与汽车厂商。

（2）精益生产。精益生产是起源于日本丰田汽车公司的一种生产管理方法，基本目标就是针对企业生产活动中存在的多种浪费现象，发展了如准时化生产、少人化、全面质量管理、并行工程等一系列具体方法，来消除一切浪费，实现企业利润的最大化的一套独具特色的生产经营体系。精益生产中最具有特色的方法是它在组织生产中追求消灭物流浪费。

（3）模块化生产。模块生产方式的特点是"集成与共享"，是将具有某一功能或几项功能的零部件子系统集成在一起，用模块的变化组合去改变汽车的差异，它改变了传统的采购体系和整车生产方式，基本省去了冗余的中间环节，在降低运营成本的同时，更保证了整车质量，同时，模块化充分调动了零部件商的主观能动性，使它们有更广阔的发展空间。整车企业可以集中精力做品牌和市场开发，以"强而精"的内部资源配置替换"大而全"的生产布局，零部件企业则在技术创新上下工夫，具备更强的独立开发能力，与整车厂的关系由"受制"转为"互动"。采用模块化生产模式有利于提高汽车零部件的品种、质量和自动化水平，提高汽车装配质量，缩短汽车的生产周期。在现代高速发展的信息时代，更能满足用户高质量、短时间、个性化、智能化的要求。

从现阶段来看，由于我国汽车供应链的结构比较松散，加之受到前期计划经济的影响，使得我国汽车制造企业具有较强的控制力，对零部件供应商的发展有一定的影响。由于供应链中的"牛鞭效应"的存在，使销售商的订单波动的幅度很大。

3）汽车物流供应链的下游

汽车供应链的下游是汽车销售服务行业，其实质是围绕汽车产品的售后服务而形成的综合服务业，是分布在全国各地的多家专营店，它直接面对广大的最终用户和消费者。就目前情况来看，汽车服务业的发展趋势是建立以汽车生产企业为主导的、全球一体化的、五位一体（新车销售、零部件供应、旧车回收、售后服务和信息反馈）的汽车营销体系。

根据现代市场理念，汽车供应链是一个市场需求拉动链，客户需求直接并强烈影响着产品的开发、生产、销售和服务的全过程。整车生产企业根据销售订单组织生产与原材料、零配件的采购；零配件配套供应企业根据整车生产厂的采购订单提供配套件。由客户、分销商网络、维修网络以及整车厂构成了市场需求信息反馈通路，这条通路引导着汽车制造企业的新产品开发及生产的大方向。一个完善、强大的分销和售后服务体系很大程度上决定着汽车企业市场份额的大小，分销物流是决定产品投放市场速度的另一个重要因素。

从供应链上下游关系来看，美系车企业的整车厂和零部件厂的关系更为紧密，他们与供应商之间的业务交往面更多的是采用亲自交往，而不是通过电邮或电话，他们在产品设计和工艺改进方面能互相交换许多有价值的建议，这种亲密的合作关系就为双方共同营造完美的价值链、降低企业成本提供了良好的基础。

10.2.2 汽车物流供应链的模式和特点

我国现行的汽车物流模式主要是供产销一体化的自营物流，即企业产品原材料、零部件、辅助材料等的购进物流、汽车产品的制造物流与分销物流等物流活动全部由汽车制造企业完成。制造企业即是企业生产活动的组织者、实施操作者，又是企业物流活动的组织者与实施者。

在这种模式下，制造商对供应物流、制造物流及分销物流拥有完全的控制权，能够掌握第一手客户信息，有利于改善客户服务和对整个物流进行协调与控制。但是，随着物流业务的不断扩大，供应全球化和电子商务对汽车产品物流的信息化、自动化和柔性化提出了全新的要求。要求制造商具有更加强大的物流实力，不断加大对物流的投入以适应电子商务发展的需要。这些变化对自营物流而言，不但加重了制造商的资金负担，而且也不能充分发挥分工的经济优势，降低汽车产品的总体物流效率。同时，自营物流居于整车生产企业自身，往往只从整车生产企业的利益出发，过多地强调保障整个生产企业生产的连续性，会要求零配件生产企业提供远大于实际需要的库存。

汽车工业从专业化的原材料供应、汽车零件加工、零部件配套、整车配套到汽车分销及售后服务已形成了一整套的供应→制造→销售→服务供应链体系结构模式，如图 10-3 所示。

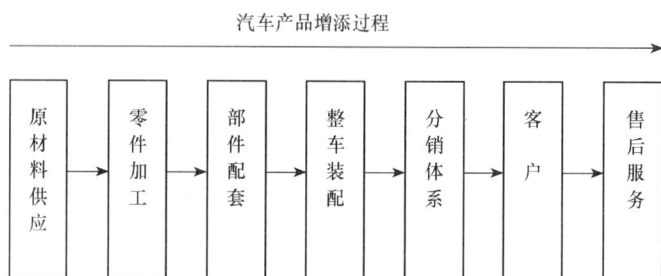

图 10-3　汽车物流供应链结构模式

汽车物流供应链是最典型的供应链组织结构模式，具有如下特点：

1）以汽车制造企业为供应链的核心企业

汽车制造企业作为供应链的物流调度与管理中心，担负着信息集成与交换的作用，在产品设计、制造、装配等方面具有强大优势，其不但可以拉动上游供应商的原材料供应，也可以推动下游分销商的产品分销及客户服务。对供应链的整合、协调、战略合作伙伴关系的构建，供应链物流模式的创新等起着不可替代的协调与控制作用。

2）汽车供应链管理重点

汽车供应链管理的重点在于核心企业对供应链的整合、协调，同战略合作伙伴关系的构建，供应链物流模式的创新，供应商与分销商的管理，产、供、销关系的协调与控制等。

3）供需间的关系十分密切

汽车制造商和供应商形成共同开发产品的组织，持久合作。供应商提供具有技术挑战性的部件；伙伴成员共享信息和设计思想，共同决定零部件或产品以及重新定义能够使双方获益的服务。

4）物流配送功能的专业化

原材料及汽车零部件供应商、汽车制造商的物流配送体系与业主将剥离，社会化、专业化的物流体系逐渐完善，以汽车物流为纽带整合供应链，第三方物流配送中心完成汽车供应链物流配送功能。

5）计算机网络应用于供应链

利用计算机网络技术全面规划汽车供应链中的物流、商流、信息流、资金流，构建电子商务采购和销售平台，通过条码技术、EDI 技术、电子订货系统、POS 数据读取系统等信息技术，做到供应链成员能够及时有效地获取需求信息并及时响应，以满足顾客需求。汽车行业信息系统模型包括：产品与工艺的协同设计平台、供应链的协同规划与响应平台、分布协同的售后服务平台。

10.2.3 汽车物流供应链管理内容和流程

汽车物流供应链管理主要是从我国汽车生产企业物流现状出发，改变企业的战略战术，引入第三方物流和供应商库存（VMI）管理思想，将物的流动从供应物流到生产物流，再到整车物流，整合成一个系统，有效实施供应链物流一体化管理。其主要内容包括如下几个方面：

1）供应物流管理

在供应链管理环境下，要求采购活动以订单驱动方式进行，采购的目的从"为库存采购"转变为"为订单采购"，采购工作要保证做到恰当的数量、恰当的时间、恰当的地点、恰当的价格和来源。通过统一采购和整合供应商管理及建立采购管理信息系统来实现供应物流的一体化，提高物流速度，实现资源的合理配置，节省大量的流动资金，保障生产的顺利进行。

2）库存管理

在供应链管理模式下，库存是实现供应链物流一体化的缓冲器，着眼点从单个企业开展到供应商、制造商、销售商组成的整个供应链范围，供应链节点上的企业之间是一种合作博弈的关系，通过合作共同降低缺货、积压造成的库存风险，最终达到"双赢"的目的。我国汽车企业库存管理基本朝着供应商库存的方向发展，其不仅解决了库存管理，还可采用多级库存、联合库存等多种方法。

对于供应商而言，替汽车制造商管理指定的库存，做到即需即供，实际上就是得到了采购合同，实现了定向销售的目的，这种销售不仅速度快成本低，而且通过汽车制造商传递出采购方向，使供应商迅速把握市场，及时调整产品策略，安排生产，增加整个生产的柔性，缩短采购与生产周期，消除预期外短期产品需求导致的额外成本，降低对安全库存的需求。

对汽车制造商而言，通过意向性的采购合同，确保了需求，降低了缺货率；同时将库存放在供应商仓库里，随用随送，降低了挤压率，按约定方式支付款项不仅改变了传统采购方式，实现了自动补货目的，还在资金方面实现了零库存，降低了库存管理和供应商管理的成本，而供应链库存环节的降低使得最终产品价格降低，增加了竞争力并增加销售收入。

3）生产物流管理

汽车的生产物流过程主要就是指将零部件送到生产现场，一般包括零部件供应商、入库检验、入库、生产现场 4 个部分，在实施物流一体化的战略后，就要求供应物流同企业的生产物流能够有效地衔接，汽车生产物流一般要经过冲压、焊接、涂装和总装 4 个主要环节。通常采用的生产方式都是混流生产，生产线旁的物流位置有限，上万种零部件准确地运送到消耗点，是物流配送的难点，为保证生产的流畅性，必须进行准确的零部件的调配和物流信息跟踪。

4）整车物流管理

整车物流就是汽车销售的重要环节，是企业收回资本，实现利润的关键。产品汽车从生产流水线下线后，通过各种运输工具运往销售总库，各地分销库，最终到达消费者的手中。在整车物流管理中，主要包括汽车产品入库、整车库存和在途库存管理、销售流程的控制等几个环节。现阶段我国整车物流管理是将汽车产品的分销物流一部分由第三方物流公司负责，另一部分由制造商自己完成的形式，最后再慢慢过渡到完全由第三方物流公司负责，而且整车物流管理在很大程度上依靠整车物流管理系统。

5）物流信息一体化

在整个汽车物流管理中，如果把企业与企业之间的联络看成是一系列线的话，这些单个企业就是线上的结点。要使整个物流管理得以实现，最基本的就是这些结点的内部信息化，但如果缺乏对这些物流信息的管理整合，就必然产生"信息孤岛"现象，无法实现真正意义上的供应链管理。因此，需构建面向整个供应链的汽车企业物流管理信息系统，这个系统将整合前面各个子系统，起到连接和共享作用。

10.3   我国汽车物流与供应链管理研究现状和发展趋势

汽车跨国公司为了提高企业的核心竞争力，主要掌握核心技术研究和市场营销这两个高附加值的环节，而将生产、加工和一般设计都根据相对优势外包或转移到其他国家。通过采用全球生产体系，使汽车开发、采购、生产、物流配送、销售和售后走向全球化，逐步形成全球供应链管理，我国现代汽车物流的发展已进入以整车物流为主，向零部件入厂物流、零部件售后物流以及进出口物流方向延伸的竞争新格局，随着中国汽车产业的发展，汽车供应链的社会分工日趋专业化，特别是面临外资跨国物流集团的威胁，加快第三方汽车物流企业的发展，增强市场竞争力，既是整合汽车物流资源的有效途径，也是应对跨国物流集团挑战的有效途径之一。

10.3.1   我国汽车物流与供应链管理研究现状

10.3.1.1   我国汽车物流现状

汽车物流的发展与中国汽车行业的发展紧密相连。随着中国汽车工业的蓬勃发展，汽车物流市场也显现出勃勃生机。然而，由于系统庞大、地域广阔，供求双方信息交流困难，物流作业环节繁复落后，导致我国现行汽车物流供应链体系已经不能满足现代汽车行业市场竞争的需要。我国的物流企业整体水平还不高，很多是由传统的仓储、运输企业转型而来，在管理水平、技术力量及服务范围上还没有质的提高，真正实力超群、竞争力强的物流企业为数不多。"多、小、少、弱、散、慢"是目前我国绝大多数汽车物流企业存在的主要问题。

汽车整车及其零部件的物流配送业是各个环节衔接得十分紧密的高技术行业，是国际物流业公认的最复杂、最具专业性的领域。其专业性和复杂性特别体现在汽车零部件向汽车生产商的发送上。我国现行的主体汽车物流模式是供产销一体化的自营物流，即汽车产品原材料、零部件、辅助材料等的购进物流、汽车产品的制造物流与分销物流等物流活动全部由汽车制造企业完成。汽车制造企业既是汽车生产活动的组织者、实施者，又是企业物流活动的组织者和实施者。

在这种模式下，制造商对供应物流、制造物流及分销物流拥有完全的控制权，能够掌握第一手客户信息，有利于改善客户服务和对整个物流进行协调与控制。但是，随着物流业务的不断扩大，供应全球化和电子商务对汽车产品物流的信息化、自动化和柔性化提出了全新的要求。要求制造商具有更加强大的物流实力，不断加大对物流的投入以适应电子商务发展的需要。这些变化对自营物流而言，不但加重了制造商的资金负担，而且也不能充分发挥分工的经济优势，会降低汽车产品的总体物流效率。同时，自营物流居于整车生产企业自身，往往只从整车生产企业的利益出发，过多地强调保障整个生产企业生产的连续性，会要求零配件生产企业提供远大于实际需要的库存。

10.3.1.2　我国汽车供应链管理研究现状

汽车供应链管理思想的核心，是在满足顾客需求的前提下，追求从原料采购、产品制造、分销直至产品送达顾客手中各个环节综合成本的最小化。

我国国内汽车企业对供应链管理的研究和实践起步较晚，多数供应商还只是被当作原材料、半成品和零部件的提供者，核心企业会利用实力上的优势在谈判中要挟供应商，或保留几个相同的供应商，迫使他们相互竞争，以谋取短期利益等。这使得目前我国核心企业与供应商的利益很难真正共享。

目前，我国汽车供应链管理在商业模式上，汽车公司仍以预测型的商业模式为主导，从趋势上看，处于从预测型的商业模式向反应型的商业模式过渡的状态，与订单式生产相配合的管理信息系统都处于引进、开发和完善当中。我国汽车市场一直处于生产主导消费的局面，但是，随着宏观经济调控的实施以及消费者消费逐渐回归理性，汽车市场的增速放慢，汽车公司都在积极进行营销管理变革，通过建立反应型的商务模式来适应我国汽车市场的变化。

从供应商体系结构看，汽车公司都有自成体系的供应商系统，虽然互相之间有一些交叉，但以集团行政势力为主导的垄断竞争状态很难打破，汽车公司未来发展自己的零部件体系，从配套份额及奖励扶持政策上均对自己的零部件体系倾斜。这种保护出现了明显的副作用：一方面全球采购和开发的合作体系很难发展；另一方面，汽车零部件的成本和质量的改善速度都适应不了竞争的需要。

在信息系统和物流一体化管理方面，汽车公司运用了比较成熟的生产控制系统，建立和实施了准时化生产系统，如上海的安吉天地以 MILK-RUN 的方式为上海通用进行准时化供货，长春市大众物流有限公司为一汽大众提供生产支持服务，武汉邮政局成立的第三方物流有限公司为神龙提供零部件的准时化的配送服务。从总体上讲，我国汽车企业在供应链管理上的进展是比较缓慢的，整个生产流通仍处于一种高成本、低效率的运行。其具体现状与问题表现在以下五个方面：

1）对供应链管理整体观念的认识不足

在汽车产销环节，对全局认识还存在着较大的偏差，实际运作中我国部分汽车企业的物流管理尚未适应全球化的要求，上下游企业往往追求自己的最大利益，人为地将物流供应链隔断，而不是供应链整体，实现共赢。由于汽车生产企业处于供应链的中心位置，拥有最大的发言权，所以在汽车供应链中为了自己的最大利益化，往往损害了上下游的合作者。例如汽车企业为防治计划变更所产生的风险，往往习惯性地要求配套厂家垫高安全库存，或要求其在周边剪力仓库储存，以备不时之需，而没有利用供应链优势，做好整车生产计划，减少生产波动从而减少库存，达到共赢的目的。同时，对于处在弱势地位的配套厂商也会担心在合作谈判中利益受损，在参与汽车供应链体系中的态度有所保留，不愿把过多的信息透露给中心厂商。这种恶性循环，造成经济利益共同体不能真正建立起来，汽车供应链整体竞争力也无从发挥。

2）汽车供应链内各成员内部管理执行力和水平参差不齐

汽车供应链作为典型的供应链管理系统，其涉及的上下游供应商较多，供需间关系密切，尤其是汽车生产企业与上游厂商交互频繁，局部管理不善会迅速影响到供应链的良好运作。目前，国内大部分的汽车生产厂家具备国外先进的管理技术基础，内部的制度流程也较完善，信息化程度高，但在众多上下游的经销商和部件供应商中，由于其基础和管理水平问题，如供应链中上线期初配套厂商众多，但普遍规模偏小，人员素质相对较差，大部分使用信息系统自愿性不强，资金投入不足，使整个汽车供应链健康运作实施难度相对较大，造成供应链管理名存实亡。因此，如果没有内部管理体制的提升，没有作为核心地位的汽车市场企业对其配套厂商日常管理的重视并配合专业供应链厂商的辅导，供应链管理就不可能取得实质性成功，供应链各个企业就不可能实现共赢，从而提升整体竞争力。

3）汽车物流供应链流程过长

这主要体现在汽车零部件、配件的采购上。首先是 CKD 件（进口件）的采购，目前我国整车生产厂和关键零部件制造商大都是合资企业，为保证产品质量，原材料采购中绝大部分都是采用进口件，有时甚至超过 80%。由于进口件的采购比重过大，生产筹措阶段和运输周期变得很长，以至于整个供应链管理库存很高，供应链缺乏柔性，从而导致供应链流程时间长，物流组织难度加大，费用增加，再者由于我国国产件供应商过于分散，供应商分布在全国各地，沿海城市几乎都有汽车零部件制造厂，物流供应链战线长达数千公里，这给汽车物流带来很大的不便。而且由于干线运输的可靠性差，各个整车生产厂附近常常都会设立较高的安全库存，以保证生产线上的供应。这样不仅增加了流程时间和物流成本，而且也大大降低了系统的柔性，如果库存管理不够完善，有时甚至会出现零件的积压和报废。

4）供应链信息不对称

供应链作为一种新的运作与管理模式，必须要有信息网络技术作为支撑。目前在汽车供应链体系中，信息交互的障碍严重制约汽车供应链的发展，一些先进的汽车企业已经不能仅仅满足系统对接，订单直接生成，而希望了解供应厂商更多信息，如关键零件的库存，零配件的材料、技术的改进等，以安排生成计划，但汽车供应链中还存在着一些信息化基础相当薄弱的厂商，还停留在手工管理阶段，使用信息化工具仅限于电子表格，信息交互容易出现断层，造成供应链中其他企业的信息交互困难重重。

5）物流管理的监控能力较差

国内有些汽车企业对物流的控制往往只注重于对采购、仓储、生产过程中各个环节的物流控制，而忽视对"物"和"流"的有效结合的控制，对物流的监控只是停留值在账、片、物相符的简单水平的监控上，而忽视对任何过量采购或不足采购所造成的对企业极大浪费的监控上。

10.3.1.3　汽车供应链现状与汽车物流的关系

汽车物流是实现汽车产业价值流顺畅流动的根本保障，供应链是通过协同合作来共同确立战略定位和提高运作效率的一些相关联的企业组成的，供应链建立在企业相互依存、相互关联的管理理念基础上，要求供应链中的企业在流程上突破企业的组织界限，与上下游的贸易伙伴和客户链接起来。与供应链相比，物流是供应链管理中一个重要组成部分，或者说物流是在供应链运作框架基础上运行的，一体化物流的功效在于它与供应链是同步的，供应链连接成为一个全程的、完整连续的运作过程，可以说物流是供应链有效链接的基础，供应链是更广泛的系统。系统范围越大，需要权衡的方面就越多，整体最优的效益也就越大。因此，以工业工程的方法论去理解汽车行业物流向汽车行业供应链的演变，就能深刻地理解其必然性和合理性。

在高速发展的汽车行业，物流与供应链的重要性显得尤为突出，汽车供应链体系相当复杂，从零部件供应到整车生产再到销售，现已扩展到了一个极其广阔的空间，因此，必须依靠物流这一纽带，才能将整个复杂过程的各个环节连接起来，提高生产运作效率。国内汽车企业的设备、劳动力成本和物流各个环节如运输、仓储及配送的成本都低于发达国家，但是，汽车物流过程的综合成本相对较高，这其中的主要原因就是物流各个环节信息化程度较低，信息沟通不够顺畅，由此增加了各个环节的浪费现象，抬高了成本。对于汽车行业来讲，激烈的竞争背景使生产商一方面要不断提高产品及服务质量，一方面还要降低成本，使所有业务流程尽可能做到优秀。

供应链管理要求汽车企业对整个供应链流程进行整合，通过汽车物流的功能整合、过程整合和资源整合来全面整合汽车供应链。汽车物流体现了汽车企业与顾客和供应商相联系的能力。利用物流管理，可以使产品在有效的供应链内迅速移动，使供应链节点企业获益。核心制造企业通过与物流公司、供应商、经销商建立战略伙伴关系，实现了从原材料采购到产品完成整个过程的各种资源计划与控制。

对汽车供应链整合的目的是增强供应链的竞争能力。供应链整合的关键在于汽车物流是否畅通及时，而基于第三方物流的汽车供应链模式很好地适应了这种需求。这种物流模式便于处理供应链末端任务，在尽可能靠近消费者或者买主的地方完成产品的制造，降低运输成本，减少供货时间，便于提供定制或产品，增加收益，增强客户满意程度。另外，通过第三方物流公司丰富的实践经验还可以帮助企业避免很多在供应链中实施精益化管理中所碰到的一些错误。这些第三方物流公司自身经过多年发展和学习也形成了自己的专业流程，能帮助企业设计正确的技术方案，解决问题。

10.3.2   我国汽车物流与供应链管理发展趋势

汽车供应链的建立势在必行，但其最终健康高效运行还需要供应链上各节点的努力与协作。在当今的汽车市场，不仅有国内同行的竞争，也有来自国外名牌汽车的挑战，因此，国内汽车厂商要形成自己的核心竞争力，这个核心竞争力不仅仅指企业本身的技术创新能力，还包括一支能高效运行、迅速反应的供应链管理系统。优化整个汽车物流的供应链，必须打破目前汽车物流市场的区域保护和条块分割，合理分配资源，降低运输的空驶率和仓库的空置率，提高效率。横向整合，淘汰那些落后的汽车物流企业，使得资源和能力进一步集中调配。

汽车物流供应链管理的发展趋势，具体表现在以下五个方面：

1）建立汽车核心企业和供应商双赢的战略伙伴关系

美国著名供应链管理专家克里斯多夫指出：21 世纪的竞争不再是企业与企业之间的竞争，而是供应链之间的竞争。供应链中各成员利益是由供应链上各节点企业自身与其他成员共同作用的结果，供应链管理使得松散的独立企业运作转移到供应链的整体协调运作，从而提高合作的效率。随着专业化分工和全球化贸易程度的加深，作为供应链中核心企业的汽车制造商必须关注其核心竞争力，上下游一体化的供应链管理成为主流。与供应商建立双赢的战略伙伴关系，实现知识共享，使其不仅成为对供应链本身进行控制的一种方式，还可进而发展成为核心竞争优势。我国企业必须改变传统的供求关系思想，与供应商建立战略伙伴关系。这就意味着要把供应商更多地看作是长期的合作伙伴，而不是竞争对手。供应商对核心企业的目标理解得越透彻。就越能满足核心企业的需求。通过知识共享达成双赢局面，增强整个供应链的竞争力。

2）完善核心企业与供应商的知识共事机制

建立供应链各成员企业的知识共享机制，提高新知识的存活率，进而增强供应链的整体竞争力。目前我国汽车企业在对供应链管理的认识、理解、研究与实践等方面都存在着许多问题，从而导致供应链管理水平较低。缩小与世界领先供应链管理水平的差距，必须完善汽车制造商与供应商的知识共享机制，逐步推进核心企业与供应商的知识共享。提高企业动态的学习能力、持续的技术创新能力以及对市场的迅速响应能力。

3）借助信息技术提升供应链效益

借助先进的信息技术，建立供应链管理运行的支持系统和平台，通过信息共享和集中来减小协调过程中的不确定性，对整个物流渠道的产品、服务和信息实行管理，以获得最大的运行效率和效益。

4）运用现代汽车物流整合行业供应链

通过汽车物流的功能整合、过程整合和资源整合来全面整合汽车供应链。利用物流管理，可以使产品在有效的供应链内迅速移动，使供应链节点受益。汽车制造商通过与物流公司、供应商、经销商建立战略伙伴关系，实现了从原材料采购到产品完成整个过程的各种资源计划与控制。整合的目的是增强供应链的竞争能力，整合的关键在于汽车物流是否及时、通畅。

5）供应链发展需要第三方物流

汽车供应链全球化的发展趋势，需要社会化的第三方汽车物流企业，以整合全球汽车物流资源，满足全球汽车物流服务需求，做到供应链全程化、无缝对接和优质高效服务。真正的第三方专业汽车物流企业有其自身的专业物流运作经验与技术，有专业的物流网络及实施、专业化的物流运作管理人才和后现代化的物流信息系统，有利于促进汽车产品总体物流效率的提高和物流合理化。

10.4　案例分析

丰田汽车的供应链管理

众所周知丰田汽车以其产品的高品质、低成本、低油耗打进美国等发达国家的市场，形成了相当大的竞争优势。其成功主要不在于它采用的生产制造技术，而是由于在生产组织和管理上采取了一系列先进的生产经营理念、管理模式、组织体系、管理技术和方法，以及推行了良好的企业文化，被世人称为"丰田生产方式（TOYOTA production system，TPS）"又被称作"精益生产（LPS）"，还被称为"准时生产制（JIT）"，实质为一套优质、高效的汽车供应链管理系统。下面分五项来说明：

1）物资流

（1）零库存。丰田汽车的供应链管理模式来源于丰田生产方式（TPS），TPS是一种精益生产方式，即将必要的产品，在必要的时间，生产出必要的数量。可以说，TPS成就了今日的丰田。这种由订单和需求驱动的生产方式，致力于通过消除供应链上下游一切形式的浪费，包括订单处理的浪费、运输的浪费、谈判的浪费、库存的浪费，以及零部件质量不合格或是交货期不准所产生的浪费等等，以达到降低成本的最终目的。TPS一改传统生产方式下大而全、小而全的特点，建立了一条由核心企业主导并统领的精益化供应链，供应链企业之间深入合作、优势互补，互为战略联盟。丰田精益生产方式所要求的精益供应链体系，能够实现生产数量和交货时间的精准性。这使得丰田汽车供应链体系效率一直高于美国公司，相关统计数据显示，在全球金融危机爆发之前，丰田的供应链成本比美国汽车公司低8%左右。

（2）平整化。TPS中的另一个核心物流理念是"平整化"。丰田的生产订单或物流运输，都尽量实现平整化。在丰田，订单会转换成平整性的生产计划。比如对于一个两辆白色、四辆红色、八辆黑色皇冠车的一批订单，在生产计划中并不是按照不同颜色排产，而是按照一辆白色、两辆红色、四辆黑色皇冠车的间隔顺序来安排生产。这样就能够使上下游供应商、物流商的工作实现平整化。

（3）新的趋势。结合"绿色物流"的理念和先进物流技术的发展，丰田物流表现出另外2个新的发展趋势。一是进一步降低物流成本，积极研讨多种运输方式相结合的物流方式，改变以往陆运为主的方式，倡导公路运输节能减排，比如对卡车进行改造以减少空气阻力、降低油耗等等；二是越来越强调电子信息技术的应用。此外，丰田汽车对于物流环节的安全和质量管理控制也在不断提高。

2）供应商

供应商提供数以千计的汽车零部件，用来组装汽车。这些零部件由上百家供应商通过工厂外物流运抵工厂。第一阶段包括一级供应商，这些供应商制造零部件，并直接把零部件运输至装配工厂。供应商也有自己的上级供应商，上级供应商还有自己的供应商，于是供应链就出现多个层级，如第一级、第二级、第三级等。因此，你可以想象汽车装配工厂的输入供应链有多么复杂。此外，由于供应商所处地理位置不同，每个供应商提供的零部件到达装配工厂的时间会相差很久。当地供应商可能只要一到两天就能送货到装配工厂，而海外供应商则要在运输途中耗费好几周时间。

3）输入物流

供应商零件完成生产后，就要把零件运往装配工厂。在丰田，零件会以两种方式发货。当火车一到达生产工厂的车站，货物就被卸载到货车上，并运往装配码头；从日本来的海外零件通过海运，再通过铁路运输到达当地装配厂。为生产满足顾客需要的高品质汽车，丰田汽车公司的零部件采购遵循如下三个原则。

① 实行开放公平的竞争，采取全球采购战略；

② 建立长期稳定、相互依赖和互惠互利的合作关系；

③ 作优秀企业市民，积极推进海外整车的现代化生产，优先选择当地的零部件供应商。

当地零件在北美生产，并通过协议物流公司的货车运输。丰田全权负责供应商提货和运输至工厂的整个过程。丰田公司的"准时到货"理念，对零件库存输入物流的可靠性有非常高的要求。丰田将供应商根据相邻地区分组。零件所在供应商的地理位置决定了货车路线，随后，零件又被运到地区性的交叉转运处。为了提高效率，同一辆货车不仅从多级供应商那里提取零件，而且要根据供应商要求运送至指定的丰田工厂。

4）输出物流

装配厂生产的成车必须被运送至各经销商处。整个过程被称为"输出物流"。汽车运输到目的地，再由经销商签收，之后再停到专门的货车待运区。根据货车运输路线安排，货车运输公司会负责选择，每辆汽车分别装载到哪辆货车上。为保证货车运输公司和轨道公司有足够的装载量，装配公司需要每天提供不同目的地的汽车运送数量。

5）经销商

由于经销商们直接面对丰田公司和客户，所以在供应链中占据了重要地位，负责把生产商的汽车销售给客户。除了销售汽车，经销商对顾客产品满意度也有深远影响。丰田公司采用"JD 权威测试"，这是一项权威客户调查，用于衡量顾客在不同种类概念上的满意度。在 JD 权威测试中取得高分，是汽车制造商一个有力的市场工具。

经销商在配套设施上进行充足投资势在必行，高效供应链中的一个重要因素就是最佳水平的经销商储备。对于经销商来说，有可以直接为各类顾客提货的充足库存尤为重要。另一方，经销商也不会因为过多的库存积压而困扰。

供应链管理的成功，首先必须认识到所有的参与者都有共同的利益。丰田竖立了一个和通用汽车，福特完全相反的供应链管理战略的典型。丰田不是努力的压榨供应商的利润空间，而是和所有合作伙伴协作，寻找成本削减机会，在整个生产流程中实施削减举措。它同时让供应商至少在一定时间内能够保留部分剩下的利润。通过这种方式，供应商的激励目标和丰田保持一致。所有供应链上的企业有机会从协作中获利。

但是同时丰田花费大量的时间在评估很多潜在供应商，考虑除了价格外的很多其他因素，目标是建立长期的相互信任的协作关系。评估后，丰田和关键部件的关键供应商建立长期的供货协议（至少持续该型号汽车的整个周期，大约 4 年），而且丰田会接着一直从很多维度持续地评估每个供应商的绩效，包括质量、可靠性、创意的提出、和其他供应商的协作及成本等。同时设立了 3%全供应链成本削减的目标要求。如果绩效无法达到，丰田会在合同期末把更多的采购额分配给竞争供应商。最终，实现奖优罚劣的目标。

因为丰田给绩效卓越的供应商提供长期的协议，因此这些供应商也愿意投入大量资金满足丰田的特殊需要。丰田会提前把它的新产品计划和规格通知供应商；供应商也会为丰田的设计工作提供帮助。丰田所采取的供应链模式与通用和福特的供应链模式另外一个不同点就是通过与供应商签订长期合同，保持所有监控和管理的供应商数量的稳定。把较大的订单下给有限的几个生产商可以让供应商获得规模经济，而由此获得的成本削减就由供应商和丰田共享。

总之，丰田供应链管理的改革措施主要集中在三个方面——协作规划、协作设计和透明度。丰田的供应商在新产品规划的时候就参与进来，这样就能确保尽早解决工程问题，缩短更新和引入设备的时间。供应商也可以了解丰田的生产调度计划，从而使他们调整生产计划。减少整个供应链的过多库存也给双方带来回报。

丰田所采取的模式是一套整合了各种因素的系统。它包括了对有潜力的供应商的评估和建立信任等大量前端的工作，建立了一个相互协作的基础，然后建立一个长期的承诺就确保供应商针对丰田的投资能获得合理的回报。丰田受益于技术改进的成果。丰田的长期计划建立多个年度成本降低的基准使供应链能够持续改进效率。丰田与供应商合作，通过把生产专家送到供应商的厂里帮助他们识别和执行新的工厂生产举措，实现改进目标。供应商从改进中获得在规定时间内 50%的利益，降低后的成本成为更进一步改进目标的基准。

本章小结

供应链管理是一种集成的管理思想和方法，它执行供应链中从供应商到最终用户的物流的计划和控制等职能。汽车物流供应链包括从零部件的供应到整车交付过程中的运输、储存、加工、组装、车辆配送及维修保养等所有流程，是最复杂的供应链系统。整合上下游汽车产业链的"全供应链管理"，将进一步促进信息传递紧密，提升企业市场反应速度，降低库存、成本、保证资金链，实现与合作伙伴双赢的目标。

思考题

1. 为什么要实施供应链管理？
2. 汽车行业供应链模式的特点是什么？
3. 结合案例内容，思考丰田公司成功的关键原因。

参 考 文 献

陈鸿，范更华．2007．供应链管理与运筹[M]．北京：清华大学出版社．

陈永革．2006．汽车物流基础[M]．北京：机械工业出版社．

方春明．2005．中国汽车工业供应链管理的现状与发展对策研究[J]．物流技术（10）：103-105．

方春明．2009．汽车工业国际物流运作管理研究[J]．国际物流（80）：249-250．

高振云．2006．汽车物流[M]．北京：中国劳动社会保障出版社．

韩龙士．2003．供应链管理下的汽车物流研究[J]．汽车工业研究（11）：33-36．

黄梦醒，潘泉，齐洁，等．2006．供应链管理研究现状及其展望[J]．矿山机械（6）：11-16．

黄祖庆．2010．逆向物流管理[M]．杭州：浙江大学出版社．

李勇建．2006．供应链上的新元素——企业逆向物流管理实践[M]．北京：交通人民出版社．

刘喜鲁，张金隆．2005．汽车产业协同采购供应链管理的现状与展望[J]．物流技术（9）：132-134．

陆薇．2008．基于 TRIZ 理论的 RFID 技术在汽车物流及其供应链管理中的应用研究[J]．企业物流（10）：226-229．

陆薇．2010．汽车企业物流与供应链管理及经典案例分析[M]．北京：机械工业出版社．

马士华译．2006．供应链物流管理[M]．北京：机械工业出版社．

施先亮，李伊松．2006．供应链管理原理及应用[M]．北京：清华大学出版社．

王丰．2007．现代物流概论[M]．北京：交通人民出版社．

徐雯霞．2007．汽车物流与信息技术[M]．北京：北京理工大学出版社．

张相群，杨明光．2011．汽车配件供应链库存分析及需求预测实例[J]．物流科技（8）：86-90．

赵刚．2009．物流成本分析与控制[M]．成都：四川人民出版社．

祝雅辉．2008．供应链管理的研究现状及发展方向[J]．昆明大学学报（3）：40-43．

庄颖．2009．汽车物流与供应链管理研究[J]．商业文化（5）：26．

邹辉霞．2009．供应链物流管理[M]．北京：清华大学出版社．